정신건강론

사회복지실천을 위한 정신건강의 이해와 실제

| 김정진 저 |

  MENTAL HEALTH

학지사

본 연구는 2020년도 나사렛대학교 교내연구비 지원으로 이루어졌음.

머리말

미당 서정주는 만년에 고향의 여러 이야기를 모아 『질마재 신화』란 시집을 출간했습니다. 주변에 전해 오는 설화들을 서사시 형태로 적은 것인데, 그중 「신선(神仙) 재곤이」라는 다음과 같은 신화가 있습니다.

땅 위에 살 자격이 있다는 뜻으로 재곤(在坤)이라는 이름을 가진 앉은 뱅이 사내가 질마재 마을에 살았습니다. 성한 두 손으로 멍석도 절고 광주리도 절었지마는, 그것만으론 제 입 하나도 먹이지를 못해, 질마재 마을 사람들은 할 수 없이 그에게 마을을 앉아 돌며 밥을 빌어먹고 살 권리 하나를 특별히 주었습니다. '재곤이가 만일에 목숨대로 다 살지를 못하게 된다면 우리 마을 인정(人情)은 바닥난 것이니, 하늘의 벌(罰)을 면치 못할 것이다.' 마을 사람들의 생각은 두루 이러하여서, 그의 세 끼니의 밥과 추위를 견딜 옷과 불을 늘 뒤대어 돌보아 주어 오고 있었습니다. 그런데 어느 해 무궁화가 피기 시작하는 어느 아침 끼니부터는 재곤이가 어디에도 보이지 않았습니다. 마을 사람들의 마음은 무거웠습니다. 그래서 마을 사람들은 하늘이 줄 천벌을 걱정하고 있었습니다. 그러나 해가 거듭 바뀌어도 천벌은 이 마을에 내리지 않고, 농사도 딴 마을만큼은 제대로 되었습니다. 마을 어른이 "재곤이는 생긴 게 꼭 거북이같이 안 생겼던가. 거북이도 학이나 마찬가지로 목숨이 천 년은 된다고 하네. 그러니 그 긴 목숨을 여기서 다 견디기는 너무나 답답하여서 날개 돋아난 하늘로 신선(神仙)살이를 하러 간 거여……." 마을 사람들도 그렇게 받아들이고 마음이 편해졌습니다.

필자는『정신건강론』의 머리말을 쓰며 이 신화를 접하고 공동체 정신과 정당화에 대해 생각해 보게 되었습니다. 우리는 누구나 신체든 정신이든 병들거나 장애를 가질 가능성을 가지고 있습니다. 농경사회에서 이런 질병과 장애는 자연스러운 것이고, 이를 마을이 함께 감당하고 나누는 것은 당연한 도리이고, 자부심이고, 천명이기도 했습니다. 질마재의 재곤이를 대하는 마을 사람들처럼 말입니다. 그리고 의도하지 않은 알 수 없는 사건으로 그 사명을 못하게 되었을 때의 불안과 두려움을 없애기 위해 정당화함으로써 평안을 찾는 인간의 본성도 생각하게 되었습니다. 재곤이의 지체장애는 정신장애로 바꾸어도 다를 것이 없을 것입니다. 이 신화는 인간의 생로병사와 생사화복이 개인의 잘잘못에 있는 것이 아니라 하늘에 달려 있고, 주변의 누군가가 가진 아픔은 공동체가 함께 돌보며 더불어 살아가야 할 과업임을 보여 줍니다. 사회제도의 발달로 구조와 조직이 세분화되고 전문화되었지만 연대와 이타성을 기반으로 한 공동체 정신은 제도의 미비함을 보완하고 뛰어넘는 중요한 가치이자 실존의 기반임을 재확인합니다.

　정신건강은 자신과 타인을 수용하고 이해하며 함께할 수 있는 능력을 기반으로 하는 사회적 차원의 개념입니다. 정신건강의 이상으로 나타난 정신장애를 발견하게 되는 것도, 정신장애를 치유하고 회복하는 것도 사회적 차원에서 이루어져야 하기 때문입니다. 이에 지역사회주민의 요구와 변화를 분석하고 사회적 개입을 계획하고 실천하는 사회복지사는 지역의 정신장애 위험이 있는 사람들을 미리 발견하고, 지역의 정신건강 전문가들과 협력하여 예방 및 치료적 도움을 받도록 연계하며, 정신장애를 가진 사람들이 지역사회 안에서 살아갈 수 있도록 통합적으로 돕는 역할을 요구받습니다. 이에 사회복지사는 정신건강과 정신장애, 정신장애의 유형 및 그 원인과 치료, 정신건강서비스 자원에 관한 지식과 정보를 가지고 있어야 합니다.

　이 책은 정신건강 영역에서 일하는 사회복지사뿐 아니라 다양한 사회복지 실천 현장에서 일하는 사회복지사가 알아야 하는 정신건강과 정신장애에 관한 지식 그리고 이를 현장에서 어떻게 적용하고 역할을 해야 할지에 초점을 두었습니다. 제1부에서는 정신건강과 정신장애의 개념 이해와 이상행동의 원인과 치료에 대한 다양한 관점 이해, 제2부에서는 지역사회에서 접하고 사회복지사가 관여할 가능성이 큰 주요 정신장애의 이해와 사회복지적 실천방향과 전략, 제3부에서는 우리나라 정신건강정책과 정신건강증진 서비스 그리고 그 방향과 과제를 다루었습니다.

코로나19의 영향이 장기화되면서 전 국민의 심리사회적 위축과 우울, 불안 및 자살 증가, 음주, 도박의 증가와 가족폭력 문제 등 정신건강 문제가 사회문제로 의제화되면서 정신건강의 중요성이 부각되고, 국가적인 정책적 지원방안이 논의되고 있습니다. 2020년 1월 코로나 문제가 시작되면서 가장 먼저 많은 감염 사망자가 생긴 곳 중 한 곳은 청도에 있는 정신병원이었습니다. 10~20년 장기간 폐쇄된 공간에서 입원 생활을 하여 면역력이 약화되었고, 한 방에서 10명 가까이 생활하는 열악한 환경이 문제를 키웠다는 분석이 따랐습니다. 왜 이들이 장기간 입원해 있어야 했는지 논의가 이루어지다가 다시 잠잠해졌습니다. 이들 중 상당수는 갈 곳이 없고 돌봄받을 자원이 없어서 입원해 있는 사회적 입원자입니다. 이처럼 코로나19는 우리 사회의 취약계층을 드러내었습니다. 위기와 재난 상황일수록 취약계층의 피해는 더욱 가중됩니다. 많은 이가 이 책을 통해 정신장애에 대한 병리적 이해뿐 아니라 사회문화적 차원에서의 이해와 문제의식을 가지고 문제해결의 방향과 사회복지사의 역할에 대해 성찰하는 계기로 삼으면 좋겠습니다.

이 책을 활용하면서 생기는 의문에 대하여 언제든지 고견을 주시기 바랍니다. 기꺼이 출판을 맡아 주신 학지사의 김진환 사장님과 정승철 상무님, 세심한 편집에 힘써 주신 차형근 선생님께 심심한 감사를 드립니다.

나사렛 동산에서
김정진

차례

제2부 주요 정신장애와 사회복지실천

제3부 정신건강서비스: 정책과 정신건강증진사업

제1부

정신건강의 기초

제1장
정신건강의 개념 및 정신장애의 분류

1. 정신건강의 개념과 조건

건강이란 단순히 질병이 없다든지 허약하지 않음을 뜻하는 것이 아니고 육체적으로 정신적으로 사회적으로 모두 행복하게 살 수 있는 상태라고 WHO는 정의하고 있다. 그러므로 정신건강은 정신질환이 없는 상태뿐 아니라 신체적 사회적 건강을 포함하는 개념으로 보아할 것이다(김규수, 2005). 미국정신위생위원회에서는 정신건강은 정신병적 증상이 없을 뿐 아니라 자기능력을 최대한 발휘하고 환경에 적응하며 자주적으로 건설적으로 자기생활을 처리해 나갈 수 있는 상태로 정의한다.

정신건강은 관점과 기준에 따라 개념의 차이가 있다. 먼저, 관점 차원으로 병리적 관점과 적응적 관점을 살펴보면, 병리적 관점에서 정신건강은 정신질환이 없는 상태이거나 정신질환이 있더라도 이를 치료하면 개인의 능력을 실현할 수 있는 상태일 것이다. 적응적 관점에서 보면 환경에 단순히 순응하는 것이 아니라 주어진 환경에 주도적으로 대처할 수 있는 상태일 것이다. 즉, 자기능력을 최대한 발휘하며 환경에 적응하고, 자기 생활을 독립적, 건설적, 자주적으로 처리해 나갈 수 있는 힘을 지닌 상태이다.

한편, 정신건강에 대한 기준이 무엇이냐에 따라 정신건강의 정의가 달라질 수 있으며, 이는 학자마다 약간씩 견해가 다르다. 우선, 쿠퍼스미스(Coopersmith)는 정신적으로 건강한 사람은 자신의 가치를 높이 평가하고 자신을 수용할 줄 아는 자존감이 높은 사람인데, 자존감은 인간의 행동과 적응에 영향을 미치는 개인의 바람직한 환경적 적응 및 건전한 인성발달, 나아가 긍정적 자기실현에 가장 중요한 요소라고 하였다. 캐롤(Caroll)은 정신적으로 건강한 사람은 자신이나 타인을 존중하고 현실적으로 수용하며 다양한 욕구를 현실적으로 충족시킬 수 있는 자질을 갖추고 있다고 하였다. 로저스(Rogers)는 완전히 기능하는 사람이란 성숙하고 건강한 사람인데, 이들은 체험에 대해 개방적이며 매 순간 충실하게 살고 선택이나 행동에 자유로우며 창조적이어서 환경에 수동적으로 적응하지 않고 계속 성장하며 충족하는 방향으로 노력해 가는 사람이라고 하였다. 매슬로우(Maslow)는 자아실현하는 사람이 건강한 사람인데 이들은 현실중심적이고 문제해결력이 강하며 사회적 관심을 유지하고 민주적 가치를 중시하며 자신과 남을 있는 그대로 받아들이며 풍부한 감성을 가지고 최대한 경험하려 하는 사람이라고 하였다(이규태, 1997, 재인용).

이처럼 정신적으로 건강하다는 것은 자신에 대해서는 자기존중감과 자기애가 강하여 자신감이 있고, 타인에 대해서는 타인을 존중하며 타인의 욕구에 민감하고 수용적이며, 환경에 대해서는 그 조건을 있는 그대로 인정하되 현실을 왜곡하지 않으며 환경자원을 생산적으로 활용하고, 일에 대해서는 책임감을 가지고 충실히 임하며, 정서적으로 성숙하여 자신의 감정을 건전한 방법으로 수용하고 표현하는 사람이다. 종합하면 정신건강은 자신을 있는 그대로 수용하고 자신의 가치를 존중하며, 그만큼 타인도 존중하고 타인과 함께하며, 정신적 또는 신체적 질병이나 장애, 사회적으로 당면하는 문제 등 여러 현실적인 장애물을 극복하며 정신적, 신체적, 사회적인 건강의 균형을 추구하는 상태로 정의할 수 있을 것이다. 이러한 정의에 기초하여 보면 정신 건강의 조건은 개인의 심리적 건강성뿐 아니라 신체적 건강의 조건이 요구되 며, 이러한 심리적, 신체적 건강을 관리하고 유지할 수 있는 보건의료 및 건 강증진체계, 삶을 유지할 수 있는 사회보장체계와 같은 사회적 조건이 뒷받 침되어야 할 것이다. 이에 건강형평성과 같은 건강의 사회적 조건과 구조에 관한 논의가 함께 다루어져야 하며, 이것은 정신건강 영역에서 사회복지사의 역할이 중요한 이유이기도 하다.

2. 정신질환, 정신병, 정신장애, 정신장애인

정신질환(mental illness)은 정신기능(지능, 인지와 지각, 생각, 기억, 의식, 감 정, 성격 등)의 이상 상태에서 병적인 증상(symptom)이 나타나는 신경증적 (neurotic), 정신병적(psychotic)인 질환을 포괄하여 정신적인 질병을 통칭하 는, 질병을 강조하는 개념이다. 일반적으로 정신질환, 정신질환자라는 어휘 를 많이 사용하는데, 이는 마치 신체질환, 신체질환자와 같은 것이다. 하지만 우리는 신체질환자라고 하지는 않고, 고혈압, 당뇨, 고지혈증 등과 같이 구체 적으로 진단명을 사용하며, 이들의 특성에 대한 국민적 이해와 치료접근성이 높다. 그러나 우울증, 조울증, 조현병, 불안장애, 강박장애, 스트레스 장애, 적응장애 등과 같은 구체적인 진단명과 이에 대한 이해가 매우 낮고, 통칭하 여 정신질환이라고 하며, 매우 부정적인 개념이 형성되어 있어 치료접근성이 매우 낮다.

정신병(psychosis)은 정신질환 중에서도 망상이나 환청, 비논리적인 언어 나 이해할 수 없는 행동과 같은 정신기능의 심각한 병적 증상을 보이는 상태로 자신의 질병을 인식하기 힘들고 부정하며, 현실을 왜곡하여 지각하는 증상군(예: 조현병, 망상장애 등)에 한정한 개념이다. 신경증(neurosis)은 정신기능의 문제로 심각한 심리적인 고통과 사회적인 활동의 제약이 있지만 정신병적인 현실의 왜곡이나 질병의 부정과 같은 심각한 정신기능의 문제를 보이지 않는 증상군(예: 불안장애, 강박장애, 스트레스 장애 등)에 한정된 개념이다.

정신장애(mental disorder)는 정신질환으로 인한 사고, 감정, 행동, 성격 등 정신기능의 병리학적 장애의 정도와 다양한 사회적 관계나 역할, 직무 수행 등의 심리사회적 기능의 손상의 정도를 함께 고려하는 통합적인 진단적 개념이다. 정신건강 영역에서 세계적으로 공통언어로 사용하는 DSM(Diagnostic and Statistical Manual of Mental Disorders)의 진단명에서 이 개념을 사용한다.

정신장애인(people with mental disability)은 우리나라에서 「장애인복지법」의 대상이 되는 조현병, 조현정동장애, 양극성 정동장애 및 반복성 우울장애를 가지고 있고, 치료를 받아도 정신기능 및 일상생활 수행능력의 손상이 지속되는 장애로 인해 전문적인 도움이 필요한 사람이다. 이때 정신장애(mental disability)와 앞의 진단적 관점에서의 정신장애(metal disorder)에는 구분이 필요하다.

3. 정신장애의 분류(DSM-5)와 진단

DSM-5[1]란 『정신질환 진단 및 통계 매뉴얼 제5판(Diagnostic and Statistical Manual of Mental Disorders, 5th Edition)』을 줄인 표기이다. 현대 정신의학의 도구적 진단체계인 DSM-5는 정신장애의 진단과 분류에 가장 많이 이용되고 있으며, 규범적인 기준에 따라 정의된다. DSM-5에 따르면 정신질환은, 첫

---

1) DSM-5부터 아라비아 숫자를 사용하고, 그전에는 로마자로 숫자표기를 하였다.

째, 임상적으로 의미 있는 정신적 기능부전, 둘째, 의미 있는 고통이나 활동상의 장애 등으로 정의된다. 그러나 이미 예견되거나 사회적으로 인정된 반응혹은 정치, 종교, 성 등 일탈 행동 및 일차적으로 개인과 사회의 갈등으로 인해 일어났으며 임상적인 정신적 기능부전에 의한 것이 아닌 경우에는 진단에서 제외된다(APA, 2017). 간단히 말해서, 기능부전이나 고통, 장애는 사회 가치체계에 따라 그 기준이 변하게 된다(Fulford, 2014). DSM 진단체계는 특정사람이 다수의 통계 평균치로부터 얼마나 떨어져 있는가를 범주화해 정신장애를 정의한다. DSM-5에서는 그 이전 판과 분류 체계를 대폭 바꾸어서, 통계의 오류를 줄였다. 이전의 DSM-III, DSM-IV에서는 범주적 분류로 인하여 정신장애를 상호배타적이고 포괄적으로 분류하지 못하여 유병률, 사망률, 공병률 등 여러 통계치를 정확히 집계하기 어려운 문제가 지적되었다. 또한이전의 다축진단체계가 임상적으로 유용성과 타당성이 부족하다는 이유로폐기되었으며, DSM-5에서는 질병 분류에 WHO의 질병분류기준 ICD-9와 ICD-10의 기호를 사용해 사용을 편리하게 하면서 2022년부터 사용될 예정인 ICD-11과 조화를 이루도록 많은 부분이 개정되었다. DSM-5는 분류체계를 개편하여 분류를 간소화, 명료화하면서 통계를 용이하게 하도록 하였다(권석만, 2013).

　　DSM-5에서는 아스퍼거증후군, 자폐증후군 등이 자폐 스펙트럼 장애로통합되었으며, 양극성 및 관련 장애가 우울장애에서 분리되었다. 문화 부분의 서술이 대폭 줄고, 질병 분류를 생애발달주기에 따라 배치하여 환자의 진단, 성장에 따른 치료법 변화 등 현장에서 더 편리하게 활용할 수 있게 하고, 범주적 진단체계의 한계를 보완하기 위해서 차원적 평가를 도입한 혼합모델을 적용하여 모든 환자의 주된 증상과 다양한 공병 증상을 심각도 차원에서평가하도록 하였다. DSM-5에서는 장애의 심각도를 경도, 중등도, 심각의세 수준으로 평가한다(고진경, 2013).

　　DSM-5는 다음 표와 같이 22개의 진단범주를 목록으로 만들고, 진단범주의 배열 순서는 신경발달적으로 전 생애 접근법(neurodevelopmental life span approach)을 적용하여 아동기에 주로 진단되는 장애로부터 청소년기, 성인기, 노년기의 순으로 배열하고 있다. DSM-5의 진단분류표는 다음과 같다. ICD-10 분류기준도 비교하도록 함께 제시하였다.

DSM-5	ICD-10
-신경발달장애	
-조현병 스펙트럼 및 기타 정신병적 장애	
-양극성 및 관련 장애	
-우울장애	
-불안장애	
-강박 및 관련 장애	-F00~F09 증상을 포함한 기질성 정신장애
-외상 및 스트레스 관련 장애	-F10~F19 정신활성물질 사용으로 인한 정신 및 행동 장애
-해리장애	-F20~F29 조현병, 조현형 및 망상장애
-신체증상 및 관련 장애	-F30~F39 기분(정동)장애
-급식 및 섭식장애	-F40~F48 신경증성, 스트레스 관련성 및 신체형 장애
-배설장애	-F50~F59 생리적 장해 및 신체적 요인과 연관된 행동증후군
-수면-각성장애	-F60~F69 성인 성격 및 행동 장애
-성기능장애	-F70~F79 정신지체
-성 불편증	-F80~F89 심리적 발달장애
-파괴적 충동조절 및 품행장애	-F90~F98 아동기 및 청소년기에 흔히 발병하는 행동 및 정서 장애
-물질 관련 및 중독장애	
-신경인지장애	
-성격장애	
-성도착장애	-F99 비특정 정신장애
-기타 정신질환	
-약물로 유발된 운동장애 및 약물치료의 기타 부작용	
-임상적 주의의 초점이 될 수 있는 기타의 상태	

1) 신경발달장애

대부분 학령기 이전에 조기발달 단계에 출현하고, 보통의 발달과 다른 것으로 특징지어지며 그 때문에 일상생활의 곤란을 초래하는 상태를 신경발달장애(Neurodevelopmetal Disorder)라고 정의하고, 지적 발달장애, 의사소통장애, 자폐 스펙트럼 장애, 주의력결핍과잉행동장애(ADHD), 특정학습장애, 틱장애, 운동장애, 기타 신경발달장애를 포함했다. 이는 세계보건기구(WHO)의 ICD-10의 F7 지적장애와 F8 심신 발달의 장애(F7과 F8이 구미에서는 발달장애로 간주되는 것이 통례임)에 덧붙여, F90~98 소아기 및 청년기에 흔히 발병하는 장애에 선택성 함묵(F94), 틱장애(F95) 등을 포함하고 있다는 점에서 ICD 분류기준과 조화를 이루어 발달장애로 포함시켰다. 또 이제까지 ADHD와 동일한 영역으로 범주화했던 품행장애와 적대적 반항장애를 DSM-5에서는 파괴적 충동조절 및 품행장애로 별도로 분류한 점도 큰 변화이다.

우리나라의 경우는 국내에서 발달장애라는 용어가 특수교육, 의학, 심리학, 사회복지학 등 여러 학계에서 널리 사용되고 있지만, 아직 일치된 개념 정의가 없는 상태이다. DSM-5의 분류기준 변화가 계기가 되어 발달장애아의 이해와 효과적인 치료교육 및 장애복지를 위해 발달장애의 개념을 정리할 필요가 있다. 이에 명칭 관련 변화를 자세히 살펴본다.

DSM-5에 이르기까지 발달장애에 관련하는 진단명의 변천을 보면, 지적장애의 경우 DSM-III, DSM-IV에서는 정신지체라고 하였으나 DSM-5에서는 지적 발달장애가 되었다. 마찬가지로, 이제까지 전반적 발달장애(Pervasive Developmental Disorders: PDD)로 간주되던 자폐증의 하위유형들을 묶어서 자폐 스펙트럼 장애(Autism Spectrum Disorder: ASD)로 변경하였다. 전반적 발달장애에서 자폐성 장애, 아스퍼거증후군, 특정불능의 전반적 장애의 구별이 없어졌다. ADHD의 경우는 명칭은 변하지 않고 내용에 다소의 변경이 있었다. 학습장애(Learning Disability: LD)는 특정 학습장애(Specific Learning

Disability: SLD)로 명칭이 변하였지만 진단기준에서의 큰 변화는 없다. 학습장애의 경우 DSM-IV에서 독립적으로 쓰기장애, 읽기장애, 산수장애로 진단할 수 있었으나 현재는 학습장애를 특정 학습장애 진단 하위범주로 명칭을 바꾸고, 그 유형으로 읽기 손상, 쓰기 손상, 산수 손상으로 표기하고 있다(예: Specific Learning Disorder with Impairment in Reading). 이제까지 독립적으로 존재해 온 틱장애는 발달성 협응운동장애, 상동운동장애 등과 함께 운동장애라는 진단에 포함되었다. 신경발달장애는 발달기에 시작되는 장애들의 집합이며, 중추신경계 및 뇌의 발달지연 또는 뇌 손상과 관련된 것으로 알려진 정신장애를 포함한다. 손상의 범위가 다양하며, 동반질환이 흔하다.

하위유형에는 지적장애, 의사소통장애, 자폐 스펙트럼 장애, 주의력결핍과잉행동장애, 특정 학습장애, 운동장애 등이 있다.

2) 조현병 스펙트럼 및 기타 정신병적 장애

조현병 스펙트럼 및 기타 정신병적 장애(Schizophrenia Spectrum and Other Psychotic Disorder)는 자신이 보거나 들은 것을 생각하고 이해하는 데 혼란이 오는 질환이다. 이 장애들은 정신병(psychosis)을 포함하는데, 이는 현실을 파악하고 명료하게 생각하고 다른 사람과 의사소통하거나 관계를 맺고 정상적인 감정을 느끼는 것이 매우 어렵거나 불가능한 증상들을 나타낸다. 이런 증상이 발생하면 그 사람을 이해시키는 것도 어렵고, 그 사람이 무슨 말을 하려는지 이해하는 것도 어렵다(APA, 2017: 57).

조현병은 우리나라에서 2012년 이전에는 정신분열병으로 명명했으나, 단어로 인한 부정적 편견을 줄이기 위해 거문고의 줄을 고른다는 의미의 조현으로 대체하였다. 이는 뇌 신경다발의 연결이 잘못되어 조정할 필요가 있는 질환을 의미한다고 한다. 조현병 및 그 유사한 증상을 나타내는 심각한 정신장애로 망상, 환각, 와해된 사고(언어), 극도로 와해된 비정상적인 운동 행

동(긴장중 포함), 음성 증상(둔마된 감정, 무의욕, 사회적 고립 등)에서 비정상성
이 나타난다. 신경발달장애와 마찬가지로 조현병은 예측가능한 발달단계에
서 발병하는 복잡한 유전적 임상적 경과를 지닌 정신장애이다. 신경발달장
애는 흔히 아동기에 시작되지만 조현병은 청소년 후기에서 성인기 초기에 주
로 발병한다. DSM-IV 이전에는 조현병의 아형으로 와해형, 편집형, 잔류형
으로 구분하였으나, 진단의 안전성 결여와 낮은 신뢰도와 타당도를 이유로
DSM-5에서는 삭제되었다(APA, 2017).

하위유형에는 조현병, 단기 정신병적 장애, 조현형 성격장애, 조현양상장
애, 조현정동장애, 망상장애, 긴장중 등이 있다.

3) 양극성 및 관련 장애

양극성 및 관련 장애(Bipolar and Related Disorder)는 DSM-IV에서는 기분
장애로 우울장애와 함께 구분되었으나 DSM-5에서는 별도로 분리되었다. 이
장애는 기분변화가 매우 심하여 기분이 고양된 상태와 침체된 상태가 주기
적으로 나타나는 일련의 정신장애이다. 양극성장애는 한 사람의 기분, 에너
지, 기능에 두드러진 변화를 일으키는 뇌질환이다. 이 장애를 가진 사람들은
기분삽화라고 불리는 극단적이고 강렬한 감정상태를 특정 기간 동안 갖게 된
다. 이는 일상생활 속 정상적인 기분변화와는 다르다. 이 장애의 증상들은 대
인관계의 어려움을 초래하고 직업이나 학업에서 문제를 일으키며, 자살에까
지 이를 수 있다. 감정을 걷잡을 수 없거나 극단적인 기분상태와 행동에 압도
당한다고 느끼기도 한다.

하위유형에는 제I형 양극성장애, 제II형 양극성장애, 순환성장애, 양극성
유사 증상 등이 있다.

4) 우울장애

일상생활에서 누군가 한동안 불행하거나 슬픈 감정에 빠질 때 '우울증인가?' 혹은 '우울하다.'라고 종종 표현한다. 실제 우울증은 한 사람의 안전과 행복에 크고 심각하게 영향을 끼칠 수 있는 주요 정신의학적 질병이다. 우울장애(Depressive Disorder)의 공통 양상은 슬프고, 공허하거나, 짜증난다고(쉽게 화가 나거나 기분이 나쁜) 느낀다. 또한 신체적, 인지적 변화가 동반되어 개인의 기능 수행 능력에 영향을 주며, 잠을 자거나 생각하는 것 혹은 일상생활에서 어려움을 느끼게 된다.

하위유형에는 주요우울장애, 지속성 우울장애, 월경전불쾌감장애, 파괴적 기분조절곤란장애 등이 있다.

5) 불안장애

우울과 마찬가지로 누구나 스트레스를 받거나 어려운 문제에 직면할 때 긴장과 두려움을 경험할 수 있지만, 불안장애(Anxiety Disorder)는 일시적으로 걱정이 많아지거나 불안하거나 두려움에 빠지는 정상적인 느낌들과는 다르다. 불안장애에는 극도의 공포, 불안 및 관련된 행동장애의 특징을 지닌 질환이다. 모든 불안장애는 불안과 공포 증상을 공통으로 가지고 있다. 공포는 불안과 유사한 부분이 있으나 다른 개념이다. 불안장애의 질환들은 공통으로 공포, 불안 또는 회피 반응을 일으킨다.

하위유형에는 공황장애, 광장공포증, 범(汎)불안장애, 특정 공포증, 사회불안장애(사회공포증), 분리불안장애가 있다.

6) 강박 및 관련 장애

강박 및 관련 장애(Obsessive-Compulsive and Related Disorders)는 잦은 공포, 걱정, 충동, 생각(강박사고)으로 인해 불편함과 고통을 경험하게 한다. 원하지 않게 떠오르는 강박사고를 다루기 위해 강렬한 노력을 반복하는 관습적인 행동(강박행동)이 강박사고와 결합되어 있다.

하위유형에는 강박장애, 신체이형장애, 수집장애, 털뽑기장애, 피부뜯기장애가 있다.

7) 외상 및 스트레스 관련 장애

외상적 사건이란 사람들이 경험하거나 목격하게 되는 끔찍한 사건들을 말한다. 그 사건에서 살아남거나 그 사건에 대해 알게 된 사람들은 분노하고 두려워하고 고통을 겪게 된다. 외상 및 스트레스 관련 장애(Trauma-and Stressor-Related Disorders)는 그 사람을 압도하거나 종종 생명의 위협을 가하거나 심각한 신체손상, 방임, 죽음에도 이르게 하는 외상 사건이나 상황 때문에 유발된다.

하위유형에는 외상 후 스트레스 장애, 급성 스트레스 장애, 적응장애, 반응성 애착장애, 탈억제성 사회적 유대감장애가 있다. 이 중 반응성 애착장애와 탈억제성 사회적 유대감장애는 아동에게만 진단된다.

8) 해리장애

해리장애(Dissociative Disorders)는 사람들의 정상적인 인식 감각에 문제를 유발하고 그들의 주체성, 기억 혹은 의식에 영향을 미친다. 해리란 그 사람의 주체성이나 자기에 대한 감각이 바뀌게 되는 인식의 변화를 말한다. 이는 그 사람의 기억과 지각을 연결하는 능력에 손상을 준다. 해리장애에서는 정상적인 기억에서 연결되었어야 할 사건들이 서로 분리가 된다. 이처럼 해리장애는 의식, 기억, 정체성, 감정, 지각, 신체 표상, 운동 통제 그리고 행동의 정상적 통합의 붕괴 또는 비연속성을 특징으로 한다. 외상은 모든 해리장애의 위험요인이 된다.

하위유형에는 해리성 주체성장애, 해리성 기억상실, 이인증/비현실감장애가 있다.

9) 신체증상 및 관련 장애

신체증상 및 관련 장애(Somatic Symptom and Related Disorders)는 일과 가정생활을 망치거나 손상시킬 정도로 두드러진 신체적 문제와 과도한 건강염려로 나타난다. 이러한 걱정으로 인해 불필요한 검사나 수술, 약물복용을 하게 되고, 스트레스와 좌절의 원인이 될 수 있다. 이 장애들은 실제적이든 스스로 지각한 것이든 혹은 가장하여 꾸며낸 것이든 건강 문제에 대한 비정상적인 생각, 느낌, 행동을 포함한다. 예를 들어, 건강 문제가 발생할 때 보통 실제 신체적 문제보다 더 과도하게 걱정을 한다.

하위유형에 신체증상장애, 전환장애, 질병불안장애, 허위성(인위성) 장애가 있다.

10) 섭식 및 급식 장애

섭식장애(Eating Disorders)는 음식을 먹고 영양분을 섭취하는 방식에서 와해가 생기는 만성적인 섭식문제이다. 이 장애는 신체건강뿐 아니라 생각하고 느끼고 타인과 관계를 맺는 방식에 큰 손상을 가져오며, 자신의 체중과 체형에 대해 강렬하게 걱정을 한다. 급식장애(Feeding Disorders)는 보통 아동기에 나타나는데 음식물이 아닌 것을 먹거나 음식물을 자주 역류시키거나 회피하는 것과 같은 와해된 섭식행동을 보이는 장애이다.

하위유형으로 섭식장애에는 신경성식욕부진증, 신경성폭식증, 폭식장애가 있으며, 급식장애에는 이식증, 되새김장애, 회피적/제한적 음식섭취장애가 있다.

11) 배설장애

배설장애(Elimination Disorders)는 배뇨에 문제가 있는 유뇨증과 배변에 문제가 있는 유분증이 있다. 이 장애는 낮이나 밤에 나타날 수 있으며, 배변훈련이 끝났다고 예상되는 아동기에 진단받는다. 이 문제는 의학적 상태나 약물이 장관이나 방광의 기능에 영향을 주어 일어날 수 있다. 의학적 문제가 해결된 뒤에도 증상이 나타나면 배설장애라고 한다. 이 장애는 배변훈련의 문제나 스트레스로 인한 정서적, 심리적 이유와 관계가 있을 수 있어 DSM-5에 포함되었다.

하위유형에는 유뇨증, 유분증이 있다.

12) 수면-각성장애

수면-각성장애(Sleep-Wake Disorders)는 수면의 질, 시간, 양을 망가뜨리며, 피로감, 집중력 문제, 과민성, 비만 등 다양한 신체적, 정서적 문제를 유발할 수 있다.

하위유형에는 불면장애, 과다수면장애, 기면증(수면발작증), 호흡 관련 수면장애(수면 무호흡, 수면 관련 호흡 저하), 사건수면, 기타 수면-각성장애(일주리듬 수면-각성장애, 하지불안 증후군)가 있다.

13) 성기능장애

성기능장애(Sexual Dysfunctions)는 성행위에 반응하거나 성적 즐거움을 경험하는 능력을 손상시킨다. 성기능장애는 인간의 '성욕구-흥분-절정-해소'의 성반응단계에 걸쳐 나타난다.

하위유형에는 남성의 성욕감퇴장애, 발기장애, 조기사정, 사정지연과 여성의 성적 관심/흥분 장애, 성기-골반 통증/삽입 장애, 절정감장애가 있다.

14) 성 불편증

성 불편증(Gender Dysphoria)은 자신의 신체적 성별이 자신이 생각하고 느끼는 방식과 일치하지 않고, 지속적으로 반대 성(性)이 되고 싶거나 반대 성이라고 확신하면서 고통과 갈등을 경험하는 장애이다.

하위유형에는 아동의 성 불편증, 청소년 및 성인의 성 불편증이 있다.

15) 파괴적 충동조절 및 품행장애

파괴적, 충동조절 및 품행장애(Disruptive, Impulse Control and Conduct Disorders)를 가진 사람들은 화난 감정을 통제하는 데 힘겨운 시간을 보내고 적대적인 행동을 보인다. 다른 사람들의 기물을 파괴하거나 규칙과 법을 어기며 권위에 따르지 않고 반항적이다. 이 장애는 아동기나 10대에 시작되는 경향이 있고, 많은 경우 소녀보다 소년에게서 더 흔하다.

하위유형에는 적대적 반항장애, 간헐적 폭발장애, 품행장애, 반사회성 성격장애, 병적 방화, 병적 도벽이 있다.

16) 물질 관련 및 중독장애

물질 관련 및 중독장애(Substance-Related and Addictive Disorders)를 가진 사람들은 특정한 물질(알코올이나 남용약물)이나 특정한 행위(도박)를 하는 것에 자신의 삶을 접수해 버릴 정도로 강한 집착을 보인다. 중독장애를 가진 사람들은 사용하려는 물질이나 도박에 쓸 돈을 구하는 데 엄청난 시간과 노력을 보낸다. 이는 자신의 삶에 주어진 의무나 주변 사람들의 가치보다 더 중요하다. 이로 인해 돈문제와 가족문제가 자주 발생하고, 자신의 갈망이나 충동을 충족하기 위해 법을 어기기도 한다.

DSM-5에서는 도박장애(Gambling Disorder)와 흡연장애(Tobacco Use Disorder)가 새로 추가되었다. 병적인 도박은 전통적으로 충동조절장애로 분류되어 왔으나, 더 많은 연구가 진행됨에 따라 중독장애에 속하는 것으로 조정되었다. 병적인 도박과 약물 의존증은 모두 뇌의 보상기제(reward machanism) 활성화와 관련이 있는 반면, 강박-충동장애의 경우 뇌의 공포기제(fear mechanism)의 부적절한 활성화 및 과잉 활성화와 관련이 있기 때문이다(APA, 2017). 기존의 약물 남용(substance abuse)과 약물 의존증(substance dependence)은 각 약물 종류별로 합쳐진 후 '중독 및 관련 장애' 분류에 속하는 방식으로 바뀌었다.

하위유형에는 물질사용장애, 물질중독, 물질금단, 물질/약물치료로 유발된 정신장애, 도박장애가 있다. 물질 관련 장애로는 알코올 관련 장애, 카페인 관련 장애, 칸나비스(대마) 관련 장애, 환각제 관련 장애, 흡입제 관련 장애, 아편류(아편계) 관련 장애, 진정제, 수면제 또는 항불안제 관련 장애, 흥분제(자극제) 관련 장애, 타바코(담배) 관련 장애가 있다.

17) 신경인지장애

신경인지장애(Neurocognitive Disorders, 치매)는 일상생활을 와해시킬 정도로 심각한 정신기능의 감퇴를 나타낸다. 치매 자체는 질환이 아니라 기억상실과 인격의 변화와 같은 일련의 증상군이다. 이러한 증상들은 서로 다른 장애들 때문에 발생할 수도 있어서 원인에 따라 치매의 유형이 달라진다. 알츠하이머가 치매의 가장 흔한 원인이다. DSM-5에서는 치매와 다른 기억 문제와 관련된 장애들을 신경인지장애로 새롭게 그룹을 지었다. 이 장애들은 기억, 사고, 추론능력에 영향을 미치는 뇌의 영역에 생긴 손상을 포함한다. 의학적 원인에 따라 알츠하이머병, 전두측두엽퇴행, 루이소체병, 혈관성질병, 외상성뇌손상, HIV 감염, 프라이온병, 파킨슨병, 헌팅턴병의 아홉 가지 장애가 있다. 의학적 상태에 따라 신경인지장애 증상이 얼마나 심한가에 따라 주요 혹은 경도로 진단된다. 섬망(delirium)은 남용약물, 알코올, 치료약물, 독성물질 혹은 질병이나 감염과 같은 의학적 상태에서 유발되는 일시적인 혼돈과 주의집중력의 저하상태이다. 약에 취한 것 같은 상태나 잠에서 완전히 깨지 않은 상태, 고열을 동반한 질환상태나 마취에서 깨어나는 것 같은 상황을 생각해 보면 섬망을 이해할 수 있다. 주변 환경에 대한 지각저하, 기억 문제, 혼란스러운 사고과정, 불안공포나 과민성을 보이며, 소리를 지르거나 욕을 하기도 한다. 중환자실에 입원이 필요한 상태에 섬망을 동반할 위험이 크며, 노인의 경우는 70% 이상 섬망이 나타난다. 치매를 가진 사람에게서도 섬망이 나타날 수 있다. 신경인지장애가 점진적으로 악화되는 것에 비해 섬망은 급격히 발생하고, 섬망은 호전되면 증상이 없어지지만 신경인지장애는 지속적으로 남는 차이가 있다.

하위유형에는 섬망, 주요 신경인지장애, 경도 신경인지장애가 있다.

18) 성격장애

성격이란 사람들이 어떻게 행동하는지, 어떻게 생각하고 관점은 어떠한지, 그리고 다른 사람들과 어떻게 어울리는지에 대한 것이다. 모든 사람은 인격적인 특성을 가지고 있어서 다른 사람들과 다르고 개성이 있다. 이러한 특성들은 자신이 속한 세상, 타인, 자신에 대해 어떻게 생각하는지, 어떻게 관계를 맺는지에 대해 지속되는 패턴이다.

성격장애(Personality Disorders)를 가진 사람들은 생각이나 행동하는 방식에 있어 완고하고 극단적이며 강렬한 경향이 있다. 보통 이들은 인생의 변화 요구에 적절한 방식으로 반응하지 못한다. 성격장애의 양상은 자신, 타인, 사건에 대해 생각하는 방식, 다양한 상황에서 감정을 갖고 보이는 방식, 타인과 관계 맺는 방식, 감정과 행동을 통제하는 방식에서 자신이 속한 문화적 배경과 다른 극단적인 방식의 장애 행동 패턴에 따라 다르게 나타나 그 양상과 증상에 따라 3개의 군집으로 나뉘며, 열 가지 유형의 장애가 있다.

하위유형에는 A군 성격장애(편집성 성격장애, 조현성 성격장애, 조현형 성격장애), B군 성격장애(반사회성 성격장애, 연극성 성격장애, 경계성 성격장애, 자기애성 성격장애), C군 성격장애(회피성 성격장애, 의존성 성격장애, 강박성 성격장애)가 있다.

19) 성도착장애

성도착장애(Paraphilic Disorders)를 가진 사람들은 변태성욕을 가진 사람들로, 성적으로 정상(성숙한 파트너의 동의하에 이루어지는 성행동)을 넘어서는 성적 호기심 혹은 기호를 가진다. 이들은 정상적인 성교는 하지 않으려는 경향이 있다. DSM-5에서는 단순 성도착(paraphilia)과 정신질환인 성도착증(paraphilic disorder)을 엄밀하게 구분하고 있다. 개인이나 타인에게 피해를 주지 않는 성도착 행동을 성적 취향의 하나로 인정하고 사회적인 낙인찍기(stigmatize)를 막기 위해서이다. 몇몇 성도착장애는 그 행동에 동의가 되지 않는 사람에게 피해를 끼칠 위험이 있어 범죄행위이다(APA, 2017).

하위유형에는 관음장애, 노출장애, 접촉마찰장애, 성적 피학장애, 성적 가학장애, 소아성애증, 물품음란장애, 복장도착장애가 있다.

20) 기타 정신질환

- 다른 의학적 상태에 기인한 달리 명시된 정신장애
- 다른 의학적 상태에 기인한 명시되지 않는 정신장애
- 달리 명시된 정신장애
- 명시되지 않는 정신장애

 참고 ● ● ●

ICD(International Classification of Diseases and Related Health Problems)-10
ICD-10 중 챕터 V는 '정신 및 행동장애'에 대한 분류 챕터이며, DSM-5에 대응될 수 있으며 많은 부분 호환된다.

⊙ **목적**

전 세계적으로 발생하는 질병과 사망 자료를 체계적으로 수집하고 분류할 수 있도록 하여 국가 간 데이터를 비교 · 분석하기 위해 WHO에서 관장한다. 데이터는 사망률, 질병 이환율의 국가 간 비교, 보험상환, 임상연구, 보건의료 질 관리, 감염병 감시 등이다.

⊙ **사용 현황과 최근 이슈**

- 각 국가별로 ICD 제10차 개정을 확장 · 수정하여 사용하고 있으며, 우리나라에서는 『한국표준질병 · 사인분류(KCD)』를 개발하여 쓰고 있다. WHO에서는 제11차 개정안을 마련 중인데, 게임중독이 ICD-11에 등재되어, 게임이용장애는 '6C51'이라는 질병

코드를 부여받게 됐다. 우리나라에서도 ICD-11을 수용하는 논의를 하면서 게임이용
장애를 포함하기로 하여 게임산업과 충돌되면서 사회적 이슈가 되고 있다.

ICD-11에서 정의하는 게임이용장애란 게임에 대한 통제력이 약해지고 우선순위가높
아짐에 따른 게임 행동 패턴이다. 게임은 온라인 및 오프라인 게임을 모두 포함하며
게임이용장애의 행동 패턴은 개인, 가족, 직업 등 일상생활에 부정적인 영향을 미칠
정도로 심각한 경우이며, 부정적인 결과가 발생함에도 게임을 지속적으로 또는 단계
적으로 확대하는 것을 의미한다. WHO는 게임 행동과 관련된 문제에 대해 게임이용
장애에만 국한되는 것이 아닌 건강의 다양한 측면(예: 불충분한 신체 활동, 시력 또는
청력의 문제, 수면 부족, 공격적 행동 및 우울증 등)을 주의해야 하는 것으로 보고 있
다. 이러한 게임이용장애의 개념은 처음에는 인터넷 중독의 하위개념으로 다루어져
왔다.

WHO 총회의 의결 사안인 ICD-11은 2022년까지 각국에 권고된다. 총회에서 '게임이
용장애'가 질병으로 분류되었다 해서 바로 게임이용장애를 질병으로 명시하지는 않
는다. ICD-11이 권고된 이후에도 실질적인 질병사인분류는 각국의 기준이 있기 때문
에 이 내용이 한국표준질병사인분류인 'KCD'에 등록된 이후 우리나라에 적용된다.
KCD는 5년 단위로 개정되며 변수가 없는 한 이번 총회 결과가 실제로 적용되는 시
점은 2025년이라고 한다. 사회적 합의를 위한 논의가 충분히 이루어져야 할 것이다.

제**2**장

정신건강이론

1. 정신분석이론과 방어기제

　정신분석 초기에 지그문트 프로이트(Sigmund Freud)는 불안이란 부적절하게 해소된 리비도 에너지의 결과라고 보았다. 그는 억제된 성 충동과 해소되지 못한 신체적 흥분으로 높아진 긴장 상태가 불안 신경증으로 변화되어 나타난다고 주장했다. 그러나 신경증을 치료하는 동안 그의 생각은 변했고, 불안에 대한 조기의 수장이 잘못되었음을 인정하였다. 프로이트는 초기의 주장을 바꿔 정신분석 후기에는 불안이란 개개인에게 반격하거나 피해야 할 위험의 원인을 알려 주는 자아의 기능이라고 주장했다. 프로이트는 인간의 내면은 자아, 이드, 초자아로 구성되어 있다고 보았다. 이드는 쾌락원리에 충실한 만족을 추구하는 내면의 순수한 본능이고, 초자아는 사회적 또는 문화적 규범이 있는 외부세계의 기대와 요구에 부응하도록 하는 도덕적 기준의 역할을 한다. 자아는 현실원리에 따라 이드의 본능적 욕구와 초자아의 도덕적 양심을 조절하며 타협하는 기능을 담당한다. 이때 자아는 현재 자기가 처해 있는 내적, 외적인 위험을 자신에게 알려 주는 불안을 통해 위험에 대처하는 기능을 한다.

프로이트는 이러한 불안의 기능을 현실적 불안, 신경증적 불안, 도덕적 불안이라고 구분하였다. 외부세계에 객관적인 공포 대상이 현존할 때 긴장하게 하는 의식적인 정서반응은 현실적 불안으로 대응할 기회를 준다. 이드의 충동에 사로잡혀 실수할 수 있다는 위험을 느낄 때 생기는 무의식적인 정서반응은 신경증적 불안이며, 자아가 초자아에게 처벌받을 것을 두려워할 때, 혹은 이드의 비도덕적 충동이나 행동이 표출되려고 할 때 생기는 무의식적인 정서반응은 도덕적 불안이다. 이러한 불안의 기능을 방어기제로 개념화하였으나, 이를 이론적으로 체계화한 사람은 안나 프로이트이다.

1) 안나 프로이트의 방어기제

안나 프로이트(Anna Freud)는 아버지 프로이트의 방어기능에 대한 관점들을 정리하여 성격 발달에서 방어의 역할에 주목하여 체계적인 방어기제(defence mechanism) 이론을 수립하였다. 안나는 방어기제 이론에서 청년기를 중요시하였다. 청년기엔 내적 갈등, 정서적 불안정, 변덕스러운 행동 등의 본능적 욕구가 증가하며, 이러한 여러 가지 변화가 급속도로 일어나기 때문에 불안이 증가하고 정서적 혼란을 경험한다. 청년기의 이러한 시련의 극복은 초자아와 원초아 간의 관계를 자아가 얼마나 적절히 균형을 유지해 주는가에 달려 있는데, 이 평형상태는 원초아의 강도, 잠복기에 형성된 성격구조, 자아가 활용하는 방어기제의 성향과 그 효율성에 의해 영향을 받는다. 만약 원초아, 자아, 초자아 간의 갈등이 청년기에 해결되지 않으면 정신적 균형의 붕괴가 일어나고, 이러한 갈등을 해결하기 위해 자아는 여러 종류의 방어기제를 사용하게 된다고 한다. 자아 방어기제는 자아가 불안에 대처할 때 작용하는 심리적 메커니즘이다. 인간은 늘 마음의 평정을 원하지만 다양한 상황에서 흔들리게 되고, 방어기제는 불안을 줄이고자 내적, 외적 현실에 대한 인식을 달리한다. 안나는 방어기제에는 다음과 같은 특징이 있다고 보았다.

- 모든 방어기제는 무의식 수준에서 나타난다. 즉, 무의식적으로 작용한다.
- 방어기제는 불안을 감소시켜 준다.
- 방어기제는 긍정적인 사회적 결과를 가져오기도 한다. 합리화와 같이 자신의 패배를 합리화할 수 있으면 패배에도 불구하고 자부심을 유지할 수 있다.

이러한 방어기제가 순기능인지 역기능인지를 구분하는 기준은 상황에 따라 방어기제를 균형적으로 다양하게 사용하는지, 그 강도는 어떤지, 연령에 적절한지, 위험상황이 안정되면 방어기제의 사용을 철회하는지 등이다. 방어기제가 상대적으로 정교한지 또는 원시적인지를 결정하는 가장 중요한 기준은 현실검증의 정도이다. 인간행동에서 나타나는 방어기제들은 모두 스트레스 및 불안의 위협으로부터 자신을 보호하려는 수단이라는 점과 의도적인 행동이 아니라 무의식적으로 일어나고 있다는 공통점이 있다. 구체적으로 안나가 정리한 방어기제 열 가지와 이후 추가된 방어기제를 살펴보면 다음과 같다.

(1) 억압

억압(repression)은 불안에 대한 일차적 방어기제이며 가장 흔히 쓰는 방어로서 의식에서 용납하기 힘든 생각, 욕망, 충동을 무의식 속으로 눌러 넣는 것이다. 프로이트는 억압을 일차적 자아방어로 간주했는데, 이는 더 정교한 방어기제의 수단이 될 뿐만 아니라, 불안을 가장 직접적인 방법으로 회피하기 때문이다. 억압은 의식하기에는 너무나 고통스럽고 충격적이어서 무의식적으로 억눌러 버리는 것을 말한다. 억압을 통해서 위협적인 충동, 감정, 소원, 환상, 기억 등이 의식되는 것을 막아 준다. 억압이 성공적일 때, 본능적인 욕구나 사회적으로 금지된 욕망의 노골적인 표현을 막는 것이 가능해지므로 사회적, 도덕적으로 순응하고 잘 적응된 생활을 영위하게 된다. 어떤 사람이 지나치게 소극적이라면 그 사람은 자신의 공격적 성향을 억압하고 있다고 볼 수 있다. 물론 너무 심하게 억압하다가는 누적된 충동이 갑자기 터져 나올 수도 있다. 억압은 기억 등에서도 많이 사용되는데, 업악된 기억들이 정신치료를 통해 드러나는 경우가 많기 때문이다.

- 타이타닉의 로즈가 신분이 다른 자유로운 도슨을 만나 그에게 매력을 느끼고 그동안 중시했던 예절을 벗어 버리는 행동을 한 것은 억압에서 벗어나는 것이지만, 도슨에게 끌리는 것은 의식의 수준이 아니었다. 만약 도슨에게 끌리는 마음은 의식하나 신분이나 어머니의 기대를 의식하고 억제했다면 이것은 의식의 수준에서 이루어진 억제(repression)이다. 억압과 억제는 이처럼 행동기제가 작동하는 의식에 수준이 다르다. 안나는 억압과 억제를 비교하여 설명하며, 억제의 기능도 중시하였다.

(2) 반동형성

겉으로 나타나는 태도나 언행이 그 사람의 억압된, 용납될 수 없는 충동의 정반대인 경우의 심리기제를 반동형성(reaction formation)이라고 한다. 무의식의 밑바닥에 흐르는 경향, 생각, 소원, 충동이 너무나도 받아들여질 수 없는 것이라면 정반대의 방향으로 행동이 나타나는 경우이다.

- 미운 놈 떡 하나 더 준다는 말이 있다.
- 십 대 미혼모가 받아들일 수 없는 아기에 대한 적개심을 지나친 애정과 과보호로 표현하는 경우가 있다.

(3) 퇴행

퇴행(regression)은 좌절을 경험할 때에 어린 시절의 안전했던 시기로 후퇴하여 안주하기를 원하는 기제이다. 불안을 피하는 한 방법이라 할 수 있다. 어렸을 때의 의존으로 퇴행한다는 것은 성인사회의 자주적인 생존과 책임을 다하려는 데에서 오는 두려움이나 불안정을 덜어 주기는 하겠지만, 결코 건설적인 해결은 못 된다.

- 노장의 신사들이 중학교 동창회에 모여 중학생처럼 행동한다.
- 동생을 본 아동이 나이에 어울리지 않게 응석을 부리거나 대소변을 잘 가리다가도 다시 못 가리게 된다.

(4) 격리

과거의 고통스러운 기억과 관련된 감정을 의식에서 떼어 내는 것이 격리(isolation)이다. 즉, 감정이 사고와 분리되는 것이다.

- 아버지와 관련되어 해결되지 않은 감정이 무의식에 남아 있는 한 청년이 자기 아버지의 갑작스런 죽음에 대해 말할 때는 슬픈 감정을 전혀 보이지 않으면서 아버지를 연상시키는 권위적인 남자가 죽는 영화를 볼 때 비통하게 우는 것은 격리의 한 예가 된다. 강박장애에서 흔히 볼 수 있는 경우이다.

(5) 취소

취소(undoing)는 반동형성과 밀접한 관계가 있는 방어기제로서, 죄책감을 느끼는 일을 하고 나서 안 한 것처럼, 원상복귀라도 하듯이 또는 죄의식을 완화라도 하듯이 상징적인 행동이나 생각이 사용된다.

• 부정으로 생긴 돈을 자선에 사용한다.
• 부인을 때린 후 꽃을 갖다 주는 남편이 있다.

(6) 투사

사람들은 본능적이고 무의식적인 원초아의 욕구를 가지고 있지만, 현실적, 도덕적으로 그 욕구를 다 충족시킬 수는 없다. 그렇게 되면 사람들에게는 현실불안, 도덕불안이 발생한다. 사람들은 그런 불안을 해소하기 위해 자신에게서 발생한 문제를 남의 탓이나 환경 탓으로 돌리면서 자신을 방어하려고 한다. 이러한 방어기제가 투사(projection)이다.

• 어떤 청소년은 친구들이 아무도 자기를 좋아하지 않는다고 불평하지만, 사실은 그 자신이 자신을 포함한 어느 누구도 좋아하지 않는 것이다.

(7) 투입

투입(introjection)은 외부의 대상을 자기 내면의 자아체계로 받아들이는 것을 말한다. 외부대상에 대한 부정적인 감정을 자신에게로 지향시키기 때문에 우울증을 야기하는 주원인이 된다. 투사와 반대되는 개념이다.

• 아버지를 미워하는 것이 자아에 수용될 수 없어서 나 자신이 미운 것으로 대치된다.

(8) 역전

역전(reversal)은 감정, 태도, 특징, 관계, 방향을 반대로 변경하여 표현하는 방어기제이다. 반동형성이 주로 감정의 역전이라면, 역전은 태도, 관계, 지향 등 좀 더 광범위한 행동을 포함한다.

• 무능력한 어머니에게 무의식적으로 반항하면서 성장해 자신만만하고 유능하게 된 여성이 자신의 성공에 대해 죄책감과 불안을 경험하는 것을 들 수 있다.

(9) 승화

승화(sublimaition)는 본능적 욕구나 참기 어려운 충동 에너지를 사회적으로 용납할 수 있는 형태로 바꾸어 사용하는 가장 건전하고 건설적인 방어기제이다. 승화는 다른 방어기제와는 달리 자아의 억압이 없고 충동 에너지를 그대로 유용하게 전용하는 것이 특징이다.

• 예술로 성적 욕망을 승화한다.
• 격투기로 폭력적 공격 충동의 승화한다.

(10) 자기에게로 향함

공격성 같은 본능적인 충동이 자기에게 향하는(turning against self) 방어기제이다.

• 엄마에게 혼이 나고 화가 난 아이가 자기 머리를 벽에 부딪친다면 이는 엄마에 대한 분노를 자기에게로 향한 것이다.

(11) 동일시

동일시(identification)는 다른 사람의 바람직한 속성이나 태도나 행동을 무의식적으로 따라 하며 자신의 성격의 일부로 삼게 되는 방어기제이다. 동일시는 동성의 부모를 동일시하는 때인 초기 아동기(3~6세)에 시작되고, 이것은 아주 중요한 발달과업이다. 청소년기에 가장 두드러지는 자신의 동료에 대한 동일시는 건강한 성장발달에 결정적인 부분이다.

• 독서, 연극, 영화, 운동경기 관람 등의 재미는 주인공과 자기를 동일시함
  으로써 주인공의 강점을 자기 것으로 만드는 무의식적 소원성취이다.

(12) 보상

보상(compensation)은 실제적인 것이든 상상의 것이든 간에 자신의 성격,
외모, 지능 등의 결함을 보완하기 위해서 취하게 되는 무의식적인 노력을 말
한다. 심리적으로 어떤 약점이 있는 사람이 그 약점을 보완하기 위해서 다른
어떤 것을 과도하게 발전시키는 정신현상이다.

• 체구가 작은 사람이 힘을 키우기 위해 운동에 집착한다.
• 체구가 작은 여성이 핸드백을 고를 때 자신도 모르게 큰 것을 자꾸 사게
  되는 경우가 있다.

(13) 부정

부정(denial)은 가장 원초적인 방어기제 중 하나로서, 의식적으로 용납할
수 없는 생각, 감정, 소망, 욕구 또는 외부 현실에 대한 인식을 회피하도록 하
는 무의식적인 방어기제이다. 감당할 수 없는 현실에 직면했을 때, 그 사실
자체를 부정해 버림으로써 마음의 평정을 찾고 스스로 불안을 피하려는 것을
말한다.

• 말기 간암으로 진단받은 환자가 이 진단을 인정하지 못하고 다른 병원
  에 다시 검사하러 간다.

2) 베일런트의 방어기제

최근에도 성격과 방어기제에 관한 연구가 지속되고 있다. 주로 성인 발달

과 방어기제, 성공적인 노화, 인간의 행복에 관하여 연구한 베일런트(Vaillant, 1993)는 방어기제를 4단계로 구분하고, 다음과 같이 각 단계의 방어기제를 세분화하여 설명하였다. 그는 안나 프로이트의 방어기제 개념을 수용하면서 새로운 방어기제들을 추가하였고, 그는 인간의 행복과 성숙을 위해서 성숙한 방어기제의 사용을 강조하였다. 행복감을 가지고 성숙하게 사는 것이 정신 건강이므로, 베일런트에 따르면 건강하고 성숙한 방어기제를 사용하도록 통찰력을 높이고 자아기능을 강화하는 것이 정신분석의 목표일 것이다.

① 1단계 병적 범주: 병적 방어기제들(pathological defences)

심각한 병적 수준의 방어기제에 해당한다. 이러한 방어기제들은 서로 동시에 나타나면서 외부적 경험을 재정비하여 현실 세계를 대하는 욕구를 없애 버린다. 이러한 방어기제를 사용하는 사람은 비합리적이거나 제정신이 아닌 것처럼 보인다. 정신병적인 측면에서 병적인 방어기제이지만, 유년기에 혹은 꿈을 꿀 때에도 이러한 방어기제들이 흔히 보인다. 망상적 투사, 자기부정, 왜곡 등이 대표적이다.

- 망상적 투사: 외적 현실에 대한 망상, 보통 피해망상적임.
- 자기부정: 매우 위협적이어서 외적 경험을 받아들이기를 거부함. 불안을 유발하는 외적 현실의 불쾌한 부분을 인지하거나 의식적으로 알려고 하는 것을 거부함으로써 정서적 갈등을 해소하고 불안을 제거함.
- 왜곡: 내적 욕구를 충족하기 위하여 외적 현실을 기이하게 재구성함.

② 2단계 미성숙 범주: 미성숙 방어기제들(immature defences)

성인에게서 자주 보이는 방어기제이다. 위협을 가하는 사람이나 고통스런 현실로 인하여 유발되는 스트레스나 불안을 완화한다. 현실과 거의 소통하지 않거나 현실을 대하는 데 있어 어렵고 미성숙하다는 점에서, 남용하면 사회적으로 바람직하지 못한 것으로 보인다는 점에서 미성숙한 범주로 구분하였다. 또한 현실을 제대로 대하는 능력에 문제가 발생하게 된다. 중증 우울(major depression)이나 인격장애(personality disorder)가 있는 사람에게서 잘 보인다. 행동화, 건강염려증, 수동공격성 행동, 투사, 분열성 환상 등이 대표적이다.

- 행동화(acting out): 겉으로 드러나게끔 행동하게 하는 감정을 의식적으로 인지하지 않고서, 무의식 속에 있는 소원이나 충동을 행동으로 직접 드러내는 것을 말한다.
- 건강염려증(hypochondriasis): 심각한 질병이 생길 것에 대한 과도한 몰입이나 걱정을 말한다.
- 수동 공격성 행동(passive-aggressive behavior): 적개심이나 공격성을 간접적으로 표현한다. 예를 들어, 중요한 과제발표를 맡았는데 잠이 들어 발표시간에 못 왔다고 한다.
- 투사(projection): 편집증(paranoia)의 원초적 형태로서, 알지 못하거나 받아들일 수 없거나 원치 않는 생각이나 감정이 생긴 것에 대하여 남탓으로 돌린다. 심각한 선입견이나 질투, 외부 위험에 대한 과각성(hypervigilance), 과거의 불평등한 것들을 잊거나 용서하지 않고 쌓아 두는 행위(injustice collecting) 등이 수반된다. 자신이 가지고 있는 사회적으로 수용될 수 없는 생각, 느낌, 충동, 신념, 동기를 타인에게 옮겨서 이러한 잘못된 것들이 모두 타인 때문이라고 여기는 것이 이들의 목적이다.
- 분열성 환상(schizoid fantasy): 내적, 외적 갈등을 해소하기 위하여 환상과 같은 증상으로 후퇴하는 경향

③ 3단계 신경증적 범주: 신경증적 방어기제들(neurotic defences)

신경증으로 간주되지만 성인에게서 흔한 것이다. 단기적으로 효과가 있어 보이지만, 외부 세계를 대하는 데에 있어 기본적 방어기제로 사용하게 되며 대인관계, 업무, 행복한 삶에 있어 장기적인 문제가 발생한다. 전치, 해리, 주지화, 반동형성, 억압 등이 대표적이다.

- 전치(displacement): 성적 충동이나 공격성 충동을 보다 수용 가능하거나 덜 위협적인 대상으로 옮기는 것을 말한다. 감정을 보다 안전하게 배출한다. 실제 대상으로부터 감정을 분리하고 덜 공격적이고 위협적인 인물이나 대상에 강렬한 감정을 돌림으로써, 공포스럽거나 위협적인 것을 직접 대하지 않으려 한다.
- 해리(dissociation): 정서적 스트레스를 피하기 위하여 개인의 정체성이나 성격을 한순간에 극적으로 바꾼다. 상황이나 사고를 수반하는 감정을 자신과 분리하거나 감정을 느끼는 것을 뒤로 미루는 것이다.
- 주지화(intellectualization): 격리와 유사한 기제로 상황에 대한 이성적 요소에만 집중하여서 불안을 유발하는 감정으로부터 거리를 두는 것이다. 사고로부터 감정을 분리한다. 자신이 바라는 것이 무엇인지 형식적으로 혹은 무미건조하게 생각은 하지만, 행동으로 옮기진 않는다. 지성적인 측면에 집중하여, 사회적으로 수용할 수 없는 감정을 회피한다.
- 반동형성(reaction formation): 위험하거나 사회적으로 수용되기 불가한 무의식적 바람이나 충동을 정반대의 것으로 바꾸는 것이다. 실제로 자신이 원하거나 느끼고 있는 것과는 정반대의 행동을 한다. 실제 자신이 갖고 있는 신념은 불안을 유발하기에 반대 신념을 취한다.
- 억압(repression): 즐거움을 주는 본능에 대한 욕구를 몰아내려 한다. 욕구가 충족되는 경우 느끼는 고통에 대한 위협으로부터 유발된다. 욕구는 무의식적인 것으로 옮겨져서 욕구가 의식으로 들어오는 것을 막으려

한다. 설명할 수 없는 천진무구, 기억력 감퇴, 상황이나 조건에 대한 인지 부족 등으로 보이기도 한다.

④ 4단계 성숙 범주: 성숙 방어기제들(mature defences)

건강한 성인에게서 보이는 방어기제들이다. 이 방어기제는 미성숙한 발달 단계에 근원이 있지만 성숙한 것이다. 성숙한 방어기제는 인간관계와 사회활동에서 적응적이고 성공을 극대화한다. 유쾌함과 절제력을 높인다. 갈등을 유발하는 감정과 사고를 통합하기에 유용하고 효과가 높다. 이러한 방어기제를 사용하는 사람은 덕이 있다고 여겨진다.

- 이타심(altruism): 타인에게 유쾌함과 만족감을 주는 건설적인 행동을 한다.
- 예측(anticipation): 나중에 발생할 안 좋은 일에 대비하여 현실적인 준비를 한다.
- 유머(humour): 타인에게 유쾌함을 가져다 주는 생각과 감정을 드러내어 표현(마주하거나 직접 말하기 불편한 것들은 생각이란 그 자체로 스트레스인 부분이 있지만, 말재주로 불편함을 줄임)한다.
- 승화(sublimation): 무익한 감정이나 본능을 건강한 행동, 사고, 감정으로 고친다. 축구나 럭비 등 신체 접촉이 많은 운동을 하면서 공격성을 게임으로 돌린다.
- 억제(supression): 현실을 대처하기 위하여 사고, 감정, 욕구를 주목하는 것을 미뤄 두는 의식적 결정을 말한다.

2. 대상관계이론

대상관계이론은 인간이 과거 경험에서 형성된 기대에 영향을 받아 현재의 대인관계를 맺는다고 본다. 양육 초기의 대상과의 경험은 정신적인 이미지로 남아 내부대상(internal objects)이 되어 성장하면서 대인관계에 영향을 미친다는 것이다. 프로이트는 유아를 스스로 성적 욕구를 충족하는 존재이면서 동시에 스스로 내적 갈등을 다스려 나가는 존재로 보았지만 멜라니 클라인(Melanie Klein)은 유아를 처음부터 대상을 추구하는 존재라고 보았다. 유아는 자신을 돌보아 주는 엄마에 대해서 좋은 대상 또는 나쁜 대상 모두로 지각하고 상호작용을 하게 된다. 유아는 엄마가 자신에 대한 것을 내면화하여 좋은 대상 혹은 나쁜 대상의 내부대상(internal objects)을 형성하여 대상관계의 기반을 형성한다고 보았다. 이처럼 인간은 다른 사람들의 실제 특성보다는 내부대상과의 유사성에 따라 대인관계를 맺으며, 특히 생애 초기에 경험한 애착대상의 관계는 이후의 대인관계 유형을 결정짓는다고 강조한다. 또한 이 이론에 따르면, 태아는 자기와 외부를 구별할 능력이 없어서 자신을 보호하고 보살피는 어머니는 객관적인 외부대상이 아니라 자기자신으로서 체험하게 되는데, 이를 자기대상(self objects)이라고 한다. 어머니가 긍정적인 경우 긍정적 자기를 경험하며, 반대로 부정적인 경우 부정적 자아를 경험하여 자기개념의 기초를 형성한다.

이유기가 되면서 아기는 자신과 어머니를 구분하며, 아이가 걸을 수 있게 되고 운동능력이 발달함에 따라 어머니로부터의 분리를 위한 연습을 하게 된다. 물론 어머니로부터 완전히 분리되는 것은 아니며, 이때 어머니 대신 안정을 느낄 수 있는 대상으로 애착인형과 같은 과도기적 대상(transitional objects)을 갖는다. 아이는 만 2세가 지나면서 어머니와 분리되어 개별화를 경험하는데, 어머니는 이때 아이의 분리 개별화 과정을 적절히 지원해야 한다. 아이가 만 2세가 되면 눈에 보이지 않더라도 어머니가 존재한다는 사실을 확실히 인지하게 되는데, 이렇게 눈에 보이지 않더라도 그 대상이 존재하는 것을 인식하는 것을 대상영속성이라고 한다. 대상관계이론에 따르면, 적절한 부모 역할이 자녀의 분리 개별화를 돕고 그럼으로써 독립적인 자기개념을 형성하게 된다고 한다. 유아가 충분히 발달하기 위해서 반드시 안전하고 좋은 환경이 필요한데, 이때 어머니의 완벽하지 않은 '충분히 좋은 어머니(good enough mother)' 역할이 필요하다고 위니콧(F. Winnicott)이 강조하였다. 이는 자녀의 안전한 분리개별화를 지원하는 어머니를 의미한다. 그는 자아의 구조는 이 정도면 충분한 환경의 제공 속에서 발달하며 그렇지 않은 경우에는 자아의 발달이 제대로 이루어지지 않는다고 하였다. 말러(M. Mahler)도 유아의 발달은 엄마로부터 어떤 방식으로 독립을 이루어 가는가에 따라 달라진다고 보았다(김정진, 2020, 재인용). 엄마로부터 분리와 독립을 성공적으로 하면 다른 관계로 대상을 확장하고 관계를 발전시킬 수 있다. 분리와 독립을 성공적으로 하지 못하면 다른 사람들과 정서적 관계에 어려움을 겪게 되고 결국 고립되는 삶을 살게 된다. 분리와 독립을 하지 못할수록 성인이 되면서 대인관계에서 많은 어려움을 겪게 된다. 이러한 분리 독립의 과정이 개별화의 과정이다. 만약 개별화가 잘 이루어지지 않고, 자기 개념이 잘 형성되지 않는다면, 취학기, 청소년기, 성인 독립기로 가면서 어려움을 겪을 수 있다.

대상관계이론의 분리 개별화 개념은 보웬(M. Bowen)의 자아분화(Self Differen-tiation)와 유사하며 성숙의 과정에서 성취해야 할 주요 과업과 같은 개념이다. 자아분화는 보웬 이론의 중심개념으로서 어린아이가 어머니와의 융합에서 서서히 벗어나 자기 자신의 정서적 자주성을 향해 나아가는 장기적 과정을 말한다(Bowen, 1978). 즉, 어릴 때부터 평생을 통해 이루어지는 자아분화는 개인의 자아가 가족자아집합체(family ego mass)로부터 분화되는 정도를 나타낸다. 분화가 안 되어 가족자아로 융합되어 분리가 안 되는 것을 미분화로 본다. 대상관계이론이 주 양육자인 어머니와의 분리 개별화를 통한 자신과 타인에 대해 좋음과 나쁨을 모두 수용해서 관계를 유지할 수 있는 성숙에 초점을 두었다면, 보웬은 이를 가족체계로 확대하였다. 자아분화는 개인의 정신 내적 차원에서 사고와 감정을 분리하는 능력과 대인관계 차원에서 자신과 타인을 분리하여 사고하고 행동할 수 있는 능력으로 나누어진다.

개인의 정신 내적 차원에서 일어나는 자아분화의 정도는 정서적 기능과 지적 기능 사이의 융합이나 분화의 정도를 반영하며, 한 개인의 자아분화 정도는 개인이 감정으로부터 사고의 기능이 얼마나 잘 작용하느냐와 관련이 있다(Kerr & Bowen, 1988). 대인관계 차원에서 일어나는 자아분화는 원가족으로부터 분리화를 달성한 정도를 나타내고, 자신과 타인을 분리하여 사고하고 행동할 수 있는 능력을 말한다. 다시 말해, 자아분화는 미분화된 가족자아집합체로부터 자신을 분리 또는 독립시켜 나가는 과정이다(Vanderkooi & Handelsman, 1984).

대상관계이론에서는 자녀가 병리적인 대상을 내면화한 경우, 이후 대인관계에서 문제를 경험하게 된다고 본다(김혜란 외, 2001). 컨버그(Kernberg)는 경계선 성격장애인들의 과도한 방어나 공격성은 자신을 보호하기 위한 것이며, 자신과 다른 대상 사이에 발생되는 분열(splitting)현상이 경계선 성격장애인들의 주된 특성이라고 하였다(김정진 외, 2012, 재인용). 보웬의 자아미분화의 문제는 배우자의 선택이나 관계에 영향을 미치고, 자녀 및 원가족과의 관계갈등을 지속해서 자녀도 미분화 문제를 가지는 세대 간의 대물림이 반복되고 배우자나 자녀에게 심각한 정신건강의 문제가 생길 수 있다고 하였다(Bowen, 1978). 이처럼 정신건강은 정서적 자주성을 바탕으로 타인과의 상호 의존적 관계를 건강하게 유지할 수 있는, 즉 사회적 존재로서 독립과 의존의 균형을 유지할 수 있는 능력에 기초한다. 정신건강의 문제가 상당수 대인관계의 갈등으로 촉발되는데, 그 기저에는 의존과 독립의 문제, 즉 자아의 미분화가 작용하고 있는 것이다.

3. 자아심리이론

성격으로서의 자아에 약간의 초점을 두고 원초아에 주로 초점을 두었던 초기의 정신분석과는 대조적으로, 자아심리학은 임상가들에게 전체적인 인간을 더 충분히 보도록 하는 데 도움을 주어 왔다. 자아심리학은 안나 프로이트(A. Freud)의 방어기제, 하트만(H. Hartman)의 자아적응 그리고 에릭슨(E. Erikson)의 인간의 내적, 외적인 세계를 통합하는 심리 사회적인 발달의 견해를 통합한 것으로 간주될 수 있다.

자아심리학의 뿌리는 정신분석이론이었지만 몇 가지 점에서 중요한 차이를 보인다. 정신분석이론은 모든 에너지의 근원이 원초아라고 하였으며, 따라서, 자아가 활동하는 데 필요한 에너지조차도 원초아에게 의지한다고 본다. 반면에, 자아심리학에서는 자아를 무의식적인 성적 에너지 또는 공격적 에너지에 좌우되는 연약한 존재가 아니라 나름대로 독립성과 자율성을 가진 존재로 보았다. 따라서 자아심리학에서 자아는 원초아의 충동을 억제할 수 있는 힘과 초자아의 지나친 윤리적 요구를 완화시킬 수 있는 힘을 동시에 가진 창조적이고 주체적인 현실적응기제이다.

자아심리학에서 개입대상은 무의식 가운데 있는 보이지 않는 힘이 아니라 자아의 상태이다. 자아의 수행능력, 자기방어기제, 자아의 자신감, 자아의 현실판단능력 등을 회복, 향상, 보존해 주는 것 등이 개입의 목표이다. 자아심리학에서는 무의식보다는 인식할 수 있는 세계, 과거의 사건보다는 현재의 사건, 피동성보다는 능동성, 성격의 단점보다는 강점을 강조한다(엄명용 외, 2001).

이처럼 자아에 강조를 두는 자아심리학은 자아의 발달과 정체성의 확립을 중시한다. 에릭슨(Erikson, 1950)은 자아정체성 발달의 핵심은 '위기'라고 보았는데, 내적인 요구와 외적인 자원의 상호작용 속에서 자아발달의 위기도 생기고, 위기를 극복할 심리사회적 자원도 그 속에 있다고 보았다. 그는 연령에 따른 발달단계마다 자아 발달의 초점이 다르고 그 단계에서 성취해야 할 것이 있으며, 전 단계의 발달은 다음 단계의 발달로 이행하는 데 중요한 초석이 되므로 그 위기를 통과하여야 한다는 점에서 발달의 과업과 점성 원칙(epigenetic principle)을 강조하였다. 영아기에는 생존을 양육자에게 의존하기에 양육자를 신뢰하는 것이 중요하고, 걸음마기에는 자신을 둘러싼 사물을 걸으면서 탐색하는 자율성이 중요하다. 유아기에는 활동반경을 넓히며 모험하며 배우는 주도성이 중요하다. 학동기 아동에게는 학교 선생님과 친구들에게 인정받고 학업을 잘 해낼 수 있다는 근면성을 토대로 한 자신감을 갖는 것이 가장 중요하다. 청소년기에는 자신이 누구인지, 무엇을 잘할 수 있는지, 어떻게 살아야 할지에 대한 의문에 대한 답을 찾는 정체성 확립이 중요하다. 청년기에는 보람을 주는 직업과 사랑하는 사람과의 친밀감이, 중장년기에는 자신의 지식과 기술로 사회와 후속세대에 기여하고 있다는 생산감이, 노년기에는 의미 있는 인생을 살아왔다는 삶의 통합과 내적인 만족감이 필요하다. 노년기 후반에는 신체적 기능도 쇠약하고 정신적 기능도 약화되어 달라진 상황에 재적응하면서도 삶의 지혜를 기반으로 한 초월적인 사고와 낙관적인 태도가 필요하다. 이렇게 각 시기마다 우리가 성취해야 하는 도전이 '위기'이며, 이 위기를 각자의 성격, 처해 있는 상황, 우리가 속한 사회와 문화의 구조 및 규준에 맞게 나름의 방식대로 해결해 가면서 자아가 발달한다. 에릭슨은 발달이란 전 생애에 걸친 적응과정이며, 긍정적인 것만큼이나 부정적인 경험도 중요하여 갈등과 위기를 통과하는 과정으로 보았다. 자아심리학에서 정신건강의 조건은 자아정체성의 확립이고, 자아정체성의 발달을 돕고 심리사회적 발달과정의 위기를 잘 극복하도록 돕는 것이 정신건강의 목표일 것이다.

4. 스트레스이론: 스트레스와 적응, 스트레스와 정신건강

우리의 삶은 갖가지 자극과 이에 대한 반응의 연속인데, 이 모든 것이 스트레스일 수 있다. 물론 스트레스는 반드시 우리에게 나쁜 쪽으로만 작용하는 것은 아니다. 격무에 시달리는 데서 오는 스트레스도 있지만, 휴가를 준비하는 들뜬 마음에서 생기는 스트레스도 있기 때문이다. 앞의 것을 흔히 '불쾌 스트레스(distress)'라 하고, 뒤의 것을 '유쾌 스트레스(eustress)'라 한다. 우리는 많은 스트레스를 경험하며 살고 있고, 스트레스라는 단어를 자주 사용하며 살고 있다. 스트레스와 관련하여 "스트레스란 무엇인가?" "스트레스가 우리에게 어떤 영향을 주는가?" "스트레스에 어떻게 효과적으로 대처할 것인가?"와 같은 질문을 하면 스트레스를 이해할 수 있다.

1) 스트레스의 개념

스트레스란 어떤 위험이나 주변 상황으로부터의 요구가 있을 때 나타나는 우리 신체의 자동적 반응이다. 스트레스를 받게 되면 근육이 긴장되고 혈압이 오르며 심장박동 수가 증가하면서 '아드레날린'이라는 호르몬이 과잉분비되어 온몸에 퍼진다. 스트레스는 주위의 위험으로부터 우리를 보호하고, 또

[그림 2-1] 스트레스란

는 우리에게 필요한 것을 얻게 하는 원동력이기도 하다. 빙상 쇼트트랙 단체전 경기에서 선수들끼리 교대를 할 때, 먼저 달려온 선수가 교대할 선수를 밀어주는 모습을 보게 된다. 이때 적당한 힘으로 밀어 주면 교대선수가 잘 달릴 수 있는 추진력이 되지만, 너무 세게 밀면 그 선수는 힘을 이기지 못하고 쓰러지고 말 것이다. 스트레스도 이와 같다.

원래 '스트레스'는 물리학에서 사용되던 용어로서, '물체에 가해지는 물리적 힘'을 의미하는 것이었다. 이것이 의학에 적용되었을 때는 개체에 부담을 주는 '육체적, 정신적 자극'이나, 이러한 자극이 가해졌을 때 그 생체가 나타내는 '반응'을 의미한다. 또는 부담을 주는 자극을 스트레서(stressors, 스트레스인자)라고 하고, 자극에 대한 개인의 반응을 '스트레스'라고 구분하여 정의하기도 한다. 일반적으로는 자극과 반응을 구분하지 않고 '스트레스'라고 혼용하는 경향이 있다. 이에 스트레스 개념을 자극과 반응의 관점에서 살펴볼 필요가 있다.

2) 자극으로서의 스트레스

적절한 스트레스는 주의력과 기억력을 높이는 긍정적 효과를 보이기도 하지만, 지나친 스트레스는 대부분 주의력과 기억력을 포함한 인지기능에 부정적 영향을 미친다. 시간적 압박감과 같이 과잉부담을 주는 스트레스는 터널시야(tunnel vision) 현상을 일으킬 수 있다. 이는 터널 안에 들어갔을 때처럼 출구만 보이고 주변은 깜깜해지는 것과 같이 주변을 보지 못하고 시야가 극도로 좁아지는 것이다. 적당한 스트레스는 우리가 적절한 긴장감을 유지하면서 각종 자극을 처리해 내는 수행능력을 증진시켜 주는 원천이 되지만, 이것이 정도가 심하거나 장기적으로 지속될 경우, 오히려 수행능력을 저하시키고 건강에 유해한 결과를 초래하게 되는 것이다. 이것은 여키스-도슨(Yerkes-Dodson) 법칙이라고 하는 스트레스 각성과 성과반응으로 설명된

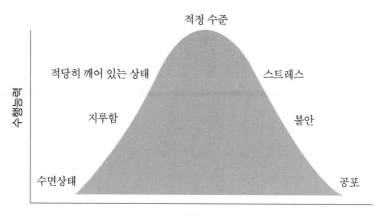

여키스-도슨 곡선
일의 효율성은 스트레스가 중간 수준일 때 가장 높아진다.

[그림 2-2] 여키스-도슨 곡선

출처: http://mediask.co.kr/629

다. 이는 스트레스로 인한 적절한 각성 상태에서 가장 높은 성과를 나타내는 데, 자극수준이 너무 높아지면 성과는 오히려 감소한다는 것이다. 스트레스의 수준과 일의 효율성 간의 상관관계에 관한 연구를 위해 여키스와 도슨은 미로 상자에 쥐를 풀어 놓고 어느 정도의 전기 자극을 주어야 쥐가 가장 빨리 출구를 찾는지 알아보는 실험을 했다. 그 결과 전기 자극이 아주 약하면 쥐들은 출구를 찾아 천천히 돌아다녔지만, 자극이 강해질수록 눈에 띄게 민첩해졌다. 하지만 실험을 더 진행시켜 전기 자극을 매우 강하게 주자 쥐들은 두려움에 사로잡힌 나머지 미로의 규칙을 기억하지 못하고 이전보다 못한 학습 결과를 보인 것이다(Corbett, 2015).

스트레스가 한 개인에게 얼마나 심각한 영향을 주게 되는가는 스트레스 자극의 기간, 스트레스 자극의 강도, 예측 가능성, 통제 가능성, 개인의 자신감 등 여러 요인들의 복합적인 작용에 의해 결정된다. 어떤 사건이나 생활의 변화들이 스트레스 요인으로 어떻게 작용하는가를 인지하고 평가함으로써 스트레스를 피하거나 감소 또는 해소시키는 실질적인 방법들을 나름대로 익힐 수가 있다. 홈즈와 라헤(Holmes & Rahe, 1976)는 인생의 위기라고 할 수 있는 생활의 변화에서 경험하는 생활 스트레스의 강도와 그 진행된 기간에 따라 스트레스를 극복하고 다시 재적응하는 데 미치는 영향의 크기가 다르다고 하였다. 그들은 삶 속에서 부딪히는 대표적인 스트레스 상황들을 생활변화량으로 계량화하여 생활사건의 영향에서 재적응하기까지 필요한 사회재적응 평가척도(social readjustment rating scale)를 〈표 2-1〉과 같이 개발하였다. 이 척도는 사람들이 인생에서 직면하게 되는 대표적인 43개 항목의 생활변화가 어느 정도의 영향을 미치는지 스트레스의 정도를 총점으로 수치화하였다. 이를 활용하려면 1년 내 자신에게 일어났던 각 항목의 점수를 더한 총점을 산출한다. 총점이 300점 이상이면 가까운 시기에 스트레스 관련 증상을 겪게 될 위험이 80% 정도, 150~299점이면 50% 정도, 150점 이하이면 30% 정도로 예측할 수 있다.

표 2-1 사회재적응 평가척도

항목	영향의 크기	항목	영향의 크기
배우자의 죽음	100	일에서의 책임 변화	29
이혼	73	자식의 분가	29
별거	65	시댁 문제	29
수감	63	탁월한 개인 성취	28
가까운 가족의 죽음	63	배우자가 일을 시작하거나 멈춤	26
신체 상해 또는 질병	53	학교생활의 시작 또는 끝	26
결혼	50	생활환경의 변화	25
직장에서 해고	47	개인 습관 교정	24
이혼	45	직장상사와의 문제	23
은퇴	45	근무시간 또는 환경 변화	20

가족의 건강 상태 변화	44	거주지 변경	20
임신	40	전학	20
성관계의 어려움	39	휴식의 변화	19
새로운 가족 구성원의 발생	39	교회 활동의 변화	19
사업 재조정	39	사회 활동의 변화	18
재정상태 변화	38	담보, 대출 10만불 이하	17
친한 친구의 죽음	37	수면 습관의 변화	16
작업요건 변경	36	가족 모임 수의 변화	15
배우자와의 논쟁 횟수 변화	35	식습관 변화	15
주택담보대출 10만 불 이상	31	휴가	13
담보, 융자, 대출 등	30	크리스마스(명절)	12
		사소한 법규의 위반	11

출처: Holmes & Rahe (1976).

3) 반응으로서의 스트레스

셀리에(Hans Selye)는 스트레스에 대한 신체적 반응은 그 원인의 다양성에도 불구하고 서로 유사하며, 스트레스 단계가 장기화되어 적응에 요구되는 에너지가 소진되면 질병이 발생한다는 일반적응증후군(General Adaptation Syndrome: GAS)을 제시하였다. 스트레스라는 말은 셀리에가 스트레스를 의학에 적용하면서 일반인들 사이에서도 널리 사용되기 시작했다. 일반적응증후군의 소진에 이르는 스트레스 반응단계는 다음과 같다([그림 2-3] 참조).

(1) 1단계: 경고반응기

① 초기 충격기: 스트레스 자극에 의해 유기체가 일시적으로 위축되는 반응을 보이는 단계로 물리적 스트레스나 강한 감정 상태에 교감신경계가 반응하는 단계이다. 인체의 비상사태에 대처하여 신체의 능력을 증

가시키는 자동적이고 순간적인 반응으로, 체력과 정신활동을 증가시키고 긴장시켜 땀이 나고 심박수가 증가하며 근육에 힘이 들어가는 반응이 나타난다.

② 후기 역충격기: 스트레스에 대응하기 위한 투쟁－도피반응이 일어나는 단계로 위협적인 상황에 직면했을 때 신체가 위험에 대비하도록 교감신경계와 부신피질 호르몬을 통해 신체를 억제하거나 촉진한다. 신체적 변화는 혈압상승, 산소공급을 위한 호흡증가, 추가적 에너지를 위해 혈당증가, 혈액응고가 용이해지고, 근육 활동에 필요한 혈액의 흐름이 증가되며, 소화기계와 같이 긴급한 활동에 필요 없는 기관에는 혈액 공급이 줄어든다. 림프조직은 아드레날린 호르몬에 의해서 위축된다. 이 단계를 교감신경 스트레스 반응(sympathetic stress response) 또는 투쟁－도피 반응(fight or flight response)이라고 한다. 단기적인 스트레스의 경우 이 방어체계가 성공적으로 작동하면 신체는 정상적으로 돌아가 이 단계에서 종료되지만, 스트레스가 계속 존재할 경우 저항기로 이행한다.

(2) 2단계: 저항기

스트레스가 지속되거나 증가될 것으로 예측되면 새로운 요구를 충족시킬 추가적 에너지를 얻기 위해 아드레날린, 코티솔, 티로신과 같은 스트레스 호르몬이 지속적으로 분비된다. 코티솔의 증가로 근육 무력감, 팔다리의 저림이나 이상감각, 다뇨, 야뇨, 두통, 고혈압, 저칼륨혈증의 신체변화가 나타날 수 있다. 하지만 스트레스가 지속되더라도 신체의 적응시스템이 지속적으로 작동하여 겉으로는 스트레스에 잘 적응하는 것처럼 보일 수 있다. 그러나 인체는 긴장이나 환경에 적응하려고 하지만, 적응에 필요한 자원을 인체가 무한정 공급할 수는 없다. 개인의 적응력이 감당하기 어려울 만큼 스트레스 상황이 지속되면 소진기로 넘어간다.

(3) 3단계: 소진기

스트레스에 대한 대응이 장기간 지속되는데도 스트레스가 줄어들지 않으면 스트레스에 대한 신체의 저항이 점차 감소되거나 빠르게 줄어든다. 인체의 한정된 자원은 결국 고갈되고, 정상 기능을 유지할 수 없다. 적응 에너지의 고갈로 인해 스트레스에 대한 방어능력을 상실하면 면역계의 이상, 신체기능의 손상과 기능부전으로 질병이 발생하거나 심하면 사망에 이르기도 한다. 또한 심리적 방어능력이 와해되어 적응장애, 물질중독, 우울, 신체화 장애와 같은 정신장애가 생길 수 있다.

최근에는 일반적응증후군보다 '만성피로증후군(Chronic Fatigue Syndrome: CFS)'이 더 주목을 받고 있다. 미국 질병통제예방센터(CDC)의 기준에 따르면, 이는 충분한 휴식 후에도 피로가 회복되지 않고, 특별한 원인 없이 일상생활의 절반 이상을 제대로 수행할 수 없는 정도의 극심한 피로가 6개월 이

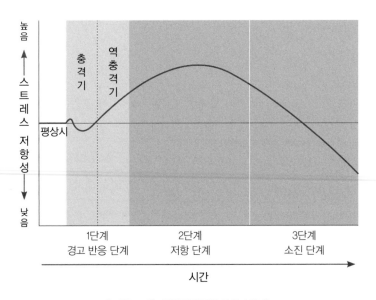

[그림 2-3] 일반적응증후군의 3단계

상 지속되는 것을 말한다. 일반적인 만성피로는 신체질환 등 원인을 찾아 적절한 조치를 취하고 충분한 휴식과 스트레스 대처, 음식, 규칙적인 운동 등으로 극복이 가능한 정도인 반면, 만성피로증후군은 직장에서의 업무나 취미생활을 못할 정도의 피로를 동반한 상태를 말한다. 피곤해서 집중력이 떨어지는 정도의 어려움이 아니라 어떤 사안을 듣고서도 금방 잊어버리거나 간단한 계산이 힘들어지는 경우도 있다. CDC에서는 만성피로증후군의 전형적인 증상을 '기억력이나 집중력 장애, 목이 따끔거리는 증세, 목이나 겨드랑이의 임파선이 눌러서 아픔, 근육통, 여러 군데 뼈마디가 아픔, 새롭게 생긴 두통, 잠을 자고 나도 개운하지 않음, 운동이나 힘든 일을 하고 난 후 심하게 가라앉음'의 여덟 가지 증상 중 4개 이상에 해당하면 CFS를 의심하고 전문가의 도움을 받도록 권하고 있다. 이때 만성피로가 과로로 인한 것이 아니고, 통상 휴식으로 완화되지 않으며 피로를 유발하는 의학적 원인 질환인 감염, 내분비질환, 대사 질환, 간질환, 류마티스질환, 혈액질환, 악성 종양 및 스트레스, 우울증, 불안증 등의 정신적인 원인의 다른 의학적 상태에 의한 것이 아닌지 확인이 필요하다(https://www.msdmanuals.com/ko-kr).

앞에서 살펴본 바와 같이 스트레스반응에 관한 셀리에의 일반적응증후군이나 만성피로증후군을 통해 알 수 있는 것은 적정한 스트레스는 유익하지만, 지나친 스트레스는 질병을 유발하므로 스트레스가 주는 경고반응에 주의를 기울이고 스트레스에 잘 대처하고 관리하는 것이 중요함을 알 수 있다. 최근에는 스트레스 반응에 대한 간편 진단척도를 개발하여 스트레스의 경고반응을 알아차리고 조기에 관리하여 소진을 예방하도록 돕는 스트레스관리 프로그램, 스트레스면역훈련 프로그램들이 정신건강영역, 학교 및 직장 등에서 많이 활용되고 있다.

4) 스트레스-대처-적응

스트레스-대처-적응(stress-coping-adaptation) 이론은 스트레스 상황에 직면하게 된 사람이 그 상황을 해결할 수 있는 개인적, 환경적 자원에 근거하여 상황을 인지하고 평가하게 되는데, 개인이 상황을 적절하게 다룰 수 없다고 판단될 때 스트레스로 평가되는 것이며, 이후 대처 행동을 통하여 스트레스 상황을 극복하고 적응에 이르는 것을 설명한다(Lazarus & Folkman, 1984b; 이현주, 2011). 라자루스와 포크만은 스트레스-대처-적응모델을 통해 사회적, 심리적, 생리적 측면에서의 스트레스 유발요인, 대처, 반응, 스트레스를 극복한 후 인간이 얻게 되는 장기적 효과를 시계열적으로 제시했다. 이 모델은 환경과 상황에 대한 자극이나 생활사건 등의 어려움에 적응해 가는 과정을 인간과 환경 간의 상호작용 결과로 설명하는 대표적인 스트레스이론이다. 이 이론에서는 스트레스를 개인과 환경을 양방향적 관계, 즉 상호교류적인 관계와 상호작용의 결과로 정의하였다. 즉, 자극과 반응 모두를 스트레스 과정의 일부로 통합하고, 자극과 반응의 관계적 측면에서 스트레스를 정의하였다. 심리적 스트레스를 '개인이 자신의 안녕을 위협하면서 자신의 자원 활용의 정도를 넘어섰다고 평가하는 개인과 환경 간의 관계'라고 정의하고, 개인이 스트레스를 어떻게 평가하고 대처하는지에 관심을 가져야 한다고 주장한다.

일상생활 속에서 우리가 경험하고 있는 스트레스의 모든 과정 속에는 우리가 처한 환경, 그러한 환경에 대한 정서적, 행동적 반응, 그 결과로서의 심리적 적응까지 모두 포함되어 있다고 보는 것이다. 또한 개인에게 처해진 환경과 그러한 환경에 대응하기 위하여 스스로가 동원하는 자원들, 그리고 동원된 자원과 환경에 대한 개인의 인지적 평가(cognitive appraisal)와 반응, 환경을 해결하기 위한 대처과정, 이 모든 요인이 상호작용한 결과로서 개인의 행동과 정신건강에 변화가 나타난다. 이를 적응으로 간주한다.

라자루스와 포크만(1984a)의 스트레스이론은 인간을 환경과 분리해서 생각할 수 없는 총체적 존재로 보는 생태체계이론에 근거한다(Germain, 1995; 강상경, 2011). 생태체계이론은 인간의 행동이 환경에 적응하고 환경을 자신의 욕구에 맞게 수정하고 변화시키는 과정에서 형성되고 발달한다고 본다. 인간이 환경에 적응하기 위한 행동을 하는 과정에서 스트레스가 생겨나는데, 스트레스란 환경의 요구에 부응하기에 부하가 너무 커서 적응하기 어려운 상황을 의미한다. 스트레스가 생겨서 체계 간의 항상성이 깨졌을 때 스트레스를 받은 체계는 환경에 다시 적응하게 되는데, 이러한 적응과정에서 체계 내적 요소들과 체계 외적 자원 요소에 따라서 적응의 결과가 다르게 나타날 수 있다고 가정한다(Lazarus & Folkman, 1984b). 그러므로 스트레스를 주는 자극이나 스트레스 반응만으로 스트레스를 설명하거나 이해하기는 한계가 있고, 개인과 환경의 특성에 따라 스트레스가 성장을 가져오기도 하고, 좌절과 질병을 가져오기도 하는 적응과 대처를 주목해야 한다는 것이다.

　　대처(coping)란 자신이나 외부 환경으로부터 오는 스트레스를 최소화하고 적응하기 위해 행하는 노력이다. 대처행동은 성격처럼 일관성 있는 반응이 아니라 상황에 따른 융통적 대응으로 나타나며, 의도적인 노력을 포함한다. 라자루스와 포크만(1984b)은 스트레스 대처행동을 문제중심대처(problem-focused coping)와 정서중심대처(emotion-focused coping)로 구분하였다. 문제중심대처는 스트레스의 근원을 변화시키거나 없애기 위해서 문제에 직접적으로 접근하는 반응을 말한다. 즉, 스트레스 상황의 조건을 변화시킬 수 있다고 평가되면 문제상황을 규정하고 대안을 탐색한 후 적절한 대안을 선택하여 실행하는 문제해결적 접근을 한다. 이것이 용이하지 않다고 평가하면 환경보다는 자신의 내부에 주목하여 자신의 기대수준을 바꾸거나, 대안적인 만족을 추구할 방법 모색하거나, 새로운 행동기준 개발과 새로운 기술 습득과 같은 문제해결적 대처를 한다. 이는 정서중심적 대처에 비해 합리적이고 계획적이다. 정서중심대처는 스트레스 상황을 변화시키기보다 정서적 균형을 유지하고 스트레스와 관련된 정서적 고통을 조절하는 반응으로 소망적 사고, 거리두기, 긴장해소, 사회적 지지추구와 같은 대처를 한다. 어떤 대처방식을 선택하는가에 따라 상황에 적응하거나 부적응을 겪는 결과로 이어진다. 빌링스와 무스(Billings & Moos, 1984)는 우울한 사람들은 문제해결을 위한 노력보다 정서중심적 대처를 더 많이 택한다고 하였다. 문제중심대처는 심리적 안녕과 정적인 관계가 있으며, 문제중심과 사회적 지지추구 대처와 같이 적극적인 대처를 많이 사용할수록 안녕감과 기능이 향상되었다고 하였다.

스트레스의 원인이 무엇이든 스트레스 대처의 목표는 적응이다. 적응(adaptation)이란 개인의 내적, 외적 욕구를 인지하고, 환경과 자기 자신 사이에서 균형을 이루고, 자신이나 환경에 대해서 만족하는 상태이다. 적응은 환경의 요구나 문제에 당면하여 그것을 적극적으로 해결하고 조화를 이루려는 창조적인 과정이며, 사회의 요구나 질서에 수동적으로 일치해 가는 소극적인 의미만 가지는 것은 아니고, 스스로의 욕망을 조절하면서 개인과 환경의 관계에서 역동적으로 균형을 이루어 가며 정신건강을 유지하는 기제이다. 그러므로 정신건강에서 스트레스는 성장의 자원, 도전의 기회, 문제해결능력 및 적응력의 향상과 같은 긍정적인 관점에서 접근할 수 있다. 다만 개인 내적인 특성과 외적인 조건, 스트레스 사건의 특성을 함께 고려하면서 개인의 대처와 적응기제를 파악하고, 내외적 자원을 지원하여 안정과 일상의 회복이 되도록 돕는 것이 정신건강의 목표가 될 것이다.

5. 낙인이론

낙인(stigma)의 어원은 고대 그리스인들이 비정상적인 사람 혹은 비도덕적인 사람을 나타내기 위한 표식(signs)에서 기원한다. 고대 그리스 사회에서 낙인을 가진 사람은 노예, 범죄자, 특별히 공공장소에서 배제되어야 할 사람들이었다(Goffman, 2009:13). 낙인은 심한 불명예나 수치를 가져오는 속성의 의미를 지니고 있다. 낙인이란 어떤 사람 또는 집단에 대한 심한 편견으로 그들에게 부당하게 매우 부정적인 내용을 담은 표식(stigma)을 말하며, 그 표식이 찍힌 개인 또는 집단을 소외시키고 배척하는 행위는 낙인찍음(stigmatization)의 행위이다. 낙인은 일반적으로 결점, 부끄러움의 표시 또는 자신의 명성에 대한 수치로서 정의될 수 있다.

낙인이론은 베커(Becker, 1966)의 일탈이론에서 시작되었다. 베커(Howard Becker)는 일탈행동이 행위자의 내적 특성 때문이 아니라 주위로부터의 낙인에 의해 만들어진다고 주장하였다. 그는 금지된 행동에 대한 사회적 반응이 이차적 일탈을 부추길 뿐 아니라, 사회집단이 일탈 규율을 만들어 그 규율을 특정 사람들에게 적용하고, 규율을 어긴 자들을 '아웃사이더'로 낙인찍음으로써 일탈을 만들어 낸다고 하였다. 일탈은 사람이 범하는 행위의 질이 아니라 오히려 다른 사람에 의해 적용된 규율과 범법자에 대한 제재의 결과이며, 일탈자는 그 낙인이 적용된 사람이고, 일탈행동은 사람들이 일탈이라고 낙인찍은 행위라고 보았다(Becker, 2018). 낙인이론은 기존 범죄이론들이 일탈자 개인의 특성을 연구대상으로 삼은 것과 달리 사회적으로 어떤 행위를 일탈로 규정하는지, 일탈을 저지른 자에 대한 주변의 반응 및 그에 따른 역할 공고화 문제에 주목한 이론이다.

이처럼 일탈행동에 영향을 주는 사회의 낙인과정은 범죄뿐 아니라 정신질환에도 적용하게 되었다. 셰프(Thomas Scheff)는 1966년 『정신질환이 되는 것(Being Mentally Ill)』라는 저술에서 정신질환은 사회적 영향의 결과라고 주장하며, 정신질환으로 보이는 이상행동을 일탈로 보는 사회적 관점 때문에 정신질환으로 진단되면 그 관점에 충족하는 이상행동이 강화된다고 하였다. 토이츠(Thoits, 1999)는 셰프의 정신질환의 낙인과정을 확장하여, 정신질환을 일탈로 보는 사회적 낙인 때문에 정신질환자는 예측하기 어렵고, 위험하고, 자신을 돌보기 어려운 무능력자라는 정형화된 사회적 편견이 형성되었다고 주장하였다. 이로 인해 정신질환자는 자기낙인화를 통해 고립된다고 하였다.

고프만(Goffman)은 이러한 낙인에 내재된 속성의 의미를 넘어 낙인현상에 대한 관계적 접근을 하였다. 정상(인)과 비정상(인)의 관계를 통해 낙인의 사회적 의미를 도출하였다. 고프만은 사람이 마땅히 가져야 할 모습, 즉 '당위적인 사회적 정체성(a virtual social identity)'과 실제의 모습, '실제적인 사회적 정체성(an actual social identity)' 간의 괴리로 인해 낙인현상이 발생하는 것에 주목하였다. 왜냐하면 이들 두 정체성 간에 괴리를 갖고 있는 사람은 누구나 낙인찍히게 되기 때문이다. 낙인자는 정상인과의 만남에서 정상인의 관점을 배우는 한편 자신이 특정 낙인을 갖고 있으며, 그 낙인의 보유 결과가 구체적으로 어떤지를 학습하면서 자신의 정체성(moral career)을 형성해 간다. 고프만은 낙인자와 정상인이 만나는 상황을 혼합된 만남(mixed contacts)이라고 정의하였다. 고프만의 관심은 혼합된 만남에서 낙인자가 자신의 사회적(낙인) 정보를 관리하는 다양한 자아연출에 있었다. 이를 위해 고프만은 혼합된 만남에서 정상인이 낙인정보를 인지하는지의 여부에 따라 낙인자를 잠재적 불명예자(the discreditable)와 불명예자(the discredited)로 나누었다. 상대방이 낙인자의 특성을 보고 낙인정보를 가진 경우에는 불명예자, 낙인자로서의 자신에 대한 불명예 정보가 눈에 잘 띄지 않고 그 보유자만 알며 다른 사람에게 이야기를 하지 않은 낙인자를 잠재적 불명예자로 개념화하였다. 잠재적 불명예자는 자신의 불명예 정보를 관리함으로써 '아닌 척하기'를 시도한다고 보았다(Goffman, 2009).

고프만 낙인이론을 적용하면 정신질환자에게 불명예 관리는 상당한 스트레스를 요하고, 정보를 감추기 위해 고립화, 주변화될 것이며, 이미 낙인자 정보가 노출된 불명예자의 경우 사회적으로 고립을 당하거나 구별된 시설이나 병원에서 지내게 될 것이다. 이처럼 낙인이론은 정신질환에 영향을 주는 사회적인 요인에 주목한 이론이다. 사회적 요인에는 경제적 빈곤, 가족관계, 스트레스가 되는 생활사건, 정신질환에 대한 사회문화적 인식과 태도 등이 있다. 이러한 사회적 요인들은 정신장애를 효과적으로 치료하고 회복하는 데 장애가 되고, 정신장애를 가진 당사자와 가족의 사회적 고립과 소외로 이어지기 쉽다. 정신질환의 고립화 현상과 사회복귀에 대한 거부적인 태도는 정신질환 자체와 정신질환자에게 낙인을 찍는 형태가 됨으로써 인간존엄성의 상실, 부당한 대우, 억제, 불이익, 시민권의 부정, 수치심 유발 등 차별로 이어지고, 정신장애의 재발요인이 되기도 하므로 중요하게 다루어야 할 측면이다(이부영, 1992).

낙인의 과정은 누군가 정신장애를 가지고 있다는 단서를 인식하면 그에 대한 고정관념이 발동되고, 고정관념에 대한 인지적, 정서적 반응인 편견이 나타나고, 편견은 차별이라는 행동으로 나타난다. 코리건(Corrigan)은 정신장애에 대한 낙인과 그로 인한 정신장애인에 대한 사회적 편견과 차별은 세 가지 위험을 초래할 수 있다고 하였다. 첫째, 진단을 회피하는 경향, 둘째, 정신장애인의 삶의 목표나 기회가 차단될 가능성, 셋째, 자기낙인의 위험으로 사회적 편견을 내재화하여 낮는 자존감과 수치심을 갖는 것이다(서미경, 2008, 재인용).

이부영(1992)은 사회적 낙인이 정신질환자에게 영향을 미치는 자기낙인과정을 다음과 같이 구체화하였다.

첫 번째 단계는 '무가치와 차별에 대한 사회적 개념을 인식하는 단계'로서, 정신질환자가 되기 전에 이미 각 개인들은 정신질환으로 낙인을 받는 것이 무엇을 의미하는지에 대한 사회적 개념을 내면화하게 된다. 그리하여 환자와 일반인은 대부분의 사람이 정신질환자를 무가치하게 여기고 차별한다는 신념을 공유하게 된다.

두 번째 단계는 '치료를 시작하면서 공식적인 낙인을 받는 단계'이다. 정신질환자에 대한 일반적인 사회적 차별과 무가치에 대한 신념을 개인이 공식적으로 치료를 받게 됨으로써 받아들이는 단계이다.

세 번째 단계는 '낙인을 받는 개인이 대처행동을 보이는 단계'이다. 낙인에 대한 대처행동에는 세 가지 유형이 있다. 첫째, 비밀(secrecy)로 정신질환자들은 고용주나 친척, 애인에게 거부당하지 않기 위해 치료력을 숨기는 대처행동을 할 수 있다. 둘째, 철회(withdrawal)로 이것은 최소한의 사회적 상호작용만을 유지하여 친구나 직장동료들로부터 거부당하지 않기 위한 대처행동이다. 셋째, 교육(education)으로 정신질환자가 정신질환에 대하여 다른 사람들이 가지고 있는 부정적인 태도를 없애려고 그들을 교육하여 계몽하는 대처행동을 할 수도 있다.

네 번째 단계는 '자아존중감, 권력획득, 사회망에 대한 부정적인 결과를 획득하는 단계'이다. 정신질환자들이 보인 비밀, 철회, 교육과 같은 대처반응은 부정적인 결과를 낳게 된다. 이러한 반응이 낙인을 줄이기도 하지만 또한 그들의 생활에 있어서 여러 가지 기회와 관계를 차단시키게 된다. 예를 들면, 보수가 더 좋은 직장을 구하려던 사람이 정신질환자가 됨으로써 사회망을 차단시키고 더 나은 직장을 구하려는 시도를 하지 않을 수 있다.

다섯 번째 단계는 '정신질환에 대한 취약성을 가지게 되는 단계'이다. 1단계에서 4단계까지의 과정을 겪는 동안 환자는 자아존중감과 사회망의 결핍을 느끼게 되고 직장에서의 문제도 생길 수 있다. 이러한 것들은 심리사회적인 위험요소로 작용하게 되고 정신질환으로 발전될 수 있는 것이다. 그리하여 낙인의 과정이 반복되면 병에 대한 취약성은 증가하게 된다.

이와 같은 정신장애에 대한 사회의 부정적인 태도와 정신질환자의 낙인에 대처하는 과정에서 형성되는 자기낙인은 정신장애에 대한 효과적인 치료와 재활, 사회통합을 저해하는 요인이 되고 있다. 우리나라는 유교적인 전통을 가진 사회적 체면을 중시하는 문화이다(나은영, 1995). 정신질환자뿐 아니라 가족에게도 낙인의 과정이 마찬가지로 작용하여 가족의 지지기반 및 사회적 관계망이 약화되는 문제를 가져온다. 이러한 낙인의 문제에 대처하기 위해 사회적으로 정신건강영역에서 정신장애에 관한 사회적 인식개선과 정신장애에 대한 반낙인운동, 반차별운동, 정신장애에 관한 올바른 이해교육, 정신장애인과의 긍정적인 접촉경험, 사회적 거리 줄이기 등 편견 해소를 위한 운동이 확산될 필요가 있다. 또한 당사자와 가족의 자기낙인과 철회를 줄이기 위해 당사자와 가족의 자조활동지원 및 정신건강전문가의 협력적인 노력이 많이 요구된다.

6. 레질리언스이론

레질리언스(resilience)[1]는 스트레스 상황에 노출된 후에 원상태로 회복하는 힘을 의미하며, 최근에는 여기서 더 나아가 이를 통한 성장과 성숙이라는 의미까지 내포하는 것으로 인식되고 있다(Walsh, 2002). 샐리비(Saleebey, 1997: 8)는 아동기 외상과 역경의 연구에서 대부분 어린 시절에 겪었던 문제를 반복하지 않으며, 삶의 역경으로부터 이익을 얻는다고 하였다. 이처럼 삶의 위기나 어려움에도 역경을 딛고 다시 회복하고 또는 이전의 상태로 돌아간다는 점에서 가미지(Garmezy, 1991; 1993)는 레질리언스를 회복력이나 복원력의 개념을 포함한 회복탄력성으로 정의하였다. '회복된다'는 것은 단순히 과거의 상태로 돌아간다는 한정된 의미가 아니고 도전 이후의 정신적 혹은 신체적인 건강의 유지, 회복, 향상을 의미한다(Ryff & Burton, 2003). 또한 위기나 스트레스 상황에서 스트레스를 견뎌내는 '정신적 저항력'(홍은숙, 2006) 또는 '적응유연성'(Block & Kremen, 1996), 위기상황에서 내적 또는 외적인 자원을 활용할 수 있는 능력(Fine, 1991), 위기나 어려움을 성숙한 경험으로 바꾸는 능력(Polk, 1997)이다. 레질리언스는 곤란에 직면했을 때 혹은 정신병리나 비행을 유발하는 환경에 처했을 때 이를 극복하고 환경에 적응하여

---

1) 레질리언스는 우리나라에 회복탄력성, 심리적 탄력성, 적응유연성 등으로 번역되어 소개되고 있다. 이 책에서는 레질리언스를 그대로 사용하고자 한다.

정신적으로 성장하는 능력이다(Garmezy, 1993).

이처럼 레질리언스에 대해 다양한 정의가 있는 것은 레질리언스가 환경에 적응하고 대처하는 인간의 능력을 총체적으로 다루기 때문이다. 레질리언스에 관한 다양한 정의를 종합해 보면 두 가지 핵심적인 공통적 함의가 있다. 즉, 하나는 개인이 성장하면서 위험요인에 노출되었다는 것이고, 다른 하나는 그러한 위험요인에도 불구하고 긍정적인 발달을 보였다는 점이다(Walsh, 2009). 이로써 레질리언스 관점은 더 이상 개인의 결함과 약점에 집착하지 않고 개인의 능력과 자원에 관심을 집중한다. 다시 말해서 개인의 역기능이나 병리에 초점을 두지 않고 강점에 초점을 둔다. 여기서 말하는 능력이란 어떤 특별한 마술적인 능력이 아니라, 긍정적으로 생각하고, 유머를 사용하며, 희망을 가지고, 삶에 의미를 부여하며, 적극적으로 행동하고, 도움을 요청하고, 다른 사람들의 도움과 지지를 구하는 능력을 의미한다(head & Whitehead, 2018). 이런 특성들은 평범해 보이지만 열악한 상황에서는 상당히 강한 힘을 발휘하기 때문에 매우 중요하다. 종합하면, 레질리언스는 자신이 처한 역경을 극복하여 환경의 변화과정에 유연하게 대처하고 그 환경을 자신에게 유익한 방향으로 적용하는 인간의 총체적 능력이며, 변화하는 상황에 좀 더 적응적으로 대처할 수 있는 개인의 능력을 말한다(Luthar et al., 2000). 이처럼 레질리언스는 매우 역동적이고 시간의 흐름에 따라 변하며, 환경요인들의 상호작용에 의해 영향을 받는다는 특징이 있다(Walsh, 2009).

현재 레질리언스에 관한 연구는 그 요인을 밝히는 연구, 이를 증진시키는 방안, 병리적인 행동이나 일탈행동에 미치는 영향에 대한 연구 등 다양한 방면으로 이뤄지고 있다(Luthar et al., 2000). 우선 회복탄력성을 구성하는 하위요인에 관한 연구를 살펴보면, 라토르(Rathore, 2017)는 회복탄력성의 하위요소를 낙관성, 목적성, 인내, 자원의 풍부성이라고 하였다. 설츠러터(Schultze-Lutter, 2016) 등은 자기효능감, 자기수용감, 삶의 목적, 개인적 성장, 긍정적 대인관계 등이라고 하였다. 코너(Corner, 2017) 등은 낙관성, 삶에 대한 태도,

감정인지, 자기조절, 사회적 지지, 유머감각, 자기신념 그리고 문제해결능력을 제시하였다. 조현병 부모를 가진 아이들을 연구한 가미지(Garmezy, 1971), 와이트 섬 내 정신질환 부모를 둔 아이들을 연구한 러터(Rutter, 1979), 하와이 카우아이 섬 내 빈곤, 정신병리, 이혼 등의 위기를 경험한 아이들을 40년간 종단연구한 워너(Werner, 2005)는 여러 위험요인(risk factors)에도 불구하고 탄력적으로 성장하는 아동들이 있음을 보고하며, 어려움에도 불구하고 개인을 회복탄력적이 되도록 만드는 보호적 요소들(protective factors)에 관심을 갖는다(추병완, 2017: 44-48). 이는 역경을 만날 때 보호요소들을 강화하면 회복탄력성을 증진하여 문제해결력을 높힐 수 있음을 시사한다. 벤지스와 미샤쉭(Benzies & Mychasiuk, 2009)은 다음의 〈표 2-2〉와 같이 생태학적 모델을 바탕으로 가족의 회복탄력성을 연구하였는데, 다양한 사회생태적 차원에서 회복탄력성과 깊은 연관이 있는 보호적 요소들을 개인, 가족, 공동체 차원에서 제시하였다. 이는 개인, 가족, 공동체의 생태적 맥락에서 회복탄력성을 함께 고려하고 통합적으로 접근하는 생태학적 접근 필요성을 구체화했다는 점에서 의의가 크다. 그들은 가족의 회복탄력성은 보호요인을 강화할 때 증진하며, 위험요인을 회피하는 것으로는 증진되지 않는다고 하였다. 이는

표 2-2 사회상태적 차원의 레질리언스 요소

개인	가족	공동체
감정조절능력 자기조절능력 낙관적 신념체계 자기효능감 효과적 대처방법 교육과 훈련 유연한 성격	유연한 가족구조 배우자와의 안정성 가족 응집력 지지적 부모자녀관계 고무적 환경 사회적 지지 지지적인 원가족 안정되고 적절한 수입 적절한 주거지	공동체의 참여 동료의 지지 지지적 멘토 이웃의 배려 학교 및 돌봄서비스 근접성 건강관리 체계

레질리언스 모델로 접근할 때 강점중심으로 생태체계적 차원의 보호요인들을 발견하고 이들을 강화하는 것이 중요함을 실증적으로 보여 준 것이다. 리나레스와 발라리노(Linares & Vallarino, 2008)도 이러한 관계적, 복합적, 환경적 차원의 레질리언스를 조현병 환자에 적용하면서 에코-레질리언스(Eco-Resilience)라는 개념을 사용하여 조현병 환자의 회복탄력성 증진을 위한 생태학적 접근을 강조하였다.

레질리언스가 병리적인 행동이나 일탈행동에 미치는 영향에 관한 연구 중 병리적 행동에 미치는 영향에 관한 연구들은 레질리언스가 역경을 극복하는 데 효과적일 뿐 아니라 역기능이나, 병리적 증상에 효과적인 예방적 기능을 한다는 것에 주목하였다(Benard, 1991). 이는 레질리언스는 개인이 직면한 스트레스나 역경을 효과적으로 극복하는 자원이지만, 다가올 스트레스나 역경을 예방하는 데에도 효과적이라는 것을 말한다. 홍은숙(2006)은 레질리언스가 청소년의 삶에 긍정적인 영향을 미치며, 환경적 위험요인들의 부정적인 영향을 상쇄시키는 역할을 한다고 하였다.

레질리언스를 증진하는 것과 관련된 연구를 보면 그리브와 스터딩거(Greve & Staudinger, 2006)는 다양한 보호요인인 극복 전략의 레퍼토리를 구축하는 것이 스트레스에 대한 면역성을 기르는 것이라고 강조한다. 따라서 탄력성의 발달에서 극복 전략들을 습득하고 내적, 외적 자원을 취하는 것은 매우 중요한 의미를 지닌다. 즉, 사회적 지원은 사회적 네트워크의 존재만으로 보장되는 것이 아니라 개인이 이를 효율적으로 이용할 수 있을 때 부정적인 영향을 감소시키는 역할을 할 수 있는 것이다. 카우아이 연구에서도 탄력적인 아동들은 위험요인의 부정적 영향으로부터 자신들을 보호하고 자신들의 능력과 자아의식을 강화시켜 줄 수 있는 사회적 환경을 적극적으로 찾는다는 것이 확인되었다.

한편, 레질리언스가 역경에 효과적으로 대처하는 방법을 터득해 가는 불완전한 시도의 '과정'으로 이해해야 한다는 입장이 있다(Masten, Best, &

Garmezy, 1990: 425). 팔머(Palmer, 1997)는 레질리언스의 네 가지 유형을 과정적 관점에서 제시하였다. 이들은 회복탄력성이 위기에 직면하여 혼란을 경험하며 살아가는 아노미적 생존(anomic survival), 위기에서 건설적인 대처방법을 발달시키기 위한 불완전한 시도들로서의 재생적 회복탄력성(regenerative resilience), 위기 대처방법으로 장기적으로 활용해 온 적응적 회복탄력성(adaptive resilience), 효과적인 대처전략을 광범위하게 활용하는 번영적 회복탄력성(flourishing resilience)이다. 그러므로 클라이언트가 어느 단계에서 회복탄력이 이루어지고 있는지 평가하고, 내적, 외적 다양한 보호요인으로 극복전략을 구축하여, 재생이나 적응을 넘어서서 번영적인 회복탄력성을 획득할 수 있도록 돕는 것이 목표가 될 수 있다.

만성질환자를 위한 레질리언스 강화 실천전략을 연구한 최명민(2012)은 '가능한 한 모든 것을 동원하여 계기를 만듦' '지지적인 환경체계 확보하기' '실패를 허용하되 최대한 버티기' '각종 장애물 넘기' '작은 성공경험 조금씩 쌓아가기' '성찰하며 곁에서 함께하기' 등이 정신보건전문가들이 경험하고 인식한 성공적인 전략이었다고 한다. 이러한 성공에는 민감하게 작은 변화의 여지를 마련하여 성공의 경험을 쌓게 하면서 조금씩 더 도전해 가는 과정과 더불어, 실패할 경우에도 이에 좌절하지 않고 좀 더 쉬운 과제로 재도전하도록 하는 과정을 함께 하면서 자신의 실천의 적절성을 끊임없이 성찰하는 태도가 핵심이라고 분석하였다(최명민, 2012). 이 연구결과는 병리적이고 평가적인 관점이 아닌 강점 관점에서 클라이언트를 신뢰하고 기다리며, 내외적 보호요인들을 구축하고 통합적인 접근을 하는 것이 정신장애인의 레질리언스 강화에 주효함을 보여 주고 있다.

여러 연구를 종합해 볼 때 레질리언스 모델은 사회통합적 에코-레질리언스 차원에서 개인, 가족, 지역사회를 대상으로 레질리언스의 보호요인을 강화하는 접근을 통하여 정신건강을 증진하고 정신장애인의 회복을 지원하는 지역사회정신건강 체계를 구축하는 데 중요한 실천적 기반으로 보인다.

제**3**장
정신장애에 대한 통합적 접근

정신장애에 대한 접근은 크게 세 가지 방향으로 이루어져 왔다. 첫째, 고전적인 의미의 역동정신의학으로 장애의 근접원인을 찾으려고 노력했는데, 다만 개인의 유아기 경험까지를 주로 다루었다는 점에서 한계가 있다. 둘째, 생물정신의학에서는 병인-환경-숙주의 세 요인으로 질병의 원인을 보는 자연주의 모델을 사용하여 정신장애에 접근하려고 하였다. 이러한 접근은 다양한 정신장애의 환경 요인이나 사회문화 요인 등을 탐색하고(환경), 중추신경계의 이상 발달, 신경전달물질의 과소, 세포 내 신호전달기전의 이상, 감염이나 스트레스 요인 등을 규명하며(병인), 개체의 감수성이나 취약성, 회복탄력성 등의 내적 요인을 밝히는 성과가 있었다(숙주). 셋째, 인지정신의학에서는 행동심리학과 인지심리학의 기반하에 인간의 행동과 사고, 감정의 관련성을 중심으로 장애의 원인을 찾으려고 하였다. 이러한 접근은 뇌과학과 인지과학의 발달에 기반하여 인지 왜곡과 부적응 행동을 조절하는 인지행동치료로 이어졌다. 역동정신의학은 신경증의 이해에, 생물정신의학은 정신증의

이해에, 인지정신의학은 우울증이나 불안증의 이해에 큰 기여를 하였지만, 다양한 병리 상태를 포괄하는 통합 패러다임은 제시하지 못하고 있는 상황이다(박한선, 2019a, 재인용).

이처럼 정신장애에는 생물학, 행동 · 인지 · 정서의 심리학, 사회문화적 환경의 사회학의 다양한 관점에서 설명되는 요소들이 기여한다. 이들은 서로 다른 시점에 독립적으로 기여할 수도 있으나 각 요소는 전체의 부분으로서 상호영향을 미치게 되므로 그 인과관계를 다차원적 모델의 체계적 관점에서 통합적으로 접근하는 것이 일반적이다(Durand & Barlow, 2017). 이는 특정 정신장애를 진단하고 치료계획을 세울 때 생물학적, 인지정서행동적, 사회문화적 요소들이 어떻게 상호작용하는지 종합적으로 고려하여 통합적인 접근을 해야 함을 의미한다.

1. 생물학적 접근

정신병리의 생물학은 유전, 신경과학을 중심으로 접근하며, 최근에는 진화정신의학에 대한 논의도 이루어지고 있다. 정신장애뿐 아니라 인간의 거의 모든 형질은 유전자와 환경의 상호작용에 의한 생존과 적응과정에서 빚어지므로 정신장애의 본질적인 이해를 위해서는 생물학적인 측면에서의 진화적 관점의 통찰이 필요하다는 것이다.

1) 유전: 병적 소질과 취약성

유전자(gene)란 단어는 1866년 멘델(Gregor Mendel)에 의해 도입된 개념에 기초하여 1909년 요한센(Wilhelm Johannsen)이 처음으로 사용하였다. 다윈(Charles Darwin)의 유전에 대한 가설인 '범생설(pangenesis)'에서 설명하고 있는 유전과 진화의 입자적 단위를 휴고 드 브라이스(Hugo de Vries)가 'pangene'이라는 용어로 사용하였고 이의 파생어로 유전자(gene)가 탄생하였다. 요한센은 유전자를 "생명체의 많은 특징을 결정하고 유일하게 분리할 수 있어서 독립적으로 생식체 내에 존재하는 특별한 조건 혹은 기초 또는 결정인자"라고 불렀다. 이 생물체마다 가지고 있는 특별한 조건이 유전 정보를 담고 있는 부분인 유전자(gene)이다(노태영, 2008). 유전이란 쉽게 말하자면 부모의 특성이 자식에게 전해지는 것을 말한다. 아주 옛날 사람들도 자식은 부모를 닮는다는 사실을 알고 있었고, 근친결혼을 금하고 가축을 교배하는 등 유전에 관한 지식을 생활 속에서 활용하고 있었다. 유전자의 묶음은 염색체(chromosome)이며, 이들의 합성어가 게놈(genome, 유전체)이다. 이 유전체는 한 개체가 가지고 있는 유전정보의 총체로 유전자와 염색체의 정보를 모두 가지고 있다. 2003년 인간 게놈 지도 완성으로 인간 유전자 안에 존재하는 정보들이 인간의 생로병사의 과정을 설명할 수 있는 근거가 마련되었다. 그러나 정신장애와 DNA의 인과관계는 불명확하고, 정신장애 발병에 영향을 주는 단일유전자가 발견되지 않았다.[1]

　정상적인 인간세포는 23쌍으로 배열된 46개의 염색체를 가지고 있다. 첫 22쌍의 염색체는 신체와 뇌의 발달을 위한 프로그램을 제공하고, 마지막 스물세 번째 쌍은 성(sex)을 결정한다. 여성은 두 염색체가 모두 X염색체이고, 남성은 어머니가 X염색체를 아버지가 Y염색체를 제공한다. 유전자를 포함하고 있는 DNA분자는 이중나선구조이다. 유전자는 단백질을 생성하는 일련의 단계를 거쳐 우리의 신체와 행동에 영향을 준다. 사회문화와 환경 요소들은 유전자의 활성화 여부에 결정적인 영향을 준다. 정신장애 및 행동패턴에 유전적 기여가 확인되고 있는데, 성격 특성 및 인지능력의 절반 정도가 유전적인 영향을 받는다고 한다(Rutter et al., 2006). 기억력과 같은 특정 인지능력에

---

1) 정신의학신문(http://www.psychiatricnews.net/news/articleView.html?idxno=9338)을 참조하라.

대한 유전지수가 32~62%의 범위에 있고(Saudino et al., 1997), 수줍음과 같은 성격특성에 대한 유전성은 30~50% 범위에 있다고 한다(Kendler et al., 2001). 쌍둥이 대상 추적연구들을 통해 인지능력의 안정성에는 유전적 요소가 기여하고, 환경적 요소는 변화에 기여하는 것이 발견되었다. 아동기의 부정적인 생활사건과 같은 혼란스러운 경험은 유전자의 영향을 압도하는데, 쌍둥이 중 1명만 스트레스 사건을 경험한 경우, 다른 1명에 비해 인지적 능력에 큰 변화를 보였다고 하였다(Durand & Barlow, 2017, 재인용).

    유전적인 요소는 모든 정신장애에 영향을 주는 것으로 밝혀졌지만 그 설명력은 50% 정도 혹은 그 이하이다. 일란성 쌍둥이 중 1명이 조현병일 때 다른 1명이 조현병일 가능성은 50% 이하이다. 다른 정신장애에서도 이와 유사하거나 더 낮은 설명력이 적용된다. 정신장애와 유전 관련 연구가 지속되면서 명확해지는 것은 정신장애의 유전적 취약성을 촉발하거나 특정 유전자를 활성화하는 환경적 사건과의 상호작용을 고려하지 않고 유전적 기여도를 설명하기 어렵다는 것이다(Durand & Barlow, 2017, 재인용). 인간의 뇌는 신체의 다른 기관들과 마찬가지로 발달과정에서 환경의 영향을 받아 환경에 대한 반응으로 뇌와 뇌의 기능들이 지속적으로 변화하고 유전구조의 수준에서도 변화한다고 한다. 그러므로 유전 관점으로 정신장애를 이해하려면 정신병리와 관련된 유전-환경 상호작용을 검토해야 한다. 이와 관련하여 병적 소질 스트레스 모델이 주목받고 있다.

    병적 소질 스트레스 모델은 타고난 정신장애로 발전할 경향성인 병적 소질(diathesis)을 가진 개인이 특정한 스트레스 사건이라는 조건에서 장애가 발전하는 것을 말하며, 취약성 스트레스 모델이라고도 한다. 이때 소질이란 특정한 병에 걸리기 쉬운 내적 요인(소인)을 가지고 있는 신체상의 상태를 말하며 체질과 유사한 개념이다. 취약성 스트레스 모델은 주요 정신장애에 관한 취약성을 선천적으로 타고나거나 후천적으로 획득한 사람에게 다양한 스트레스가 가해졌을 때 정신질환이 유발된다고 본다([그림 3-1] 참조). 취약성

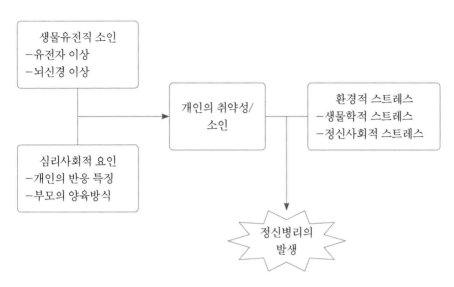

[그림 3-1] 취약성 스트레스 모델

출처: 정신의학신문(http://www.psychiatricnews.net/news/articleView.html?idxno=10226)

(vulnerability)이란 주요 정신질환을 일으킬 수 있는 위험성을 의미하며, 증상의 발생시기와 관계없이 개인이 지속적으로 가지고 있는 병적 소질을 말한다. 이 모델은 질병에 대한 소인인 취약성과 환경적 스트레스 간의 상호작용에 초점을 둔다. 스트레스와 취약성의 관계는 강물과 강둑의 관계에 비유할 수 있다. 환자는 선천적으로 일반인에 비해서 강둑의 높이가 낮기 때문에 심한 스트레스를 받게 되면 강물이 금방 강둑을 넘치게 되어 발병하거나 재발하게 되는 것이다(이화영, 함병주, 2013: 471). 다른 예로, 청년들이 대학이나 직장에 함께 다니며 장시간의 음주를 즐기게 되어도 중독유전자를 가진 사람이 스트레스 상황에서 더 술에 의존하고, 알코올중독이 될 위험이 높다. 이 모델은 병적 소질(취약성)이 있는 것만으로는 관련 장애를 발전시키는 것이 아니고, 스트레스 사건과 결합하여 발전한다는 것이다. 다만 취약성이 크면 적은 스트레스에도 발병하고, 취약성이 적으면 더 큰 스트레스 사건에서 발병한다.

취약성 스트레스 모델에 의한 정신장애의 발병을 설명하는 연구가 다수 있다. 아동기에 신체적 혹은 성적 학대를 받았거나 혹은 부모상실을 경험한 사람은 성년기에 우울증이 발생할 위험이 높은 것으로 알려져 있는데, 이는 인간 발달상의 결정적 시기에 부정적 경험과 결부되어 개인의 유전적인 소인이 생물학적으로 스트레스에 취약한 표현형을 만들고, 차후의 스트레스에 대한 역치를 낮추어 우울증으로 발전하는 것으로 생각할 수 있다(Kim, 2011). 산모가 물질복용, 우울증, 가정불화 등의 문제들에 노출된 경우 그 자녀에게 우울증 혹은 불안장애의 위험을 높인다는 것이 밝혀졌다. 또한 출산 전 산모가 사별, 원치 않은 임신, 자연재해, 전쟁 등을 경험하면 자녀의 조현증 발병 위험성도 증가하는 것으로 보고되었다. 출산 전 스트레스는 태아의 내분비계, 신경전달물질계, 면역계 등에서 뇌의 전반적인 생물학적 변화를 초래하고, 이는 차후에 정신질환으로 이환될 수 있는 취약성을 증가시킨다. 이러한 취약성을 가진 개인이 심각한 스트레스를 겪게 되면, 스트레스로 인한 생물학적 변화가 환자가 지니고 있던 생물학적 소인과 상호작용하여 뇌의 신경전달물질과 신호전달 체계에 변화를 초래하게 되고 비로소 증상이 발현되는 것으로 설명할 수 있다(이화영, 함병주, 2013: 474).

2) 신경과학

신경과학은 뇌의 구조와 기능, 신경계 및 호르몬의 생화학적 활동 등 생물학적이고 물리적인 증거들을 토대로 하여 연구하는 학문으로, 뇌와 신경계를 기반으로 인간의 행동과 정서의 반응, 인지과정을 설명한다(Damasio, 2004).

(1) 뇌의 구조와 기능

뇌의 구조와 기능은 [그림 3-2]와 같다. 뇌의 80% 이상을 차지하는 대뇌(대뇌피질)는 뇌의 바깥쪽 껍질부위이며, 뉴런 간 상호작용을 통해 학습, 창

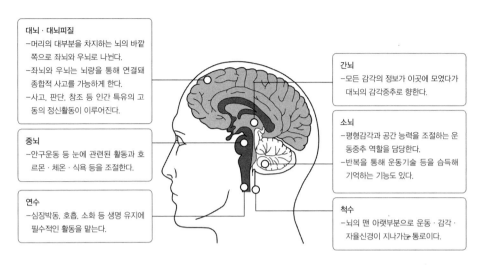

대뇌 · 대뇌피질
-머리의 대부분을 차지하는 뇌의 바깥쪽으로 좌뇌와 우뇌로 나뉜다.
-좌뇌와 우뇌는 뇌량을 통해 연결돼 종합적 사고를 가능하게 한다.
-사고, 판단, 창조 등 인간 특유의 고등의 정신활동이 이루어진다.

중뇌
-안구운동 등 눈에 관련된 활동과 호르몬 · 체온 · 식욕 등을 조절한다.

연수
-심장박동, 호흡, 소화 등 생명 유지에 필수적인 활동을 맡는다.

간뇌
-모든 감각의 정보가 이곳에 모였다가 대뇌의 감각중추로 향한다.

소뇌
-평형감각과 공간 능력을 조절하는 운동중추 역할을 담당한다.
-반복을 통해 운동기술 등을 습득해 기억하는 기능도 있다.

척수
-뇌의 맨 아랫부분으로 운동 · 감각 · 자율신경이 지나가는 통로이다.

[그림 3-2] 뇌의 구조와 기능

출처: https://www.mk.co.kr/news/economy/view/2008/04/205729/

조, 사고, 판단과 같은 정신활동 기능을 담당한다. 우리 몸의 감각기관에서 들어온 신호를 대뇌피질에서 받아들이고 처리하여 느낄 수 있고, 대뇌피질에서 운동에 대한 신호를 보내면 뇌줄기와 척수를 지나 필요한 근육으로 전달되어 원하는 대로 몸을 움직일 수 있게 된다.

대뇌피질은 우반구와 좌반구로 나뉘어 있다. 좌반구는 언어적 기능과 다른 인지과정에 주요하게 관련이 있고, 우반구는 주변 세상을 지각하고 이미지를 만들어 내는 기능과 더 관련이 있다. 대뇌피질의 각 반구는 4개의 영역 혹은 엽으로 나뉜다. [그림 3-3]과 같이 머리의 앞부분인 전두엽, 옆 부분인 측두엽, 뒷부분인 후두엽과 정수리 부분인 두정엽으로 나뉘고 각 부위에 따라 기능이 다르다.

인간은 큰 전두엽을 가지고 있어서 다른 영장류와 구별된다. 전두엽은 기억력과 사고력을 관장하는데, 인간의 인격기능 수행, 통찰, 자기인식, 계획, 의사결정, 작업기능, 언어생성, 인지, 신체적 표현, 정보통합, 행동수행, 주의집중, 동기, 이성적 사고, 지남력 등 동물과 구별되는 능력에 관여한다. 또한

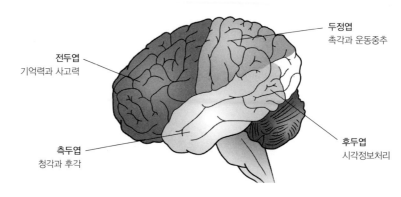

[그림 3-3] 대뇌피질의 4개 영역(엽)

출처: http://www.psychiatricnews.net/news/articleView.html?idxno=2002

욕구와 동기에 관련된 정보처리를 하며, 처벌과 보상 등 감정적, 정서적 정보들을 상황에 맞게 조절하여 적절한 사회적 행동을 수행하게 한다. 이런 주요 기능을 하는 전두엽이 외상이나 종양 등으로 손상되면 인격, 즉 외부 세계와의 상호작용에 변화가 나타난다. 의지, 창조적 문제해결능력, 호기심, 추상능력, 불안정, 계획능력, 사회적 판단 및 결정 능력에 손상이 오고, 손상 위치에 따라 감정적 흥분이나 무감동을 나타낸다. 특히 부적절한 행동, 소아 같은 행동 또는 어리석은 행동이 나타난다. 무관심하고 자제력이 없어 성적 문란이나 폭력과 같은 행동 문제가 나타나며, 우울증과 비슷하게 무감동하고 의욕 상실을 보이기도 하고, 자발성, 유연성 등도 감퇴하고, 위생 관리가 안 된다. 지능에는 변화가 없으나 주의집중이 부족해지고 지적 기능장애가 오며 치매로 이행된다. 전두엽의 브로카 영역에서는 언어의 발성을, 측두엽의 베르니케 영역에서는 언어의 이해를 담당한다.

간뇌에는 모든 감각의 정보가 모였다가 대뇌의 감각중추로 향한다. 간뇌에는 시상과 시상하부가 있으며, 이는 행동과 정서의 조절과 관련되어 있다. 간뇌 바로 위에 변연계가 있고, 이는 뇌의 중앙 가장자리 둘레, 즉 경계에 있어 변연계라고 한다. 변연계는 정서 경험과 표현, 학습 능력을 조절하며, 충동을 통제한다. 또한 성욕, 공격성, 배고픔, 목마름과 같은 기본적인 욕구와 관련이 있다.

(2) 신경계 및 호르몬의 생화학적 활동

인간의 뇌는 평균 1,400억 개의 신경세포 집합체인 뉴런(neuron)이 기본 구조이다. 뉴런은 모든 생각과 행동을 통제한다. 뉴런은 신경계를 통해 정보를 전달한다. 신경계는 중추신경계(뇌와 척수)와 말초신경계(체성신경계와 자율신경계)를 포함한다. 중추신경계는 감각기관으로부터 받아들인 모든 정보를 처리하고 필요에 따라 그에 반응한다.

말초신경계는 간뇌와 함께 우리의 신체가 제대로 기능하도록 조정하는 역할을 한다. 말초신경계는 근육을 통제하는 체성신경계와 교감신경계 및 부교감신경계를 포함하는 자율신경계로 구성되어 있다. 자율신경계는 심혈관 체계와 내분비 체계를 조절하며 소화를 돕고 체온을 조절하는 기능을 한다. 교감신경계의 주 역할은 스트레스나 위험 상황에서 장기와 내분비선을 빠르게 활성화하는 것이다. 심장박동이 빨라지고 근육으로 전달되는 혈류가 증가하고 호흡이 증가하여 피와 뇌에 산소가 유입되고 부신이 자극된다. 부신에서는 스트레스에 대한 반응으로 아드레날린을 생산한다. 교감신경계가 활성화된 이후 균형을 맞추기 위해 부교감신경계가 과각성 상태를 안정화하고 소화과정을 도와 에너지 저장을 촉진시킨다.

뉴런의 중심 구조는 세포체(cell body), 세포물질(soma), 신경돌기로 나뉜다. 신경돌기에는 전화선에 해당하는 축삭돌기(axon)와 수신 안테나라 할 수 있는 수상돌기(dendrite)가 있다. 신경세포를 비롯한 신체 여러 기관에서 단백질의 일종인 신경전달물질을 만든다.

신경전달물질(nuerotransmitter)은 뉴런 간에 메시지 전달을 담당하는 생화학적 화합물이다. 신경전달물질은 신경조절물질, 신경호르몬과 함께 대뇌에서 기능하는 신경신호물질이다. 신경전달물질의 구성성분은 분자량 혹은 아

미노산 구성비에 따라 아미노산계(GABA), 아민계(도파민, 노르에피네프린, 세
로토닌), 펩티드계(엔도르핀, 옥시토신, 카노비노이드) 등이 있다. 이들은 공통적
으로 수용체에 결합하여 상호 유사한 세포 내 신호전달과정으로 이어진다. 다
음의 [그림 3-4]와 같이 한 뉴런에서 다른 뉴런으로 신호를 전달하는 연결지점
인 시냅스(synapse)에서 신경계 신호가 전달될 때, 신경전달물질이 해당 수용
체와 결합해 신호를 보내면 마음뿐 아니라 인체를 지배하는 반응이 나타난다.

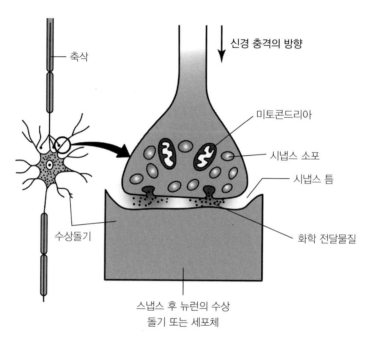

[그림 3-4] 신경전달물질의 신호 전달

정신병리와 관련되는 중요한 신경전달물질은 노르에피네프린, 세로토닌,
도파민, 유도아미노산(GABA) 등이다. 정신장애는 신경전달물질의 생화학적
불균형, 과잉, 또는 부족에서 기인하는데, 도파민의 분비가 비정상적으로 낮
으면 제대로 움직이지도 못하며 감정표현도 잘 하지 못하는 파킨슨병에 걸리
고, 분비가 과다하면 환각 등을 보는 조현병에 걸린다는 연구들이 상당히 보

고되고 있다. 또한 도파민은 우울증이나 주의력결핍과잉행동장애와 관련이 있고, 쾌락을 추구하는 활동과 관련이 있어 중독장애와 관련이 높다. 노르에피네프린은 위험상황에 처할 때 발생하는 응급반응 혹은 경고반응에 영향을 끼치며 공황장애와 관련 가능성이 높다. 세로토닌은 억제와 통제의 조절과 관련이 있으며 낮은 수준의 세로토닌도 우울증과 관련이 높다. 낮은 수준의 GABA는 지나친 불안과 관련이 있다(Durand & Barlow, 2017, 재인용).

3) 진화

인간 정신의 진화과정은 사회적 집단 생활이나 도구 사용, 언어, 문화적 활동과 의식 등 정신적 활동의 결과가 다시 진화적인 압력으로 작용하는 특징이 있다. 이러한 복잡한 진화적 특징은 인간의 정신, 그리고 정신장애에 대한 이해를 어렵게 하는 요인이기도 하다. 정신장애에 대한 진화적인 접근은 다윈의 시기로 거슬러 올라간다. 그는『인간의 가계와 성 선택(The Descent of Man and Selection in Relation to Sex)』에서 인간의 기억 및 상상, 언어, 심미적 느낌, 감정, 동기, 정신병리, 꿈 등에 이르기까지 정신의 진화에 대한 많은 언급을 하였다.『인간과 동물의 감정표현(The Expression of the Emotions in Man and Animals)』에서 "두려움 등 인간의 고통스러운 정신적 상태도 생존을 최대화하려는 목적을 가진, 환경에 따라 고도로 특이적이며 조율된 뇌의 선천적 기능이다."라고 한 바 있다. 다윈주의적 적응은, 환경이나 인구 변화에 따라 다소 예외가 있을 수 있으나, 기본적으로는 개체의 생애 동안 번식 성공률로 결정된다. 따라서 진화적 결과가 개체의 건강, 즉 신체적, 정신적, 사회적 안녕에 반드시 부응하는 것은 아니다(박한선, 2019b, 재인용).

모든 시스템은 한계를 가지고 있다. 이는 생물학적 시스템도 예외가 아니다. 장기간에 걸친 물리적 손상은 시스템의 장애를 유발할 수밖에 없다. 이런 진화적 관점에서는 정신장애도 누적된 돌연변이에 의해서 생기는 해로운 질병에 불과하며, 조현병이나 자폐성 장애가 여기에 해당한다고 한다(Cooper, 2001). 외인성 감염체는 유전적 변이와 시너지 효과를 내며 장애의 발생 가능성을 높인다. 이는 유년기 감염 질환이 성장 후 정신장애 유병률을 높이는 현상을 잘 설명한다(Benros et al., 2012). 또한 남성이 여성에 비해 정신장애에 더 취약한 이유 중 일부는 X 염색체를 하나만 가지고 있기 때문이라는 입장도 있다(Migeon, 2007). 일부 정신장애는 단지 중추신경계의 노화에 의해 발생할 수도 있다(Di Rienzo & Hudson, 2005).

진화론적 접근의 하나인 게놈 지연 가설은 비록 지금은 적합도 향상이 관찰되지 않더라도, 과거에는 적응적이었을 가능성이 있다는 것이다. 이는 진화적 적응 환경하에서는 앞서 언급한 형질이 적응적 이익을 주었을 것이라는 가정이다. 혹은 과거에는 중립적 형질이었기 때문에 이익과 손해가 분명하지 않았는데, 현대 사회에서 부적응적인 결과를 유발할 수도 있다. 예를 들어, 섭식장애(eating disorder)는 현대 사회의 매스미디어와 통신의 발달로 평균적인 외모에 대한 지각 오류를 유발하여, 개체의 적합도를 심각하게 손상시키는 섭식장애가 일어날 수 있다는 것이다. 이는 매스미디어가 보급되지 않은 사회에서 섭식장애가 극히 드물다는 점, 그리고 문화적 전이를 겪은 일부 전통 사회에서 식이장애가 급격하게 늘어났다는 사실을 통해 간접적으로 지지받고 있다(Tooby & Cosmides, 1990; Ellis et al., 2011).

사회구조의 변화로 아동 · 청소년의 행동을 변화시켰다는 진화적 입장도 있다. 문명사회에 공공 학교 시스템이 도입되고, 동반하여 일어난 저출산 경향으로 인해 다른 연령 구성원과의 접촉이 줄어들었다. 저출산의 영향으로 같은 학년에 속하는 동년배 집단과의 관계가 장기적으로 이어지고, 나이가 많은 형제자매나 자신보다 어린 걸음마기 혹은 유아기의 동생과의 관계 기회도 적어진다. 이에 친사회적 성장경험이 제한되어 공격성, 반항, 관심 추구, 위험 감수 등 외향적 행동의 발달이 강화되었다(Miller, 2016). 위생 가설(hygiene hypothesis)에 의하면 위생 수준이 과도한 수준으로 향상되면 발달과정 중 병원균에 적절히 노출되지 않아 면역 시스템이 충분히 성숙하지 못하고, 자가 면역성 항체가 활성화되어, 역설적으로 만성적인 염증이 유발되고 이로 인해 뉴런이 자가 항체의 공격을 받아 정신장애가 발병한다고 한다 (Gray, 2011). 정신장애뿐 아니라 인간의 거의 모든 형질은 유전자와 환경의 상호작용에 의한 생존과 적응과정에서 습득된다는 진화적 관점에서 정신장애를 이해하고자 하는 노력이 필요해 보인다.[2]

유전, 신경과학, 진화 등 생물학적 취약성에서 정신장애의 원인을 찾는 생물학적 관점은 정신질환도 신체적인 질병과 같이 질병의 관점으로 이해하는 것이다. 치료적 개입도 의학적 차원에서 이루어져야 함을 강조하며, 입원치료나 외래치료를 통한 약물치료, 전기충격요법 등의 치료방법을 권장한다. 하지만 병적 소질 스트레스 모델에서 살펴본 것과 같이 유전, 신경과학, 진화 모두 환경적인 자극과 상호작용한 결과이므로 환경적 자극과 반응에 대해서도 주목한다. 정신건강 영역에서 이 생물학적 접근의 공헌은 다음과 같다(박한선, 2019a).

첫째, 정신질환의 미신론적 편견 제거에 많은 기여를 하였다. 둘째, 과학성과 문화적 권위를 바탕으로 체계적인 의료 접근이 시행될 수 있는 계기를 마련하였다. 셋째, 항정신병 약물이 개발되는 데 기여하였다. 넷째, 항정신병 약물은 정신장애인들의 재원 일수를 줄이고 퇴원하여 지역사회에서 생활할 수 있도록 하는 결정적 공헌을 하였다.

하지만 이 접근의 한계는 정신장애를 완전히 치료하는 것이 아닌 증상 제거나 조절에 의지하며 정신장애의 발생에 대한 정확한 원인 규명이 미흡하다는 것이다. 항정신병 약물 자체는 증상 소실과 조절에는 효과를 보장하지만, 정신질환을 가진 클라이언트의 적응과 관계능력을 증진하는 데는 무력하며,

_____

2) 진화에 관심이 있다면 진화생물학 및 사회생물학에 대중적 영향을 끼친 도킨스(Richard Dawkins)의 『이기적 유전자』를 정독해 보길 권한다.

발병에 있어 원인이 되는 개인적, 가족적, 사회적, 경제적, 문화적, 정치적 근원과 같은 환경적 요인을 무시한다. 정신건강사회복지는 정신의료적 문제가 갖는 가족 및 사회경제 구조적 맥락에 대한 이해를 바탕으로 인간의 존엄성, 독특성, 자기결정권 등의 사회복지적 가치 실현에 충실한 실천에 초점을 두므로 환경적 요인의 영향을 고려하고 개입하는 역할을 하게 된다.

2. 정서·인지·행동

정서는 외적 사건과 주관적 상태로 인해 유발되는 특정한 방식의 행동경향성을 의미하고 특정한 생리적 반응이 동반된다. 감정상태의 목적은 행동수행을 동기화시키는 것이다. 정서는 행동과 사고에 중요한 영향을 미친다. 정서는 생존을 유지하며 번식을 증가시키기 위해 신속한 행동을 발생시키고 의식보다 앞서 작용하여 반응을 이끌어 낸다(Le Doux, 2000). 감정은 원천적으로 생존을 위한 것이다. 감정은 이성 위에 있다. 정서의 주된 기능은 다음 세대에 우리의 유전자를 물려주기 위해 무엇을 해야 하는지와 관련이 있다. 이에 오늘날의 인간세계를 만든 것은 이성이 아니고 감정이라고 말하는 학자도 있을 정도이다. 물에 빠진 자식을 구하고, 자동차 사고에서 자식을 완벽하게 싸안아 자신은 죽어도 자식을 살린 어머니의 예는 매우 많다. 이는 강력한 모성애가 있을 때 가능하며 이런 이타적 행동이 이성적인 계산으로 동기화된 것이 아니다. 인간의 원형 속에 있는 감정이 계속해서 오늘날까지 전달되면서 인간의 행동 패턴이 결정된 것이다.

정서와 유사한 단어로는 기분, 정동, 감정이 있다. 정서(emotion, 精緖)는 외적 사건에 대한 생리학적 반응으로 몇 분에서 몇 시간 동안 지속되는 일시적인 감정상태이다. 기분(mood)은 일시적인 감정상태가 아니라 광범위하고 지속되는 정서의 기후와 같다. 기분장애에는 지속되는 우울상태 혹은 조증상태, 혹은 양극성장애가 있다. 정동(affect)은 어떤 상황에서 행동을 동반하는 순간적인 정서적 색(tone) 혹은 변동이 있는 정서의 날씨이다. 두려움, 불안, 우울의 부정적 정동과 즐거움, 기쁨, 흥분의 긍정적 정동으로 구분된다. 정동의 장애에는 '둔마된(blunted) 정서(정서표현의 강도가 현저히 감소한 상태)' '부적절한(inappropriate) 정동(특정 상황에서 정동 표현과 언어 또는 사고의 내용, 행동이 맞지 않는 상태)' '불안정한(labile) 정동(하나의 정동에서 다른 정동으로 빠르게 반복하며 급변하여 비정상적으로 다양한 정동을 보임)' '제한된(restricted) 정동(정서표현의 범위와 강도가 경미한 감소를 보이는 상태)' 등이 있다. 정서, 기분, 정동의 정의를 볼 때 감정(feeling, 感情)은 이 모두를 포함하고 있는 개념이며, 감정과 정서를 같은 의미로 사용하는 경우도 많다.

  정서는 다음의 [그림 3-5]와 같이 행동, 생리증상, 인지의 세 요소로 구성되어 있다. 정서는 행동으로 표현되며 의사소통의 수단인데, 정서의 인지적 측면인 평가와 귀인에 따라 정서경험이 다르고, 이것이 행동의 방향에 영향을 미친다. 정서는 뇌의 기능으로 본능적으로 신경계의 기전에 의해 신체와 정서가 반응한다. 뇌의 기능을 하는 대뇌피질변연계와 감각기능을 담당하는 간뇌가 신경생리학적으로 밀접하게 연결되어 있어, 눈과 귀로 지각한 외부 자극에 대해 생각의 과정 없이 정서를 경험한다. 이처럼 정서를 연구할 때 행동과 성격에 초점을 두는가, 인지에 초점을 두는가, 뇌과학에 초점을 두는가에 따라 다양한 연구들이 있지만, 이 요소들의 상호작용에 대한 통합적인 연구와 접근이 증가하고 있다(Durand & Barlow, 2017). 많은 감정, 예를 들어 분노와 공포는 어떤 특정한 방법으로 행동하고자 하는 강력한 생물학적 경향들을 일으킨다. 행동경향은 어떤 신체적 행동에 의해 규정되는 것이 아니라 어떤 행동이 심리적으로 우리에게 무엇을 해 주는가에 대한 인지적인 평가에 의해 방향이 정해진다. 이처럼 정서, 인지, 행동은 [그림 3-5]처럼 상호 맞물려 돌아가는 톱니바퀴와 같이 자극에 대해 반응을 하고 환경과 상호작용하며 정신장애도 나타난다. 예를 들어, 양극성장애 조증상태에 있는 사람은 지나

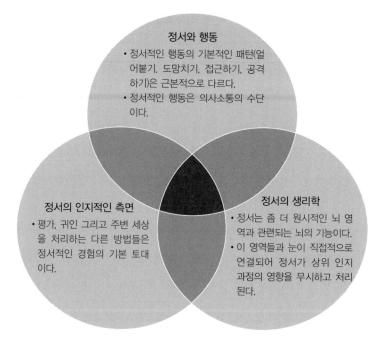

[그림 3-5] 정서의 구성요소

출처: Durand & Barlow (2017).

치게 흥분하고 기뻐한다. 모든 일이 다 괜찮아질 것이고 원하는 것은 무엇이
든 할 수 있다고 생각한다. 이에 많은 일을 계획하느라 잠을 안 자고 사람들을
만나고 과잉소비를 하는 것과 같이 행동이 증가한다.

한편 감정은 가치를 구별하는 판단기능을 한다는 점에서 정서와 구별되어
야 한다는 입장도 있다. 감정은 그 내용이 구체적으로 정의되지 않을 때는 단
순한 현상이고 비합리적이다. 하지만 감정이 분화되고 구체화될 때 그 의미
가 드러나며 이성적 기능을 한다. 감정은 신체 반응을 동반하지 않는다는 점
에서 정서나 정동과 구별된다. 예를 들면, 직장 상사에 대해서 불쾌한 생각을
하면서 오는 느낌은 감정이다. 그 감정이 표출될 때 얼굴이 빨개진다거나 가
슴의 통증을 느끼는 등의 신체 반응이 동반되면 정서이다. 본능적으로 얼굴
이나 행동에 감정이 표출되면서 신체반응이 동반되면 정동이라고 구별하였

다(박종수, 2013). 이처럼 감정은 인간의 마음과 몸 양쪽에 관련된 복잡한 반응이다. 이 반응에는 분노, 불안, 사랑의 느낌 같은 주관적인 정서상태, 겉으로 표현되지 않는 공격 혹은 회피와 같은 행동의 충동, 심장박동이나 혈압상승 같은 신체변화 등이 있다. 감정은 특정 상황에서의 동기, 자신의 세계에 대한 믿음, 그 상황에 대한 개인적 의미에 대한 평가에서 유발되기 때문이다(Lazarus & Lazarus, 1997).

　종합하면 정서의 인지적인 측면인 평가와 귀인, 믿음, 의미부여는 감정의 결과와 생리적인 반응, 행동에 영향을 주게 되는 상호관련성이 매우 높다. 어떤 특정 상황에 대한 지각과 인지과정이 동시적으로 정서와 신체의 반응을 가져온다. 예를 들어, 불안이나 공포, 수치심과 같은 정서와 행동의 제약으로 고통받는다면, 그 고통이 발생한 자극이 된 사건들에 대한 인지적 평가와 귀인의 경향을 알아야 고통의 원인을 알 수 있다. 인지과정의 오류나 역기능적인 비합리적 신념이 정서적 고통이나 행동문제의 원인이고, 인지과정의 변화를 통해 정서와 행동의 문제를 해결할 수 있다는 ABC 원리의 인지치료와 인지행동모델이 정신장애 치료의 대표적인 모델이다. 이는 정서 · 인지 · 행동의 통합적인 접근의 대표적인 모델이고, 정신건강 및 사회복지현장에서도 친숙하게 사용되는 모델이다. 이는 생각의 변화에 우선 초점을 두는 인지적인 접근을 주로 하면서 정서와 행동의 변화를 위한 정서적, 행동적 접근을 함께한다. 또한 정서에 좀 더 주목하는 접근이 있는데, 이 또한 인지적, 행동적 접근을 함께한다. 정서에 주목하여 접근하므로 감정에 대한 이해, 감정의 평가적 · 인지적 기능에 주목하며 자신에 대한 긍정적인 정서인 자아존중감을 향상하도록 돕거나, 감정을 조절하는 능력에 초점을 두는 것에서 인지행동모델과 차이가 있다.

　폴 에크만(Paul Ekman)은 감정을 1차 감정과 2차 감정으로 구분한다. 1차 감정은 생후 약 3개월부터 시작되는데 기쁨, 경악, 공포, 슬픔, 혐오, 분노의 기본감정으로 얼굴의 근육을 다르게 변화시켜 표정을 통해 드러난다. 2차 감정은 사회적 감정이라고도 한다. 생후 2년 이후 학습과 더불어 발전되는 감정이며, 1차 감정에 비해 얼굴표정으로 식별이 어렵다. 당황, 질투, 죄의식, 수치심, 긍지 등이 있는데, 사회적 감정이기에 혼자 있을 때 작동하지 않는다. 이런 감정들은 문화적이고 사회적인 복잡한 관계 속에서 작동한다. 이처럼 감정은 생존을 위해 필요하다. 이러한 감정들을 구분하면 감정을 직접 표현할 것인지 유보할 것인지, 자신에게 도움이 되는 방향은 무엇인지 판단하여 결정하고 감정을 조절할 수 있다. 최근에는 감정코칭(emotion coaching)과 같이 감정에 초점을 두고 자신의 감정을 이해하고 수용하며 조절하고 자기관리를 할 수 있는 역량과 자아존중감(자존감)을 향상하는 접근도 활발하다. 정신장애의 예방과 정신건강의 증진에 자존감 향상이 중요한 요소이기에 자존감과 자존감 증진에 대하여 살펴보았다.

자아존중감(self-esteem, 자아존중감과 자존감은 동의어로 혼용해서 사용됨)은 일반적으로 자아에 대한 개인의 총체적인 긍정적인 평가로 정의된다(Gecas, 1982). 넓은 의미에서 자아존중감은 자기개념, 자기수용, 자기확신, 자기강화, 자아상, 자기지각 등과 같은 뜻으로 지칭되고, 좁은 의미에서는 긍정적인 자기개념으로 표현되며 이는 성격 발달의 기초가 된다. 자아존중감은 한 개인이 자신에 대해 긍정적으로 지각하고 있는 정도를 의미한다. 자신을 중요하다고 생각하거나 성공적이고 가치 있다고 느끼는 정도로서 개인의 환경과 의미 있는 타인들, 즉 가족, 동료, 친구들의 태도에 의해서 영향을 받는다(Rosenberg, 1965). 즉, 자신에게 중요한 타인과의 관계를 통해서 자신이 사랑받고 있고 가치 있는 존재임을 느끼는 것이 자존감 형성의 근간이 된다. 자존감은 자기의식의 대두와 함께 취학 전에 그 바탕이 형성되며 인생 전반에 걸쳐 계속적으로 변화한다.

자존감이 높은 사람은 자기 자신을 설명할 때 긍정적인 속성을 부여하며, 자신의 생각을 확신하고 미래에 대해서도 긍정적인 결과를 기대한다. 따라서 이들은 자신과 타인을 수용하며 자신과 타인의 능력을 인식하고 정서적으로 안정적이며 주위 환경에 대해 소속감을 갖는다. 반면에, 자존감이 낮은 사람은 부정적인 태도를 갖고 있으며 자신의 생각에 확신이 없고 미래에 대한 긍정적인 결과에 대하여 기대가 낮다. 이처럼 자존감이란 개인이 자신의 특성과 능력에 대해 지니고 있는 생각, 판단, 감정 및 기대를 포함하는 개념으로서, 인간 내면에 깊이 자리한 자기에 대한 느낌이다.

자아존중감은 인지적 요소와 평가적 요소로 구분되는데 인지적 자아는 주로 개인이 사회에서 담당하고 있는 역할에 관한 것이며, 평가적 자아는 자기 자신을 평가적 기준으로 파악하는 것을 의미한다. 인지적 자아는 인간행동의 종류를 설명하고 평가적 자아는 인간행동의 질을 설명하는 데 도움이 된다(Chun, 1972). 구체적으로 평가적 자아로서 자아존중감은 우리 자신을 어떻게 바라보고 어떻게 느끼는가 하는 자신에 대한 가치평가이다. 구체적으로 자존감은, 첫째, 자신에게 생각하는 능력이 있으며 인생에서 만나는 기본적인 역경에 맞서서 이겨 낼 수 있는 능력이 있다는 자신에 대한 믿음이다. 둘째, 스스로를 가치 있는 존재로 느끼고 필요한 것과 원하는 것을 주장할 자격이 있으며, 자신의 노력으로 얻은 결과를 즐길 수 있는 권리를 가질 뿐 아니라 스스로 행복해질 수 있다고 믿는 것이다(Baumeister, 1994). 이처럼 자아존중감은 자신이 무슨 생각을 하고 어떻게 행동할 것인가를 스스로 평가하고 결정하는 것으로, 개인의 지각과 중심을 의미하는 평가적 자아와 환경을 선택적으로 지각하고 경험을 해석하여 행동의 방향을 결정하는 인간행동을 설명하는 중요한 변인이 되는 인지적 자아로 이루어져 정신건강과 직접적인 관계가 있다고 볼 수 있다(Kim, 1992).

매슬로(Maslow, 1987)의 욕구이론에 따르면 자존감은 인간의 기본욕구이며 정상적이고 건전한 발달과 자아실현을 위해 필수적이며 결정적인 가치이므로 긍정적인 행복감을 느끼기 위해서는 높은 자존감이 필수요건이다. 이처럼 높은 자존감은 목적을 달성하게 하고 직업에서뿐 아니라 일상생활에서 정서적, 창의적, 정신적으로 풍부하게 한다. 건강한 자존감을 지닌 사람은 너

그러운 포용력을 가지고 보다 좋은 인간관계를 맺으며 자아실현을 하는 삶을 추구한다. 또한 긍정적인 자존감을 지닌 사람은 능동적이며 미래에 대해 적극적으로 개입할 뿐 아니라 안정된 자기의식을 갖고 갈등이나 위기에 대처하는 능력도 뛰어나다. 이들은 안정성, 사교성, 온정성 등을 특징으로 하는 높은 수준의 친밀감에 접근해 있기 때문에 자존감이 낮은 사람들에 비해 조언이나 도움을 구하는 것도 잘하며 따라서 인적자원 역시 풍부하다.

종합하면, 자존감은 자기 자신에 대한 가치평가와 이에 따른 자신에 대한 믿음과 자신에 대한 감정이며, 이는 사회적 행동으로 나타나게 되므로 정서·인지·행동의 총체로서 자존감은 정신건강의 필수 요소임을 알 수 있다. 트롤과 스카프(Troll & Skaff, 1997)는 자아존중감이 정신건강에 영향을 미치는 주요 요인 중 하나라고 하였고, 정신건강이란 진정한 의미의 자아존중감, 즉 내가 존귀하다는 자각이므로 자아존중감이 낮다는 것은 정신건강이 나쁜 것이고 결국 신경증이나 정신병이 된다고 하였다. 쳉과 펀햄(Cheng & Furnham, 2004)은 자아존중감이 정신건강과 행복에 영향을 미치는 기전은 분명하지 않지만, 행복에 있어 자아존중감은 중요하다고 보았다. 낮은 자아존중감을 가진 사람은 높은 자아존중감을 가진 사람보다 정신건강의 심리적 징후가 8배나 된다고 하였다는 보고도 있다(Kim, 1996). 이처럼 자아존중감은 정신건강 측면에서 매우 중요한 요소로 삶의 만족, 행복, 의욕, 긍정적인 감정과 정적 상관관계가 있고, 우울, 불안, 스트레스, 부정적 감정과는 부적 상관관계가 있다고 보고되었다(Reitzes, 1996).

그러므로 정신건강증진의 구체적인 목표는 자존감의 향상이 될 것이다. 그렇다면 자존감을 향상하기 위해 구체적으로 무엇이 요구되는지 살펴볼 필요가 있다. 로저스는 낮은 자존감을 가진 사람이 일치, 무조건적 긍정적 존중, 공감적 이해 등을 경험하고 수용하면 자존감이 크게 향상될 수 있다고 하였다(Rogers, 1976). 즉, 자존감은 다른 사람과의 상호작용에 의해 형성되며 특히 자신이 중요하다고 생각하는 사람들의 관심 있는 대우와 자신의 성공적인 경험 등에 의해 계속 영향을 받으며 형성될 뿐 아니라 향상됨을 알 수 있다. 한편, 자존감의 향상을 위해 브란델(Brandell, 1997)은 다음과 같이 구체적으로 제시하고 있다. 첫째, 자존감이 향상되려면 우선 자기 긍정적인 사고를 하여 자신의 실체를 수용하고 존중하여야 한다. 둘째, 타인으로부터 받는 평가에서 긍정적인 경험이 필요하며 이러한 긍정적 관심으로부터 유능해지려는 의지를 지닐 수 있다. 셋째, 성공적인 경험의 축적으로 성공에 대한 긍정적인 강화경험으로 자존감을 향상할 수 있다. 넷째, 자신과 타인에 대해 이해하려는 의지를 갖고 적극적인 삶의 자세를 갖는다. 다섯째, 자신의 성취와 성공에 대해 타인과 비교하지 않고 스스로 내적 기준을 선정하고 추진하는 의지가 있다. 여섯째, 자신의 의도와 목표에 대해 독자적으로 생각하고 행동하도록 한다. 일곱째, 세상과 사람들을 이해하고 함께하기 위한 내적 의지를 발견하고 추진력을 유지하도록 한다. 여덟째, 가족분위기가 따뜻하고 지지적이며 가족원 각자가 책임감 있고 지각 있는 생활을 한다.

　곽아람 등(2014)이 메타분석을 통해 기존의 76개 노인의 자아존중감 향상 프로그램의 효과를 분석한 결과, 노인의 연령, 지역, 치매, 질병 등 인구사회학적 특성에 관계 없이 자존감 향상에 효과적이었고, 10~19회기 운영할 때 더 효과적이었으며, 예술치료, 상담, 운동 및 레크레이션 프로그램 순으로 효과의 크기에 차이를 보였다. 또한 아동복지 분야에서 아동 · 청소년을 대상으로 실시하고 있는 자아존중감 향상 프로그램에 대해 체계적 리뷰를 통하여 그 정보를 체계화하고 메타분석을 통해 52개 프로그램의 효과성을 종합적으로 분석한 이상정(2018)의 연구에서도 자아존중감 향상 효과를 검증하였다. 특히 일반 가정 아동보다 가정 외 보호를 받고 있는 아동이나 사회복지서비스 대상 아동을 위한 자존감 향상프로그램의 효과가 더 높았다. 또한 노인대상 프로그램과 마찬가지로 예술치료의 효과가 가장 자아존중감 향상 효과가 높았으며, 10회기 운영이 가장 높았다고 한다. 10회기 미만이나 20회기 이상은 자아존중감 향상 효과가 2배 이상 낮아져, 아동 · 청소년의 특성을 보여

준 것으로 보인다. 이는 자아존중감 향상을 위한 소집단 프로그램을 통해서
도 자아존중감이 향상될 수 있으며, 정신건강사회복지 영역뿐 아니라 노인복
지관, 종합사회복지관이나 지역아동센터 등 지역사회복지 영역에서도 정신
건강증진을 위한 자아존중감 향상을 위해 예술치료 등을 활용한 소집단 개입
이 의미가 있음을 보여 준다.

3. 전 생애발달

  정신장애를 이해하기 위해서는 각 발달주기 동안 경험이 스트레스와 정신
장애에 대한 취약성에 영향을 미치는 주목해야 한다(Rutter, 2002). 전 생애에
걸쳐 중요한 발달적 변화가 발생한다. 예를 들어, 아동기에서 청소년기로, 청
년기에서 중년기로, 중년기에서 노년기로 접어들면서 생애 전환 시기는 중
요한 변화가 일어나고 위기를 경험하는 역동적인 시기이다. 에릭슨(Erikson,
1982)은 다음의 〈표 3-1〉과 같이 인간이 전 생애에 걸쳐 8개의 주요 위기를
거치며, 각 위기는 생물학적 성숙과 당해 시기의 사회적 요구에 의해서 결정
된다고 하였다. 청소년기 이후의 발달단계를 가정하지 않았던 프로이트와
달리 에릭슨은 65세 이후에도 계속 성숙하고 변화한다고 믿었다. 노년기에
는 인생을 돌아보고 자신의 삶이 보람 있었는지 실망스러웠는지 평가하게 된
다(김정진, 2020, 재인용). 에릭슨 부부(Erikson, 1997)는 고령화사회가 되면서
노년기가 장기화되자 생애를 9단계로 확장하였다. 9단계를 80대 이후의 노
년 후기로 두고, 앞의 8단계와 같이 심리적, 사회적 위기를 구분하지 않았다.
그들은 9단계에서는 노화 자체를 긍정적이고 자연적인 과정으로 받아들이
며 신체적, 정신적 쇠락과 죽음을 수용하며 인생의 전반적인 시각을 초월적
인 시각으로 변화시키는 삶의 지혜와 노년초월(gerotranscendence)을 강조하
였다. 생애발달에 대한 포괄적인 접근은 발달주기와 위기를 예측하고 예방

표 3-1 에릭슨의 생활주기와 정신건강 위기

생활주기별 과업과 욕구		예상되는 과도기적 위기와 정신건강 문제
1. 영아기(0~1.5세)		위기: 부모의 역할 변화, 직업을 가진 부모의 부재 정신건강 문제: 부적절한 부모의 양육, 원하지 않는 아이에 대한 양가감정, 학대와 방임, 결혼생활의 갈등, 신체장애, 정서장애
과업: 기본적인 신뢰 대 불신	욕구: 모성적 양육, 돌봄	
2. 걸음마기(1.5~3세)		
과업: 자율성 대 수치심과 의심	욕구: 학습, 언어, 개념구성 등에 관한 기술	
3. 유아기(3~6세)		위기: 가정으로부터의 아동 격리, 아동양육상 변화하는 과업 정신건강 문제: 부적절한 사회화, 훈육 부족, 행동적 반응
과업: 주도성 대 죄의식	욕구: 학습, 사회화, 유희	
4. 아동기(6~13세)		위기: 가정으로부터 아동의 영역 확대, 아동양육상 변화하는 과업 정신건강 문제: 부적절한 사회화, 훈육 부족, 행동적 반응
과업: 근면성 대 열등감	욕구: 친구의 인정, 지적 및 사회적 자극	
5. 청소년기(13~21세)		위기: 성적 정체감, 직업, 장래에 대한 준비 정신건강 문제: 정체감 혼란과 위기, 소외, 약물중독, 비행, 학교 부적응
과업: 정체감 대 정체감 혼란	욕구: 성취, 부모로부터 부분적인 독립 추구	
6. 청장년기(21~40세)		위기: 부모로부터 독립, 결혼, 직업 준비 및 결정 정신건강 문제: 학교, 직장 부적응, 결혼생활 갈등, 자녀양육부담, 중독, 범죄
과업: 친밀성 대 고립	욕구: 성인 역할의 성취를 위한 기회	
7. 장년기(40~60세)		위기: 가정관리와 보호 부담, 사회적 역할비중 증대 정신건강 문제: 이혼, 재정적 결핍, 부모자녀 갈등, 직업문제, 건강문제, 가족 및 친구와의 사별
과업: 생식 대 침체	욕구: 생활 영역에서 자기발전적 기회 확장	
8. 노년전기(60~80세)		위기: 신체적, 정서적 소모, 친구상실과 가족과의 격리 또는 사별, 퇴직, 자녀 분가 정신건강 문제: 정신신체적 질병, 고독, 사회적 소외, 경제적 고갈
과업: 통합 대 절망	욕구: 생활정돈, 신체보호, 사회적인 어른역할과 자기가치감 유지, 사회참여, 여가	
9. 노년후기(80세~)[3]		위기: 노인혐오, 사회적 역할가치 감소, 신체적, 정신적 쇠락, 일상능력 상실 정신건강 문제: 노화 자체를 긍정적이고 자연적인 과정으로 받아들이는 초월적 관점과 삶의 지혜 부재
노년 초월	욕구: 고령노인으로서 인식하는 자신의 능력과 주변 환경과의 적응	

적인 접근을 할 수 있고, 치료적인 계획도 달리 한다. 이에 정신의학도 소아청소년정신의학, 노년정신의학으로 세분화되었다. 기분장애를 가진 아동과 청소년들은 성인과 동일한 항우울제의 효과를 기대하기 힘들고, 사춘기 전까지는 우울증의 성비가 비슷하지만 이후에는 소녀들의 우울증이 훨씬 더 많이 나타난다. 주의집중의 어려움을 동반하는 섬망은 노인들이 주요 수술을 받은 후에도 나타나며, 자폐증은 임신기간 중 풍진에 노출된 경우나 분만 중 어려움을 경험한 경우에도 나타난다. 뇌손상 환자들은 다양한 수준의 정신장애를 경험할 수 있는데, 가족의 지지체계나 자신의 회복의지와 같은 특성에 따라 행동적, 인지적 손상에 차이가 있다(Durand & Barlow, 2017, 재인용). 이처럼 생애 전환기뿐 아니라 인생에서 만나는 크고 작은 위기는 생물학적, 심리적, 사회적 자원에 따라 달라진다. 이에 전 생애발달적 관점은 발달적 위기를 예측할 수 있고, 그 시기에 상황적인 위기를 만났을 때의 반응과 그에 따른 자원의 필요성을 예측할 수 있어 정신장애의 진단과 치료에 중요한 변수로서 이를 고려하는 것이 중요하다.

최근에는 이러한 다차원적 생애발달 관점에 맥락적 관점을 포괄한 전생애 접근이 주목받고 있다(Lerner, 2006). 인간의 변화발달에 대한 맥락적 접근의 관점은 능동적 유기체인 인간과 환경 사이의 계속적이고 능동적인 교호적 관계에 주목하고, 인간에 관한 모든 측면을 포괄하여 그 측면들의 관계까지 고려하는, 인간발달에 관한 변증법적, 통합적, 관계적인 모델이다(임진영, 최지은, 2011, 재인용). 인간의 발달은 유아기, 아동기, 청년기, 성인기, 노년기에 걸쳐 끊임없이 지속된다. 발달에 대한 맥락적 접근의 기본 입장은 개인이 가족과 사회 등과 단순히 연결되어 있다는 것이 아니라 인간의 조건을 구성하는 내적, 외적 총체가 교호하면서 생물적, 문화적 변화, 생물-문화적, 역사적, 진화적 변화로 순환한다는 것이다. 인간의 변화과정에 나타나는 사건은

---

3) 에릭슨 부부(1997)의 ninth stage를 추가하면서 노년전기와 후기로 구분하였다.

수없이 많으며 이는 개인내적인 심리상태의 변화뿐만 아니라 그와 관련된 다른 차원에도 변화를 일으킨다. 그리고 어떤 한 차원의 변화는 결국 다른 차원의 변화가 원인이 되는 것이다. 다시 말해, 내적-생물적 변화는 개인심리적, 문화사회적, 외적물리적 변화를 일으키며 이 변화는 다시 내적-생물적 변화뿐만 아니라 개인심리적, 문화사회적, 외적 물리적 차원이 서로 영향을 주어 변화를 일으키게 되어 각 차원은 끊임없이 역동적으로 변화를 계속한다고 본다(Lerner & Spanier, 1980). 이는 정신장애에 관한 통합적 접근과 같은 입장이므로, 러너(Lerner, 2006)의 맥락주의적 전 생애 접근 관점에서 에릭슨의 심리사회적 발달주기를 기본으로 그 시기에 발생하는 정신건강의 위험과 정신장애에 대하여 살펴보고자 한다.

1) 영아기(0~1.5세)와 걸음마기(1.5~3세)

(1) 영아기 발달특성과 정신건강 문제(기본적 신뢰감 대 불신)

이 시기에 세상을 안전하고 믿을 수 있는 곳이라 생각하는 기본적인 신뢰감이 형성된다. 이것은 생의 의욕과 긍정적 세계관을 기르는 데 기초한다. 그러나 아기를 다루는 데 있어서 부적절하고 부정적으로 하면 아기는 세상에 대해 공포와 의심을 가진다.

(2) 걸음마기 발달특성과 정신건강 문제(자율성 대 수치심 및 의심)

이 시기의 어린이들은 배변을 비롯하여 다른 여러 근육도 스스로 사용하려고 한다. "내가 할 거야." "안 해."라는 말을 함으로써 다른 사람들이 나를 마음대로 할 수 없다는 것을 알게 하려고 한다. 이때 협력하고자 하는 마음과 내 마음대로 하고자 하는 마음, 유순함과 공격성, 복종과 고집과 같은 상충되는 감정을 느끼게 된다. 이때 자신의 행동에 대해서 타인의 인정을 받으면 자율성이 획득되고 그렇지 못할 때 수치감을 느낀다. 예컨대, 배변과정에서 자기 통제의 상실감, 보행시도 중 근육의 무능감, 자기주장에 대한 과잉 통제 등 자율성 확보의 과제 해결이 실패하게 되면 수치를 느끼게 된다. 대상관계 이론에 의하면 영아기는 양육자와의 관계를 통해 내부대상을 형성하여 자신과 대상에 대한 관계의 기반을 형성하는 중요한 시기이다. 또한 생물학적 발달의 기초가 형성되는 시기이며, 양육자에게 절대적으로 의존하는 시기이다. 양육환경의 문제가 생명의 문제로 직결될 수 있다. 또한 걸음마기는 위니콧의 '충분히 좋은 어머니' 역할이 필요한 시기이다. 아동을 안전하게 보호하면서도 사물을 직접 만지고 감각적으로 학습하려는 활동을 허용해 주는 것이 필요하다. 이때 어른들이 어린이의 실수에 과도하게 야단을 치게 되면 수치심을 느끼고 분노나 반항을 일으킬 수 있다. 아직 충분히 신체적 준비가 되어 있지 않은 아동에게 배변이나 걷기, 스스로 음식 먹기와 같은 행동을 강요하거나 과잉 통제하는 것은 유아의 자율성을 약화하고, 수치감과 의존심을 강화하게 되어 분리개별화를 통한 자아의 발달을 저해한다.

2) 유아기(3~6세)의 발달특성과 정신건강 문제 (주도성 대 죄의식)

(1) 유아기 발달특성

① 신체적 발달

뛰어오르고 달리고 기어오르는 등의 대근육 운동 기술이 급속히 발달한다. 반면 손가락을 사용하여 물건을 집는 것과 같은 소근육 운동 기술의 발달은 아직 느린 상태이다. 젖살이 빠지고 성인과 같은 신체비율로 변모해 간다. 식욕이 점점 감소하여 음식을 잘 먹지 않으려고 한다. 이때 부모들은 걱정이 되어 따라다니며 억지로 밥을 먹이려는 것을 볼 수 있다.

② 인지적 발달

피아제(Piaget)의 인지 발달 단계에서 볼 때 전조작기에 해당된다. 문제 해결시 논리적 추론보다는 보고 듣는 것에 의존한다. 이때의 두드러진 특징으로 자기중심성과 물활론 그리고 인공론이 나타난다. 자기중심성(centration)이란 타인의 관점을 자신의 관점과 동일한 것으로 생각하는 것이다. 즉, 사방이 다른 산 모형을 보여 주고 다른 편에서 보면 산 모양이 어떻게 될까 물으면 자신이 보고 있는 것을 선택하는 것이다. 물활론(animism)은 무생물에게도 생명이 있다고 믿는 것이다. 이 시기의 아동에게는 모든 사물에 생명이 있는 것으로 간주하고 대화한다. 인공론(artificialism)이란 모든 자연 현상이 인간에 의해 이루어진다고 믿는 경향성을 말한다. 예컨대 해도 사람이 움직이고 달도 사람이 움직인다고 생각하는 것이다. 이 시기의 또 하나 주목해야 할 발달은 언어발달이다. 이 시기에는 구체적으로 설명해 주기만 하면 이해가 가능하다. 하지만 아직까지 추상적 개념은 이해하기 어렵다고 보는 것이 일반적이다. 하지만 유아가 어떤 환경을 경험하느냐에 따라 커다란 개인차가 있을 수 있다.

③ 자아 발달

아직 자기중심적(ego-centric)이어서 다른 사람의 관점을 이해하기가 어렵다. 발달상의 어느 시기보다 자존감과 자기 유능감이 높다. 자기 통제력(self-control)이 발달하기 시작하여 욕구충족이 즉시 이루어지지 않아도 참을 수 있게 된다. 자기 자신이 무엇인가를 해 보려는 솔선적 행동이 눈에 띄게 증가한다. 이러한 경향성은 운동능력의 발달과 밀접한 관련이 있다.

④ 사회적 발달

함께 놀지만 놀이 자체를 공유하지는 않는 단계인 연합놀이(associative play)에서 놀이 자체를 공유하여 협력하며 노는 협동놀이(cooperative play)로 전환되는 시기이다. 아직은 다른 아동의 관점이나 의도는 잘 이해하지 못한다. 다른 사람의 행동을 잘못 해석하고 부적절한 반응을 보이는 경향이 지배적이다.

⑤ 정서적 발달

감정을 표현하기 위한 어휘력이 부족하여 감정을 행동으로 나타내는 경향성이 있다. 또한 동일한 상황에서도 다른 정서를 동시에 경험할 수 있다는 것을 이해하지 못한다. 즉, 한 상황에서는 하나의 감정만 있다고 생각한다. 다른 사람의 감정을 이해하는 능력이 제한적이다.

(2) 유아기 정신건강문제

이 시기의 아동들은 앞의 사회적 발달에서 말했듯이 협동놀이를 하는 데 어려움이 있다. 친구들과 자기 것을 주고받기 어렵고 자기중심적 관점에서 보기 때문에 교우관계의 어려움을 겪을 수 있다. 인지적 측면에서는 전조작기이기 때문에 어른들의 말을 곧이곧대로 받아들인다. 예컨대 할머니의 죽음에 대하여 "할머니가 주무신다."라고 어머니에게 들은 아동이 밤에 잠자는 것을 거부한 사례가 있다. 그 아동은 할머니가 돌아가신 것을 진짜 자는 것으로 받아들여 자신도 잠들면 일어나지 못할까 봐 불안감을 느꼈던 것이다.

이 시기는 어두움, 소리, 귀신, 엄마로부터의 분리 등 다양한 형태의 불안을 경험한다. 이는 아동들이 상상력이 탁월하기 때문이다. 또한 부모의 갑작스런 죽음, 이혼, 학대, 부모의 알코올중독 및 기타 여러 가지 문제 상황에 노출되는 취약성을 가지고 있다.

에릭슨은 이 시기가 주도성을 성취하는 시기라고 하였다. 프로이트는 동성부모와 경쟁하고, 이성부모에게 끌리는 이 시기를 오이디푸스 콤플렉스 시기라고 보았다. 이 시기의 특징은 능동적이고 활발하며 어떤 일을 주도하려는 자세를 취한다는 것이다. 주도성이란 아동이 자신과 자기 세계에 대해서

구성해 보려는 책임의식을 갖는 것을 말한다. 즉, 내 인형, 내 동생, 내 책상 등 뭔가 내가 책임지는 데 관심을 가진다. 이들은 부모로부터의 전적인 연합에서 벗어나 스스로 계획하고 목표를 설정하며 달성하기 위해 노력하는 주도성과 여기에서 부정적으로 나타나는 죄책감 사이에서 갈등을 겪는다. 부모들은 이 시기의 아동들에게 비록 실수하더라도 뭔가를 성취할 수 있도록 기회를 주는 것이 바람직하며 이성 부모와 애정을 주고 받는 것에 대한 관심을 자연스러운 것으로 받아들여야 한다.

3) 아동기(6~11세) 발달특성과 정신건강 문제 (근면성 대 열등감)

(1) 아동기 발달특성

① 신체적 발달
신체발달이 아동 초기에 비해서 느려지는 반면 신체에 대한 자기통제력이 높아진다. 이 시기가 되면 대부분의 운동기술 습득을 완수한다. 10~11세경에 사춘기로 진입하며 급성장(growth spurt)을 경험한다. 자기의식이 높아지며 급성장에 따른 신체이미지에 대한 관심이 높아진다.

② 인지적 발달
인지적으로 볼 때 5~7세는 전조작기에서 구체적 조작기로 전환하는 시기이다. 8세쯤에는 구체적 조작기에 이르는데 가역성(모양이 달라져도 양이나 무게가 같은 성질), 상보성, 정체성, 분류 개념 등을 이해할 수 있다. 논리적 사고와 문제해결력이 증가한다. 그러나 아직은 추상적으로 추론하고 다양한 가능성을 고려하지는 못한다. 질문하고 탐구하고 행동해 봄으로써 학습하는 시기이다. 언어능력이 발달하고 추상적 개념의 이해가 증가하며 어휘력이 크게 증가한다.

③ 자아 발달

아동기에는 자기이해가 증가한다. 자신을 다양한 능력을 지닌 사람으로 기술할 수 있고 내적 통제 소재(internal locus of control)가 발달하기 시작한다. 내적 통제 소재란 어떤 사건이나 결과에 대한 원인을 밖에서 찾기보다 자신의 내면에서 혹은 자기 자신에게서 찾는 것을 말한다. 자신을 다른 아동들과 비교하는 일이 잦기 때문에 자기 비판적이고 열등감에 빠지기 쉽다. 특히 또래의 피드백에 매우 민감한 시기여서 새로운 것을 시도하려 하지 않는 경향이 있다.

④ 사회적 발달

또래관계가 중요한 이슈로 등장하면서 아동의 유능감에 영향을 미친다. 또래집단 안에서 또래의 압력, 거절, 승인, 순응을 배우고, 사회적 발달을 촉진하는 가치관, 행동, 신념을 형성한다. 세계에 대해 더 넓은 관점을 갖게 되고, 생각과 역할 시험을 해 보며, 중요한 상호작용 기술을 학습한다. 협동과 협상을 배우고, 규칙을 만들거나 어기고, 지도자나 추종자 역할을 경험하면서 타인의 관점을 이해할 수 있다. 7세경에 자기중심성을 벗어나 친사회적 행동을 채택하게 된다. 타인의 관점을 이해할 수 있게 되면서 눈치, 즉 사회적 맥락(social cue)을 해석할 수 있다. 자극평가 능력이 증가하면서 갈등의 해결과 사회적 문제해결 능력이 증진된다.

⑤ 정서적 발달

죄책감, 수치감, 자랑스러움 같은 보다 복잡한 정서를 경험한다. 이 무렵에는 한 사건에서 한 가지 이상의 정서를 경험할 수 있게 된다. 다른 사람의 감정을 상하지 않게 하기 위해 자신의 감정을 숨길 수 있고 다른 사람의 감정에 민감하며 공감, 자신의 감정을 표현하는 능력이 증가한다. 감정이 변할 수 있다는 것을 알게 되고, 반드시 자신이 다른 사람을 불편하게 만드는 것은 아님을 알게 된다. 흔히 학교에서의 수행에 대한 불안과 또래들에게 수용되는지에 대한 불안을 경험한다.

(2) 아동기 정신건강 문제

이 시기의 아동은 논리적 사고가 어려우며 여러 가지 가능성을 고려하는 능력이 취약하다. 아동기의 전형적 문제들은 또래승인과 관련된 문제로서 선택받지 못하거나 선호받지 못하고, 놀림받고, 인정받지 못할까 봐 불안하다. 학교에서의 수행에 대한 걱정도 일반적으로 나타나고 외모와 성적 변화에 대한 걱정, 가정의 특수한 상황(알코올중독, 빈곤, 이혼 및 재혼, 학대)에 의한 문제 경험 등도 빈번히 나타나는 문제들이다. 이 시기의 아동들은 지적 호기심과 성취동기에 의해 활동이 유발된다. 성취 기회와 성취 과업의 인정과 격려가 있다면 주도적인 활동이 이루어지고 성취감이 길러진다. 그러나 그렇게 하지 못하면 좌절감과 열등감을 갖게 된다.

(3) 아동기 정신장애

아동의 현재 행동은 아동의 선천적 능력, 발달단계상 특성, 부모의 양육태도, 가족환경 및 또래집단과의 관계, 학교환경 등에 의해서 영향을 받는 결과이다. 아동은 성장하고 있으므로 발달에 영향을 주는 요인을 고려해야 한다. 아동은 변하고 있으므로 같은 행동이라도 나이에 따라 정상과 이상의 판단이 달라진다. 아동기에 주로 진단되는 정신장애는 다음과 같다.

① 신경발달장애

신경발달장애(Neurodevelopmental Disorders)는 발달기에 시작되는 장애들의 집합이며, 중추신경계 및 뇌의 발달지연 또는 뇌 손상과 관련된 것으로 알려진 정신장애를 포함한다. 손상의 범위가 다양하며, 동반질환이 흔하다. 국립특수교육원(2020)의 특수교육대상 통계를 보면 전체 95,420명 중에서 지적장애 50,693명(53.1%), 자폐 스펙트럼 장애 13,917명(14.6%), 의사소통장애 2,404명(2.1%), 정서 · 행동장애 1,993명(2.1%), 학습장애 1,226명(1.3%)로 전체 특수교육대상 장애 중 신경발달장애가 70,286명(73.7%)을 차지할 정도로 압도적이다. 아동기 정신장애와 관련하여 특수교육, 정신의학, 사회복지, 언어치료 등의 통합적인 접근이 중요하지만, 분야 간 협력이 아직은 미흡하다.

하위유형에는 지적장애, 특정 학습장애, 의사소통장애, 자폐 스펙트럼 장애, 주의력결핍과잉행동장애, 운동장애 등이 있다.

- 지적장애(Intellectual Disability)는 유의하게 평균수준 이하에 속하는 전체적인 지적 기능으로서 의사소통, 자기 돌봄, 가정생활. 사회적 기술이나 대인관계의 기술, 지역사회 자원의 이용, 자기관리, 기능적 학업기술, 여가 건강, 안전과 같은 영역에서 적어도 두 가지 적응기능에서 심각한 한계를 동반하는 경우에 진단된다.
- 특정 학습장애(Learning Disorders)는 읽기, 산술, 쓰기를 평가하기 위해 개별적으로 시행된 표준화된 검사에서 나이, 학교교육, 그리고 지능에 비해 기대되는 수준보다 성적이 현저하게 낮게 나올 때 진단된다.
- 의사소통장애(Communication Disorders)는 언어, 말, 의사소통에 문제가 생기는 것으로, 언어장애, 말소리장애, 아동기발병유창성장애, 사회적 의사소통장애 등이 있다.
- 자폐 스펙트럼 장애(Autism Spectrum Disorder)는 사회적 상호작용과 의사소통이 현저하게 비정상적이거나 발달이 장해되어 있고 활동과 관심의 종류가 현저하게 제한되어 있는 양상으로 나타난다. 장애의 표현은 개인의 발달수준과 생활연령에 따라 다양하다. 여아보다 남아에게서 3~4배 높게 나타나고 3세 이전에 나타나야 한다. 일방향적인 의사소통,

반향어, 다른 사람에 대한 이해 부족, 지속적인 관계를 맺는 데 어려움, 상징놀이의 결핍, 상동행동, 반복행동이 특징이다.

- 주의력결핍과잉행동장애(Attention Deficit/Hyperactive Disorder: ADHD)는 동등한 발달 수준에 있는 소아들에게 관찰되는 것보다 더 빈번하고 더 심하고 더 지속적인 부주의(무질서, 신중한 생각 없이)나 과잉행동(끊임없이 활동), 충동성(반응을 연기하는 어려움)을 보이는 특징이 있다. 7세 이전에 나타나야 한다. 증상으로 인한 장애가 두 가지 이상의 상황에서 존재하며 발달적으로 적절한 사회적, 학업적, 직업적 기능이 손상되어 있다는 분명한 증거가 필요하다.
- 운동장애(Motor Disorders)는 발달 시기 초기에 시작하고 움직임의 문제를 수반한다. 발달성 협응장애, 상동증적 운동장애, 틱장애 및 여러 가지 운동 틱과 한 가지 또는 그 이상의 음성틱이 동시에 나타나는 뚜렛장애가 있다.

② 품행장애 및 적대적 반항장애
- 품행장애(Conduct Disorder)의 경우 다른 사람의 기본적인 권리를 침해하거나 나이에 적합한 사회적 규범이나 규칙을 지속적으로 위반하는 행위로, 다른 사람이나 동물에게 신체적인 해를 가하거나 위협하는 공격적 행동, 재산상의 손실이나 손상을 가하는 비공격적인 행동, 사기나 도둑질, 심각한 규칙 위반 등이 6개월 이상 나타난다. 10대 소년들에게서 빈번히 보인다.
- 적대적 반항장애(Oppositional Defiant Disorder)의 경우 권위를 가진 인물에 대해 반복되는 거부적, 도전적, 불복종적, 적대적 행동이 최소 6개월 이상 지속되고 화내기, 어른과 논쟁하기, 어른의 요구나 규칙을 무시, 거절하기 등의 행동이 빈번하게 발생한다.

③ 급식 및 섭식장애

• 이식증(Pica)은 1개월 이상 비영양성 물질을 지속적으로 먹는 것을 말한다.

• 되새김장애(Rumination Disorder)는 음식을 반복적으로 게우고 다시 씹는 행동의 지속을 보인다.

④ 배설장애

• 유분증(Encopresis)은 적절하지 않은 곳에 대변을 보는 행동을 보인다.

• 유뇨증(Enuresis)은 밤이나 낮 동안 침구나 옷에 반복적으로 소변을 지리는 행동을 보인다.

⑤ 불안장애

• 분리불안장애(Separation anxiety Disorder)는 소아의 발달단계에서 볼 수 있는 것보다 심한 애착대상과의 분리에 대한 심한 불안을 느끼는 것을 말한다.

• 선택적 함구증(Selective Mutism)은 다른 상황에서는 말을 잘함에도 불구하고 말을 해야 하는 특정한 사회적 상황에서는 말을 하지 못하는 것을 말한다.

⑥ 외상 및 스트레스 관련 장애

• 반응성 애착장애(Reactive Attachment Disorder)는 2세 이전에 정상발달을 하지만 대부분의 상황에서 심하게 손상되고 발달적으로 부적절한 사회적 관계형성으로 5세 이전에 시작되고 병적인 보살핌과 밀접한 관련이 있다. 오랜 시간 관찰하면 사회적 접촉을 할 수 있는 가능성이 있다.

• 탈억제성 사회적 유대감 장애(Disinhibited Social Engagement Disorder)는 부모나 양육자에게 하듯이 낯선 성인들에게 주저하지 않고 너무 친근하

게 대하는 특징을 보인다.

4) 청소년 초기(11~14세) 발달특성과 정신건강 문제 (정체감 대 정체감 혼란)

(1) 청소년 초기 발달특성

① 신체적 발달

이 시기는 인생에서 가장 급속한 발달을 경험하여 성호르몬이 증가하고 생식기관 및 2차 성징이 발달한다. 발달 속도에 있어서 개인차가 심하여 자의식과 불안을 느낀다. 신체 및 호르몬의 변화로 인해 혼돈을 경험하고 성에 관한 생각과 감정으로 인해 죄책감과 수치감을 느낀다. 성에 대한 호기심이 증가하므로 직접적인 정보 제공이 중요하다.

② 인지적 발달

구체적 조작기에서 형식적 조작기로 전환하는 시기이다. 추상적 사고를 할 수 있어 가설을 세우고, 두 가지 이상의 변인을 정신적으로 조작할 수 있다. 논리적 사고도 가능하여 사건의 결과를 예측하는 것이 가능하나, 사건, 감정, 상황을 연결하는 능력은 아직 부족하다. 인지적인 측면에서도 발달 속도에 있어서 개인차가 심하다.

③ 자아 발달

자기정의(self-definition)와 통합적 발달과업을 완성하기 시작한다. 이 시기에는 자율성과 의존성을 함께 보여 부모를 혼란스럽게 한다. 남과 다르고 싶으면서도 또한 남과 똑같이 보이고 싶어 하는 모순에 빠진다. 항상 '상상 속의 청중(imaginary audience)'을 달고 다니고, 모든 사람이 항상 자기를 지켜본다고 생각하기 때문에 자존감이 저하되기도 한다. 한편으로는, 자신을 특별하게 느끼고 남들은 자신을 모를 것이라는 느끼는 자신만의 이야기인 개인적 우화(personal fable)의 특성이 나타난다.

④ 사회적 발달

이 시기에 청소년은 또래가 지지의 근원이다. 따라서 또래들로부터 받는 수치감에 민감하며 취약하다. 또래들의 거부는 이 시기의 주요 스트레스원이다. 집단에 대한 소속감이 강하여 그룹에 속하거나 복장과 행동 규칙을 가진 특별한 집단을 형성하는 시기이다. 자신의 행동을 객관적으로 보지 못하고, 다른 사람들의 관점을 고려하는 데 미숙하다.

⑤ 정서적 발달

감정 기복이 롤러코스터를 탄 것처럼 심하다. 침울한 기분과 극도로 흥분된 상태, 불안, 수치감, 우울, 죄책감, 분노 등의 감정을 자주 경험한다. 두려움과 같은 부정적 감정에 당황하여 이를 분노로 위장하기도 한다. 예컨대, 다른 사람들과 갈등에서 느끼는 감정을 숨기기 위해 화를 내는 것 등이다. 감정을 다스리고 대안을 생각하는 데 어려움을 느낀다. 상황을 더 어렵게 만들고 불안이나 죄책감, 수치감을 더 느끼게 되는 악순환을 경험한다. 이 시기 청소년의 정서적 취약성을 이해하고 민감하게 반응하는 것이 중요하다.

(2) 정신건강 문제

청소년들의 진정한 감정은 분노나 냉담, 외현적 행동(acting-out)으로 위장되어 있기 쉽다. 형식적 조작기의 사고발달이 서서히 일어나며, 사고와 추론 부족에서 반항과 철회의 반복과 같은 문제행동이 올 수 있다. 신체적 성숙과 실제 성숙도 간에는 차이가 있다는 것도 주목할 점이다. 청소년 초기에는 자신의 감정을 적절하게 다루지 못하는 데서 많은 문제가 야기된다. 친구나 부모와의 관계 문제에 대해 과잉 반응하는 경향이 있으며 자신의 외모나 행동, 소속감에 대해 지나치게 걱정하는 경향이 있다. 이러한 민감한 시기의 발달 특성을 소위 중2병으로 특화시켜 부르기도 한다. 일본의 인터넷 소설로 불리기도 하는 NT(New Type) 소설의 주인공이나 주 독자가 중 1~2학년 학생들인데, 그 소설에서 처음 '중2병'이라는 신조어가 등장했다. 이 인터넷 소설을 열독했던 우리나라 청소년들이 중2병이라는 말을 사용하기 시작했다고 한다. 우리나라에서는 무개념, 허세의 비하적 표현으로 변질된 면도 있다고 한다.

5) 청소년 중기(15~21세) 발달특성과 정신건강 문제 (정체감 대 정체감 혼란)

청소년기는 소아기와 성인기 사이의 전환기이다. 한 인간이 생물학적, 심리적, 사회적인 모든 면을 통합하여 인격을 완성해 나가고 사회인으로서 기능을 성취하기 위한 마지막 준비 단계이다. 청소년기는 인간의 발달과정에서 가장 극심한 혼돈과 좌절, 도전과 격동의 시기라고 할 수 있다. 이 시기는 개인의 삶과 사회생활의 바탕을 마련하는 중요한 시기로서, 이 과정을 통해 성인의 성격구조의 토대를 마련하게 된다. 청소년기에 보여 주는 행동들은 무엇이 정상이고 무엇이 비정상인지 불분명한 경우가 많다. 이 시기의 격렬한 행동은 정상적인 것으로 성숙에 꼭 필요한 과정일 수 있다. 청소년기는 기분의 변화가 심하여 우울, 불안 및 절망감을 보이다가도 의기양양하고 정열적인 상태를 보이기도 하며, 어떤 때에는 열심히 공부하고 철학에 많은 관심을 보이다가도 주체할 수 없는 외로움, 부모에 대한 압박감, 기성세대에 대한 분노와 적대감정, 자살에 대한 공상, 이성에 대한 관심 등 변화가 극심한 시기로 보기도 한다. 이에 청소년기를 격동(폭풍)의 시기라 부르기도 한다.

(1) 청소년 중기 발달특성

① 신체적 발달

신체적 발달이 급속히 이루어지다가 점차 느려진다. 여자 청소년의 발달이 더 빠르다가 청소년 중기에는 역전된다. 2차 성징의 발달로 성적 충동을 매우 강하게 느낀다. 이런 특성은 자신과 부모를 불안하게 만든다. 성적으로 어른처럼 해 보려 하나 결과에 대해서는 고려하지 않으므로 높은 수준의 성교육이 필요하다.

② 인지적 발달

형식적 조작기로서 사고발달이 계속된다. 추상적 사고, 가설 설정, 미래에 대해 생각, 융통성 있는 사고를 할 수 있다. 도덕적, 사회적, 정치적 문제에 대한 철학적 사유가 가능하고 실제적이고 구체적인 것과 추상적이고 가능한 것을 구분할 수 있다. 하지만 행동과 사고가 일치하지 않는 경향이 있고, 여러 선택 대안을 고려하기는 하나 경험과 이해 부족으로 적절한 선택을 못할 때가 많다.

③ 자아 발달

독립 성취와 진로, 정치적, 사회적, 성적, 도덕적, 종교적 정체감을 찾는 데 천착한다. 혼자 보내는 시간이 많아지고, 자신의 가치관과 신념, 인생의 방향을 진지하게 생각한다. 더 깊은 자신감과 자기지향을 추구하고 친구를 무작정 따라 하지 않게 된다. 친구들과 다르게 보이려 노력한다. 즉각적인 결과뿐 아니라 장기적인 결과까지도 생각할 수 있고 이 시기의 자아 발달은 사고 발달과 자존감 발달을 통해 이루어진다.

④ 사회적 발달

또래관계가 여전히 중요하다. 새로운 역할을 시도하고 개인차에 대한 인내를 학습하며, 성인기 대인관계 등을 준비한다. 더 성숙하고 지혜롭게 관계에 접근할 수 있고, 친밀한 대인관계가 증가하면서 사회적 민감성이 발달한다. 더 안정되고 덜 배타적인 우정을 쌓아 가며 이성관계와 성적 실험이 서서히 증가한다.

⑤ 정서적 발달

감정 기복이 줄고, 덜 방어적이며, 자신의 감정을 더 잘 표현하게 된다. 고독감과 양가감정이 있다. 자기회의(self-doubt)와 불안정감을 경험하기도 한다. 형식적 조작기의 사고가 가능함에 따라 정서적 문제를 다루는 기술이 향상된다. 기분이 나쁠 때에도 충동적이거나 비합리적으로 반응하지 않는다. 이 시기의 정서적 성숙은 인지적 성숙과 밀접한 관련이 있다.

(2) 정신건강 문제

자신을 언어적으로 표현하는 능력이 증가하기는 하나 개인차가 크다. 이 시기의 전형적 문제는 먼저 성적 친밀감과 미래에 관한 결정을 포함한 복잡한 관계 문제이다. 또한 진로에 대한 혼돈과 돈에 대한 걱정이 크며 자율성을 요구하는 가족관계로 인해 스트레스를 느낄 수 있다. 성인기로 가는 전환기에서 새로운 기회와 함께 불안을 느낀다. 자신이 어떤 사람이 될 것인가에 대해 깊은 관심을 갖게 된다. 그래서 심리적 혁명이 마음에서 일어난다. 끊임없는 자기 질문을 통해 자신에 대한 통찰과 자아상을 찾기 위한 노력을 하게 된다. 그 결과 얻는 것이 자아 정체성(ego-identity)이다. 이것이 형성되지 못하고 방황하게 되면 역할 혼란(role confusion) 또는 자아 정체성 혼미(identity diffusion)가 온다. 이는 직업 선택이나 성 역할 등에 혼란을 가져오고 인생관과 가치관의 확립에 심한 갈등을 일으킨다.

(3) 정신장애

청소년기는 성인의 정신질환 중 조현병, 우울장애, 양극성장애 등이 발병하기 시작하는 시기이므로 그에 대한 조기 발견과 조기 치료가 중요하다. 청소년기에 많이 발병하는 정신장애는 다음과 같다.

① 섭식장애

청소년기에는 신체변화나 식사가 매우 예민하고 중요한 관심사이다. 체중 및 비만의 문제와 관련하여 다이어트나 살 빼기, 혹은 반대로 과식이나 폭식의 문제가 발생한다. 섭식과 관련된 정신장애로 신경성폭식증(bulimia nervosa), 폭식장애(binge eating disorder), 신경성 신욕부진증(anorexia nervosa)이 있다

② 사회공포증

사회공포증(Social Phobia)는 특정한 대인관계나 사회적 상황에서 불안해하고 긴장하는 것이 특징이다. 특정 상황에서 얼굴이 붉어지고, 가슴이 뛰며, 식은땀이 흐르고 목소리와 손발이 떨린다. 이런 상황을 미리 예상하고 걱정하며 회피하는 모습이 동반된다. 대인공포증이라고 불리기도 한다.

③ 조현병

조현병(Schizophrenia)의 평생 유병률은 약 1% 정도이며 발병 연령은 사춘기에서 30세 이전까지인 경우가 많다. 사고장애(횡설수설, 동문서답, 비현실적 사고, 비논리적 사고, 망상), 지각장애(환각과 착각), 정동장애(감정표현이 무뎌지거나 부적절함) 그리고 행동과 언어가 와해된 모습을 나타낸다.

④ 우울장애

우울장애(Depressive Disorders)에 걸린 청소년은 학업에 대한 집중 곤란,

흥미 상실로 인해 성적이 떨어지며 심한 경우 학업을 포기하고 등교를 거부하는 등 전반적 사회생활에 대한 위축과 의욕상실을 보인다. 매사에 부정적이고 반항적이 되어 가족과 잦은 마찰을 빚게 되고, 심한 경우 가출을 해서 알코올 등의 약물남용과 비행을 저지르기도 한다. 청소년기의 우울은 성인과 달리 외현화하여 행동문제가 많이 생기는 특성이 있어, 우울장애의 치료 시기를 놓치기 쉬워 주의를 요한다. 우울장애의 전형적인 증상인 매사에 즐거움을 못 느끼고 의욕상실, 무력감, 절망감을 경험하며, 행동이 느려지고 수면장해(과다한 수면 혹은 불면증), 식욕장해(식욕감퇴 혹은 과다한 음식섭취)를 보이며 체중의 감소 또는 증가도 나타난다. 죄책감, 허무, 처벌에 대한 망상이나 환각을 경험하기도 한다. 자살 위험이 높아진다.

⑤ 양극성장애

양극성장애(Bipolar Disorder)는 정신과 질환 중 유전적인 경향이 가장 강한 질병이다. 조증이란 비정상적으로 의기양양하거나 과대하고 과민한 기분을 보이면서, 자존심이나 자신감이 지나치고, 수면욕구가 감소하며, 평소보다 말이 많아지고, 주의가 산만하며, 목표지향적 활동이 지나치게 증가하며 쾌락적인 활동에 지나치게 몰두하는 것이다. 조증과 우울증이 반복되거나, 경조증과 우울증이 순환하여 나타난다. 우울장애와 마찬가지로 자살 위험이 증가한다.

⑥ 주의력결핍과잉행동장애

부주의나 주의산만, 집중력장애, 과잉행동과 충동적인 행동을 특징으로 하는 아동기에 발생하는 질병이다. 아동기에 적절한 치료가 이루어지지 않은 경우 청소년기까지 지속되어 학습능력장애, 대인관계 문제, 자존심 저하, 원만한 사회생활 어려움 등이 생겨 청소년 비행이나 우울증과 동반되는 경우가 많다. 성인기까지 유지될 수 있는데, 이 시기에는 주의력결핍이 더 문제가 된다.

⑦ 물질 관련 및 중독장애

청소년의 음주, 흡연, 본드나 부탄가스 흡입, 환각을 목적으로 하는 진해거 담제 남용과 도박행동이 폭발적으로 증가하는 추세이다. 최초 경험 시기는 대개 중학교 3학년과 고등학교 1학년이 가장 많다고 하나 점차 빨라지는 추 세로 초등학교 고학년에 시작하는 경우도 많다. 본드나 부탄가스와 같은 흡 입제는 정신활성 작용을 하는 다양한 화학물질로 구성되어 있어서 중추신경 계에 대한 억압작용으로 자기억제력의 상실, 도취감, 어지러움, 기억상실, 집 중력결여, 혼돈, 운동실조증, 간질발작과 같은 증세를 유발하며, 신체적으로 는 간, 심장, 신장 및 골수에 대한 치명적 손상을 일으켜 사망에 이르게 하는 경우도 있다. 불법 약물 사용이나 도박을 하는 청소년들은 그렇지 않은 청소 년들과 태도, 가치관, 성격 특성 면에서 매우 다른데, 학업성취의 동기가 낮 고 지나치게 독립심을 강조하는 경향이 있으며, 반사회적 비행에 연루되어 있는 경우가 많고 반항, 우울, 자기 비하감을 나타낸다.

⑧ 품행장애

청소년 비행은 엄격한 의미에서는 법률적인 용어이다. 비행이라는 것은 반사회적인, 즉 법을 어기고 남에게 피해를 끼치는 행동을 의미한다. 청소 년이 폭력적인 행동을 보이거나 거짓말을 하는 경우, 물건을 훔치거나 가출 을 하는 등의 행위를 나타낼 때, 이것을 단순하게 청소년 비행이나 청소년 기 행동 특성으로 보아 치료 기회를 놓치는 경우도 많다. 전체 비행청소년의 약 70% 정도가 품행장애와 관련이 있고 치료적 도움이 필요하다. 품행장애 는 다른 사람의 기본적인 권리를 침해하고 나이에 맞는 사회 규범 및 규칙을 위반하는, 지속적이고 반복적인 행동 양상을 보이는 경우를 말한다. 증상으 로는 사람과 동물에 대한 공격적 행동, 재산의 파괴, 거짓말 또는 도둑질, 가 출이나 무단결석과 같은 심각한 규칙위반 등이 있다. 품행장애의 원인은 여 러 가지가 있다. 심리적으로는 자신의 불안에 대한 방어, 어린 시절의 부모—

자식 관계로 돌아가려는 시도, 모성 결핍의 결과, 자기 통제를 내재화하는 데 실패한 것들이 원인이 된다. 사회적 원인으로는 자신에게 적대적 환경을 극복하려는 시도, 물질만능의 사회풍조에서 배운 물질을 얻으려는 목적, 친구들 사이에서 일정한 위치를 획득하려는 동기, 일관성 없는 양육과정의 결과 혹은 과밀학급이나 처벌 위주의 학교지도 등을 들 수 있다. 생물학적 원인도 있는데, 유전, 남성호르몬의 영향, 중추신경계의 이상, 낮은 지능의 결과로 품행에 문제가 생기기도 한다.

6) 청장년기(21~60세) 발달특성과 정신건강 문제

(1) 청년기(21~40세) 발달특성과 정신건강 문제(친밀성 대 고립)

① 발달특성

청년기는 청소년기에서 성인기로 이행해 가는 전환기로서, 한 사회의 구성원으로서 융화되느냐 고립되느냐의 여부가 결정되는 인생에 있어 매우 중요한 시기이다(Erikson, 1950). 또한, 이 시기 이후의 삶에 많은 영향을 미치는 여러 활동을 시작하고 선택하는 인간발달의 단계이므로 그 특성상 가족과 물리적, 심리적으로 분리되는 과정을 겪게 되고, 새로운 관계망을 형성하며, 직업을 준비하는 과정에서 요구되는 발달과업 및 역할행동 속에서 다양한 스트레스 요인에 노출되고, 정신건강 문제에 직면할 수 있다(박재연, 김정기, 2014).

② 정신장애

최근 전 세계적으로 20~30대 젊은 청년층의 정신건강 상태가 급격하게 악화되고 있다(Twenge et al., 2019). 불안장애, 주요우울장애, 알코올 사용장애 등의 여러 정신질환의 발병위험이 타 연령대에 비해 크다(Cvetkovski et al.,

2012). 우리나라의 경우에도 2012년 대비 2016년 우울증 환자의 증가율을 살펴보면 10대와 40대 이상은 감소 추세를 보이는 반면에, 20대는 22.2%, 30대는 1.6%나 증가하였다(김지경, 이윤주, 2018). 불안장애의 경우 2016년 기준 1년 유병률을 살펴보면 20대 9.0%, 30대 6.9%로 다른 연령층에 비해 높은 수준을 보인다(보건복지부, 2017).

20대 청년 전체의 7%가 심한 우울증, 8.6%가 심한 불안증을 겪고 있으며, 최근 6개월 이내에 자살생각을 한 청년이 22.9%였다(김지경, 이윤주, 2018). 또한 조현병과 같은 정신병적 장애는 생애발달과정 중 어느 시기에라도 발생할 수 있으나 청소년기 후기에서 성인기 초기 사이에 주로 발생한다.

안석균(2008)은 조기 정신증이 청소년기 및 초기 성인기에 발병할 위험이 높은 정신질환이며 10~35세 사이에 주로 발생한다고 하였다. 조기 정신증에서 공통적으로 보이는 문제들은 불안, 무기력, 화, 불안정과 같은 신경증적 증상, 우울, 무쾌감증, 죄책감, 자살사고, 기분변화와 같은 기분 관련 변화이다. 이들은 무감동, 흥미의 상실, 에너지의 감소를 경험하고, 주의력이나 집중력 장애, 사고의 차단과 같은 인지 변화를 보이며 비정상적인 지각, 자기 자신이나 자신을 둘러싼 세계가 바뀐 것 같은 약한 수준의 정신적 증상을 보인다.

또한 사회적 위축이나 충동성, 기이한 행동, 공격적이고 파괴적인 행동과 같은 행동의 변화를 호소하기도 한다(이영문 외, 2006). 이러한 특징을 보이는 정신병은 대부분 10대 중후반에서 20대 중반까지 발병하는 것으로 보고되고 있다(Cotton et al., 2016; Kessler et al., 2005; McGorry et al., 2011).

버크우드 등(Birchwood et al., 1998)은 조기 정신증을 정신병으로 확진될 만한 상태는 아니지만 인지와 지각 방식에 변화를 일으키고, 상황에 맞지 않는 말이나 행동을 하는 전구기를 포함하여 정신병적 증상이 확연히 드러난 시점 이후 최대 5년으로 정의하였다. 이 5년을 결정적 시기(critical period)라고 하는데, 이 시기가 치료적으로 매우 중요한 시기이기 때문이다. 조기 정신증 개입이 중요한 이유는 치료받지 않은 기간이 길수록 예후가 좋지 않고, 정신병 초기 단계에서의 재발은 이후의 보다 잦은 재발과 만성화 가능성을 높이며, 이 시기 잦은 재발은 사회적, 직업적 발달을 방해하여 보다 많은 심리사회적 장애를 초래하기 때문이다. 또한 치료받지 않은 기간이 길수록 결과적으로 개인과 사회는 더 많은 비용을 부담해야 하고, 반복적인 재발로 치료저항이 일어나며 개인의 중요한 영역에서 장애가 축적되는 것으로 알려져 있다(Swaran et al., 2005). 하지만 청년의 99%가 정신보건서비스를 이용해 본 적이 없다고 보고되었다(통계청, 2018). 이에 우리나라의 정신건강종합대책에 지역사회에서 청년정신건강 문제에 대하여 집중적인 조기 발견과 치료지원서비스를 계획하고, 지역의 정신건강복지센터에서 조기 정신증에 대한 발견과 치료 연계를 강화하였고, 지방정부에서 조현병, 분열 및 망상장애, 기분(정동)장애로 진단받은 청년의 치료비를 지원하는 사업을 하고 있다.

(2) 중년기(40~60세) 발달특성과 정신건강 문제(생산 대 침체)

① 발달특성
중년기는 신체적 측면에서 생물학적 노화가 시작되고, 암과 만성질환 발병률이 급상승하는 시기이다. 중년의 위기(mid-life crisis)라 불리는 심리적 변화와 경제 및 기타 생활 수준의 사회적, 환경적 변화를 잘 극복하지 못하면 신체건강 뿐 아니라 우울과 같은 정신건강에 부정적인 영향을 받을 수 있다. 이러한 생애주기적 건강위험성을 고려하여 보건복지부에서는 2007년 4월부터 국민건강 증진을 목적으로 전국의 모든 만 40세 이상을 대상으로 신체검사뿐만 아니라 생활습관 진단이 포함된 생애전환기 건강진단을 실시하고 있다(보건복지부, 2007).

② 정신장애
2010년 국민건강영양조사 결과에 따르면, '최근 1년 동안 2주 내내 일상생

활에 지장이 있을 정도의 우울감을 경험한 사람'의 비율로 정의한 '우울증상'
의 경험률이 40~49세의 경우 남성은 7.8%, 여성은 14.3%, 50~59세에서는
남성은 11.7%, 여성은 22.0%로 40대를 거쳐 50대까지의 중년기를 지나는 과
정에서 우울증상의 경험이 크게 증가하는 것으로 나타났다(보건복지부, 2010).

중년기 우울증은 인생의 변화기, 즉 남자나 여자의 경우 생식능력이 거의
쇠퇴한 생리적 변화기에 나타나는 것이 특징이다. 이 경우 생활 주변에서 경
험하는 스트레스보다는 호르몬의 생리적 변화가 보다 큰 원인으로 작용한
다. 중년기 우울증의 유발인자는 경제적 문제, 신체적 질환, 사랑에 대한 상
실, 자녀관계의 변화, 자녀의 출가 등과 같은 생활 스트레스이다. '빈 둥우리'
는 일부 중년여성에게는 스트레스가 되지만 대다수의 여성에게는 스트레스
가 되지 않으며 자녀 출가는 오히려 아버지에게 더 심각한 사건이 될 수가 있
다고 한다. 우울증이 배우자의 유무, 교육정도, 경제상태, 생활주거지, 성격
에 따라 차이가 있다고 하였고, 결혼만족도가 높은 여성일수록 중년기 증상
이 낮게 나타났다고 하였다. 중년기 우울증은 폐경 그 자체보다 사회적, 심리
적 적응이 더 큰 의미를 갖는다. 대체로 여자는 40세에서 55세, 남자는 50세
에서 65세 사이로서 여자는 40대 후반, 남자는 50대 후반에 우울증이 제일 많
이 나타난다. 중년기 우울증은 퇴행기에 발생하는 초조한 우울증으로 초조
와 불안이 주류를 이루며, 비현실감, 건강염려증, 허무망상 등의 정신적 증상
이 함께 나타나는 것이 통례이다(APA, 2017).

7) 노년기(60~80세) 발달특성과 정신건강 문제(통합 대 절망)

① 발달특성

다양한 생애주기 사건과 건강의 역동적 관계에 주목하는 생애주기 관점은
노년기 건강 변화를 파악하기 위한 주요 이론적 토대이다. 생애주기 관점에
서 건강은 생애과정에서 발생하는 사건들과의 상호작용에 의거한 건강변화

궤적의 결과로 파악된다(Elder et al., 2003). 개인 건강상태는 노년에 이르기까지 생애주기 전반에 걸쳐 다차원적 건강요소들의 상호역동을 통해 변화된다(Wickrama et al., 2013). 이러한 특성으로 인해, 일부 노인들은 노년에 만성질환과 같은 신체건강 문제가 있어도 정신건강 상태가 악화되지 않기도 하고, 일부는 신체건강 문제와 함께 정신건강 상태가 악화되기도 하며, 일부는 증가와 감소를 반복되는 등 다양한 건강 유형이 분포할 수 있다(Stommel et al., 2004).

실제로 우리나라의 1970~1980년대 경제성장을 이끈 주역이며 성장의 결실과 함께한 베이비붐 세대(1955~1963년생)는 이전 노인 세대보다는 상대적으로 학력과 전문직 및 사무기술직 비중이 높고, 기독교 비중이 높으며, 국민연금 등 공적 연금 수혜율이 높고, 도시에 많이 살며, 건강관리 및 노후 준비를 하는 세대로, 문화 및 여가 향유, 사회봉사나 재능기부 등 사회참여와 자아실현에 대한 욕구가 높다(김정진, 2017). 베이비부머라고 불리우는 이들은 이전 세대와 다른 특징을 가진 '새로운(NEW)' 세대라고도 불리운다. NEW세대는 이전 세대보다 더 많은 봉사를 통한 품위(Noble)를 추구하고, 적극적으로 삶의 즐거움을 찾고(Enjoying), 더 일하고 싶어 하는(Working) 세대라는 의미에서 문화적, 사회적으로 다른 신(新)인류라고 하여 신중년이라고도 한다. 이전 세대의 노년기와는 다른 삶을 보내는 만큼 성공적인 노화과정을 보내고 있는 활동적인 노년기이기에, 신체적으로 정신적으로 건강관리를 잘하며 건강한 노년기를 보낸다. 65세 이상 1만 522명을 대상으로 조사한 '2011 노인실태조사'에서 이들 중 72.2%가 한 가지 이상 문화ㆍ여가 활동에 참여하고 있고, 이 중 39.4%가 주 4회 이상, 32.5%가 주 2~3회 문화ㆍ여가 활동을 하는 것으로 나타났고, 79만 명의 60세 이상 노인이 132만 3,371회 자원봉사에 참여하였다(보건복지부, 2011). 한국노인종합복지관협회 자료에 의하면 정기적으로 복지관을 찾는 신중년이 100만 명 이상이라고 한다. 60세 이상 취업자 수는 2000년 196만 명에서 2018년 311만 명으로 증가하였고, 창업도 증가하여 60세 이상 자영업자는 2007년 170만 1,000명에서 2013년 182만 5,000명으로 6년 만에 7.3% 증가하였다.

하지만 사회경제 및 의학기술의 발달과 더불어 노인인구가 급격하게 증가하면서 노인인구에서 질환의 이환율도 늘어나고 있고 정신과를 방문하는 노인인구도 점차 늘어나고 있다. 정신과를 방문하는 노인성 정신장애 환자에서 볼 수 있는 증상 중 대표적인 것은 노인성 정신장애인 노인 우울증과 치매이다.

② 정신장애

노인 우울증은 노인성 정신장애 중 가장 흔한 질환 중의 하나로서 성인 우울증에서 나타나는 전형적인 우울 관련 증상 외에도 신체적 증상, 그리고 인지기능장애 등이 동반되기도 하며, 노인 연령에서 내과적 질환을 일으키는 주요한 위험인자로 알려져 있다. 노인성 정신장애 중 주요우울증의 유병률은 약 1% 정도로 알려져 있고, 우울증의 진단기준을 만족하지는 못하지만 우울증상을 가지고 있는 경우는 무려 15% 정도나 된다고 보고되기도 하였다. 치매는 기억력과 언어, 실행능력 등 전반적인 인지기능의 장애를 일으키고, 나아가 정서 변화 및 행동문제와 인격 변화 등을 초래하는 질환이다. 치매의 유병률은 진단기준과 연구방법 등에 의해 다양하게 나타나는데, 대체로 65세 이상의 노인에서 약 5~7% 정도로 알려져 있고 연령이 증가함에 따라 그 유병률도 현저하게 증가하여 80세 이상에서는 30~40% 정도에 이른다고 알려져 있다(대한노인정신의학회, 1998). 이러한 치매와 노인 우울증은 증상으로 인하여 환자에게 커다란 고통을 안겨줄 뿐만 아니라 일상생활 기능의 손상을 야기하고, 동반되는 내과적 신체질환의 증가와 사망률 증가, 가정 파탄 등을 포함하여 개인적, 사회적, 국가적 손실과 부담을 야기한다. 따라서 노인 우울증과 치매를 비롯한 노인성 정신장애에 대한 예방과 진단, 치료 그리고 질환에 대한 깊이 있는 이해와 사회적 지원이 필요하다.

4. 가족

가족은 인간의 성장과 발달에 가장 중요한 환경이다. 가족은 상호작용하는 인성의 통합체이며, 부모와 자녀로 구성되는 기본적인 사회 집단으로서 이익관계를 초월한 애정적인 혈연 집단이고, 같은 장소에서 기거하고 취사하는 동거 집단이며, 그 가족만의 고유한 가풍을 갖는 문화 집단이고, 양육과 사회화를 통하여 인격 형성이 이루어지는 인간발달의 근원적 집단이다. 또한 가족은 시간에 따라 사회구조와 문화에 따라 계속해서 움직이는 사회 변화에 민감한 체계이다(김정진, 2020, 재인용).

우리나라 가족은 사회 변화에 따라 가족의 구조, 형태, 크기, 기능 등에서 많은 변화를 보인다. 산업구조와 소득의 변화에 따라 가족구조의 축소, 가족주의 가치관과 개인주의 가치관의 혼재, 성 역할의 변화, 양육이나 돌봄에 대한 전통적 기능과 태도의 변화 등 전통적인 가족 기능이 약화되어 있다. 가족의 형태나 구조로 가족 기능이 약해진다고 하기는 어려워도 가족의 내외적 환경의 변화에 의한 문제에 대응하는 데 취약해져서 기능 수행의 어려움을 갖는 위기 가족이 증가하고 있다. 또한 질병, 사고 등이 발생할 때 사회경제적으로 자원이 부족하면 그 취약성도 높아질 수밖에 없다. 현재 우리나라 가족의 변화 방향은 가족 내 자원이 취약한 방향으로 이루어지고 있어 위험 가족도 증가하고 있다(김승권, 2012). 최근 이슈가 되는 부모의 아동학대 문제도 이와 무관하지 않을 것이다. 위기 가족의 증가는 가족의 스트레스가 높아지고 가족의 정서적 지지와 돌봄 기능이 취약해지며, 돌봄과 지지가 필요한 가족원의 발달과 정신건강이 취약해질 수 있다. 하지만 가족이 이러한 역경을 극복하고 성장해 가면서 가족 레질리언스가 향상되고 문제를 해결하는 경우가 더 많을 것이다. 이에 정신건강 측면에서 가족은 정신장애 발병의 유전적, 환경적 요인이 되기도 하지만, 정신장애의 치료와 회복에 매우 중요한 자원이다. 정신건강에서 가족의 중요성은 아무리 강조해도 지나치지 않다. 정신건강의 문제를 가진 개인의 정신장애를 발견하고, 진단받고, 치료하며 회복하는 연속적인 과정에서 가족은 중요한 파트너이다. 하지만 성인 정신장애인의 경우 자립과 가족의 지원 사이에서 갈등이 생기는 경우도 많아 윤리와 인권 관점에서 균형적이고 성찰적인 관여가 요구된다.

1) 가족학대

아동기 학대경험은 이후 발달과정에서 정신장애 발병 위험을 높인다. 아동학대는 단발성으로 발생되기보다 지속적이고 중복적으로 발생되는 경우가 많다. 김수정과 정익중(2013)의 종단연구에서는 지속적인 학대 경험이 있는 아동은 우울 및 불안과 더불어 공격성 수준이 높은 것으로 나타났다. 그 외에도 피학대 아동의 지속적 외상은 심리적, 사회적 부적응에 영향을 미칠뿐만 아니라 정신병리적 문제를 일으킬 가능성을 높인다. 피학대 아동의 후유증 가운데 가장 심각한 유형으로 경계선 성격장애를 꼽을 수 있다. 특히 아동기 신체적 학대, 성적 학대, 정서적 학대는 경계선 성격장애에 영향을 미친다고 한다(Kaplan et al., 2016; Frias et al., 2016). 또한 학대경험으로 인한 부적응적 문제 중에서 공격성이 주목받고 있는데, 그 이유는 공격성으로 인하여 자살이나 다양한 범죄로 이어질 가능성을 배제하기 어렵기 때문이다(Hoeve et al., 2015; Stinson et al., 2016). 박혜은(2016)의 초등학생을 대상으로 한 연구에서도 부모에 의한 학대경험이 증가할수록 반응적 공격성이 높은 것으로 나타났다. 특히 피학대경험이 증가할수록 부적 정서를 조절하는 데 어려움이 있고 외적 위협으로부터 스스로를 방어하기 위해서, 혹은 타인의 의도를 적대적으로 해석하고 충동적이거나 보복적인 방식으로 반응적 공격성을 나타낼 가능성이 높다고 한다. 성마름, 죄책감, 원한과 같은 정서표현으로 드러나는 반응적 공격성은 정서조절 결함 및 정서적 불안정이 특징인 경계선 성격장애와 유사한 특성이 있어 반응적 공격성이 경계선 성격 형성에 영향을 줄 수 있다고 하였다(Fossati et al., 2004, Ostrov & Houston, 2008). 주요 정신장애를 가진 성인들에서 아동기 학대경험 유무에 따라 감정 및 충동조절의 영향을 미치는 전두엽의 차이가 보고되어(석정호, 안성준, 2107), 아동기 학대경험이 신경생물학적 변화를 초래하고 정신장애에 영향을 준다는 것을 실증적으로 보여 주었다.

2) 부모의 정신장애

자녀양육이라는 부모로서의 역할은 사회에서 가장 가치 있고, 의미가 크며, 그만큼 부담도 높은 역할이다. 자녀를 양육하는 것은 주 양육자뿐 아니라 가족 전체의 지원 및 많은 사회적 지원이 필요하므로 어떤 양육환경에서 자랐는지가 자녀의 성장 후 사회적응에 미치는 영향은 지대하다. 아동이 양육자와의 상호작용을 통해 발달해 가는 것처럼 아동의 주 양육자인 부모도 자신이 속한 환경 내의 대인관계 속에서 자녀를 양육하는 방식을 습득하고 자녀와의 상호작용을 발전해 나간다. 그러므로 자녀양육은 주 양육자인 부모의 개인적인 특성뿐 아니라 양육환경에 의해 영향을 받는다(김정진, 2004).

부모가 정신장애가 있는 경우 자녀양육의 어려움이 중첩된다. 정신장애를 가진 어머니는 일반 어머니에 비해 혼자서 자녀를 양육할 뿐 아니라 불충분한 주거환경과 협소한 사회관계망 속에서 사회정서적 지지가 희박한 열악한 상황에서 자녀양육을 한다. 특히 조현병을 가진 어머니의 자녀는 정신장애에 대한 유전적인 취약성을 가지고 있을 뿐 아니라, 어머니의 질병에 의해 간접적 혹은 직접적으로 생기는 환경적 긴장으로 인해 정신장애 발생위험이 높다(Anthony, 1986). 유전적 취약성은 한쪽 부모가 조현병을 앓는 경우 그 자녀가 조현병에 걸릴 위험이 약 13%로, 일반인이 성장하면서 조현병에 걸릴 위험이 약 1%인 것에 비해 훨씬 더 높다. 정신병적 우울증이나 조울증을 가진 부모의 자녀도 장애 발생위험율이 높다(김정진, 2004, 재인용). 한편, 정신장애를 가진 어머니는 일반 어머니에 비해 자녀양육에 대한 부모효능감과 자녀양육과 관련된 남편의 협력과 주위의 도움이 낮아 양육스트레스를 경험하고 있으며, 특히 낮은 부모효능감이 자녀의 사회적 역량에 부적인 영향을 미치고 있다는 연구(김정진, 2000)도 있다. 이처럼 정신장애인의 자녀양육과 관련된 유전적, 환경적 취약성은 정신장애인 자신의 정신건강 유지에도 어려움을 초래할 뿐 아니라 그 자녀의 정신장애 발생위험을 내포하고 있다.

조현병 환자의 자녀들은 성장하면서 부모와 같은 병을 앓게 될까 하는 심리적 고통과 혼란을 경험하는 경향이 있다. 그래서 일반 인구에 비해 스트레스가 두 배 정도 많으며 우울감, 낮은 자존감, 고립, 사회적 위축, 공격성을 보이는 경우가 많다. 이 중 8%는 실제로 조현병이 발병하는데 이는 일반인에 비해 약 여덟 배 높은 수준이다. 하지만 유전적 소인이 있다 하더라도 발병에 있어서 환경의 영향 역시 중요하다. 불안정한 가정에 입양된 조현병 환자의 쌍둥이 자녀들에게서 그렇지 않은 경우에 비해 발병률이 더 높은 것을 볼 때, 가정과 성장환경의 영향 역시 매우 중요함을 보여 준다(APA, 2017).

이에 정신장애를 가진 부모의 양육을 지원하는 서비스가 필요하며, 동시에 그 자녀들을 위한 교육과 지원이 요구된다. 호주의 경우, COPMI(Children of Parents with Mental Illness)라는 정신질환 환자의 자녀들을 지원하는 단체가 1999년 정부 지원 아래 설립됐다. 이 기관은 많은 교육과 정보를 제공하고 있고, 2007년부터는 호주 정부의 '부모 자녀 조기 개입 서비스'에 포함될 정도로 환자의 자녀들에게도 관심을 가지고 지원하고 있다. 캐나다 정신장애인 가족협회(Family Association for Mental Health Everywhere, FAME Canada)도 아동 지원 프로그램(FAMEkids)을 운영하고 있는데, 자녀들에게 여러 학용품과 함께 부모의 병을 이해할 수 있게 동화책처럼 쓴 교육 자료를 넣은 책가방을 선물하고 있다. 우리나라에서는 2000년대 초반 일부 정신건강복지센터에서 환자 자녀들에 대한 교육이나 캠핑, 멘토링 같은 프로그램이 자발적으로 시

작되었다. 하지만 2000년대 중반부터 정신건강복지센터에서 중증정신질환
사업 외의 업무가 늘어나면서, 중증 정신질환자의 자녀들에 대한 프로그램은
인력과 예산 부족으로 확산되지 못하고 있다.

3) 자녀의 정신장애

가족은 가족구성원의 질병과 건강에 중요한 영향을 미치는 일차적 단위
로, 가족 내에 환자가 발생하면 가족은 의학적 처방의 수행을 포함한 환자간
호의 역할을 담당하게 됨은 물론 가족생활도 크게 영향을 받게 된다(Litman,
1974). 특히 장기적인 관찰과 돌봄을 필요로 하는 만성질환의 진행과정은 앞
으로의 예후를 예측하기 어려워 가족들은 불확실성, 불안, 우울, 상실감 등을
느끼게 되고, 인력, 재정 및 헌신에 대한 과다한 요구로 인해 신체, 심리, 사회
경제적으로 고갈되어 부담감, 위기감, 또는 사회적 고립감을 경험하게 되며,
결과적으로는 가족구조의 변화와 역할혼란을 야기시키고 만성질환자를 돌
보는 가족의 삶의 질에 부정적 결과를 초래하게 된다.

더구나 우리나라는 서구사회와 달리 가족주의 가치가 지배적이고 가족 간
의 유대관계가 밀접하며, 가족구성원의 질병에 대한 책임을 사회보다는 가족
에게 위임하고 있는 실정이라(여성한국사회연구회, 2001), 이러한 가족부담이
더욱 가중되고 있다. 특히 장기간 환자를 주로 돌보는 가족은 다중고에 시달
리는 제2의 희생자 혹은 숨겨진 환자로 지칭될 만큼 환자로 인한 부담감으로
인해 신체적인 불건강은 물론 생에 대한 의욕상실, 생활에 대한 만족감의 상
실과 같은 안녕감의 저하를 가져오게 되어 삶의 질 저하를 초래할 가능성이
매우 높다(Goodman & Pynoos, 1990). 만성질환자들은 전반적인 건강의 변화
로 일이나 여가활동의 참여가 제한되고 신체적, 정서적 불편감을 초래하며,
미래에 대해 지나치게 염려하고 자기수용과 사회적 적응에 어려움을 초래하
는 등 삶을 유지할 수 있는 능력이 한정되어 있으며, 가족구성원들에게 매우

의존적이고, 가족의 태도에 많은 영향을 받게된다(Burckhardt, 1985).

가족은 개인이나 개인의 지지체계 사이에 정서적 유대를 공유할 수 있는 집단으로, 다른 집단이나 사회적, 물리적 요소로부터 구성원을 보호하는 고유의 기능을 갖고 있으며, 가족 구성원 개인에게 일어난 문제나 질병은 개인만의 것이 아니라 구성원 전체에 영향을 미친다. 따라서 만성질환의 결과는 가족의 삶에 현저한 변화를 초래하여, 만성질환자 가족은 주요 보호제공자로서 환자의 일상활동 제한과 관련된 대처행위, 치료적 위기 상황에 대한 확인과 예방, 적절한 치료계획의 수행 등에 대해 직접적인 도움을 주거나 주어진 상황에 적응하도록 도와야 할 위치에 있다(Phipps et al., 1995).

그러므로 만성질환자 가족은 예후가 불투명한 환자를 장기적으로 관찰하고 돌보아야 하는 역할부담을 갖게 되며, 이러한 부담감이 해결되지 않고 계속 축적되면 신체적인 불건강은 물론 생에 대한 의욕상실, 만족감 상실 또는 안녕감 저하를 초래해 삶의 질에 부정적인 영향을 미칠 수 있다(Mattis et al., 1992). 이처럼 가족은 환자에 대한 가장 중요한 사회적 지지 체계임과 동시에 만성질환이라는 스트레스에 직면한 또 다른 클라이언트 체계라고 볼 수 있다. 특히 사회적 지지망이 협소한 정신장애인에게 일차적 보호제공자로서 가족의 역할비중은 매우 높으며, 특히 의료 및 심리사회 재활을 위한 포괄적 서비스가 부족한 우리나라에서 정신장애인의 치료 및 재활, 사회복귀의 일차적 자원으로 기능하면서 가족의 부담은 매우 높다. 이러한 가족의 보호부담은 가족의 신체적, 정서적, 사회적, 경제적 기능에 영향을 끼쳐서 스트레서로 작용하여 가족의 대처기능의 약화와 가족 자체의 복지를 위협하는 요인이 된다.

가족의 보호부담은 정신장애를 가진 가족원을 향해 적개심, 비판, 과잉보호 등 역기능적인 대처전략으로 발전될 가능성이 있다. 일반적으로 대처기제는 스트레스를 통제하기 위해 닥친 위협과 손상을 극복하려는 행동양상으로, 주변의 자원을 활용하거나 심리적으로 생각을 바꾸고 긍정적인 태도로 대처하려는 기능적인 면이 있으나, 스트레스가 장기화되고 악순환을 되풀이하면 또 다른 스트레스를 야기하는 역기능적인 대처를 하게 된다. 역기능적인 대처의 하나로 감정표출(expressed emotion)의 문제가 있는데, 가족의 정신장애를 가진 가족원에 대한 감정적 관여의 정도가 정신장애의 증상과 생활기능에 영향을 미친다. 즉, 감정표출이 높은(high expressed emotion) 가족에서 56%가 재발하고, 낮은 가족에서는 21%가 재발하는 차이가 나타났다(Brown, 2004).

이와 같이 가족의 치료적 자원으로서의 중요성과 가족의 보호부담에 따른 가족복지 욕구를 고려할 때 가족체계의 건강성 회복을 위한 가족지원과 가족임파워먼트는 지역사회 지지체계의 필수적인 요소이다. 가족지원 프로그램에는 정신장애에 대한 이해와 정신장애로 인한 행동문제와 위기상황에 대처하는 방법, 적절한 의사소통 방법 및 정신장애 회복에 도움이 되는 가족역할교육, 가족의 스트레스 대처 및 다른 가족들과의 동병상련의 공감적 지지 등을 중심으로 구성한 체계적인 심리교육적 가족집단교육이 대표적이다. 가족교육은 정신과의사, 사회복지사, 심리사 등으로 구성된 다학문적 팀에 의해 이루어지며, 가족이나 당사자도 교육자로 참여한다. 용인정신병원에 WHO 협력센터를 설치하면서 한국정신사회재활협회와 센터가 함께 가족교육을 담당할 가족강사교육을 통해 가족강사를 배출하는 패밀리링크(family link) 사업을 하였다. 가족교육 교재는 미국의 NAMI(National Alliance on Mental Illness)의 'Family to Family' 프로그램을 아시아 사회문화에 맞게 홍콩에서 개발되었다. 가족강사교육은 대한정신장애인가족협회 회원이 다수 참여하면서 많은 가족강사가 배출되어 활동하고 있다. 현재 패밀리링크 사업은 국립정신건강센터에서 주관하고 있다.

5. 지역사회

지역사회란 지연, 혈연, 이해관계를 함께하는 사람들의 유기적인 생활공동체로서 지역성과 공동체성을 공유한다. 사회체계적 관점에서 정신건강은 사회체계의 부분으로 존재하는 복잡하고 순환적인 상호작용의 산물이다. 개인을 둘러싸고 상호작용하는 환경체계로서 지역사회는 정신장애의 발병, 정신장애의 발견과 치료, 정신장애인의 재활과 사회통합에 영향을 미치는 체계이다. 미국이나 유럽 등에서는 정신장애를 지역사회에서 격리하여 입원치료하는 것이 회복에 부정적이라고 보고, 자신이 생활하는 친근한 지역에서 치료하고 회복하도록 지역사회 중심의 치료 및 회복 지원 접근을 하고 있다. 정신장애로 인한 어려움 때문에 도움이 필요한 사람들을 소외시키거나 지역사회로부터 격리하지 않고, 그들의 필요에 부응하며 잠재력을 계발하기 위해 지역사회의 조직화된 체계적 지지망을 구축하였는데 이를 지역사회 지지체계라고 한다. 지역사회 지지체계의 개념은 정신장애로 인해 장기간 심각한 정신장애를 겪고 있는 사람들이 지역사회에서 생존하고 가능한 수준까지 기능할 수 있도록 지원하기 위한 치료와 생활지원, 재활서비스를 포괄하는 완전한 서비스체계이다(양옥경, 1996).

이러한 지역사회 지지체계를 구축하고 개발하기 위해서 지역사회 지지서비스와 지역사회 지지체계를 모두 고려해야 한다. 지역사회 지지서비스는 정신건강치료나 재활, 주거와 같이 정신장애를 가진 사람들에게 필요한 각각의 특별한 서비스를 제공하는 것이다. 즉, 지역사회 내 정신장애인을 돕기 위한 지역사회 지지체계 내의 하위요소이다. 지역사회 지지체계란 이러한 모든 서비스를 포괄하여 적절한 운영과 조정을 보장하는 체계와 구조를 의미한다. 지역사회 지지체계에 관심을 갖고 접근하면서 포괄적이고 연계된 관리와 보호체계는 무시하고 각각의 서비스만을 개발하는 데 주력할 수 있다. 지역사회가 모든 영역의 서비스를 개발하고 개발된 서비스들의 연계와 운영에 책임성을 가진 체계를 제공하지 못한다면, 서비스들은 분절되고 심한 정신장애로 어려움을 겪고 있는 사람들의 다양한 욕구에 부응하기 어렵다. 지역사회 지지체계가 잘 구축되면 정신장애인뿐 아니라 잠재적인 정신장애 위험을 가진 지역주민에 대한 효과적인 대응을 할 수 있다. 지역사회 정신건강은 지역주민 모두를 위한 것이며, 지역주민이 정신건강의 주체 및 자원으로서 참여하는 것이 중요하다. 이에 지역사회를 지지하고 교육하는 일 또한 지역사회 지지체계의 중요한 구성요소이다. 지역사회에서 살고 있는 정신장애인의 통합과 수용을 촉진하기 위해 지역사회 내 주요 인사들과 단체에 대한 교육과 자문, 지지가 제공되어야 한다. 기업주와 지역 유지, 친구, 지역사회 민간 단체, 경찰 및 사법기관 등 정신장애인들과 자주 접촉하게 되는 개인과 단체는 이러한 교육과 자문의 주요 대상이다. 또한 지역주민 전체의 편견 감소와 정신장애인을 이해할 수 있도록 하기 위한 대중교육도 필수적이다. 소비자와 가족, 전문가들이 모두 이러한 노력에 동참하여야 하며 방송매체를 통한 캠페인, 일반 시민과 학생, 기관에 대한 교육 등 지역사회 전체를 대상으로한 교육 및 홍보전략 수립에 협력할 수 있어야 한다. 지역사회 지지체계의 핵심적인 구성요소는 다음과 같다(경기도, 1998; Fellin, 1996; Stroul, 1989; 양옥경, 1996).

1) 환자발견과 아웃리치

정신장애인들은 많은 경우 스스로 서비스를 찾고 이용하는 데 어려움이 있다. 그러므로 잠재적인 정신장애인을 발견하고 그들이 이용할 수 있는 서비스에 대해 정보를 제공하고 연계해 주어야 한다. 이러한 기초적인 서비스를 제공하기 위해서는 노숙자 숙소, 응급실, 입원치료기관, 가족집단, 사회복지관과 같은 민간단체는 물론 경찰, 동사무소 등 공공기관의 연계가 필수적이다.

어떤 사람들은 지역사회의 치료기관이나 재활기관을 스스로 이용하는 경향이 있지만 그렇지 않은 경우도 흔하다. 아웃리치서비스는 이러한 사람들을 위해 그들이 현재 처한 환경에서 필요한 지원을 제공하는 것이다. 단순히 공식적인 정신보건시설이나 프로그램을 이용하도록 권하고 정보를 제공하는 것뿐 아니라 위기개입, 약물복용상태 확인, 기술훈련, 적절한 치료시설로의 의뢰 등을 포함하는 것이어야 한다. 특별히 효과적인 아웃리치서비스는 공식적인 치료시설이나 자원을 이용하지 못하거나 치료를 거부하는 부랑정신장애인을 위해 필수적이다. 노숙자 쉼터, 무료급식소, 거리의 부랑인들에게 융통성을 가지고 점진적으로 끈기 있게 접근해야 한다. 또한 농촌지역의 정신장애인을 위한 아웃리치의 경우 교통수단 이용에 대해 관심을 가져야 한다. 대중교통을 이용하지 못할 경우에는 기관에서 차량을 제공하거나 자원봉사자를 연결할 수도 있다.

2) 정신건강치료

정신건강치료는 지역사회 지지체계의 매우 중요한 구성요소이다. 정신장애인의 증상은 자주 변화하고, 일시적으로 재발하거나 양성증상이 심해 어려움을 겪기도 한다. 정신과적 증상과 장애에 대한 치료적인 개입과 관리 서비스는 지역사회 지지체계의 통합적인 접근의 중요한 영역으로 오랜 기간 지속되어야 한다. 따라서 증상관리, 약물관리, 재발징후 이해, 일상생활을 통한 증상극복에 중점을 두어야 하며, 정신과 진단 평가, 지속적인 사정, 상태에 대한 모니터링도 필요하다.

정신건강치료의 두 번째 요소는 개인 또는 집단을 대상으로 하는 지지적인 상담과 정신치료로서 생활상의 여러 문제와 스트레스를 극복할 수 있도록 지원하는 것이다.

세 번째는 약물관리이다. 약물관리 서비스는 약물을 처방하는 것은 물론,

약물복용의 필요성에 관한 설명, 약물효과를 최대화하고 부작용을 최소화하기 위한 모니터링, 가족과 정신장애인에게 약물의 특성과 효과, 일어날 수 있는 부작용에 대해 교육하는 것을 포함한다.

많은 정신장애인이 알코올과 같은 약물을 남용하거나 중독되어 있는 경우가 많으므로 이중장애에 대한 진단과 함께 부수적인 의료 문제 등에 관한 종합적인 건강관리도 가능해야 한다.

3) 위기개입 서비스

만성 중증 정신장애로 어려움을 겪고 있는 사람들은 지속적이고 광범위한 서비스가 제공된다고 하여도 반복되는 위기상황을 경험하는 경향이 있다. 2017년 장애인실태조사에 의하면 정신장애인의 1년 동안 연속 2주 이상 일상생활에 지장을 줄 정도의 슬픔, 절망감의 경험이 38.2%로 가장 높았고, 자살생각도 상위그룹에 속하여 위기에 취약함을 나타냈다. 그러므로 이러한 요구에 부응하기 위한 위기대응 체계는 지역사회 지지체계의 핵심적인 요소이다. 위기개입 체계는 개인의 위기에 대해 24시간 주 7일 동안 계속 서비스를 제공할 수 있어야 한다. 많은 경우 적절한 위기개입 서비스는 정신장애인들의 안정을 돕고 지역사회 재적응에 도움이 될 뿐 아니라 재입원을 줄이는데 효과적이다.

위기대응 서비스의 일차 목표는 정신과적인 위기상황에 있는 개인이 지역사회에서 가능한 한 최대한의 기능을 유지하고 회복하는 것을 돕는 것이다. 이러한 위기대응 서비스에 대해서 정신장애인 자신과 가족, 정신보건 전문가, 지역사회기관, 경찰서는 물론 지역사회 전체가 위기대응 서비스에 대해 충분히 알 수 있도록 홍보해야 한다.

위기대응 서비스는 위기상황에 따라 다양한 형태로 제공될 수 있다. 기본적으로 24시간 응급전화 서비스(hot line)를 제공할 수 있으며 위기상황이 발생한 가정이나 정신보건기관을 방문하는 방문 위기개입, 위기대응 차량방문 서비스, 병원동행 서비스 등을 포함한다. 위기개입 담당 직원은 정신장애인과 의미있는 관계가 있는 타인과 함께 성공적으로 위기상황을 정리할 수 있을 때까지 가능한 한 오랜 시간 머물며 필요한 치료를 제공하고 문제를 해결하며 최대한의 지지와 위기 이후에 계속 제공되어야 할 서비스를 연결한다.

적극적인 지지와 위기개입 서비스를 제공하면 위기상황에 있는 정신장애인들은 그들의 원래 환경을 유지하고 그 환경 속에서 지원을 받으며 안정을 찾을 수 있다. 하지만 이러한 접근이 안정과 문제해결에 충분하지 못하면 위기상황 동안 이용할 수 있는 주거서비스를 제공할 수 있으며, 이러한 서비스는 꼭 의료시설일 필요는 없으며, 짧은 기간 이용하는 것을 권장한다. 이러한 주거시설은 정신장애인 가족이 운영하는 위탁가정일 수도 있으며 직원이 상주하는 소규모 그룹홈일 수도 있다. 그러나 현장에서의 위기개입이나 거주시설로도 위기상황이 해결되기 어렵다고 판단하는 경우 의료시설에의 입원은 필수적이다. 입원치료는 증상 완화를 위해 매우 구조적이며 적극적인 치료가 필요한 경우 선택한다. 특히 자신이나 타인을 해칠 위험이 있거나 충동조절이 되지 않으며 의료적인 상황이 복잡할 경우 입원이 필요하다. 위기대응 체계에서는 적절한 입원치료를 제공할 수 있는 의료시설과의 연계가 필수적이다.

4) 신체 및 구강건강 보호

정신장애인은 많은 경우 신체적으로 질병이 있거나 구강건강에 문제가 있을 수 있다. 이는 신체질병 및 구강의 치료관리에 필요한 비용문제와 질병관리에 요구되는 자발적인 건강 행동 유지의 어려움과 관련이 있다. 중증 정신장애인은 일반인에 비해서 매우 높은 신체질환 이환율을 보이며, 발견하지 못한 신체질환 때문에 정신건강이 더 나빠지기도 한다. 2017년 장애인실태조사에서 최근 2년간 건강검진 경험여부를 조사한 결과, 정신장애인의 건강검진 경험이 54.8%로 뇌전증장애 57.3%, 지적장애 52.8%에 이어 건강검진 수검이 세 번째로 낮았다. 흡연율은 39%로 가장 높았고, 영양고려 식품섭취나 구강관리가 취약한 그룹에 속하고 비만율이 가장 높았다.

정신장애인들이 적절한 신체건강관리와 구강관리에 필요한 서비스를 받을 수 있도록 사례관리에 신경을 써야 할 뿐 아니라, 접근하기 편리한 서비스 체계를 구축하기 위해 다음과 같은 과제가 있다. 첫째로, 지역사회 지지서비스는 신체질환을 치료하는 데 필요한 의료보호와 같은 의료보장 체계에 연계되는 것이 중요하다. 2017년 현재 정신장애인의 55.6%가 의료급여를 받고 있으며, 장애인복지 대상 15개 장애영역 중 가장 비중이 높다(보건복지부, 2017). 둘째로, 이와 같은 서비스를 지역사회 내에서 쉽게 받을 수 있도록 연계체계를 구성하는 일이다. 더욱 바람직한 것은 정신과 치료를 받는 의료시설이나 정신보건 관련 재활시설을 통해서 해결할 수 있어야 한다. 예를 들면, 어떤 프로그램은 지역사회의 의료기관이나 치과와 계약을 체결해 의료보호 비용으로 정기적으로 검사를 실시하고 필요한 치료를 받을 수 있도록 하며, 검사 및 치료서비스에 필요한 교통편을 제공하기도 한다.

5) 주거

적절한 주거는 모든 사람의 행복에 필수요건이다. 많은 정신장애인은 안정적이고 안락한 주거를 갖기 힘들 뿐 아니라 집을 관리하고 안전하게 거주하는 데 어려움을 겪고 있다. 지역사회 지지체계는 정신장애인들이 선택할 수 있는 주거프로그램 체계를 갖추어야 한다. 안정적인 주거 없이는 다른 어떤 형태의 치료프로그램과 재활 접근도 어렵다. 주거의 안정성, 즉 영구적인 주거지를 확보하는 일은 어떤 다른 형태의 시간제약이 있는 과도기적이고 훈련을 제공하는 주거프로그램보다 중요하다. 단계에 따른 잦은 이동은 주거지의 불안정성과 새로운 환경에 적응하는 데 필요한 새로운 기술을 요구하여 스트레스를 유발한다. 이에 정상적인 주거환경 제공이 먼저 이루어지고, 정상적인 지역사회 주거지에서 성공적으로 생활하는 데 도움이 될 수 있도록 주거훈련과 지지서비스를 제공하여야 한다는 것이 강조되고 있다.

우선, 개인의 주거형태에 대한 선호도와 가치, 목표, 기능 수준에 따라 주거지를 선택할 수 있도록 하고 다양한 정도의 지원과 지도감독을 제공할 수 있다. 다양한 정도의 지원과 지도감독을 제공할 수 있는 아파트 형태의 주거환경은 이러한 환경의 좋은 사례이다. 영구적인 주거나 약간의 보호가 제공되는 과도기적인 주거로 가기 전에 중간집(half way house)과 같은 임시주거 훈련시설이 도움이 될 수 있다. 한편 부랑인을 위한 특별한 주거지원서비스는 보다 다양한 형태로 융통성 있는 서비스로 제공될 수 있어야 한다. 거리의 부랑인센터와 같은 보호숙소는 정신장애가 있는 부랑인을 발견하고 치료서비스를 연결하며 지역사회에 정착할 수 있도록 돕는 과도기적 체계로 기능하여야 한다.

6) 소득보장

정신장애는 개인의 일상생활에 필요한 기능에 손상을 가져오며 그 결과 많은 정신장애인은 빈약한 직업경험을 가지고 있거나 안정적인 직업을 구하지 못하고, 구하더라도 유지하는 것이 어렵다. 많은 정신장애인이 가난을 경험하고 있으며 집과 음식, 의복과 적절한 의료적인 치료를 받는 데 필요한 수입을 얻지 못하고 있다. 정신장애인을 돕는 의료보호와 소득보장정책, 직업연결서비스가 미비한 것이 현실이지만, 많은 경우 이러한 서비스를 받을 수 있음에도 불구하고 어디를 찾아가야 할지 모르고, 관공서의 직원과 효과적으로 이야기하거나 관련된 조항을 읽고 이해하는 데, 복잡한 서류를 기입하고 준비하는 데 어려움을 겪고 있다. 2017년 장애인실태조사에 의하면 인구

대비 장애인 취업률은 36.9%로 전체 인구 취업률 61.3%보다 매우 낮고, 실업률도 1.5배 높다. 그중 정신장애인의 취업률은 하위그룹이며, 취업한 장애인의 상용근로자 비율이 26.9%로 열악한데, 정신장애인은 5.6%에 그쳐 가장 열악하다.

정신장애인들이 지역사회에서 생존할 수 있도록 적절한 소득보장과 관련된 공적 자원을 연결하여야 한다. 정신보건전문가는 정신장애인이 소득보장 범주에 드는지 확인하고, 교통편을 제공하고, 서류를 함께 준비하며, 필요한 경우 관공서를 함께 방문하여 대변하는 역할을 해야 한다. 정신보건전문가는 이러한 소득보장과 의료보호서비스가 이들의 지역사회 생존에 얼마나 중요한 요건인지를 확신하여야 한다. 하지만 많은 경우 공공부조를 받는 일이 쉬운 일이 아니며 공공부조를 받는다고 하여도 최소한의 생계유지에도 어려운 경우가 많다. 이러한 경우 공적인 자원뿐 아니라 민간자원까지 동원할 수 있어야 한다.

7) 상호지지

상호지지 또는 자조(Self-help)는 소비자로서 정신장애인들이 자신들이 겪는 어려움과 고통, 문제와 해결책을 함께 나누는 과정으로 정신보건 분야에서 매우 중요한 개념으로 떠오르고 있다. 상호지지를 통해 외로움과 거절, 차별, 좌절을 극복할 수 있으며 이러한 정서적인 지원과 실제적인 지원은 공통의 문제를 함께 해결하는 과정을 통해 공동체 의식과 임파워먼트를 얻게 된다. 자조집단은 정기적인 혹은 비정기적인 모임을 통해 아이디어와 정보, 지지를 나누는 가장 일반적인 상호지지집단이다.

서구의 경우 드롭 인 센터(Drop-in Center)의 형태로 정신장애인들에 의해서 운영되는 소비자 운영서비스나 프로그램이 있어 상호지지는 물론 일반적으로 심리사회재활 프로그램에서 제공하는 다양한 서비스와 지지를 제공하기도 한다. 상호지지는 일종의 사회적 지지로 공식적인 지지체계를 통해 서비스를 제공받기 힘든 정신장애인에게 필요한 서비스를 제공하거나 공식적인 지지체계로 다시 연결될 수 있도록 지원할 수 있다는 장점이 있다. 우리나라의 경우 정신장애인 단체나 프로그램, 자조모임 및 동료지지모임 등이 산발적으로 이루어지고 있다. 지역사회 지지체계에서 정신건강서비스 전문가들은 정신장애인들이 자조모임에 참여하고, 상호지지 및 동료지지를 통해 사회적 지지망을 확장할 수 있도록 연계하고 지원하는 노력이 필요하다.

8) 가족과 지역사회지지

많은 정신장애인은 가족과 함께 살고 있다. 가족들은 대부분의 경우 사회적 지지서비스를 적절히 받지 못하고 계속되는 증상과 예상할 수 없는 행동 등을 가족 혼자만의 힘으로 견뎌야 했다. 때로는 정신보건 전문가들에게 무시당하거나 수치를 당하기도 하였다. 그러나 최근에는 가족들을 위한 교육과 지원은 물론 서비스과정에 있어서 가족들의 참여에 대한 인식이 점차 증가하고 있다.

가족들은 치료계획과 실행과정, 전달과정에 적절하게 참여할 수 있어야 하며, 병의 본질에 대한 교육과 함께 일상에서 겪는 문제와 위기를 잘 조절할 수 있도록 돕는 자문과 지지적인 상담서비스를 제공받을 수 있어야 한다. 정신장애를 가진 사람의 가족 간에 상호지지할 수 있는 기회를 가져야 하며 지역사회 지지체계는 이를 촉진해야 한다. 가족들이 가까운 가족 간에 서로 지지하는 역할은 물론 자신들의 권익을 옹호할 수 있는 단체에 가입할 수 있도록 권고해야 한다. 정부와 지방자치단체, 전문가 집단은 이러한 단체의 육성에 필요한 지원을 제공해야 한다.

9) 재활서비스

약물치료와 다른 정신보건치료를 통한 증상의 개선에도 불구하고 많은 정신장애인은 사회적, 직업적 장애(handicaps)를 경험하게 된다. 재활서비스는 정신장애인이 사회적, 직업적 기술을 배우고 지역사회에서 생존하는 데 필요한 지지를 받을 수 있도록 돕는 것이다. 재활서비스는 주로 사회복지시설에서 제공하고 있다. 사회적 재활과 직업재활은 지역사회 지지체계의 기술을 개발하고 지역사회에서 가급적 독립적이고 활동적으로 기능하는 데 필요한 지지를 제공하는 것을 목표로 하는 통합적인 지역사회 지지체계의 한 부분이어야 한다.

사회적 재활은 정신장애인들이 지역사회의 일원으로 살아가고 사회화되는 데 필요한 실제적인 기술들을 습득하거나 재습득하는 것을 지향한다. 서비스들은 일상생활과 지역사회생활에 필요한 기술들을 습득하도록 돕는 것이다. 개인위생과 요리, 장보기, 금전관리, 주택관리, 대중교통 이용 및 지역사회생활에 필요한 자원들을 활용하는 방법에 대한 훈련이 포함되어야 한다.

그들의 장애를 극복하고, 약물을 관리하며, 재발 징후에 대한 이해를 높이고, 필요한 경우 전문적인 자원을 활용하는 것 등에 대한 교육적인 접근을 통해 정신장애인을 지원하여야 한다. 사회적 재활은 또한 인간관계기술, 여가시간 활동 등을 통해서 참가하려는 의욕과 개인의 만족을 향상시킬 수 있어야 한다. 정신장애인의 나이와 일반적인 문화의 흐름에 적합한 주간 프로그램과 여가활동의 기회를 제공해야 한다. 정신장애인을 위한 직업재활 차원의 서비스뿐 아니라 즐거움을 줄 수 있는 여가 및 오락활동도 최대한 제공될 수 있어야 한다.

생산적인 활동이 모든 사람에게 매우 중요하듯이 정신장애인의 직업서비스는 지역사회 지지체계의 핵심적인 요소이다. 직업재활의 목표는 정신장애인들이 가능한 직업적 결과를 통해 생산적이 되고 지역사회의 일원으로 기여하도록 돕는 데 있다. 지역사회 내에 정신장애인들이 직업을 준비하고, 획득하며 유지하는 것을 지원할 수 있는 다양한 취업기회와 서비스를 제공하여야 한다. 이것은 직업기능사정, 상담, 사전 직업기회 갖기, 구직 및 직업 유지기술훈련, 직업훈련, 임시취업, 작업적응기술 개발훈련, 지역사회 내 취업장 개발 등을 포함할 수 있다.

또한 독립취업상황에서 적응하지 못하거나 스트레스를 견디지 못하여 지속적인 지지와 지도감독이 필요한 중증 정신장애인의 경우 지지고용 프로그램을 제공할 수도 있다. 지지고용의 경우 직업을 계속 유지할 수 있도록 돕는 직업지도원(job coach)을 통한 지속적인 지지를 제공하는 취업프로그램으로 개별취업, 소규모 집단작업 소규모 자영업 등 다양한 형태로 운영할 수 있다.

10) 보호와 옹호

지역사회 지지체계의 보호와 옹호는, 첫째, 입원 또는 입소 시설이나 이용시설에서의 정신장애인의 권리를 보호하는 체계를 만드는 것이다. 이러한 체계는 법, 규칙, 정신장애인 권리선언, 고충처리절차, 심판위원회, 보호와 옹호체계를 포함한다. 또한 이러한 권리를 추구할 수 있도록 정신장애인 본인과 가족에게 그들의 권리를 설명하고 이용 가능한 자원에 대해 알리는 절차도 중요하다. 지역사회 지지체계는 정신장애인의 권익옹호활동에도 소비자의 입장에서 적극적인 관심을 갖는다. 권익옹호활동은 정신장애인 본인과 가족들이 적절한 서비스와 혜택, 보호를 받을 수 있도록 보장하고, 이러한 서비스의 향상을 위해 제도적으로 체계를 만들어야 한다.

미국의 경우, 1986년에 제정된 「정신장애인의 보호와 옹호에 관한 법률」은 지방과 연방, 주정부가 정신장애인의 권익옹호와 보호를 위한 체계를 만들 것을 규정하고 정신장애인에 대한 학대나 방임의 사례를 조사하도록 정하고 있다. 또한 정신장애인 권리선언을 포함하고 있으며 이러한 권리선언을 각

주의 법률에 반영할 것을 규정하고 있다. 지역사회 지지체계는 정신장애인의 권리선언에 기초하여 정신장애인의 권익옹호와 보호에 필요한 활동을 조정하고 연계해야 할 것이다.

우리나라에서는 2018년부터 정신질환자가 입원치료 과정에서 치료의 필요성 등을 이해하도록 도움을 주고, 각종 절차를 보조하여 치료과정에 자기주도적으로 참여할 수 있도록 도움을 주기 위한 절차보조사업을 시작하였다. 서울에서는 정신장애인 당사자 단체인 '정신장애와 인권 파도손'이, 경기도에서는 사회적 협동조합 '우리다움'이 이 사업에 참여하며, 전국적으로 광역 정신건강복지센터에서 이를 지원하고 있다. 절차보조사업은 정신질환자의 자기결정권, 가족생활 유지의 권리를 원칙으로 하여 정신질환자의 치료와 요양, 이를 목적으로 한 입원과 입소, 퇴원과 퇴소에서 정신질환자 또는 정신장애인의 권리의 범위 내에서 그의 의사, 희망, 욕구가 실현될 수 있게 정신질환자 또는 정신장애인을 옹호하는 것에 초점을 맞추어야 한다(제철웅, 2018).

11) 사례관리

사례관리서비스는 정신장애인 자신에게 필요한 서비스가 지원되어야 하고, 이러한 서비스가 그들의 변화하는 욕구에 따라 조정되어 적합하도록 보장하는 데 그 의미가 있다. 사례관리는 지속성에 기반을 두고 정신장애인이 어디에 있든, 몇 개의 시설을 이용하든 상관없이 장기간 보호하고 지지적인 관계를 유지하기 위해 개인이나 팀에 의해 제공되는 서비스이다. 사례관리자는 원조자, 중개자로서 정신장애인과 그들의 가족이 필요로 하는 욕구를 채우기 위해 체계와 협상할 수 있도록 옹호하고 지원하는 역할을 담당한다.

사례관리자의 기능은 '사례발견 - 정신장애인의 욕구 평가 - 욕구와 목표에 기초한 포괄적인 서비스계획 수립 지원 및 조정 - 정보를 제공한 서비스들 가운데서 선택할 수 있도록 지원 - 필요한 서비스와 자원을 획득할 수 있도록 지원 – 서비스 적합성에 대한 모니터링 – 서비스 제공의 지속성 보장 – 정신장애인을 위한 서비스와 치료에 있어서 옹호하는 역할'을 순차적이며 순환적으로 담당한다. 특별히 부랑인이나 지역사회에 방치되었거나 치료를 거부하는 정신장애인의 경우 사례관리자의 적극적이고 지속적인 서비스와 개입이 현장에서 제공되어야 한다.

6. 사회문화

인간의 사회적 현상이나 의식이 사회 속에서 다른 사람과의 상호작용에 의해 형성된다고 보는 사회적 구성주의 관점에서 볼 때 정신장애는 '사회적 구성 개념(social constructs)'이다. 이를테면 DSM-5에서의 조현병은 그 실체가 있다기보다는 망상, 환청, 혼란스러운 언어와 행동 등의 이해하기 힘든 현상들을 묶어서 '조현병'이라는 이름으로 개념화한 것이다. 정신질환은 이러한 구조물과 같아서 그것을 나타내는 사람들과 동떨어진 불확실한 실체일 수 있다고 본다(Steingard, 2020: 91). 사회적으로 만들어진 개념이기에 정신장애는 사회문화적인 현상에 의해 영향을 받는다. DSM 분류체계 역사를 보면 동성애를 정신장애로 본 적도 있으나, 일상생활 기능에 문제가 없고 당사자들의 저항운동으로 삭제하였다. 사회학자 앨런 호로비츠(Allan Horwitz)는 『정신질환 만들기』라는 저서에서 DSM이 부정적인 환경에 대한 정상적인 반응을 병적으로 여긴다고 비판하였다(Steingard, 2020: 96, 재인용). 그러므로 정신장애를 이해할 때 당대의 사회가 어떤 특성을 가지고 있느냐에 관심을 갖고, 그 사회문화적 배경을 기초로 정신장애에 접근하는 것이 중요하다.

1) 위험사회

위험사회를 이해하기 위해선 우선 위험에 대한 정의가 필요하다. 울리히 벡(Ulrich Beck)은 위험을 객관적으로 실재하는 위험과 계산이나 예상을 통해 사회적으로 인식된 위험, 즉 위험에 대한 감수성의 두 가지로 정의하였다. 현대 사회는 기술문명이 발전하고 물질적인 풍요는 늘어났지만 정작 삶은 불안하고 위태로워지고 있는 위험사회라고 울리히 벡은 경고하며, 위험을 예측하고 제도에 대한 비판적 공론의 장을 통해 제도와 정책을 추진하는 성찰적 근대화를 통해 위험을 대비할 수 있다고 하였다(Beck, 2014). 우리가 당면한 위험의 대표적인 예가 세월호 사건과 2021년 현재 겪고 있는 코로나19 팬데믹일 것이다. 우리 사회를 충격에 빠뜨렸던 2014년 세월호 사건은 아직도 조사가 진행 중이며, 충분히 원인이 밝혀지지 않은 채 생존자 및 유가족 다수가 고통 속에서 외상 후 스트레스 장애를 겪고 있다. 이 사건들로 재난과 트라우마에 대한 관심이 사회적으로 높아지면서 국가트라우마센터가 설치되었고, 광역 지자체에 재난심리지원센터도 설치되었다. 2019년 말에 시작된 코로나19 팬데믹은 2021년 1월 현재까지도 진행중이다. 2021년 2월 6일 현재 전 세계에서 1억 6백만 명이 코로나19에 감염되었고, 그중 231만 명이 사망할 만큼 심각한 상황이다. 우리나라는 2021년 2월 6일 현재 81,185명이 감염되었고, 1,474명이 사망하였다(http://ncov.mohw.go.kr). 미국 등 일부 국가는 제2차 세계대전 때보다 더 많은 자국민이 사망했다고 한다. 코로나19로 인한 감염과 사망 등 1차 의료문제 외에도 감염병에 대처하는 과정에서 2차적으로 가정폭력, 우울 및 불안장애, 자살 위험과 같은 정신건강의 문제가 사회문제가 되고 있다.

안토니우 구테흐스(Antonio Guterres) 유엔 사무총장은 2020년 4월 5일 코로나19로 경제적, 사회적 압박과 공포가 커지면서 세계적으로 끔찍한 가정 내 폭력이 늘어나고 있어, 수많은 여성과 어린이가 가장 안전해야 할 집에서

| 표 3-2 | 지난 5년간 코로나블루 관련코드 월평균 진료인원 현황 | | | | | | |

	2015. 1.~6.	2016. 1.~6.	2017. 1.~6.	2018. 1.~6.	2019. 1.~6.	2020. 1.~6.	2015년 대비 증가율
경도의 우울병 에피소드 F320	50,664	54,781	58,017	64,865	68,801	71,145	40.4%
범불안장애 F411	18,471	19,099	19,717	20,811	20,590	20,615	11.6%
명시되지 않은 불안장애 F419	40,935	44,393	46,169	51,868	53,902	52,947	29.3%
계	110,071	118,273	123,904	137,544	143,292	144,706	31.4%
전년도 대비 증가율	F320	8.1%	5.9%	11.8%	6.1%	3.4%	
	F411	3.4%	3.2%	5.5%	−1.1%	0.1%	
	F419	8.4%	4.0%	12.3%	3.9%	−1.8%	
계		7.5%	4.8%	11.0%	4.2%	1.0%	

출처: 건강보험공단(2020)

위험에 노출되어 있다고 하며, 코로나19 방역 관리의 일환으로 가정폭력에 대처해야 한다고 각국에 요청하였다. 또한 WHO에서도 코로나19 이후 정신건강서비스가 필요한 국민이 늘었고, 이에 따라 국가에서 정신건강서비스 제공을 위한 추가 예산 편성이 필요하다고 요청하였다. 우리나라에서도 감염질환 방역을 위한 사회적 거리두기 강화로 〈표 3-2〉와 같이 우울, 불안 등 스트레스로 인한 정신장애 위험 증가하고, 우울 및 불안 장애의 진료인원이 코로나19 이후 2015년 대비 31.4% 증가하였다.

중앙자살예방센터([그림 3-6] 참조)에 따르면 2020년 상반기 여성 자살 사망자(잠정치)는 1,924명으로 지난해 같은 기간 대비 7.1% 늘었다. 남성이 6.1% 감소한 것과 대조적이다. 사회적 유대감이 약해지고 고용에서 여성의 취약성이 더 높은 것을 나타내는 것으로 보인다. 통상 남녀 자살률은 같은 방향으로 움직이는데, 여성 자살률만 증가한 것은 1987년 통계 작성 후 2020년이 처음이다. 한국은행에 따르면 2020년 3~7월 일시 휴직자 수는 여성이 101만

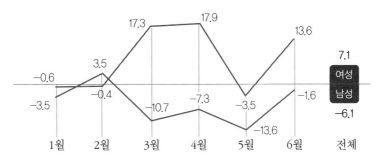

[그림 3-6] 2019년 대비 2020년 성별 자살 사망자 증감률

자료: 중앙자살예방센터(2021)

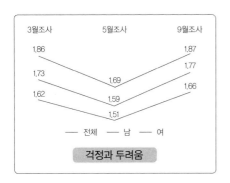

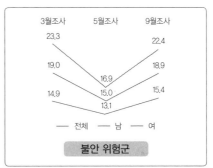

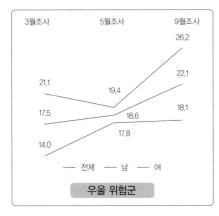

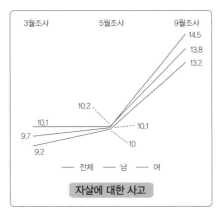

[그림 3-7] 2020년 3, 5, 9월 국민정신건강실태조사

출처: 한국트라우마스트레스학회(2021)

6,000명으로 남성(60만 8,000명)보다 67%나 많았다. 코로나19의 충격이 대면 중심의 서비스업에 집중되면서 해당 업종에 많이 종사하는 여성들의 피해가 컸고, 여성 자살률 증가와 관련이 있을 것으로 추정된다. 이는 사회적 관계망이 약화된 현실에서 고용 안정성이 취약한 직업군에 속한 여성들의 어려움이 가중됐을 가능성과 자녀들이 학교나 유치원에 못 가는 상황이 길어지면서 육아부담 등이 높아진 여성들의 갈등 문제가 증가했을 가능성 등도 있다. 코로나19로 인한 사회적 지지의 단절, 경기 악화에 따른 실직 충격 여파가 자살 위기군에 있던 여성을 먼저 자극할 수도 있다. 이처럼 팬데믹은 고용, 경제상황을 악화하며 감염 위험을 넘어 취약한 계층의 생존을 위협하고 있다.

2020년 자살예방 상담전화에 걸려 온 전화는 8월말까지 11만 8,006건으로, 2019년 전체 전화(8만 9,488건)보다 많았으며 이를 통해 자살위기가 증가하고 있음을 알 수 있다. 한국트라우마스트레스학회(http://kstss.kr)에서 전국 시도 19~70세 2,063명(신뢰도 95%)을 대상으로 온라인 설문 방식으로 2020년 3, 5월에 1, 2차, 9월에 3차에 걸쳐 정신건강 조사를 실시하였다. 그 결과, [그림 3-7]과 같이 걱정과 두려움, 불안, 우울, 자살 사고가 3차 조사에서 훨씬 높았다. 재난 상황에 대한 자연스러운 스트레스 반응으로 병리학적 질환은 아니지만, 전반적인 국민 정신건강이 코로나19로 영향을 받고 있어 관리가 필요함을 보여 준다.

가정폭력의 변화는 다음의 〈표 3-3〉과 같다. 코로나19 발병 이전인 2019년 8월 기준으로 19세 미만 미성년 남녀 가정폭력 피의자 수는 각각 380명, 126명이었지만, 2020년 8월 기준으로는 미성년 남성과 여성의 가정폭력 피의자 수는 각각 전년 동월 대비 22.1%, 4.8% 증가한 464명, 132명으로 집계되었다. 코로나19로 등교시간이 대폭 줄고 사회적 거리두기로 가정에 머무는 시간이 증가하면서 형제간 폭력이 증가하는 등 돌봄 공백이 영향을 미친 것으로 보인다.

표 3-3   가정폭력 피의자 성별·연령별(성년·미성년 구분) 현황

구분(명)	계	남			여		
		소계	미성년	성년	소계	미성년	성년
'19.8월	37,059	29,057	380	28,677	8,002	126	7,876
'20.8월	35,073	27,156	464	26,692	7,917	132	7,785
대비(%)	5.4% ↓	6.5% ↓	22.1% ↑	6.9% ↓	1.1% ↓	4.8% ↑	1.2% ↓

자료: 경찰청(2021)

한편, 가정폭력 피의자 수는 고령 여성층에서도 늘어났다. 2020년 8월 기준 60세 초과 여성의 가정폭력 피의자 수는 3,362명으로 2019년 8월(2,426명) 대비 38.6%(936명) 급증했다. 치매나 노환을 겪는 노부모에 대한 돌봄을 책임지고 있는 해당 연령층의 여성이 손자녀인 어린이, 청소년 돌봄까지 떠안게 된 것이 가정폭력 피의자 수 증가에 영향을 미친 것으로 보인다. 이처럼 코로나바이러스와 자가격리, 이동제한은 학대자들에게 더 많은 폭력 촉발 기회 제공하며, 가족 모두가 집에서 머무는 시간이 길어지면서 가정폭력 건수도 증가하는 것이 세계적으로 공통된 문제라고 한다. 학대피해 신고가 프랑스 전역 32%, 파리 36%, 영국 20% 증가하였고, 미국과 중국 장저우는 2배 증가하였다고 한다.

이와 같은 사회적 위험과 스트레스가 높은 팬데믹 상황이 1년 이상 지속되면서 멘탈데믹(mental-demic)[4]이 우려된다고 한다. 경기연구원이 국민 1,500명을 대상으로 코로나19 이후 국민정신건강실태조사를 하였는데, 응답자의 47.5%가 불안감과 우울감을 경험했다고 한다. 이에 심리지원서비스 욕구가 높은 것으로 나타났으나, 공공정신건강 복지체계가 빈약하여 필요한 도움을 못 받는 문제가 지적되었다. 코로나19 이후에도 정신건강의 문제는 심

---

4) mental과 pandemic의 합성어로 코로나19로 사회구성원의 우울감이 확산되어 공동체 전체에 정신적 트라우마가 유행처럼 확산되는 상황을 일컫는다.

화될 수 있어 뉴노멀 정신건강복지 거버넌스 강화가 필요하며, 정신건강에 대한 국민인식수준과 전문적 도움 요청이 증가하는 것에 맞게 공공 정신건강 서비스 확대가 요구된다.

2) 혐오사회

『혐오사회』의 저자 엠케(Carolin Emcke)는 근래 거의 전 지구적 사회문제로 대두된 난민, 인종차별, 동성애에 대한 혐오를 중심으로 노골적인 혐오와 차별문화를 다루면서, 이들에 대한 혐오와 증오는 종교와 정치에 의해 증폭되고, 침묵의 폭력으로 소리 없이 차별받는 이들에게 다가오고 있다고 비판한다. 엠케는 차별과 증오 그리고 혐오의 대상이 된 이들은 늘 타자화되어 모호한 존재로 묘사되고, 언제나 자기편을 억압하거나 위협하는 존재로 범주화지어진다고 했다. 범주화를 통해 차별과 혐오는 당연한 것인 문화적 코드를 생성한다고 하였다. 이로 인해 사람들은 거리낌 없이 아무런 죄책감이나 두려움 없이 증오와 혐오를 표현하고 배제하게 된다고 하였다(Emcke, 2017).

2000년대 이후 한국사회에서 사용된 '혐오'라는 용어는 대개 두 가지의 뜻을 갖는다. 하나는 부정(disapproval)하거나 싫어하는 강한 감정(feeling) 혹은 정동(affect)의 측면을 강조하는 '역겨워하다(disgust)'이고 다른 하나는 싫어하는 행위 측면을 강조하는 '증오하다(hate)'이다. 혐오는 역사 속에서 사회적, 정치적으로 특정 집단의 배제와 차별의 도구로 사용되어 왔다. 잘못된 인식(misconception)을 기반으로 역겨움이 배제와 차별의 도구로 사용된 대표적인 사례가 장애인 차별, 흑인 차별, 여성 차별, 유대인 차별 등이다(황보람, 2019). 동질성과 이질성의 이분법, 자연스러움과 인공성의 이분법, 순수성과 오염의 이분법적인 사회인지구조가 국가 간, 민족 간, 젠더 간, 종교 간 혐오를 조장한다. 사회에서 묵시적으로 정해 놓은 표준에 부합하는 사람들은 애초에 표준이란 것은 존재하지 않는다고 착각할 수도 있다. 다수와 비슷한 사람들에게는 자신들이 다수와 닮았다는 표준적 규정이 별 의미가 없을 것이다. 따라서 그들은 그들이 사회에서 용인되는 것이 너무도 당연하기 때문에, 표준에 부합되지 않는 다른 사람들을 자신들이 어떻게 배제하며 비하하고 있으며 또한 그들에게 어떠한 힘을 행사하고 있는지를 전혀 알지 못한다 (Emcke, 2017).

최근 '극도로 혐오한다'라는 의미를 가지고 있는 '극혐'이라는 말을 대중이 매우 자연스럽게 사용한다. 우리 사회에 만연한 이와 같은 혐오 메커니즘은 인종, 성별, 종교, 성적 취향 등의 다층적인 복잡한 요인과 결합하여 작동된다. 강자의 약자 억압, 백인의 흑인 탄압, 남성의 여성 혐오, 이성애자의 동성애자를 향한 혐오와 크나큰 멸시는 서로의 다름을 인정하지 못하는 비이성적인 사고 때문에 나타난다(한상희, 2019). 이처럼 혐오는 어떤 개인, 집단에 대하여 그들이 사회적 소수자로서의 속성을 가졌다는 이유로 그들을 차별, 혐오하거나 차별, 적의, 폭력을 선동하는 표현이며, 신체적, 정신적으로 괴롭히는 표현, 차별, 혐오를 의도, 암시하는 표현, 소수자를 멸시, 모욕, 위협하여 인간 존엄을 침해하는 표현 등을 포함한다(홍성수 외, 2016). 우리나라에서도 일간베스트와 같은 인터넷 커뮤니티나 나무위키와 같은 사이트에서 안티페미니즘, 반다문화주의, 반동성애주의와 관련된 내용이 다수 표출되고 있다고 한다. 여성혐오에 맞서는 남성혐오의 표출이 많은 메갈리아와 같은 인터넷 커뮤니티도 있다. 이러한 사이트들을 통해 혐오를 표현하는 신조어들이 표출되고, 댓글을 통해 격론이나 비방이 이어지기도 하며, 초등학생이나 중학생들 사이에서는 적극적인 가해행동으로까지 나타나 문제가 되고 있다고 한다(이수연 외, 2018).

정상의 신화가 지배하는 사회체계에서 장애인의 몸이나 정신장애인의 이상행동은 정상이 아닌 비정상이므로 두려움과 회피의 대상이라는 편견과 차별이 작동한다. 모든 차별과 편견을 얼마간의 단순하고 근거 없는 편협하고 완고한 신념에 의해 강화되고, 배제와 차별이 소극적 혹은 적극적으로 이루어진다. 정신병은 스펙트럼이 넓고 회복 가능성이 크며 범죄로 이어질 확률이 일반인에 비해 현저히 낮음에도 불구하고, 정신질환자는 위험하고 무능하다는 낙인은 심각하다. 낙인이란 "낙인찍히는 사람의 부정적인 속성만을 지칭하는 것이 아니라 이 속성으로부터 기인하는 인지적 고정관념(stereotype), 감정적 편견(prejudice), 행동적 차별(discrimination)을 모두 포함하는 연속적인 과정"이다(백혜진 외, 2017). 정신장애에 대한 사회적 낙인은 혐오와 배제, 차별을 모두 포함하고 있다.

정신질환자에 대한 사회적 낙인을 제거하기 위해 2011년 대한의사협회는 정신분열병을 '조현병'으로 개정하였다. 병명을 변경한 후 사회적 인식이 변화하였는지 언론매체 기사를 분석한 김현지 외(2019)의 연구에서 병명 개정 전보다 후에, 그리고 병명 개정 후 병용되는 정신분열병과 조현병 중 조현병에 대한 사회적 인식이 더 부정적인 것으로 나타났다. 병명 개정이 낙인을 해소하지 못한 것이다. 오히려 혐의, 범죄 등과 관련된 기사가 많았고, 몇 가지 사건을 선정적으로 반복, 재생산하는 인터넷신문이 확장되면서 더 부정적인 인식이 강화된 것으로 보인다. 국가인권위원회(2019)의 혐오표현에 대한 국민인식조사에 의하면 응답자의 58.8%가 언론이 혐오표현을 조장한다고 하였고, 87.2%가 언론의 혐오 조장오도를 자제해야 한다고 하였다. 정신질환자에 대한 언론 보도 행태를 보면 극악한 범죄의 경우 피의자가 제일 먼저 정신과 진단을 받아야 한다거나, 매스컴에서 바로 정신과 전문의와 인터뷰하면서 범죄자의 정신상태를 체크하는 등의 모습을 보임으로써 범죄와 정신장애인을 연결시키는 프레임을 자주 보여 준다. 예를 들어, 2007년 재미교포 학생이 대학에서 총기난사를 벌인 사건이 발생했을 때 정작 미국의 언론은 충분한 조사를 해야 원인을 말할 수 있다는 입장으로 사건만을 보도하였다. 하지만 우리나라 언론사들은 앞다투어 정신질환을 원인으로 추정하면서 집중보도하였다. 2003년 대구지하철 참사 당시 방화의 원인을 정신질환으로만 조명한 것도 마찬가지이다. 2019년 진주아파트 방화살인사건도 정신질환에 대해 집중적으로 다루었다. 언론을 통한 조현병에 대한 프레임은 '위험하다' '격리보호해야 한다'는 고정관념을 형성하고, 두려움으로 감정적 편견이 형성되어 사회적으로 거리를 두고 격리해야 하는 행동적 차별로 이어지게 되며, 혐오의 대상으로 타자화되고 사회로부터 배제되며 잊혀진 존재가 되어 간다.

WHO에서는 인류의 삶을 위협하는 첫 번째 질병으로 우울증을 들었으며, 2016년 보건복지부의 만 18세 이상 성인을 대상으로 실시한 정신질환실태 역학조사에 의하면, 우울장애나 불안장애를 포함한 모든 정신장애의 1년 유병률은 12.8%이고, 평생 유병률은 25.4%라고 한다. 이는 성인 4명 중 1명은 평생 한 번 이상 정신질환을 겪는다는 것을 의미한다. 이러한 유병률은 다른 나라에서도 거의 유사하다. 정신장애는 이처럼 보편적인 질환임에도 불구하고 정신장애에 대한 낙인이 두터운 혐오사회에서는 정신장애를 진단받는 순간부터 트라우마가 되고, 진단 및 치료를 거부하여 치료의 시기를 놓치고 만성화되거나 입퇴원을 반복하는 악순환이 이루어지고 있다. 심지어 증상이 회복되어도 갈 곳이 없어 오랜 기간 정신병원에 머무는 사회적 입원이 상당하다. 이와 관련된 건강보험 및 의료급여 비용이 상당하고, 정신장애인이 지역에서 살더라도 빈곤과 고립의 문제가 심각하지만 사회적으로 이슈화되지 못하고 있다.

3) 다문화 사회

다문화 사회란 다양한 인종 배경을 가진 사람들의 유입으로 다양한 문화 간 접촉이 일어나며, 상대적으로 소수인 이주자들의 문화 적응과 스트레스 관련 문제가 발생할 수 있는 문제점과 다양성의 충돌과 융합 과정에서 새로운 자원이 창출되는 강점이 혼재되어 있는 사회이다. 이는 여러 문화가 한 사회 속에 공존한다는 의미이다. 하지만 실제로는 이 문화들이 동등하게 존재하는 것이 아니기 때문에 세력에 따라서 주류 문화와 소수 문화가 생기게 된다. 그리고 주류 문화가 다른 문화를 흡수하기도 하고, 때로는 여러 문화 간에 상호작용이 결여된 채 서로 게토(ghetto)처럼 고립되어 존재할 수도 있다. 또한 다문화 집단 사이에서 사회적 힘(power)의 차이가 존재하고 이러한 힘의 차이에 의거하여 주류 집단과 소수자 집단 혹은 우세 집단과 비우세 집단으로 나뉜다. 우리나라에서는 한국인 외의 대규모 민족/인종 집단은 존재하지 않지만, 동남아시아권의 외국인 노동자 집단 혹은 결혼이민자 집단, 북한이탈주민, 중국동포 등이 문화적 소수자 혹은 비우세 집단이 될 수 있다. 전혀 다른 문화권에서 이주해 온 문화적 소수자의 주류 문화에 적응과정에는 그 문화에의 맞는 행동의 변화, 문화학습, 사회기술 습득, 자신의 문화적 탈피 혹은 허물 벗기(cultural shedding) 등 새롭게 접하는 문화적 맥락에 적합한 새로운 행동유형을 찾거나 배워 가려는 개인적 시도와 노력이 따른다. 이 과정에서 행동유형의 변화가 어려운 경우 문화갈등을 경험한다. 문화갈등은 문화적응스트레스(acculturation stress)로 경험된다(최명민 외, 2015).

문화적응스트레스란 문화적 상황 변화에 적응하는 과정에서 받게 되는 스트레스를 말한다(Berry, 2003). 문화적응스트레스는 개인의 자아존중감과 사회적 지지자원과 관련이 높다. 교차문화적응이론에서는 교차문화적응 단계

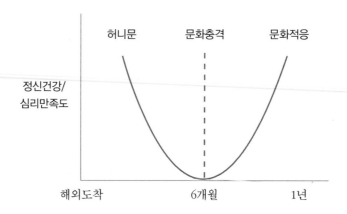

[그림 3-8] 교차문화 적응 단계

를 다음 [그림 3-8]과 같이 U곡선의 양상으로 설명한다. 이주민 혹은 유학생들이 해외생활 초기에는 새로운 문화에 대한 관심과 기대감으로 허니문 단계를 경험하지만, 시간이 지나고 현실적인 문제에 직면하게 되면서(평균적으로 3~6개월 후), 문화충격(culture shock)을 느끼게 된다. 문화충격은 해외에서 외부인이라는 느낌을 받으면서 위축되고, 우울, 불안 등의 증상을 경험하는 것을 말한다. 이 문화충격 시기가 지나고 현지의 언어와 문화, 관습 등을 배워 가면서 문화적응을 하는 데 평균적으로 1~2년 정도 걸리는 것으로 나타났다(Gullahorn & Gullahorn, 1963). 그러므로 문화적응스트레스에 따른 우울, 불안, 긴장, 두려움, 위축, 무력감 등의 반응을 병리적 관점에서 정신장애로 보기보다는 문화적응의 관점에서 심리적 지지와 함께 문화적응에 필요한 사회적 자원과 기회의 제공이 요구되는 과정으로 이해하는 것이 적절할 것이다.

다문화 사회는 다양성의 가치를 존중한다. 정신장애도 다양성의 관점에서 질병보다는 특성과 차이로 접근하고 그들의 경험을 존중하고 차이를 관용하고 수용하는 사회가 다문화 사회일 것이다. 최근 정신장애에 대해 당사자 관점의 매드프라이드(Mad Pride) 관점이 부상하고 있다. 자신들이 경험하는 정신장애를 일종의 트라우마와 같은 인생의 역경으로 이해하자는 입장이다. 이들은 정신장애도 당사자에게는 트라우마이므로 치료적인 접근도 트라우마 중심 치료 패러다임으로 바뀌어야 한다고 주장한다. 그들은 정신질환은 트라우마이며, 신체적, 정신적 위기가 온 것으로 보고, 치료의 필요성을 받아들인다. 중요한 것은 치료와 함께 삶의 고난의 영향을 인정하고, 의미를 부여하는 것이다. 오히려 정신장애에 대한 사회적 억압과 사회체계의 불의, 차별과 혐오의 사회적 공격과 배제가 트라우마를 더욱 힘들게 하고 광기를 심화시킨다는 입장이다. 매드프라이드 운동을 하는 당사자들은 '소리를 듣는 사람들'이라는 세계적인 자조모임을 이끌어 가며, 환청이라는 특별한 경험의 의미를 발견하고 공유하는 모임을 갖는다. 이러한 패러다임의 실천은 자폐증을 신경다양성으로 옹호하는 자폐자조네트워크에도 해당한다. 다양성은 장애가 아니라 차이라고 주장한다(Steingard, 2020).

　이처럼 정신장애인의 당사자 운동과 다양성 운동은 더 이상 정신장애를 질병이나 장애로 보는 관점을 거부하며, 다양성의 가치에 주목하여 자신의 독특한 경험이 자신의 삶을 더 풍부하게 할 수 있다는 자부심을 가지고 사회에 참여하고 자립운동을 이끌고 있다. 많은 이가 사랑하는 화가 반 고흐(Vincent Van Gogh)도 뇌전증과 양극성장애가 있었다고 한다. 그 장애의 경험은 독특한 예술가의 관점과 치열한 창작활동으로 이끌었다고 한다. 세계적인 악성 차이코프스키(Tchaikovsky)도 심각한 우울증이 있었다고 한다. 정신장애와 관련된 독특한 체험이 창작의 열정으로 승화하면 놀라운 결과를 가져올 수 있음을 보여 준다. 정신장애라는 인생의 역경을 트라우마로 받아들이고 치료하면서, 그 안에서 의미를 발견하고 삶을 더 풍부하게 하는 레질리언스를 찾을 수 있도록 하는 다양성의 관점이 정신건강전문가 및 일반인에게도 확대되면 좋을 것이다.

제**2**부

주요 정신장애와 사회복지실천

제**4**장

아동기에 시작하는 신경발달장애의 이해와 사회복지실천

　뇌의 발달 지연 또는 뇌 손상과 관련된 장애이며, 이후 뇌의 성장과 발달에 영향을 끼친다는 의미에서 신경발달장애(neurodevelopmental disorder)라고 부른다. 이 장애들은 학교에 들어가기 전에 시작하고 개인적, 사회적 학습이나 작업능력을 손상시킬 수 있다. 일부는 아동기에만 국한되기도 하며, 저절로 좋아지거나 치료를 받아 좋아지기도 한다. 다른 장애들은 더 오랫동안 지속되거나 10대나 성인이 될 때까지 눈이 띄지 않거나 진단받지 못한 채 지나칠 수도 있다. 하위장애로 지적장애, 의사소통장애, 자폐 스펙트럼 장애, 주의력결핍과잉행동장애, 특정 학습장애, 운동장애가 있다. 이 모든 장애는 어린 나이에 시작된다. 한 아이가 한 가지 이상의 장애를 가질 수 있는데, 예를 들어 자폐 스펙트럼 장애와 지적장애가 함께 있을 수 있다.

1. 지적장애와 사회복지실천

1) 지적장애

지적장애(intellectual disability)를 가진 아이들은 지적 능력이 낮고 일상생활에 필요한 기술의 학습과 실행 그리고 의사소통에 어려움이 있다. DSM-5에서는 지적장애를 지적 기능과 적응 기능에서의 결손이라고 정의하였는데, 지적 기능은 추리, 문제해결, 계획, 추상적 사고, 판단, 학교에서의 학습 및 경험을 통한 학습을 의미한다. 표준화된 지능검사에 의해 지능 지수가 70~75 이하이면 지적장애 범주이다. 적응 기능은 가정, 학교, 직장, 지역사회와 같은 다양한 환경에서 의사소통, 사회적 참여, 독립적인 생활과 같은 일상생활을 영위할 수 있는 능력을 말한다. 지적장애는 심각도에 따라서 경도, 중등도, 고도, 최고도 등급으로 구분된다. 아동 초기 이후 시간이 흐르면서 증상의 정도가 변화되기도 하지만 장애는 평생 지속되는 경향이 있다. 종종 다른 정신과적 질환, 신경발달 및 신체적 질환을 같이 갖는다. 신체적 질환으로 뇌성마

표 4-1 지적장애의 심각도 수준과 영역별 증상

심각도	개념적 영역	사회적 영역	실행적 영역
경도 (50~70)	-학령전기까지 문제가 드러나지 않을 수 있음 -학령기와 성인기에 읽기, 쓰기, 연산, 시간 및 돈 관리에 어려움 가능 -성인기에 계획, 우선순위 설정, 단기기억력, 읽기, 돈 관리 등 학습기술 사용에 장애	-타인과의 대화, 단어 뜻 및 사회적 신호 인식이 나이기준보다 뒤처짐 -또래에 비해 감정통제가 어려움	-자기관리, 개인위생 실행 가능 -성인기에 장보기, 교통수단이용, 가사, 아이 돌보기, 건강관리, 법률 관련 결정, 은행 업무에 도움이 필요할 수 있음 -성인기 직업 관련 기술 습득과 직장유지 가능

중등도 (40~50)	−학령전기 언어발달 지연 −학령기 읽기, 쓰기, 연산, 시간 및 돈 관리 이해 더딤 −성인기 학습기술이 초등학생 수준, 작업과 일상생활에 매일 도움 필요	−가족, 친구들과 유대관계 가능, 성인기 연애 가능 −인생의 중요한 결정에 보호자의 도움 필요	−성인기 교육으로 자기관리, 가사일 가능 −성인기 지속적인 도움으로 직장유지 가능, 업무, 스케줄, 대중교통이용, 건강보험, 돈 관리에 도움 필요
고도 (25~40)	−글, 숫자, 분량, 시간, 돈과 관련된 개념 이해 거의 못함 −인생 전반의 문제해결에 보호자 도움 필요	−한 단어나 문장 정도로 언어표현 −단순한 말이나 몸짓 이해 −가족이나 친밀한 사람과의 관계가 즐거움의 원천	−식사, 옷입기, 목욕, 화장실 사용 등 모든 일상생활에 도움 필요 −안전과 안녕을 위해 도움 필요 −기술 습득을 위해 장기적인 교육과 지속적인 지원 필요
최고도 (25 이하)	−크기, 모양, 색깔에 따라 분류하고 짝짓기 가능	−단순 지시사항이나 몸짓 이해 가능 −욕구나 감정은 대부분 비언어적 표현, 이러한 표현으로 가족, 보호자 등과 감정교류 가능	−일상생활 전반에 도움 필요 −심각한 신체장애가 없는 경우 접시 나르기와 같은 일상적인 작업 가능, 다른 사람의 도움을 받아 음악듣기, 영화보기, 산책하기, 물놀이 등 여가활동 가능

비나 뇌전증이 일반인에서보다 3~4배 이상 같이 발생할 수 있다. 흔히 동반되는 정신과적 질환은 ADHA, 우울장애, 양극성장애, 불안장애, 자폐 스펙트럼 장애, 충동조절장애 등이다. 〈표 4−1〉에는 지적장애의 심각도 수준별로 각 영역에서 어떤 증상들이 나타나는지 구체적인 예가 제시되어 있다.

이처럼 지적장애의 진단은 지적 기능과 적응 기능을 함께 고려한다. 지능지수와 같은 지적 기능 평가 외에 의사소통, 자기관리, 가정생활, 사회적 및 대인관계기술, 지역사회자원활용기술, 자조능력, 기초학습기술, 여가, 건강, 안전 등에서의 도움이 필요한 정도를 함께 고려한다. 또한 발병연령이 만 18세 이전으로 평균보다 낮은 지적 수준과 적응 능력이 분명하게 드러나야 한다. 이에 따라 뇌손상이나 치매로 인한 능력 손상은 지적장애로 분류하지 않는다. 지적장애인의 약 90%는 경도 지적장애에 속한다. 지적장애의 예후는 매우 다

호주의 지적장애(다운증후군) 모델 매들린 스튜어트

지적장애(다운증후군) 배우 강민휘

양하다. 적절한 지원과 교육훈련이 있으면 덜 심각한 지적정애인은 상대적으로 독립적이고 생산적인 삶을 살 수 있고, 좀 더 심각한 장애가 있더라도 사회적 지원을 받아 직장생활이나 지역사회생활이 가능하다.

　지적장애의 유병률은 여자보다 남자에게서 더 높다. 지적장애의 생물학적, 사회환경적 위험요인과 치료는 다음과 같다.

표 4-2　지적장애의 생물학적, 사회환경적 위험요인

생물학적 위험요인	사회환경적 위험요인
−유전자의 이상에 의해 유발되는 것으로 밝혀져 있고 돌연변이, 방사선, 약제 및 화학 물질, 바이러스 등에 의한 염색체 이상이 지적장애 유발(21번째 염색체에서 염색체 이상으로 나타나는 다운증후군이 대표적. 다운증후군은 산모의 나이가 만 35~45세 이상이면 위험도가 높아짐) −임신 중 아스피린, 키니네, 인슐린, 여성호르몬제, 코카인, 니코틴 등과 같은 다양한 약물이 지적장애와 관련 −페닐알라닌 단백질분해효소 결핍으로 인한 페닐케톤뇨증이 지적장애 유발 확인, 신생아 검사로 생후 1개월 이내 페닐알라닌을 피하는 특수식이요법으로 지적장애 예방 −임신 중 과도한 알코올 섭취는 신체적 기형과 지적장애를 동반하는 태아알코올증후군 유발 −적절한 단백질, 탄수화물, 지방질을 공급받지 못하는 산모의 영양결핍, 조산이나 난산, 출산 시 무산소증 등도 지적장애 유발	−학대, 방치, 사회적 결핍 등으로 영유아기, 아동기에 풍부한 지적 자극과 사회적, 문화적 경험 기회가 현저히 부족하여 지적 발달이 지연될 수 있음

2) 치료와 사회복지실천

(1) 치료

일상생활에 필요한 다양한 적응기술을 학습시키고 유지되도록 하는 것을 목표로 한다. 지적장애는 여러 생물학적 이상에 기인할 수 있으므로 신경학적 평가와 심리평가를 받은 후에 적절한 교육 및 재활 프로그램을 적용하는 것이 바람직하다. 가능한 한 조기에 발견하여 집중적인 교육을 하는 것이 효과적이며 경미한 지적장애아의 경우 체계적이고 집중적인 교육을 통해 적응 수준이 현저하게 향상될 수 있다. 또한, 지적장애는 치료 및 재활에 대한 노력뿐 아니라 임신기의 정기 진찰 및 섭생 주의 등 예방을 위한 노력도 필요하다.

(2) 사회복지실천

종합사회복지관, 건강가정지원센터 등의 가족기능강화사업을 통한 부모교육, 모성교육 및 지원을 통한 학대 예방 등 다양한 차원의 예방, 지적장애아 조기발견과 진단, 조기특수교육 연계, 부모의 양육부담 지원 등의 사회복지적 개입이 요구된다. 특수학교나 특수학급을 대상으로 하는 학교사회복지 접근, 장애·비장애통합보육시설이나 어린이집, 장애인복지관의 가족지원과 기능향상 지원, 취업지원교육, 장애인거주시설에서의 생활교육 등 사회복지사가 지적장애인 및 가족과 함께하는 역할이 다양하다. 또한 지적장애를 가진 부모의 자녀교육과 가족지원, 사례관리 등의 역할을 할 수 있다. 이에 사회복지사는 지적장애를 가진 유아부터 성인에게까지 지적 기능과 적응 기능 및 심리사회적 욕구에 대한 이해와 지원체계 등을 숙지하여 전문적이고 협력적인 도움을 제공할 수 있어야 한다. 또한 지적장애인들의 인권침해사례가 매우 많다. 여성 지적장애인들에 대한 지역에서의 성학대나 성착취, 염전 노예사건 같은 남성 지적장애인들에 대한 경제적 착취 등 자기옹호가 어려운 지적장애인들에 대한 인권문제에 관심을 갖고 지역사회 욕구조사나 문제발견, 옹호 및 사례관리, 지역사회교육 등을 기획하는 것이 요구된다.

> **추천 영화**
> 〈제8요일〉, 다운증후군 배우 파스칼 뒤켄의 열연

2. 의사소통장애와 사회복지실천

1) 의사소통장애

의사소통장애(communication disorders)는 언어, 말, 의사소통(언어적 혹은 비언어적 행동)에 문제가 생기는 것으로, 아동기 초기에 시작한다. 여기에는 언어장애, 말소리장애, 아동기발생 유창성장애(말더듬), 사회적 의사소통장애가 있다. 각 하위장애의 특성과 원인, 치료방법은 다음과 같다.

(1) 언어장애

언어장애(language disorder)는 어휘의 부족, 문장을 구성하기 위해 단어를 조합하는 능력의 부족, 대화 능력의 장해를 비롯한 언어의 이해나 표현 능력의 손상에 의해 언어의 발달과 사용에 지속적인 곤란을 나타내는 장애이다. 우선 신체적 원인은 뇌 손상이나 감각기능의 결함으로 인해 나타나며, 환경적 원인은 언어발달이 이루어지는 유아기에 적절한 언어적 환경과 자극이 주어지지 못하여 언어발달이 지연되는 경우에 나타난다. 언어장애의 치료를 위해서는 이비인후과, 소아과, 치과 등에서 감각적, 신체적 문제가 있는지 점검이 필요하고, 정서적 문제나 부모·자녀 관계를 잘 탐색하고, 언어치료사나 교사에 의한 체계적인 언어교육이 필요하다.

(2) 말소리장애

말소리장애(speech sound disorder)는 발음의 어려움으로 인한 언어적 의사소통이 곤란한 경우이며 대표적인 예로는 혀 짧은 소리를 내는 경우를 말한다. 6~7세 아동의 2~3%에서 나타나며 17세경이 되면 그 비율이 0.5%로 떨어지고 남성에게 더 흔하며, 심한 경우 아동의 말을 가족도 이해하지 못하기도 한다. 원인으로는 심리적 원인이 있는데 정서적 불안과 긴장, 사회적 상황에 대한 부적절감이나 공포, 과도한 분노나 적대감으로 인해 나타내는 경우가 있으며, 이러한 원인으로 인해 취학 전 아동들이 가지는 '기능적 음성학적 장애'가 있다. 치료방법으로는 크게 두 가지가 있는데 하나는 음성학적 문제를 유발하는 신체적 또는 심리적 문제를 해결하는 방법으로 수술을 통해 발성기관을 치료하거나 정서적 불안과 긴장을 완화하는 심리치료가 있다. 다른 하나는 올바른 발성습관을 교육하는 방법이 있다.

(3) 아동기발생 유창성장애

아동기발생 유창성장애(childhood on set fluency disorders)는 말을 할 때 첫 음이나 음절을 반복하여 사용하거나 말을 하는 도중에 부적절하게 머뭇거리거나 갑자기 큰 소리로 발음하는 등 다양한 형태로 나타난다. 또래 아동에게 놀림거리가 될 수 있어서 말을 하는 상황을 피하며 사회적 관계에서 좌절과 불안을 경험하고 낮은 자존감과 사회적 위축이 초래될 수 있다. 유병률은 아동기 1%이며, 청소년기에는 0.8%로 감소하고 남자가 3배 정도 더 흔하다. 아동기발생 유창성장애는 악화와 호전을 반복하며 말을 더듬는 아동의 약 60%는 16세 이전에 회복한다. 심리적 압박감이나 긴장감이 고조되어 자연스러운 말과 행동이 억제되는 상황에서 말더듬기가 시작되기도 한다. 다른 사람 앞에서 말을 더듬는 것에 대한 불안과 두려움으로 인하여 심리적, 신체적 긴장이 증대되기 때문에 말더듬기가 더욱 악화되고 말하는 상황을 회피하게 되므로 말더듬기를 교정할 수 있는 기회를 갖지 못하여 계속 지속된다. 이를 치료하는 방법으로는 개인이 어려움을 겪는 말더듬기 행동의 정밀한 평가와 분석이 이루어져야 하며, 무엇보다도 인지 행동적 치료와 더불어 언어 치료적 훈련을 병행하는 것이 가장 바람직하다.

(4) 사회적 의사소통장애

사회적 의사소통장애(social communication disorder)는 DSM-5에서 처음으로 추가된 장애로 언어적, 비언어적 의사소통의 사회적 사용에 지속적인 어려움을 나타내는 경우를 말한다. 증상은 4~5세 때 눈에 띈다. 이러한 의사소통 기술의 사회적 활용인 인사하기나 정보교환과 같은 사회적 목적을 위해서 맥락에 적절하게 의사소통하는 능력, 맥락이나 듣는 사람의 필요에 맞추어 의사소통을 적절하게 변화하는 능력, 대화와 이야기하기에서 규칙을 따르는 능력, 명시적으로 표현되지 않은 것이나 언어의 함축적이거나 이중적 의미를 이해하는 능력들 모두에서 어려움을 나타내어 사회적 적응에 현저한 지장이 초래되는 경우에 사회적 의사소통장애로 진단된다. 자폐 스펙트럼 장애나 특정 학습장애가 있을 때 이 장애의 발생위험이 증가한다.

2) 치료와 사회복지실천

(1) 치료

가족과 협력하여 정신과의사, 언어치료사, 특수교육교사 등이 함께 치료에 참여하여 언어치료와 행동치료를 한다. 사회복지사는 사회기술훈련과 지역사회지원훈련을 통해 적응을 향상하는 데 기여한다.

(2) 사회복지실천

의사소통장애만을 가진 아동, 청소년보다는 자폐 스펙트럼 장애나 지적장애를 함께 가진 클라이언트를 장애인복지영역에서 만날 가능성이 높다. 의사소통장애의 조기발견과 자원연계, 가족지원 등의 역할이 요구될 것이다.

추천 영화

〈허브〉, 중등도 지적장애와 언어장애를 가진 주인공

3. 자폐 스펙트럼 장애와 사회복지실천

1) 자폐 스펙트럼 장애

자폐 스펙트럼 장애(autism spectrum disorder)는 심각한 부적응을 나타내는 대표적인 발달장애이다. 자폐 스펙트럼 장애는 두 가지의 핵심증상을 나타낸다. 첫째는 사회적 의사소통 상호작용의 결함으로서 대인관계에 필요한 눈 마주치기, 표정, 몸짓 등이 매우 부적절하여 부모나 친구와 친밀한 관계를 형성하지 못하는 것이다. 둘째는 제한된 반복적 행동 패턴으로서 특정한 패턴의 기이한 행동을 똑같이 반복하게 되며 특정한 대상이나 일에 비정상적으로 고집스럽게 집착하는 행동을 나타내는 것이다. 가장 큰 특성은 대인관계 형성과 의사소통이 전혀 이루어지지 않는 것이다. 다른 사람의 말을 무시하거나 관계를 맺지 않으려는 부적절한 행동을 보인다. 이러한 증상은 2세 이전부터 나타날 수 있는데, 부모와의 관계에서도 거부하는 모습을 보인다. 부모와의 관계 형성이 적절하지 못한 아동들은 언어를 습득하지 못하여 문장을 구사하는 언어능력이 현저하게 부족할 뿐만 아니라 타인의 말에 주의를 기울여 경청하지 못하고 부적절하거나 괴상한 말을 사용한다. 자폐 스펙트럼 장애를 지닌 아동은 지적장애에 해당하는 지적 기능과 적응 기능의 장애를 함께 가지는 경우가 대부분이다. 그러나 자폐 스펙트럼 장애를 동반하지 않는 지적장애 아동들은 전반적인 지적 기능이 저조한 데에 비해, 자폐 스펙트럼 장애 아동 중에는 놀라운 기억력이나 우수한 지적 능력을 나타내는 경우도 있다. 자폐증 중에서 약 1/3에서 예외적인 특별한 능력을 나타내는 경우가 있다고 한다. 영화 〈레인맨〉에서 자폐증을 가진 주인공이 보여 준 놀라운 능력은 서번트 기술이라고 한다. 자폐 스펙트럼 장애의 유병률은 아동과 성인을 포함한 전체 인구의 1% 정도인 것으로 알려져 있다. 여자 아동에 비해 남

표 4-3	자폐 스펙트럼의 심각도와 사회적 의사소통 및 행동장애	
심각도	사회적 의사소통	제한적이고 반복적인 행동
1단계 지지가 필요한 수준	적절한 지지가 없을 때 손상된 의사소통으로 인해 두드러진 문제 발생. 완전한 문장으로 말할 수 있고 대화에 참여할 수 있지만 다른 사람과 대화를 주고받지 못함	반복적 행동으로 일상생활에 큰 불편 초래 임무의 전환이 어려움 독립적 생활이 방해될 정도로 조직화하고 계획하는 데 문제 있음
2단계 많은 지지를 필요로 하는 수준	언어적 · 비언어적 의사소통의 분명한 결핍. 단순한 문장을 말하고 매우 이상한 비언어적 소통을 함	제한적이고 반복적인 행동이 나타나고 눈에 띔. 행동이 변화되거나 하지 못하게 할 때 고통과 좌절이 두드러짐
3단계 상당히 많은 지지를 필요로 하는 수준	언어적 · 비언어적 의사소통의 심각한 결핍. 이해할 수 있는 단어를 거의 말하지 않고 거의 사회적 접촉을 안 하려 함	모든 영역의 기능에 혼란을 초래하는 집착, 공정된 습관, 반복적인 행동을 보임 의례적인 절차나 일상적인 것을 하지 못하게 하면 매우 고통스러워 함

자 아동에게 3~4배 정도 더 흔하게 나타난다.

　DSM-5에서는 앞의 〈표 4-3〉과 같이 두 가지 진단영역의 장애 정도를 나타내기 위해 심각도의 수준을 3단계로 구분하여 평가한다.

　자폐 스펙트럼 장애는 하나가 아닌 복합적인 이유에서 나타난다. 생물학적 위험요인과 심리사회적, 환경적인 요인이 결합하여 나타난다. 우선 생물학적 관점에서는 자폐 스펙트럼 장애를 가진 아동이 있는 가족 중 형제자매가 같은 장애를 가질 확률이 20%로 유전적 영향이 있다고 본다. 타인과 유대관계를 맺는 것과 사회적인 기억에 영향을 미치는 신경화학물질인 옥시토신과 연관된 유전자의 장애가 보고되었다. 자폐 스펙트럼 장애 아동의 혈액에 옥시토신 수치가 낮아 옥시토신을 주입했더니 감정정보를 처리하고 기억하는 능력이 향상된 것을 보아 옥시토신의 부족도 관계가 있는 것으로 본다. 환경적인 위험요인으로는 고령의 부모, 저체중 출산, 임신기간 동안 산모의 뇌

DSM-5 진단기준

A. 다양한 분야에서 나타나는 사회적 의사소통과 사회적 상호작용의 지속적인 결함으로 현재 또는 과거에 다음의 특징이 나타난다.

    a. 예를 들어, 비정상적인 사회적 접근 또는 일반적인 대화의 주고받음 실패, 흥미나 감정 공유 감소 그리고 사회적 상호작용 개시나 응답실패와 같은 사회적, 감정적 상호작용 결함

    b. 사회적 상호작용에 필요한 비언어적 의사소통 행동 결함, 예를 들어 언어적, 비언어적 의사소통의 통합의 실패, 비정상적인 눈맞춤과 신체언어 또는 제스처의 이해와 이용의 결함, 얼굴표정과 비언어적 의사소통의 전반적인 결핍

    c. 관계발전, 유지 그리고 이해에 대한 결함, 예를 들어 다양한 사회적 맥락에서 적절한 행동의 어려움, 상상놀이를 공유하거나 친구를 사귀는 데 어려움, 또래에 대한 흥미 결핍

B. 행동, 흥미, 활동의 제한적, 반복적인 패턴이 현재 또는 과거에 다음 중 적어도 2개 이상으로 나타난다.

    a. 상동적이거나 반복적인 움직임, 물건사용, 언어

    b. 똑같은 것에 대한 고집, 일상적인 것에 대한 비융통성, 언어 또는 비언어적 행동의 의례적 패턴

    c. 강도나 초점에 있어서 비정상적으로 매우 제한되고 고정된 흥미

    d. 감각적인 환경에 대해서 과잉 또는 과소반응

C. 증상은 초기발달 시기에 나타나지만, 사회적 요구가 개인의 제한된 능력을 넘어서기 전까지는 증상이 완전히 나타나지 않거나 학습된 기술로 드러나지 않을 수 있다.

D. 이러한 증상은 사회적, 직업적 또는 다른 중요한 현재 기능 영역에서 임상적으로 상당한 손상을 야기한다.

E. 이러한 장애의 방해는 지적장애 또는 다른 발달지연으로 설명되지 않는다. 지적장애와 자폐 스펙트럼 장애는 주로 함께 나타날 수 있다. 지적장애와 자폐 스펙트럼 장애를 함께 진단하기 위해서는 사회적 의사소통이 현재 발달수준으로 기대되는 것보다 낮아야 한다.

전증과 양극성장애 치료를 위해 밸프로에이트를 복용한 경우가 보고되었다. 심리사회적으로는 과거에는 완벽주의적이고 냉소적이고 냉담한 성격의 높

은 사회적 지위를 가진 부모와 관련이 있다고 하였으나 전혀 근거가 없다고 한다. 자폐 스펙트럼 장애 아동의 전형적인 사회적 상호작용의 장애나 제한 적이고 반복적인 행동의 문제는 상대방의 마음을 이해하는 능력인 마음이론 (theory of mind)의 발달에 장애가 있고, 인지발달이 자기중심성에 머물러 있 는 것과 관계가 있다고 한다(Durand & Barlow, 2017, 재인용).

2) 치료와 사회복지실천

(1) 치료

자폐 스펙트럼 장애를 지닌 아동의 부적응적 행동과 의사소통 및 사회적 기술의 어려움을 개선하기 위한 치료방법으로는 행동치료가 가장 일반적이 다. 행동치료에서는 조작적 조건형성과 모방학습을 통해 자폐아에게 말하는 것, 다른 아이들과 노는 것, 타인의 말에 주의를 기울이는 것 등을 학습시키 고 반향언어증적 행동, 공격적 행동이나 기이한 몸동작 등을 교정한다. 의학 적인 치료로 사회적 및 언어적인 핵심증상의 개선에 긍정적인 영향을 주기는 어렵다고 한다. 하지만 불안을 감소시키거나 자해행동 등을 완화시키기 위 해 항정신병약물과 세로토닌재흡수억제제를 병행하여 치료하기도 한다. 또 한 조기특수교육적 접근을 통해 사회화 및 의사소통, 교육, 부모교육 등을 지 원하며, 사회복지적 개입을 통해 생활, 직업, 사회적응 향상 등을 지원한다.

(2) 사회복지실천

「발달장애인 권리보장 및 지원에 관한 법률(약칭: 발달장애인법)」이 2015년 11월 21일부터 시행되었다. 이 법은 총 7장 44조 및 부칙으로 구성되어 있으 며, 발달장애인의 권리 보장(제8조~제17조)과 이들의 복지욕구를 반영한 복 지지원 및 서비스(제18조~제29조)에 대한 조항이 법안의 큰 축을 이루고 있 다. 이러한 정책 및 서비스가 효과적으로 지원될 수 있도록 하는 전달체계로서 발달장애인지원센터(제33조~제38조)의 설치 및 역할을 명시하고 있다. 이 법 제2조에서 발달장애인이란 「장애인복지법」 제2조 제1항의 장애인으로서 지적장애인(정신 발육이 항구적으로 지체되어 지적 능력의 발달이 불충분하거나 불완전하여 자신의 일을 처리하는 것과 사회생활에 적응하는 것이 상당히 곤란한 사람)과 자폐성장애인(소아기 자폐증, 비전형적 자폐증에 따른 언어 · 신체표현 · 자기조절 · 사회적응 기능 및 능력의 장애로 인하여 일상생활이나 사회생활에 상당한 제약을 받아 다른 사람의 도움이 필요한 사람)으로 정의하고 있다.

기존 장애인복지정책 및 전달체계가 신체장애인 중심으로만 발전하여 발달장애인을 충분히 고려하지 못하고, 발달장애인이 서비스 지원 과정에서 소외되는 등의 문제가 제기되어 왔다. 이 법을 기반으로 중앙발달장애인지원센터와 전국 17개 시 · 도에 지역발달장애인지원센터가 설치되었다. 발달장애인 대상 독자적인 전달체계가 구축된 것이다. 「발달장애인법」은 기존의 「장애인복지법」과는 달리 단순히 서비스 측면만을 중시하는 데 그치지 않고 권리 보장의 측면이 함께 반영되어 있다. 발달장애인의 권리보장과 서비스 보장을 동시에 추구함으로써 발달장애인이 현실적으로 침해받는 인권을 보호하고 아울러 인간다운 생활 보장을 위한 서비스 급부를 지원할 수 있도록 하고 있다.

현재 지역센터 17개소 중 16개 지역센터가 광역시도로부터 한국장애인개발원이 위탁운영 중에 있으며, 인천발달장애인지원센터는 2018년부터 인천광역시에서 직접 운영하고 있다. 발달장애인지원센터에서는 개인별지원계획의 수립과 서비스 연계, 모니터링과 권리구제, 공공후견 등의 사업을 추진 중에 있다. 그러나 서비스 제공기관에 대한 법적 권한의 부재, 서비스 연계 기관의 부족, 사법부의 발달장애인에 대한 이해 부족, 타 기관과의 사업 중복 등의 문제점이 제기되고 있다. 또한 읍 · 면 · 동 복지허브화와 맞춤형지원체계와의 유기적인 관계 속에서 고유의 역할을 하기 위해 읍 · 면 · 동, 시 · 군 · 구, 광역시로 이어지는 행정단위와 광역단위의 지역발달장애인지원센

터와의 관계에서 공적 권한을 가진 행정기관의 민관협력을 위한 역할이 중요
하다. 즉, 발달장애인과 장인복지체계를 연결성 속에서 읍·면·동의 장애
인 맞춤형지원체계가 민관협력의 주도적 역할을 할 수 있을 것이다. 발달장
애인지역센터는 이와 협력하면서 의사소통 지원과 옹호자의 역할 등을 담당
하면서 전체 장애인복지전달체계와의 관계를 설정하며 유기적으로 협력할
수 있다. 발달장애인 전달체계 구축을 위해서는 맞춤형지원체계에서 발달장
애인을 포함하는 전체 장애인을 위한 전달체계로 이해되어야 하고, 그 안에
서 발달장애인의 욕구와 특성에 맞는 체계가 마련되어야 하기 때문이다.

　2019년 장애등급제가 폐지되었다. 장애등급제는 장애를 의학적 기준에
따라 1등급에서 6등급까지 나눠 차등적으로 복지혜택을 제공하는 제도이
다. 정부는 수요자 중심의 장애인 지원체계를 마련하기 위해 2019년 7월 1일
부터 1~6등급의 장애등급을 폐지하고 장애 정도에 따라 '정도가 심한 장애
인'과 '심하지 않은 장애인'으로 구분하기로 변경했다. 기존 1~3등급은 장애
의 정도가 심한 장애인으로, 4~6등급은 심하지 않은 장애인으로 그대로 인
정된다. 장애등급제 폐지에 따라 읍·면·동 단위의 맞춤형지원체계가 구축
되면서 민관협력이 더욱 중요해졌다. 시·군·구 단위에서 장애인전담 민관
협의체를 설치하여 장애인 사례관리를 위한 공공과 민간 협력체계의 기반을
마련하였다. 읍·면·동 단위에서 찾아가는 장애인 상담 강화, 서비스 신청
시 맞춤형 상담 시뮬레이션, 타 기관 의뢰서비스 등을 제공하고 있는데, 발
달장애인을 포함하여 서비스의 통합성과 연속성을 담보하는 것이 중요하며,
발달장애에 대한 이해가 높은 사회복지서비스 전문인력의 확보도 요구되고
있다. 사회복지실천에 있어 자폐성장애와 지적장애 등 발달장애에 대한 높
은 이해를 가지고 권익옹호와 지역맞춤형서비스를 실천할 수 있는 역량이
요구된다.

추천 영화

〈말아톤〉, 〈증인〉, 〈그것만이 내 세상〉, 〈카드로 만든 집〉

4. 주의력결핍과잉행동장애와 사회복지실천

1) 주의력결핍과잉행동장애

주의력결핍과잉행동장애(Attention-Deficit Hyperactivity Disorders: ADHD) 는 매우 산만하고 부주의한 행동을 나타낼 뿐만 아니라 자신의 행동을 적절히 통제하지 못하고 충동적인 과잉행동을 나타내는 경우를 말한다. ADHD 의 핵심증상은 부주의와 과잉행동충동성이 있다. 부주의와 과잉행동-충동성은 다음과 같은 특징으로 나타난다.

DSM-5에서는 다음 〈표 4-4〉의 부주의와 과잉행동-충동성 증상 중 여섯 가지 이상의 증상이 발달 수준에 맞지 않게 최소 6개월 이상 지속되어 사회, 학업, 작업 활동 등 두 가지 이상의 상황에서 그 기능에 장해를 주는 증거가 명백할 때 ADHD로 진단된다. ADHD는 12세 이전에 발생한다. 단, 17세 이상 후기 청소년과 성인은 부주의 증상 중 다섯 가지 증상만 충족해도 부주의한 것으로 간주한다. 이 시기에는 과잉행동보다는 부주의가 더 문제가 되어 ADHD보다는 ADD(Attention Difficit Disorder)로 진단되는 경우가 많다.

ADHD 아동들은 충동적이고 산만한 행동 때문에 야단이나 꾸중과 같은 부정적인 얘기를 자주 듣게 되는데, 계속 반복되면 아이는 부정적 자아개념을 형성하게 되고 정서적으로 불안정해지는 경향이 있다. ADHD의 유병률은 아동의 경우 약 5%이며 성인의 경우 약 2.5%로 보고된다. 남아가 여아에 비해 6~9배 정도 높은 빈도를 나타내고 있고 흔히 청소년기에 호전되는 경향

표 4-4	부주의와 과잉행동-충동성의 특징
부주의	과잉행동-충동성
-세부적인 면에 대해 면밀한 주의를 기울이지 못하거나, 학업, 작업 또는 다른 활동에서 부주의한 실수를 저지른다. -일을 하거나 놀이를 할 때 지속적으로 주의를 집중할 수 없다. -다른 사람이 직접 말을 할 때 경청하지 않는 것으로 보인다. -지시를 완수하지 못하고, 학업, 잡일, 작업장에서의 임무를 수행하지 못한다. -과업과 활동을 체계화하지 못한다. -지속적인 정신적 노력을 요구하는 과업에 참여하기를 피하고, 싫어하고, 저항한다. -활동하거나 숙제하는 데 필요한 물건들을 잃어버린다. -외부의 자극에 의해 쉽게 산만해진다. -일상적인 활동을 잊어버린다.	-손발을 가만히 두지 못하거나 의자에 앉아서도 몸을 옴지락거린다. -앉아 있도록 요구되는 교실이나 다른 상황에서 자리를 떠난다. -부적절한 상황에서 지나치게 뛰어다니거나 기어오른다. -조용히 여가 활동에 참여하거나 놀지 못한다. -"끊임없이 활동하거나" 마치 "자동차(무엇인가)에 쫓기는 것"처럼 행동한다. -지나치게 수다스럽게 말을 한다. -질문이 채 끝나기 전에 성급하게 대답한다. -차례를 기다리지 못한다. -다른 사람의 활동을 방해하고 간섭한다.

이 있으나 성인기까지 지속되는 경우도 있다(APA, 2017).

　성인이 된 후 증상의 양상은 변하지만, 과다행동은 감소하더라도 주의력 결핍이나 충동성은 지속되어 상당한 사회, 직업 활동에 장해가 있는 것으로 알려져 있다. 아동기에 ADHD가 있는 경우 약 60%가 성인까지 증상이 지속된다고 한다. 성인 ADHD 유병률은 국내에서는 정확히 조사되지 않았지만 2.5~4.4%라고 추정된다. 또한 적절하게 치료받지 않으면 낮은 교육수준과 직업부재, 사회생활과 대인관계, 감정조절, 이상행동 등의 문제와 함께 이혼과 교도소 수용 등의 위험성이 높아진다. 성인 ADHD 환자의 70~80%에서 우울증, 불안장애, 물질사용장애, 섭식장애, 반사회적 인격장애 등 공존질환을 갖고 있는 경우가 많아 대부분의 성인 ADHD 환자는 ADHD 진단을 먼저 받기보다 공존질환으로 진단받고 정신건강의학과 외래에서 치료를 받는 경우가 많다. 과다활동은 감소하고 집중의 어려움과 충동성이 주 문제가 되고, 오랜 기간 질병이 지속되면서 발생한 다양한 문제가 성격처럼 보일 수도 있는 것과 관련이 있다. 이외에도 섭식장애, 수면장애, 편두통, 건강하지 못한 생활습관(지나친 흡연, 부적절한 성적 행위) 등 행동문제가 다양하게 동반된다. 성인 ADHD 환자는 시간을 잘 관리하지 못하며, 꾸물거리고 산만하며, 집중을 잘 못하기 때문에 일이나 학업을 성공적으로 마치지 못하고 부주의한 실수를 많이 하게 된다. 성공적으로 일 처리를 못하기 때문에 쉽게 좌절하고 감정이나 충동을 효과적으로 제어하지 못하며, 산만함 때문에 주의깊게 듣지 않아 대화 내용을 잘 잊어버리게 된다. 다른 사람에게 간섭하고 활동적인 모습을 보이기도 하며, 말을 너무 많이 하거나 너무 빠르게 하는 경우도 있다. 이런 특성들 때문에 대인관계에서 긴장하며, 충동적이고 반항적인 스타일을 보이는 경우가 많다. 성인 ADHD 중 20% 정도가 반사회적 특성을 보이고, 이로 인한 범죄율도 높은 편이다. 운전을 할 때도 일반인에 비해 추돌사고, 과속, 법규위반, 난폭운전 등 위험한 운전습관을 보인다. 연구에 따르면 ADHD를 가진 성인의 경우 일반 성인에 비해 54% 더 높게 교통사고를 일으키는 것으로 알려져 있다. 감정과 행동조절의 어려움이 위험한 운전의 원인이 되며, 통제되지 않는 분노의 표출이 사고의 위험을 높이는 것으로 알려져 있다. 해외에서 조사된 자료에 따르면 교정시설에 수용된 사람에서 일반인보다 매우 높은 성인 ADHD 유병률이 조사되었다. 영국에서 발표된 자료에 따르면 교도소에 수용된 남성 중 14%가 성인 ADHD 진단기준을 충족하는 것으로 나타났다. WHO는 전 세계적으로 무단 결근이나 업무효율 저하의 주요 원인 중 하나로 ADHD를 꼽는다(이종일, 2018).

ADHD는 유전적 요인과 밀접한 관계를 지닌 것으로 알려져 있다. ADHD 아동을 친척으로 둔 사람들에게서 ADHD 출현률이 더 높고, 친척들 중에 품행장애, 기분장애, 약물남용 등 일반적인 정신장애가 많이 보인다고 한다

(Durand & Barlow, 2017). 생물학적 요인에 따르면 ADHD는 출생 과정에서의 미세한 뇌손상이나 출생 후의 고열, 감염, 독성물질, 외상 등으로 인한 뇌손상에 의해 유발될 수 있다고 한다. 노르에피네프린, 세로토닌, 도파민 등의 신경전달물질의 비정상적 활동과의 연관성도 보고되고 있다. 뇌의 구조와 기능에 관한 연구도 있는데, ADHD 아동의 전체적인 뇌부피가 다른 아동보다 3~4% 정도 작다는 보고와 뇌의 자기조절능력을 담당하는 부분의 문제가 보고되기도 하였다. 환경적으로는 음식첨가물인 인공색소, 방부제의 영향도 보고되고 있다(Durand & Barlow, 2017, 재인용). 미국 미네소타주에서 제초제를 뿌리는 직업을 갖고 있는 부모의 아이들 중 43%가 ADHD를 겪고 있다고 한다. 또한 1.5kg 미만으로 태어난 아기의 ADHD위험이 2~3배 증가하고, 임신기간 산모의 음주가 그 위험을 증가시킨다(APA, 2017). 미국에서 글리포세이트 사용량 증가와 ADHD 증가에 상관성이 있다는 보고가 있으며, 이는 GMO 작물의 섭취를 통해 체내에 축적된 것과 관련이 있을 것이라고 한다. 우리나라도 1990년대 중반부터 유전자공학 기술을 적용한 옥수수, 콩, 카놀라 등 GMO 작물을 수입하여 가공한 식품이 많이 보급되고 있는데, 이에 대한 우려를 제기하는 연구자들도 있다. 이를 보면 기본 상식이지만 장기 보관이 가능한 통조림이나 레토르트 식품, 인스턴트 식품보다는 건강하고 균형잡힌 식사가 기본적으로 중요함을 알 수 있다.

심리사회적 관점에 따르면 ADHD를 나타내는 아동은 유아기나 학령기 전기에 신체적으로 건강하지 못하고, 지나치게 활동적인 경향이 있으며, 부모의 잘못된 양육방식이 결합되면 발병위험이 높아진다고 한다. 아이의 과잉행동으로 인해 부모가 더 많은 처벌과 명령을 하게 되면 오히려 과잉행동이 증가하고 부정적인 반응이 나타난다. 바클리는 아동의 과잉행동이 감소하면 부모의 명령과 처벌행동도 역시 감소한다는 사실을 보고하면서 부모와 아동 간의 관계가 양방향적임을 시사한다고 하였다(Barkley, 1990).

2) 치료와 사회복지실천

(1) 치료

ADHD의 치료에는 중추신경계 자극제가 효과적이라고 알려져 있다. 가장 대표적인 치료약물인 리탈린은 주의집중력을 높여 학업성취도를 향상시키고 산만한 행동을 감소시키는 등 증상을 호전시킨다. ADHD는 행동치료와 부모교육을 통해서도 호전될 수도 있다. 행동치료는 아동의 바람직한 행동을 증가시키고 문제행동을 없애거나 줄이기 위해 보상과 처벌을 체계적으로 사용하는 것이다. 부모나 치료자는 아동이 긍정적 행동을 할 때마다 보상을 통해 이러한 행동을 증가시키고, 문제행동에 대해서는 바람직한 행동을 가르쳐서 대치시키도록 유도한다.

(2) 사회복지실천

ADHD는 유아기 가정에서 양육자와의 충돌로 미리 발견될 수도 있지만, 학교생활을 시작하면서 드러날 가능성이 높고, 학교에서 선생님이나 친구들이 먼저 다름을 알아차릴 수 있다. 그러나 이를 전문적 도움이 필요한 질병으로 인식하기보다는 나쁜 행동, 나쁜 아이, 남을 힘들게 하고 함부로 행동하는 아이라는 낙인이 생겨 친구관계, 학업 적응에 어려움이 가중될 수 있다. 미국은 1963년 지역사회정신보건사업을 시작하면서 지역사회 안에서 환자를 조기 발견하고 치료한다는 '지역사회 정신보건사업'의 개념이 도입되었다. 이는 학교 안에서 정신건강의 위험성이 있는 학생들을 조기 발견하고 조기 치료한다는 '학교 정신보건사업'으로 확장되는 계기가 되었다. 이후 점차 발전하여 현재는 소아·청소년기 정서, 행동 문제를 예방하고 관리하기 위한 정신건강 프로그램이 학교 중심으로 시행되어, 소아·청소년의 정신건강증진에 기여하고 있다. 학교정신건강사업의 핵심은 교사교육을 통해 교사가 아동의 정신건강 문제를 발견하고 가족과 전문가와 협력하여 조기 치료를 받도록 하는 역할을 할 수 있게 하는 것이다. 이외에도 학교에 학교사회복지사, 상담자를 배치하여 교사와 협력하여 정신건강을 주제로 한 개인상담, 집단상담, 학생교육, 교사교육, 학부모교육, 고위험 소아·청소년에 대한 예방적 개입 등 소아·청소년의 학교적응과 발달과업 완수를 돕도록 하고 있다. 교사 양성기관인 대학의 교과과정 보완, 교사 보수교육, 정신건강 전문교사 육성 등 교육정책의 보완도 하고 있다.

우리나라도 국가정신건강사업의 일환으로 2011년 정신질환실태조사를 토대로 국가정신건강종합대책 5개년계획(2011~2015년)을 수립하였다. 이 중에는 취학전 2회, 초등생 시기 2회, 중·고등생 시기 각 1회, 20대 3회, 30대 이후 연령대별 각 2회씩 생애주기별 정신건강검진을 실시하여 정신건강 문제를 조기에 발견하고 관리하도록 하겠다는 정책이 있다. 이를 위해 학교 기반 정신건강증진체계를 구축하였다. 학교폭력, 자살, 학업부담 증가 등으로 인한 학생 정신건강 문제에 대응하기 위해 학교 내 상담 기능을 강화한다. 고위험군 학생에 대한 상담 기능을 강화하기 위해 'Wee센터' 등에 전문상담사 및 임상심리사 등 전문인력을 확충한다. 전문가 상담이나 치료가 요구될 경우에는 '정신건강복지센터'를 통해 지원하고 필요시 정신의료기관과 연계한다는 것이다. 또한 교육부 산하 학생정신건강지원센터(http://smhrc.kr)를 설치하여 교사연수, 학생교육 등을 지원하고 있다.

ADHD는 초등학교 대상 학교정신보건사업의 주요 대상이다. 사회복지사는 학교사회복지사업, 교육복지사업 등에 의해 학교현장에 배치되거나, 학교와 연계된 사회복지기관, 정신건강복지센터 아동청소년 정신건강사업을 통해 이 문제를 가진 아동과 가족을 돕는 역할을 하며, 아동들의 사회성 향상을 위한 소집단교육프로그램이나 사례관리를 통한 가족지원을 하고 있다.

추천 영화

〈마미〉, 2014년 자비에 돌란 감독 작품

5. 특정 학습장애와 사회복지실천

1) 특정 학습장애

특정 학습장애(specific learning disorders)는 정상적인 지능을 갖추고 있고 정서적인 문제가 없음에도 불구하고 지능 수준에 비하여 현저한 학습부진을 보이는 경우를 말한다. 읽기, 쓰기, 산수 등의 기초적 학습능력에 관련된 심리적 과정에 장애가 있기 때문에 정상적인 지능에도 불구하고 학습에 큰 어려움을 보이게 된다. 이러한 어려움들은 학교나 직업 기능에 손상을 끼칠 수 있다. 만약 장애를 진단받지 않고, 치료도 받지 않은 채 지내다 보면 학업을 싫어하게 되고 낮은 자존감, 우울증 등 다른 문제로 이어질 수 있다. 학습장애가 있는 학생들이 학교 중퇴 가능성이 높고, 실업률이 높으며, 자살사고를 가지고 있거나 자살시도 비율이 높은 경향이 있다(Daniel et al., 2006). 학습장애는 지적장애나 시력, 청력, 어려운 가정형편, 불우한 가정환경, 장기적인 결석, 불충분한 교육, 뇌 혹은 정신장애, 모국어에 대한 지식부족 때문에 생기는 것이 아니다.

진단은 특수교육전문가, 임상심리사, 언어치료사로 구성된 팀으로 표준화된 검사와 평가를 하도록 권고한다. 장애는 아이에게 요구되는 기술을 배우는 데 얼마나 어려움이 있는가에 따라 경도, 중등도, 고도로 심각도를 나눈다. 특정 학습장애의 유병률은 학령기 아동의 경우 5~15%이며 성인의 경우 약 4%로 추정되고 있다. 읽기 곤란형은 단독으로 나타나거나 다른 학습장애와 동반하여 나타나는 비율이 전체 학습장애의 80%로 가장 많고 학령기 아동의 4% 정도가 이에 해당한다. 쓰기 곤란형은 다른 학습장애를 동반하지 않는 경우가 거의 없다. 산술 곤란형은 단독으로 발생하는 비율이 전체 학습장애의 20% 정도이고 학령기 아동의 1% 정도이다.

DSM-5 진단기준

A. 학습기술을 배우고 사용하는 데 있어서의 어려움, 이러한 어려움에 대한 적절한 개입을 제공함에도 불구하고 아래에 열거된 증상 중 한 가지 이상의 증상이 6개월 이상 지속된다.

   a. 부정확하거나 느리고 부자연스러운 단어 읽기

   b. 읽은 것의 의미를 이해하는 것의 어려움

   c. 맞춤법이 미숙함(글자를 추가하거나 생략해 버림)

   d. 글로 표현하는 것에 미숙함

   e. 수 감각, 수에 관한 사실, 산술적 계산을 숙달하는 데 어려움

   f. 수학적 추론에서의 어려움(수학적 개념, 사실, 또는 수학문제를 푸는 절차에 대한 어려움)

B. 표준화된 성취도검사와 종합적인 임상평가 결과 생활연령에 기대되는 수준보다 학습기술이 상당히 그리고 양적으로 낮으며 학업이나 직업활동 또는 일상생활에 심각한 영향을 준다. 17세 이상의 경우 학습의 어려움에 대한 과거의 병력이 표준화된 평가를 대신할 수 있다.

C. 학습의 어려움은 학령기에 시작되나, 학습기술을 요구하는 정도가 개인의 능력을 넘어서는 시기가 되어야 분명히 드러난다(예: 제한된 시간 안에 시험보기, 읽기, 짧은 시간 내에 길고 복잡한 글쓰기, 과중한 학업부담).

D. 학습의 어려움은 지적장애, 시력 또는 청력 문제 또는 정신장애, 신경장애, 심리사회적 어려움, 학업지도의 언어능력 부족 또는 부적절한 교육적 지도로는 잘 설명되지 않는다.

※ 주의: 4개의 진단기준은 개인의 배경(발달, 의학, 가족, 교육적), 학교의 보고 그리고 심리교육평가를 포함한 임상적 통합으로 판단한다.

    특정 학습장애는 여러 가지 생물학적 원인이 관여되어 있는 것으로 여겨지고 있다. 학습장애가 유전적 원인이 있다는 주장이 있다. 스웨덴의 한 연구에 따르면 읽기장애를 진단받은 사람들의 친척 중에 읽기장애나 쓰기장애를 지닌 사람이 있으면 위험도가 4~8배 증가하였다. 일란성 쌍둥이의 읽기장애 일치율은 100%이었고 이란성 쌍둥이는 약 30% 일치했다. 남자아이에게서 더 흔

한 뇌손상과 관련된다는 주장도 있다. 출생 전후의 외상이나 생화학적 또는 영양학적 요인에 의한 뇌손상이 인지처리 과정의 결함을 초래하여 학습장애를 유발할 수 있다는 주장이다. 산모의 알코올, 담배, 약물 복용 등 외부적 충격에 의한 미세한 뇌손상이 나중에 특정 학습기능에 어려움을 유발할 수도 있다.

후천적인 환경적 요인에 의해서 유발될 수도 있다. 가정을 비롯한 교육환경은 아동의 학습과정에 영향을 미치고 이는 아동의 뇌기능에 영향을 미칠 수 있다. 아동을 신체적 또는 심리적으로 학대하는 가정에서 아동은 불안에 휩싸여 지적 잠재력을 발휘하지 못하고 학습 저하를 나타낸다. 특정 학습장애는 감각적 또는 인지적 결함과 깊은 관련성을 가지고 있다. 학습 내용이 많아지고 복잡해지면 정보를 체계적으로 정리하여 효과적으로 기억하는 인지적 방략이 중요하다. 그런데 학습장애 아동은 이러한 인지적 학습방략을 적절하게 사용하지 못한다.

2) 치료와 사회복지실천

(1) 치료

지적장애와 같이 특정 학습장애도 교육적 개입을 필요로 한다. 아동의 학업향상 정도나 부족한 점에 따라 개별화된 철저한 교육계획으로 체계적인 수업과 훈련을 하는 직접적인 교수방법이 권장된다. 특정 학습장애에 대한 치료는 심리치료와 학습지원이 있다. 심리치료는 세 가지 요소로 구성된다. 첫째는 학습을 위한 기술을 가르치는 것이다. 둘째는 아동에게 심리적인 지지를 통해 자존감과 자신감을 키워 주는 것이다. 셋째는 효과적으로 공부하고 자신의 생활을 관리할 수 있도록 지도하는 것이다. 과제, 시험, 발표 및 학습참여 등 학업수행의 어려움에 따라 개별화된 학습지원을 해 주어 학업을 성취하도록 돕는다.

(2) 사회복지실천

아동양육시설, 지역아동센터, 교육복지현장 등 아동복지현장에서 아동의 학습지원도 하고 있으므로, 아동이 겪는 학업의 어려움이 특정 학습장애와 관련이 있는지 살펴보고 전문자원 연계와 함께 아동을 임파워먼트하면서 지속적인 사례관리를 하는 것도 도움을 줄 수 있다. 다음의 사례는 사회복지사가 특정 학습장애 아동을 위해서도 할 수 있는 것이 많음을 보여 준다.

사례

　시설보호 아동이란 아동복지시설에서 보호를 받는 전체 아동을 말한다. 여기서 시설이란 양육시설을 말하는 것으로 보호자가 없거나 가정에서 보호를 받지 못하는 아동들에 대해 집단보호와 필요한 치료를 해 주는 곳이다. 시온원은 36명의 작은 시설이지만 그 안에서 여러 아동들이 또래의 아동들과 자신과의 차이점을 느끼고 있으며 학습부진 혹은 학습장애를 경험하고 있다. 이러한 아동들이 자립 후에 사회적으로나 정서적으로 더 나은 삶을 선택하는 데 도움이 되고자 학습장애과 관련하여 치료가 우선시 되는 아동을 선출하여 프로그램을 진행하였다. 맞춤형 아동능력 향상을 위한 프로그램이라는 이름으로 사회복지시설의 아동이 겪는 학습장애에 대한 사례관리를 시작한 것이다.

　먼저 서울의료원을 통하여 다양한 측면에서 아동들에 대한 검사를 실시하였다. 검사 결과 아동의 상태를 파악할 수 있었고, 아동이 가장 스트레스를 많이 받았던 언어장애를 완화하기 위해 언어치료와 학습치료를 함께 병행하였다. 특정 프로그램을 진행하면서 부족하다고 생각되는 부분은 아동이 받아들일 수 있는 선 안에서 자원봉사를 통해 추가하였다.

　이곳은 아동양육시설이기 때문에 아동과 함께하는 시간이 많다. 이러한 점이 아동의 문제점에 보다 쉽게 접근할 수 있는 장점이었던 반면에 한 아동을 대상으로 진행하는 프로그램이기 때문에 담당 사회복지사가 돌봐야 하는 다른 아동들은 돌보지 못하는 시간적 틈이 생기는 단점이 있기도 했다. 아동이 치료를 받을 때는 담당 사회복지사가 함께 이동하면서 인솔·지도하고 담당 치료사와의 상담과정을 거쳐야 하는데, 그러한 시간 동안 프로그램을 진행하는 아동과는 더욱더 친밀한 관계를 유지할 수 있는 시간이 되나, 다른 아동에게 필요한 손길이 미치지 못하는 점은 사회복지사가 겪는 스트레스 중 하나였다.

그러나 시간이 흐를수록 프로그램을 통해 변화되는 아동의 모습들이 나타나기 시작했다. 발음이나 언어, 학습 면에서의 발달로 인해서 자신감을 가지고 다른 사람과의 대화를 더 이상 두려워하지 않게 됐고, 어떠한 일이 있을 때 "잘 못할 것 같아요."라는 말보다 "할 수 있어요."라는 긍정적인 반응이 나왔다. 또한 아동이 주위에서 일어나는 자신과 관계된 문제들이 있어서 대화를 요청하여 이야기를 하기는 하나 결국은 스스로 해결하고자 하는 모습들이 프로그램을 시작하기 전과 지금, 확연하게 변화된 모습이다. 이러한 변화에는 다양한 전문적인 접근이 중요한 역할을 했으나, 그에 못지않게 다른 아동들과는 다른 프로그램을 통해 그 속에서 아동이 본인을 특별히 생각해 준다고 느끼는 점과 누군가가 자신을 지지해 준다는 정서적인 측면이 아동을 더욱더 나아진 모습을 만들어 가는 데 도움이 된 것 같다. 이러한 긍정적인 마인드의 형성과 변화들은 앞으로 아동이 이곳에 거주하는 동안 계속해서 이루어지는 사례관리에 있어서 보다 더 많은 자원과 에너지를 끌어낼 수 있다는 점에서 많은 기대를 가질 수 있다.

처음 프로그램을 통해 사례관리를 하는 동안 현실과 이론의 차이 속에서 고민도 했고 아동에게나 스스로에게 많은 질문을 하는 시간이 되었다. 즐거웠던 시간과 힘들었던 시간이 공존했지만 무엇보다 그 과정을 함께 나누며 스스로의 문제점에 대해 부정하지 않고 더 나은 모습을 보여 주기 위해 노력해 온 아동과 그러한 과정들을 이해해 준 다른 아동들, 그리고 함께 일하며 서로 의지가 되어 준 사회복지사들과 늘 좋은 방향으로 이끌어 주시는 원장님이 계셨기 때문에 프로그램이 계속 진행될 수 있었다. 처음 시작한 프로그램을 통한 사례관리이기 때문에 부족한 점도 많지만 더 많은 부분에 있어서 그 부족함을 채우고 발전된 방향으로 계속될 것이다.

(본 사례는 서울특별시사회복지사협회 기획위원회가 주최한 2008 서울 사회복지사 전문서비스 실천사례 공모대회에서 장려상을 수상한 사례입니다.)

출처: 한국사회복지사협회 현장의 소리(http://sasw.or.kr/zbxe/spot/42216)

추천 영화

〈지상의 별처럼〉, 인도 영화(읽기곤란형 학습장애)

6. 운동장애와 사회복지실천

1) 운동장애

운동장애(motor disorders)는 발달시기 초기에 시작하고 움직임의 문제를 수반한다. 이는 나이나 지능 수준에 비해서 움직임 및 운동능력이 현저하게 미숙하거나 부적응적인 움직임을 반복적으로 나타내는 경우이다. 운동장애의 하위유형으로는 틱장애, 발달성 협응장애, 상동증적 운동장애가 있다.

(1) 틱장애

틱장애(tic disorders)는 얼굴 근육이나 신체 일부를 갑작스럽게 움직이거나 갑자기 이상한 소리를 내는 이상행동을 반복적으로 나타내는 경우를 말한다. 운동 틱과 음성 틱으로 구분된다. 운동 틱은 눈, 머리, 어깨, 입, 손 부위를 갑자기 움직이는 특이한 동작이 반복된다. 단순 운동 틱은 하나의 근육집단이 수축되어 나타나는 것으로 눈 깜박거리기, 얼굴 찡그리기, 입 벌리기 등으로 나타나고, 복합 운동 틱은 여러 근육집단의 수축과 관계되는 것으로 복잡한 행동으로 구성된다. 음성 틱은 갑자기 소리를 내는 행동으로서 헛기침하기, 킁킁거리기, 엉뚱한 단어나 외설스러운 단어를 반복하기 등이 있다. 모든 형태의 틱은 스트레스를 받는 동안에는 악화되고, 편안한 상태로 활동에 집중할 때에는 감소된다. DSM-5에서는 틱장애를 뚜렛장애, 지속성 운동 또는 음성 틱장애, 잠정적 틱장애로 구분한다(APA, 2017).

① 뚜렛장애

뚜렛장애(tourette's disorders)는 다양한 운동 틱과 1개 이상의 음성 틱이 1년 이상 지속적으로 나타나는 경우로서 틱장애 중에서 가장 심각한 유형이다.

흔히 초기에는 틱이 얼굴과 목에 나타나고 점차로 몸통이나 신체 하부로 이동하면서 다양하게 나타난다. 심하면 운동 틱과 음성 틱이 복합적으로 나타나면서 복잡한 형태의 틱 증상이 나타난다.

뚜렛장애를 나타내는 아동은 사회적 상황을 피하고 우울감을 나타내기도 하고, 사회적, 학업적, 직업적 기능에 심각한 장애를 초래한다. 뚜렛장애는 인구 1만 명당 약 4~5명에게 발생하는 매우 드문 장애이다. 대부분 아동기 또는 초기 청소년기에 발병한다. 틱증상은 악화와 완화를 거듭하며 지속되고 청소년, 성인기에 감소하는 경향이 있다.

유전적 요인으로 인해 뚜렛장애와 만성 틱장애는 동일한 가족 내에서 흔히 발생한다. 신경화학적 또는 신경해부학적 요인에서는 도파민 억제제가 틱 증상을 억제하며, 도파민 활동을 증가시키는 약물인 코카인, 암페타민은 틱 증상을 악화시킨다는 점에서 뚜렛장애가 도파민의 과잉 활동에 기인한다고 한다. 뚜렛장애의 가장 효과적인 치료방법은 약물치료이고, 증상이 가벼운 경우에는 심리치료나 행동치료가 이루어진다.

② 지속성 운동 또는 음성 틱장애

지속성 운동 또는 음성 틱장애(persistent motor or vocal disorders)는 운동 틱 또는 음성 틱 중 한 가지 이상의 틱이 1년 이상 지속적으로 나타나는 경우를 말한다. 1년 이상의 기간 동안 거의 매일 하루에도 몇 차례씩 틱이 나타나야 하고, 운동 틱과 음성 틱이 함께 나타나지는 않는다. 같은 가족 내에서 흔히 발생한다. 대부분 18세 이전에 시작되며 흔히 6~8세에 발병하여 초기 청소년기에 사라지는 경향이 있다. 심한 틱장애일 경우에는 약물이 사용될 수 있고, 경미한 틱장애의 경우에는 행동치료나 심리치료의 도움을 받을 수 있다.

③ 잠정적 틱장애

잠정적 틱장애(provisional tic disorders)는 운동 틱이나 음성 틱 중 한 가지 이상의 틱이 나타나지만 1년 이상 지속적으로 나타나지는 않는 경우를 말한다. 신체적 원인에 의한 틱장애는 대부분 악화되어 뚜렛장애로 이행되고 가족력이 있다. 반면에, 심리적 원인에 의한 틱장애는 서서히 사라지는 경향이 있고 스트레스나 불안에 의해 증상이 악화될 수 있다.

(2) 발달성 협응장애

발달성 협응장애(developmental coordination disorders)를 가진 아동은 앉기, 기어다니기, 걷기, 계단 오르기, 단추 잠그기, 지퍼 사용하기, 자전거 타기 등이 또래 아이들보다 느리다. 운동발달이 늦고 동작이 서툴러서 물건을 자주 떨어뜨리고 깨뜨리거나 운동을 잘하지 못하는 경우를 뜻한다. 나이나 지능 수준에 비해서 움직임과 운동능력이 현저하게 미숙한 경우에 진단된다. 이 장애의 증상은 나이와 발달단계에 따라 다양하게 나타나고, 유병률은 5~11세 아동의 5~6% 정도로 보고되고 있다. 이 장애를 겪는 아동의 50~70%가 10대가 되어서도 문제가 지속되고, 그 경과는 다양하지만 청소년기와 성인기까지 지속되는 경우도 있다. 청소년기와 성인기에는 개인위생, 공놀이, 쓰기, 타자 치기, 운전과 같은 작업에서 속도가 느리거나 실수를 보일 수 있다. 이 장애는 5세 이전에는 진단하지 않는다. 이 장애는 낮은 자존감, 허약체질, 신체활동 감소, 행동문제가 동반되기도 한다. 이 장애는 저체중 출산, 조산, 임신중 음주의 위험요인과 관련이 있다. 이 장애의 치료는 운동과 같은 체육교육, 뇌와 신체의 협응을 향상시키는 지각운동훈련, 일상생활과 자기관리의 적응을 돕기위한 작업치료 등이 있다.

(3) 상동증적 운동장애

상동증적 운동장애(stereotypic movement disorders)는 대개 생후 첫 3년 이내에 시작된다. 이 장애는 특정한 패턴의 행동을 아무런 목적 없이 반복적으로 지속하여 정상적인 적응에 문제를 야기한다. 상동증적 동작에는 손 흔들기, 몸을 좌우로 흔들기, 머리를 벽에 부딪치기, 손가락 깨물기, 피부 물어뜯기, 몸에 구멍 뚫기 등과 사회적, 학업적 및 다른 활동을 방해하고 자해의 원인이 되는 타박상, 좌상, 손가락 절단과 같은 움직임이 있다. 3세 이전에 이러한 증상들이 보이기 시작하면 신경발달장애 문제가 있을 가능성이 있다. 성장과 기술능력 등이 표준연령에 맞는 정상적인 발달을 보이는 아동들은 시간이 흐르면서 움직임이 사라지거나, 관심을 보이거나 하지 말라고 할 때 혹은 다른 일로 주의를 돌릴 때 잠시 멈출 수 있다. 오랜 시간 혼자 있거나 아이에게 다른 스트레스가 있을 때 행동을 유발할 위험이 증가할 수 있다. 지적장애가 있는 아동의 4~16%는 상동증적 운동장애 증상이 나타나고, 수년간 지속될 수 있다. 이 장애는 심각도에 따라 경도, 중등도, 고도로 나눈다. 경도의 경우 아이는 행동을 멈출 수 있다. 중등도의 경우 아이를 보호하고 행동을 바꿀 수 있는 대비책이 필요하다. 고도의 경우에는 큰 부상을 예방하기 위해 지속적인 관찰과 안전대비책이 필요하다. 이 장애의 치료는 원인과 증상에 따라 아이의 나이에 초점을 맞추어야 한다. 아이가 다치지 않도록 주변 환경을 안전하게 만들어야 한다. 보통 행동치료와 항우울제 및 날트렉손 같은 약물치료를 병행한다(APA, 2017).

2) 사회복지실천

(1) 사회복지실천

장애인복지관, 장애아동주간보호센터, 장애아동생활시설에서 근무하는 사회복지사들은 상동증적 운동장애를 가진 아동들의 안전을 위해 민감하게 실천하고 있다. 운동장애는 자폐 스펙트럼 장애나 지적장애와 동반하는 경우가 많으므로 사회복지실천에 관해서는 해당 장애에서 다룬 것을 참고하기 바란다.

추천 영화

〈수상한 고객들〉, 배우 임주환의 뚜렛장애 연기

제5장

조현병 스펙트럼 및 기타
정신병적 장애의 이해와 사회복지실천

　조현병 스펙트럼 및 기타 정신병적 장애(schizophrenia spectrum and other psychotic disorders)는 자신이 보거나 들은 것을 생각하고 이해하는 데 혼란이 오는 질환이다. 이 장애들은 현실을 파악하고 명료하게 생각하고 다른 사람과 의사소통하거나 관계를 맺고 정상적인 감정을 느끼는 것이 매우 어렵거나 불가능한 정신병적인 증상들을 나타낸다. 이런 증상이 발생하면 그 사람을 이해시키는 것도 어렵고 그 사람이 무슨 말을 하려는지 이해하는 것도 어렵다.

1. 조현병과 사회복지실천

1) 조현병

대한조현병학회는 2007년 정신분열병에 대한 사회적 편견과 낙인이 심각해 환자들이 제때에 치료를 받지 못하고 있다는 판단에 따라 병명 개정에 착수했다. 학계의 노력으로 조현병 명칭은 2011년말 국회를 통과해 공식적인 명칭으로 쓰이기 시작했다. 새로운 병명의 '조현'은 '현악기의 줄을 고르다'라는 뜻으로, 병으로 생긴 정신의 부조화를 치료로 조화롭게 하면 조율을 한 현악기가 좋은 소리를 내듯 정상적인 생활이 가능하다는 의미를 담고 있다.

조현병(schizophrenia)은 망상, 환각, 혼란스러운 언어와 행동, 부적절한 정서를 포함하는 광범위한 스펙트럼의 복잡한 증후군이다. 이 장애는 장애를 가진 사람과 가족들의 삶에 파괴적인 영향을 준다. 이 장애는 한 사람의 지각, 사고, 언어, 움직임, 즉 일상 기능의 모든 측면에 장애를 초래할 수 있다. 이에 조현병을 가진 사람이 사회에 적응하기 어려운 폐인이 되게 할 수도 있다. 조현병은 그 장애가 사람마다 다르게 나타나기도 하지만 다음의 다섯 가지 핵심 증상이 있다.

(1) 증상
① 망상

자신과 세상에 대한 잘못된 강한 믿음이다. 외부세계에 대한 잘못된 추론에 근거한 그릇된 신념으로서, 분명한 반증에도 불구하고 견고하게 지속되는 신념이다. 망상의 주제는 다양하며 그 내용에 따라 다음과 같이 구분된다.

• 피해망상: 가장 흔히 보이는 망상이다. 정보기관, 권력기관, 단체 또는

특정한 개인이 자신을 감시하거나 미행하며 괴롭히고 피해를 주고 있다는 믿음이다. 피해망상이 있는 경우 친구들이나 가족은 그 사람을 편집증적(다른 사람을 집요하게 의심함)이라고 표현하기도 한다.

- 과대망상: 자신이 매우 중요한 능력과 임무를 지닌 특별한 인물이라고 믿는다.
- 관계망상: 매우 흔한 망상이다. 일상적인 일들이 자신과 관련되어 있다는 믿음이다. TV나 라디오의 뉴스, 중요한 인물이나 지나가는 사람의 언급이 자신과 관련되어 있다는 믿음이며, 다른 망상과 함께 나타나는 경우가 많다.
- 애정(색정)망상: 다른 사람, 특히 유명한 사람이 자신과 사랑에 빠졌다고 믿으며 여기에 몰두한다.
- 신체망상: 자신의 신체 장기가 썩어 간다고 믿는 것처럼 자신의 건강이나 신체기능이 잘못되었다고 믿는다.
- 허무망상: 자신에게 큰 시련이 닥치거나, 불운하거나, 죽어가고 있거나, 혹은 이미 죽었다고 믿는다.

② 환각

실제로는 없는데 무언가를 보거나, 듣거나, 냄새를 맡거나, 피부나 맛으로 느끼는 감각의 이상을 말한다. 이것들은 그 사람에게는 현실로 느껴진다. 환각은 감각의 종류에 따라 다음과 같이 구분된다.

- 환청(가장 흔한 환각 경험): 아무런 외부 자극이 없는 상황에서 어떤 의미 있는 소리나 사람의 목소리를 듣는 경우를 말한다. 흔히 자신의 행동이나 생각에 대해서 간섭하는 목소리나 누군가 2명 이상이 서로 대화하는 목소리를 듣게 되는 환청을 경험한다. 목소리가 실제로 들린다고 느끼니까 대답을 하기도 하고 스스로에게 말하고 있는 것 같이 보이기도 하

고, 골똘하게 듣고 있는 모습이 관찰되기도 한다.

- 환시: 시각적 형태의 환각 경험으로 "저기 벽에 시커먼 사람이 나를 보고 있다."고 느끼는 경우와 같으며, 환청 다음으로 흔하게 나타난다.
- 환후: 후각적 환각 경험으로 "음식에서 독약 냄새가 난다."고 느끼는 경우와 같다.
- 환촉: 촉각적 환각 경험으로 "내 피부에 벌레들이 기어 다닌다."고 느끼는 경우와 같다.
- 환미: 미각적인 환각 경험으로 "독약을 섞어 밥맛이 쓰다."고 느끼는 경우와 같다.

③ 와해된 언어와 사고

이는 산만하거나 혼란스러운 생각과 언어를 표현하는 것이다. 비논리적이고 지리멸렬하게 와해된 언어는 전형적 증상 중 하나이다. 조현병 환자가 말할 때, 목표나 논리적 연결 없이 횡설수설하거나 목표를 자주 빗나가 무슨 이야기를 하고자 하는지 상대방이 이해하기 어렵다. 와해된 언어와 사고는 사고장애로 인하여 말하고자 하는 목표를 향해 사고를 논리적으로 진행시키지 못하고 초점을 잃거나 다른 생각이 침투하여 엉뚱한 방향으로 생각이 흘러가기 때문이다.

④ 와해된 행동 또는 긴장성 행동

이는 긴장하거나 안절부절못하거나 흥분해 날뛰거나 분명한 목적이 없이 손가락이나 팔을 상동화된 일정한 방식으로 반복하는 움직임을 말한다. 혼돈된 상태로 몇 시간 동안 움직이거나 말을 전혀 하지 않으며, 질문을 해도 반응이 없는 것과 같은 긴장증을 보이기도 한다. 나이에 걸맞은 목표 지향적 행동을 하지 못하고 상황에 부적절하게 나타나는 엉뚱하거나 부적응적인 행동을 말한다. 며칠씩 세수를 하지 않거나 계절이나 상황에 맞지 않는 옷을 입고 나가거나 나이 많은 사람에게 반말을 하는 행동을 보이기도 한다. 때때로 그들은 무언가를 모으고 쌓아 놓기도 한다. 조현병 환자들은 부적절할 때 웃거나 우는 부적절한 정동을 보이기도 한다.

⑤ 음성증상

이는 망상이나 환각과 같이 없어야 할 것들이 있는 것(양성증상)과는 반대로, 있어야 할 것이 없는 것을 말한다. 음성증상을 가진 가진 사람은 에너지가 거의 없고, 평소보다 훨씬 말이 줄고, 이전에 즐기던 일에 전혀 관심이 없어지고, 매일의 목표를 달성하거나 사회적 접촉을 하거나 감정을 표현하려는 의욕이 전혀 없다. 이러한 사람은 바깥 세상에 전혀 관심이 없어 보이고 의욕이 없는 것에도 전혀 괴로움이 없어 보인다. 이 점은 우울증에서의 의욕이 없는 것과 다르다. 대표적인 음성증상은 감소된 정서표현과 무의욕증이다.

- 감소된 정서표현: 외부자극에 대한 정서적 반응성이 둔화된 상태로서 얼굴, 눈맞춤, 말의 억양, 손이나 머리의 움직임을 통한 정서적 표현이 감소된 것을 말한다.
- 무의욕증: 아무런 욕망이 없는 듯 어떠한 목표지향적 행동도 하지 않고 사회적 활동에도 무관심한 채로 오랜 시간을 보내는 것을 뜻한다. 이 밖에도 말이 없어지거나 짧고 간단하며 공허한 말만을 하는 등 언어반응이 빈곤해지는 무언어증, 긍정적인 자극으로부터 쾌락을 경험하는 능력이 감소하는 무쾌락증, 다른 사회적 상호작용에 대한 관심이 없는 비사회성과 같은 음성증상을 나타낼 수 있다. 이로 인해 위생관리도 안 하여 게으른 것으로 오해받을 수 있다.

(2) 진단기준

DSM-5의 조현병 진단기준은 다음과 같다. 핵심 증상 다섯 가지 중 둘 혹

DSM-5 진단기준

A. 다음 증상 중 둘 혹은 그 이상이 1개월의 기간(성공적으로 치료가 되면 그 이하) 중 상당한 시간 동안 존재하고, 이 둘 중 최소한 하나에는 해당되어야 한다.
   a. 망상
   b. 환각
   c. 와해된 언어(예: 빈번한 탈선 또는 지리멸렬)
   d. 극도로 와해된 또는 긴장성 행동
   e. 음성증상(감퇴된 감정표현 혹은 무의욕증)
B. 장애의 발병 이래 상당한 시간 동안 일, 대인관계, 자기관리 같은 주요 영역의 한 가지 이상에서 기능수준이 발병 전 성취된 수준 이하로 현저하게 저하된다(혹은 아동기 또는 청소년기에 발병하는 경우, 기대 수준 이하의 대인관계적, 학문적, 작업적 기능을 성취하지 못함).
C. 장애의 지속적 징후가 최소 6개월 동안 계속된다.
D. 조현정동장애와 정신병적 양상을 동반한 우울장애 또는 양극성장애는 배제된다.
E. 장애가 약물의 생리적 효과나 다른 의학적 상태로 인한 것이 아니다.
F. 자폐 스펙트럼 장애나 아동기 발생 유창성장애의 병력이 있는 경우 조현병의 추가 진단은 조현병의 다른 필요증상에 더하여 뚜렷한 망상이나 환각이 최소 1개월 동안 있을 때에만 내려진다.

은 그 이상이 1개월의 기간 중 상당한 시간 동안 존재하고, 이 둘 중 하나는 반드시 망상, 환각, 와해된 언어가 해당되어야 한다. 이러한 장애로 상당한 기간 동안 일, 대인관계 혹은 자기관리 같은 주요 영역의 기능수준이 현저하게 저하되고 이런 징후가 6개월 이상 계속될 때 조현병으로 진단한다.

조현병의 평생 유병률은 종족과 국가에 따라 차이가 있지만 약 0.3~0.7%로 알려져 있다. 우리나라의 경우는 최근의 역학조사에 따르면, 평생 유병률이 0.2%로 보고되었다. 성별에 따른 유병률은 표집대상에 따라 다르다. 우리나라의 경우는 남자와 여자 모두 평생 유병률이 0.2%로 동일한 것으로 나타났다. 조현병은 흔히 10대 후반에서 30대 중반에 발병하며 청소년기 이전에 발병하는 경우는 드물다. 남자가 여자보다 빨리 발병하는 경향이 있으며 남자는 15~24세, 여자는 25~34세에 발병하는 경우가 많다. 대개 남성에게서 첫 정신병적 삽화(망상 또는 환각)가 20대 초반이나 중반에 나타난다. 여성은 첫 삽화가 20대 후반에 나타난다(APA, 2017). 사회적 계층이 낮은 가정에서 발병률이 높으며, 문화적 차이에 따른 발병률의 차이는 거의 없는 것으로 보고되고 있다.

조현병은 갑자기 시작될 수도 있고, 천천히 시작할 수도 있지만 대부분 오랜 시간에 걸쳐 점진적으로 발병한다. 조현병이 발병하는 사람들의 85%는 심각한 증상(첫 삽화)이 나타나기 전에 1~2년 동안 전구기를 경험한다. 이 시기에는 덜하지만 이상행동이 나타나는데, 중요하지 않은 사건을 자신과 직접 관련지어 생각하는 관계사고(idea of reference), 신통력이나 텔레파시 같은 특별한 능력을 가졌다는 마술적 사고(magical thinking), 혼자 있을 때 누군가 함께 있다고 느끼는 것과 같은 착각(illusion), 고립, 자발성이나 흥미 부족 등이다. 전구기 이전에 병전 단계인 아동, 청소년기에 경미한 운동협응 이상이나 인지적, 사회적 문제들을 보이는 특성이 있으나 전형적인 것은 아니다. 전구기에 보이는 이상행동에 관심을 주목하여 치료적 도움을 조기에 받으면 좋겠지만, 대부분은 조현병이 발병하고 나서 치료를 받기 시작하며 치료받기까지 시간이 더 걸리기도 한다. 치료를 받으면 대부분 호전되지만 재발과 회복

단계			
병전 단계	전구기	발병/퇴화	만성/잔여기
경미한 운동 인지적, 사회적 손상	정신병 유사행동	양성, 음성, 인지적 기분 증상	양성, 음성, 인지적 증상
0~10	10~20	20~30	30~50

정상 ↑ ↓ 심함

[그림 5-1] 조현병의 자연적 경과

출처: Durand & Barlow (2017). p. 504.

을 반복하는 경우도 많아 만성/잔여기로 진행될 수 있다([그림 5-1] 참조). 재발률은 조현병의 경과에서 매우 중요하며, 재발할 때마다 만성화될 가능성이 높아진다. 한 번의 조현병 삽화가 있다가 치료 후 남는 손상이 없이 회복되는 경우는 약 22%이고, 78%는 재발 시마다 손상의 정도가 달라진다. 그러므로 조현병은 관리가 매우 중요하며 재발되지 않도록 주의를 요한다. 주의를 해도 재발과 회복을 반복하는 긴 기간 동안 회복과정을 필요로 하는 경우도 있다(Durand & Barlow, 2017).

조현병을 가진 사람들은 알코올이나 다른 약물을 남용할 위험이 크다. 이들 중 절반 이상이 상습 흡연자이다. 알코올 등 약물을 남용하는 것은 조현병 증상을 가라앉히려는 시도라고 한다. 하지만 이런 행동은 오히려 병을 악화시키고, 약물치료효과를 저해하여 치료를 더 어렵게 한다. 조현병 환자에게서 강박장애와 공황장애의 발병률도 높으며, 자살위험도 크다. 자살하라는 환청이 들리기도 하고, 알코올 등 약물사용과 우울증상이 자살위험을 증가시킨다. 이 장애를 가진 사람의 5~6%가 자살을 하고, 20% 정도에서 한 차례 이상 자살시도를 한 경험이 있다.

조현병은 평생 약물치료를 받아야 할 수도 있지만, 대부분 치료를 통해 증상이 완화된다. 정신병적 증상은 나이가 들면서 줄어들기도 한다. 조현병을 가진 사람 중 약 20%는 좋은 경과를 보이고 소수에서는 완전히 회복된다. 대부분은 평생에 걸쳐 도움을 필요로 하고, 일상생활에서 어느 정도 수준의 지원이 필요하다(APA, 2015).

(3) 조현병의 원인

조현병의 원인은 아직 충분히 알려져 있지 않다. 왜냐하면 조현병의 진단기준이 동질적 집단을 구성하지 못하고, 이 장애에 대한 연구가 비일관적이고 복잡하기 때문이다. 최근 연구들은 조현병이 생물학적 요인과 더 밀접하게 연관되어 있다고 조명하고 있지만, 복합적인 요인들이 함께 작용한다는 관점이 일반적이다. 이에 다양한 관점을 살펴보며 통합적 관점으로서 취약성-스트레스 모델을 제시하였다.

① 생물학적 관점

생물학적 입장에서는 조현병을 뇌의 장애로 간주한다. 조현병은 유전적 요인의 강력한 영향을 받으며 연구 결과 조현병 환자의 부모나 형제자매는 일반인의 10배, 환자의 자녀는 일반인의 15배까지 조현병에 걸리는 비율이 높다고 한다. 또한, 조현병은 뇌의 구조적 이상과 관련이 있다는 주장이 있다. 조현병 환자의 뇌실의 크기가 일반인보다 크고, 전두엽, 변연계, 기저신경절, 시상, 뇌간, 소뇌에서 이상을 나타낸다는 보고들이 있다. 하지만 이러한 결과들이 일관성 있게 재확인되고 있지는 않다. 또한, 뇌의 기능적 이상이 조현병과 관련된다는 주장과 뇌반구의 비대칭성을 보이며 좌반구에서 과도한 활동이 나타난다는 주장도 있다. 전두엽과 기저핵을 비롯한 뇌의 여러 영역의 이상과 더불어 전두엽 피질의 신진대사 저하와 관련된 것으로 알려져 있다. 이러한 주장들을 토대로 조현병에 영향을 미치는 뇌의 신경전달물질에 대해 밝히려는 연구들이 진행되었고, 가장 밀접한 관련을 지닌 신경전달물질은 도파민과 세로토닌이라고 한다. 이 두 가지 신경전달 물질이 과다하면 조현병 증상이 나타난다는 가설이 입증되었다고 한다. 이 화학 물질들의 균형을 이루도록 하는 약물인 클로자핀이 조현병 치료에 효과적이라는 것도 이를 뒷받침한다고 본다(APA, 2017).

② 심리학적 관점

정신분석적 입장에서 조현병의 심리적 원인에 대해 다양한 주장이 제기된다. 프로이트는 조현병이 오이디푸스 단계 이전의 심리적 갈등과 결손에 의해 나타나는 장애로 보았다. 조현병은 신경증과 마찬가지로 갈등과 방어에 의해 형성되는데, 신경증과의 차이는 양적인 것으로 조현병에서의 갈등이 훨씬 더 강력하고 적용되는 방어기제도 부정, 투사와 같이 원시적인 방어기제가 사용된다. 이에 조현병 환자의 자아기능이 발달적으로 초기단계로 퇴행한다는 갈등모델을 제시했다. 그러나 이후 프로이트는 건강염려증적 집착으로 시작해서 강직증과 조현병적 증상을 나타냈던 슈레버(Schreber) 사례를 설명하면서 결손모델을 제시하였다. 프로이트는 이러한 갈등모델과 결손모델 사이를 오갔으나 이 두 모델의 통합을 실현하지는 못했다. 페데른(Federn)은 조현병이 자아경계(ego boundary)의 붕괴에 기인한 것으로 보았다. 즉, 모든 사람은 자아경계를 가지고 있는데, 외부적 자아경계는 세계와 자아의 분리, 내부적 자아경계는 의식경험과 무의식경험을 구분한다. 조현병은 외부적 자아경계가 손상되어 외부 현실과 심리적 현실을 구분하지 못하는 환각과 망상 등의 증상이 나타나고, 내부적 자아경계가 약화되어 초기의 미숙한 자아상태가 다시 출현하게 되는 것이라고 주장했다(Durand & Barlow, 2017).

인지적 입장에서는 조현병을 기본적으로 주의(attention)장애로 인한 사고장애로 본다. 주의 기능의 손상으로 인해 부적절한 정보가 억제되지 못하고 의식에 밀려들어 정보의 홍수를 이루게 되어 심한 심리적 혼란을 경험하고 와해된 언행을 나타내는 것이라고 설명한다(권석만, 2013).

③ 사회학적 관점

조현병의 유발과 관련된 환경적 요인으로 가족관계가 주목을 받아 왔다. 특히 부모의 양육태도, 가족간 의사소통, 부모와 자녀의 의사소통 방식, 부모의 부부관계 등이 조현병의 발병과 경과에 중요한 영향을 미친다는 입장이다. 베이트슨(Bateson)과 그의 동료들은 부모의 상반된 의사전달이 조현병의 유발에 영향을 미친다는 이중구속이론을 주장하였다. 조현병 환자의 가족은 비판적이고 분노감정을 과도하게 표현할 뿐 아니라 환자에 대한 과도한 간섭을 나타내는 특성이 있는데, 이를 표현된 정서(expressed emotion) 개념으로 설명하였다(Brown, 2004). 마지막으로, 부모의 부부관계가 조현병의 발병에 영향을 준다는 입장이 있다. 하나는 수동적인 배우자가 정신적으로 건강하지 못한 배우자에게 가족에 대한 통제권을 양보한 채 자녀에게 집착하는 유형인 편향된 부부관계(marital skew)이다. 다른 하나는 부부가 만성적인 갈등상태에서 서로의 요구를 무시하고 자녀를 자기 편으로 만들기 위해 자녀를 사이에 두고 치열하게 경쟁하는 분열된 부부관계(marital schism)이다. 하지만 가족환경이 가족 내부의 요인에 의해서만 영향을 받는 것이 아니고, 가족을 둘러싼 환경의 압력이나 가족 유지에 필요한 자원의 결핍 등 가족생태학적 관점을 무시했다는 비판도 있다(김정진, 2020). 가족은 하나의 체계로서 상위체계와 상호교류하면서 그 영향이 내부적 관계와 가족기능에도 영향을 주기 때문에 가족의 스트레스와 이에 대처하는 과정에서 취약한 가족원에게 조현병이 나타날 수 있다는 것이다.

④ 통합적 관점(취약성-스트레스 모델)

취약성-스트레스 모델은 조현병에 영향을 미치는 여러 가지 요인을 통합적으로 설명한다. 조현병에 대한 취약성의 정도는 개인마다 다르며, 이는 유전적 요인과 출생 전후의 신체적, 심리적 요인에 의해 결정된다. 이러한 취약성을 지닌 사람에게 스트레스 사건이 발생하여 그 적응부담이 일정한 수준을 넘게 되면 조현병이 발병한다는 것이다. 이 모델은 조현병의 원인으로 제시된 다양한 요인을 통합하여 조현병의 유발과 경과를 설명하고 있을 뿐만 이니라 조현병의 치료와 예방을 위한 시사점을 던져 주고 있다. 조현병에 대한 생물학적, 심리적 취약성이 높은 사람들의 스트레스에 대한 대처능력을 향상시킴으로써 이 장애의 예방 혹은 재발방지를 할 수 있는 모델을 제시하여 최근 설명력이 가장 높은 모델로 여겨진다.

2) 치료와 사회복지실천

(1) 치료

조현병은 복합적인 증후군이고 인격기능의 광범위한 손상이 생기는 질환이므로 치료적인 접근도 통합적, 포괄적으로 이루어져야 한다. 현실검증력에 손상이 있고 현저한 부적응 증세로 자신과 타인을 해칠 위험이 높을 때에는 입원치료가 권고된다. 양성증상의 완화를 위해서는 항정신병약물이 흔하게 처방된다. 항정신병약물은 도파민 억제제로서 양성증상의 개선에 도움이 되지만, 근육이 긴장되어 행동이 어색하고 부자연스러운 근긴장곤란증과 잠시도 가만히 있지 못하는 좌불안석증, 이상한 자세, 손떨림, 무표정, 침흘림, 안절부절못함, 입맛 다시기, 혀의 지속적 움직임 등의 부작용이 나타나 약물 복용에 어려움이 있다. 의사는 지속적인 관찰을 하며 부작용을 개선하는 약과 함께 치료약을 처방한다(APA, 2017).

약물치료와 병행하여 조현병 환자들의 적응 행동을 증가시키고 부적응 행동을 감소시키기 위해서 다양한 행동치료 기법이 활용되고 있다. 일상적 적응기능에 손상을 나타내는 만성 조현병 환자에게 강화스케줄을 계획하여 일상생활 적응 기술을 학습하게 할 수 있다. 조현병 환자의 부적응적인 사고 내용을 변화시키고 인지적 적응능력을 향상시키기 위해 다양한 인지행동 치료 기법이 시행되고 있다. 한 예로 마이켄바움(Meichenbaum)이 개발한 자기지시훈련이 있다. 이는 조현병 환자들이 일상 상황에서 무기력하고 부정적인 자기대화를 하는 문제를 해결하기 위해 환자들이 자기 자신에게 '건강한 자기대화'를 하도록 교육하고, 행동과제를 통해 적용하게 하는 것이다. 또한 환청에 '귀 기울이지 않는 법'과 증상을 관리하는 기술을 교육하고 적용하도록 훈련하는 것도 효과적이다. 조현병 환자들의 사회적 적응을 어렵게하는 사회기술 부족을 보완하기 위해 다양한 사회적 상황에 대처하는 기술을 가르치고 이러한 상황에서 발생하는 불안을 극복하도록 도움으로써 타인과의 상호작용을 증진시키는 사회기술훈련이 효과적이다.

집단치료도 도움이 된다. 집단치료를 통해 동료로부터 지지를 받는 동시에 사회적 상호작용의 기술을 익힐 수 있다. 입원한 환자들을 위한 집단심리치료나 집단예술요법 등을 통해 적응기능의 향상을 꾀한다. 급성환자보다 만성환자에게 더 좋은 치료효과가 있다고 한다.

가족치료와 가족교육을 결합한 심리교육적 가족치료도 도움이 된다. 조현병 환자의 사회재적응에 가장 중요한 자원이 가족이다. 심리교육적 가족치료를 통해 환자와 가족에게 효과적인 의사소통이나 건강한 감정표현 방식을 교육한다. 상호 효과적인 대응방식을 습득하고 지나친 표현된 정서를 사용하지 않도록 가족의 변화를 함께 추구할 때 재발방지 효과가 크다(권진숙 외, 2017).

지역사회 치료와 지원이 필요하다. 지역사회 안에서 보호하고 치료하며 적응하도록 돕는 지역사회 치료가 있어야 재발을 억제할 수 있고, 가족의 보호부담을 덜어 줄 수 있어서 가족관계 회복에도 도움이 된다. 조현병 환자는 입원치료를 통해 증상이 호전되면 바로 가정과 사회로 복귀하기보다는 과도기적인 적응기간을 갖고 당사자도 가족도 재통합의 준비를 하는 것이 도움이 될 수 있다. 중간집(halfway house)이라고 하는 과도기적 주거형 사회복귀시설을 이용할 수 있다. 하지만 갈등적인 가족과 함께 생활하면 재발 위험이 더 상승하므로 회복된 환자들이 공동생활가정에서 자립을 준비하거나 장기간 함께 생활하는 유형의 그룹 홈도 필요하다.

(2) 사회복지실천

조현병은 정신건강사회복지사의 주요 서비스 대상 질환이다. 정신건강사회복지사는 조현병 환자의 서비스 요구에 부응하기 위한 다양한 지역사회지지체계 안에서 일하고 있다. 지역사회정신건강복지센터에서는 조기 정신증 발견(지역주민 대상 정신건강인식 및 조기정신증 교육)과 예방(청년 1인가구 정서지원), 치료연계(청년 외래치료비 지원), 조현병의 입원치료연계, 퇴원 후 지역사회 적응을 위한 정신사회재활프로그램 운영 및 사례관리, 가족교육 및 자조모임 지원을 하고 있다. 지역에서 방치되거나 치료를 거부하는 조현병을 가지고 살아가는 사람들의 위기 및 응급상황에 대한 의뢰를 받고, 치료연계 및 지역사회기관들과 협력적인 지원을 하고 있다. 지역의 사회복귀시설이나 공동생활가정에서는 조현병을 가진 사람들의 재활과 회복을 위해 주거지원, 교육 및 사회복귀, 직업재활, 자조모임 지원 등을 하고 있다. 정신병원에서는 입원기간 중 심리사회적 조사와 사회기술훈련이나 예술요법, 상담 등 집단요법, 가족교육, 퇴원준비 및 지역사회기관 연계 등을 하고 있다.

정신건강사회복지사의 역할 외에 지역복지영역의 사회복지사의 역할도 중요하다. 종합사회복지관에서는 지역주민 중에 조현병을 가진 주민과 가족들이 있으며, 상당수가 기초생활수급자로서 사례관리를 요하는 경우가 많다. 사례관리를 담당하면서 이들의 요구에 부응하면서, 치료중단 등으로 문제행동이 발생하거나 이웃과 마찰이 생길 때 개입을 요구받는다. 하지만 서비스에 순응하기도 하지만 거부하는 경우도 많아 곤란을 겪는 일이 많다. 사회복지사는 개입을 거부하는 조현병을 가진 사람과 관계형성을 하고, 증상행동에 대한 이해를 가지고, 지역의 정신건강 자원과 연계하여 협력적인 접근을 하는 역량이 요구된다. 2019년 조현병 및 정신병적 장애를 가진 사람들의 복합적인 욕구와 포용적인 복지를 위해 지역사회통합돌봄계획이 수립되었고, 화성시에서 시범사업을 하고 있다. 통합돌봄체계 안에 종합사회복지관 등 지역복지기관도 주요 자원체계이다. 조현병과 같은 주요 정신장애로 고통받는 당사자나 가족이 환자로서뿐만 아니라 지역주민으로서 수용되고, 함께 생활해 나갈 수 있도록 하려면 1차적으로 지역주민과 함께하는 사회복지사의 역할이 매우 중요하다. 요즈음 종합사회복지관의 정신건강증진이나 자살예방 사업에 대한 참여가 높은데, 만성적인 정신장애를 가진 지역주민을 위한 프로그램이나 사례관리도 강화될 것으로 기대한다.

부모 세대가 사망한 후 형제와는 단절되고 혼자 사는 40대 후반 남성이 있다. 그는 과거 30대 초반에 운동선수였다. 국제 운동경기 중 편파 판정을 받아 극심한 스트레스를 경험한 후 환청이 들려 조현병을 진단받고 치료를 받았다. 이후 운동을 그만두고 공공기관 청원경찰로 근무하였다. 친구 연대보증을 했다가 부모에게 받은 재산도 날리고, 부모 모두 사망한 후 A시로 내려와 혼자 살고 있다. 기초생활수급자로 LH임대아파트에 거주하며 생계비와 의료비 지원을 받고 있다. 지역 통장의 의뢰로 복지관에서 사례관리를 받고 있으며, 밑반찬 지원을 받아 왔다. 최근 임대료 체납과 관리비 체납으로 퇴거 위기에 놓이게 되었다. 주거문제에 대한 도움을 요청하여 관련 기관과 협의하면서 가정방문을 가니, 전과 달리 방 앞에 짐을 쌓아 두어 문을 열기 어려웠다. 누군가 침입한 흔적이 있어 못 들어오게 하려고 했다고 한다. 집은 정리가 안 되어 있고 위생관리 상태가 좋지 않다. 현재 살고 있는 임대아파트에서 계속 주거하기를 원하지만, 집주인의 계약연장 거부로 다른 주거형태로의 이전이 불가피한 상황 생활비 부족으로 식사도 부실한데 밑반찬서비스도 안 받겠다는 등 거부적인 태도를 보였다. 복지관에 의뢰해 준 통장이 최근 이동이 불편한 상황이라 도움을 주지 못하고 있고, 유일하게 교류가 있는 곳은 동네 교회이다. 주 2회 정도 운동 겸 교회에 방문하며 청소도 하고 식사도 하고 온다. 가까운 공원에서 산책은 하고 있다. 운동을 그만둔 후 다리통증과 혈관장애가 있어 치료를 받고 있다.

　　이 사례는 주 2회 교회방문과 자원봉사, 식사해결, 근처 공원산책을 꾸준히 하고, 통장의 도움을 받아들이고 복지관을 이용하는 등 지역사회 적응을 비교적 잘하고 있는 경우이다. 다리통증과 혈관장애 치료를 정기적으로 잘 관리하고 있으나 정신과 치료는 중단한 것으로 보인다. 이에 극심한 주거스트레스를 겪으면서 재발한 것으로 보인다. 장애수당, 생계비, 주거급여를 합치면 매월 49만 원 정도를 지급받고 있으나, 생활비도 부족하여 임대료가 밀리게 된 상황이고 집주인과 갈등 상태에 있다. 이와 같은 복합적인 요구를 가진 조현병 클라이언트의 지역사회 생존과 적응을 지원하기 위해서는 클라이언트가 신뢰하는 이웃인 통장, 종교기관의 지지를 기반으로 클라이언트와 신뢰관계를 재구축하고, 정신건강복지센터를 통한 치료연계, LH주거복지팀 및 임대인과의 중재와 옹호, 긴급지원 신청, 생계비 부족을 보완할 후원자 개발 등 통합적이고 포괄적인 접근이 필요하다.

추천 영화

〈뷰티풀 마인드〉, 2002년 러셀 크로우 주연의 영화

〈괜찮아, 사랑이야〉, 2014년 조인성 주연의 드라마

추천 영상

조현병 환청 체험(https://www.youtube.com/watch?v=YvGs9 CnQzYM)

2. 다른 정신병적 장애와 사회복지실천

1) 다른 정신병적 장애

(1) 조현정동장애

조현정동장애(schizoaffective disorders)는 조현병의 증상과 함께 기분삽화 (주요우울 또는 조증 삽화)가 일정한 기간 동안 지속적으로 나타나는 경우를 말한다. 조현정동장애는 조현병과 같이 망상과 환각 증상으로 시작할 수 있으며, 기분의 장애를 동반하다. 이 장애의 진단기준에는 기분삽화가 없는 상태에서 망상이나 환각이 적어도 2주 이상 나타나야 한다. 조형정동장애의 평생 유병률은 0.3%이고, 남성보다 여성에게 더 흔하게 발생한다. 조현정동장애를 가진 사람들의 약 5%가 자살위험이 있다. 이 위험은 우울증을 동반한 조현정동장애에서 더 높다. 이 장애를 가진 많은 사람이 물질사용장애나 불안장애를 함께 진단받는다.

이 장애의 원인은 조현병과 마찬가지로 복합적이며 유전인자의 요인이 큰데, 부모나 형제 중 조현병, 양극성장애, 조현정동장애를 가진 사람이 있을 때 조현정동장애의 발병 위험이 더 높은 것으로 보고되었다. 치료는 조현병의 치료와 매우 유사하다.

(2) 조현양상장애

조현양상장애(schizophreniform disorders)는 조현병과 동일한 임상적 증상을 나타내지만 장애의 지속 기간이 1개월 이상 6개월 이하인 경우를 말한다. 조현병 증상이 나타나서 6개월 안에 회복된 경우는 조현양상장애로 구분한다. 하지만 조현병 증상이 6개월 이상 지속되면 진단이 조현병으로 바뀐다. 어떤 사람들은 조현병 증상을 단지 몇 개월만 경험한다. 그들은 대개 정상적인 삶으로 돌아갈 수 있다. 이는 성공적인 치료 결과일 수도 있지만, 종종 알 수 없는 이유로 증상이 사라지기도 한다. 이 장애의 평생 유병률은 0.2%이다.

(3) 단기 정신병적 장애

단기 정신병적 장애(brief psychotic disorders)는 조현병의 주요 증상(망상, 환각, 혼란스러운 언어, 전반적으로 혼란스럽거나 긴장증적 행동) 중 한 가지 이상이 하루 이상 1개월 이내로 짧게 나타나며 병전 상태로 완전히 회복되는 경우를 말한다. 단기 정신병적 장애는 기존에 가지고 있는 성격장애, 특히 연극성, 자기애성, 편집성, 분열형 및 경계선 성격장애가 있을 때 잘 발생하는 것으로 알려져 있다. 심한 스트레스에 의해 급격히 발병하는 경우가 많다.

(4) 조현형 성격장애와 약화된 정신병 증후군

조현형 성격장애(schizotypal personality disorders)는 친밀한 인간관계를 불편해하고 인지적 또는 지각적 왜곡과 더불어 기괴한 행동을 나타내는 성격장애이다. 약화된 정신병 증후군은 정신증과 유사한 증상을 나타내지만 정신증 심각도가 덜하고 지속기간이 짧은 경우이며, 이것이 이상한 경험이라는 것을 인식하는 사람을 대상으로 한다.

약화된 정신병 증후군(attenuated psychosis syndrom)은 조현병이 발병하기 전(전구기)에 약하게 나타나는 정신병적 증상들로 여겨지는 장애이며, 조기 정신증 또는 정신병 고위험군이라고도 한다. 정신병 고위험군은 몇 년 정도의 기간에 걸쳐 대인관계의 어려움, 자신이 달라져 있다는 느낌, 의심, 우울감과 불안, 불면, 집중력의 저하 등 일반적이고 미묘한 증상을 경험하며 점차 일상생활에서 어려움을 겪는 청소년과 젊은 성인들이다. 이들 중 약 30% 정도가 2~3년 안에 정신질환이 발병한다고 알려져 있다. 정신병 고위험군의 발견과 조기치료는 조현병 등 심각한 정신병의 발병과 후유증을 미연에 방지할 수 있는 가장 효과적인 방법이다. 질환 발생 전의 적절한 진료는 발병 위험을 줄이고 조기 예방이 가능해 중요한 공중 보건 문제로 인식돼 왔다. 하지만 초기 증상과 시간이 지남에 따라 환자들의 양상이 상당히 달라 연구가 더 필요하다. 이에 DSM-5에서는 좀 더 연구해야 하는 새 정신병적 장애로 정신병 고위험군인 약화된 정신병을 포함하였다(Durand & Barlow, 2017).

(5) 망상장애

망상장애(Delusional Disorders)는 한 가지 이상의 망상을 최소 1개월 이상 지속적으로 나타내지만 조현병의 진단기준에는 해당되지 않는 경우를 말한다. 망상장애를 나타내는 사람들은 망상과 관련된 생활영역 외에는 기능적인 손상이 없으며 와해된 언어나 와해된 행동을 나타내지 않는다. 망상장애의 평생 유병률은 0.3%로 추정되며 입원환자의 1~2%에 해당한다. 발병은 주로 성인기 중기나 후기에 시작되는 경향이 있으며 피해형이 가장 많다. 경과는 매우 다양하며 피해형은 만성화되는 경우가 많다. 망상장애는 망상의 내용에 따라 다음과 같은 하위유형으로 구분된다.

- 애정형(erotomanic type): 어떤 사람, 특히 신분이 높은 사람(유명한 연예인, 운동선수, 직장상사 등)이 자신과 사랑에 빠졌다고 믿는 망상
- 과대형(grandiose type): 자신이 위대한 재능이나 통찰력을 지녔거나 중요한 발견을 했다는 과대망상(신의 계시, 유명인사와의 특별한 관계 등)
- 질투형(jealous type): 배우자나 연인이 부정을 저질렀다는 망상(의처증,

의부증)

- 피해형(persecutory type): 자신 또는 자신과 가까운 사람이 피해를 받고 있다는 망상을 나타내며, 자신이 모함을 받아 감시나 미행을 당하고 있다거나 음식에 독이 들어 있다고 생각한다. 이러한 망상을 지닌 사람은 공격적 행동을 나타낼 수 있다.
- 신체형(somatic type): 자신에게 어떤 신체적 결함이 있거나 자신이 질병에 걸렸다는 망상을 지니는 경우이다. 신체형 망상은 그 확고한 믿음에 있어서 건강염려증이나 신체변형장애와는 구분된다.

정신분석적 입장에서는 망상을 혼란스러운 감정의 결과라고 본다. 프로이트는 망상을 억압된 동성애적 충동에 기인하는 것으로 보았다. 무의식적으로 동성애적 충동을 지닌 남자는 억압하는 대신 역전(reversal)의 방어기제를 통해 "나는 그를 사랑하지 않는다."로 전환하고 나아가서 "나는 그를 미워한다."로 발전하며 이 명제는 투사(projection)를 통해 "그는 나를 미워한다."는 피해의식적 망상으로 발전한다는 주장이다. 인지적 입장에서는 망상을 논리적 추론의 결함, 비정상적인 경험의 의미추론, 정보처리의 편향 등의 관점에서 설명하려고 한다. 망상은 인지적 결함에 기인하며 경험적 자료에 대한 논리적 추론의 오류에 의해 발생한다는 주장이 제기되었다. 망상장애를 가진 사람들은 환각이나 착각에 의한 비정상적인 지각 경험을 하게 되고, 이러한 당혹스러운 경험에 대한 강한 의문을 지니며 나름대로 설명하고자 하는 과정에서 망상이 형성된다는 주장도 있다. 즉, 누가 나에게 이런 경험을 하게 했는지에 대한 의문을 지니게 되는데, 자신에게 이런 비정상적인 경험을 하게 하기 위해서는 충분한 힘과 권력을 가지고 있어야 하므로 CIA, 정보기관, 종교단체, 하나님, 악마와 같은 존재를 그러한 대상으로 상정하게 된다. 또한 왜 하필 자신이 이러한 비정상적인 경험을 하게 되는가에 대한 의문에 대해서 자신이 대단한 존재이거나 또는 대단한 잘못을 저질렀기 때문이라고 해석함으로써 과대망상이나 피해망상에 빠져들게 된다는 것이다. 또한 망상을 지닌 사람들은 자신의 망상을 입증하는 정보에는 선택적인 주의를 기울이고 주목하며, 망상과 반대되는 증거는 선택적인 부주의를 통해 무시함으로써 자신의 망상을 지속하고 강화한다는 인지적 입장도 있다(APA, 2017).

2) 치료와 사회복지실천

(1) 치료

망상은 환자의 현실적 생활과 밀접하게 연결되어 있어서 지속되는 경향이 강하다. 따라서 망상장애 환자의 치료를 위해서는 신뢰 기반 치료관계를 형성하는 것이 가장 중요하다. 이러한 관계가 형성된 후에 약물치료나 심리치료를 하는 것이 바람직하다. 특히 치료 초기에는 환자의 망상에 동의하지도 부정하지도 않는 중립적인 입장을 취하는 것이 중요하다. 치료자는 망상을 치료해야 한다고 설득하기보다 환자가 지니는 불안과 과민성을 도와줌으로써 치료동기를 자극하는 것이 바람직하다. 망상 자체보다는 수반되는 불안이나 우울을 주된 치료대상으로 삼는 것이 바람직하다. 통찰치료나 집단치료보다는 개별 지지적 치료나 문제지향적 치료가 보다 효과적인 것으로 알려져 있다(권석만, 2013).

(2) 사회복지실천

조현정동장애는 조현병이나 양극성장애, 주요우울장애와 함께 장애인복지의 대상으로, 정신장애인 등록이 가능하다. 장애의 특성상 조현병과 양극성장애 사이에서 진단명이 바뀌는 경우도 있다고 한다. 이에 사회복지실천에 대한 제안은 조현병을 함께 참고하면 될 것이다.

기타 정신병적 장애 중 약화된 정신병 증후군에 대해 지역에서 실천하는 사회복지사의 관심을 요한다. 이 약화된 정신병 증후군은 정신병의 고위험군으로 보며 대개 10대 후반에서 20대 초반에 증상이 나타나는데, 이때 조기치료를 하면 조현병과 같은 정신병적 장애를 예방할 수 있다고 DSM-5에서 강조한다. 이에 보건복지부에서는 2019년부터 통합정신건강증진사업의 하나로서 청년정신건강증진사업으로 조기정신증 발견과 치료비지원사업을 하고 있다. 이 청년마인드케어사업(경기도 사업명)은 정신건강의학과에서 F20~29(조현병, 분열형 및 망상성 장애) 또는 F30~39[기분(정동)장애]로 5년 이내에 최초로 진단받은 청년을 대상으로 한다. 정신건강의학과 외래치료비 일부 본인부담금 중 진료비, 약제비, 검사비(비급여 포함), 제증명료를 1인당 최대 36만 원까지 지원한다. 이 서비스는 지역의 정신건강복지센터에서 담당하고 있다. 이에 종합사회복지관, 아동청소년복지사업, 학교사회복지시사업 등에서 일하는 사회복지사들은 지역의 정신건강복지센터와 협력하여 조기발견과 치료연계의 역할을 할 수 있다.

망상장애 중에서는 배우자나 파트너의 부정을 확신하는 질투망상에 관심을 가질 필요가 있다. 이는 심각한 부부폭력이나 데이트폭력의 원인이 되고, 피해자의 삶의 질을 심각하게 악화할 뿐 아니라 사망에 이르게 하기도 한다. 이러한 폭력문제를 지역에서 발견하거나 의뢰받는다면 경찰의 응급개입 요청과 함께 여성긴급전화 1336과 연계하여 피해자가 안전하게 도움받을 수 있도록 지원하는 역할이 요구된다. 망상장애를 가진 사람들은 치료 거부가 높고, 치료하더라도 예후가 좋지는 않아 장기적인 심리치료가 필요하다. 망상 외의 다른 기능에는 손상이 거의 없으므로 강점관점에서 건강한 기능이 주로 작동하도록 격려하는 심리사회적 지원이 필요하다.

제**6**장
양극성 및 관련 장애의 이해와
사회복지실천

　양극성장애는 한 사람의 기분, 에너지, 기능에 두드러진 변화를 일으키는 뇌질환이다. 이 장애를 가진 사람들은 기분삽화라고 하는 극단적이고 강렬한 감정상태를 특정 기간 갖게 된다. 이는 일상생활에서 경험하는 정상적인 기분의 변화와는 다르다. 양극성장애의 증상들은 대인관계에 어려움을 초래하고 작업이나 학업에 문제를 일으키며 자살에까지 이를 수 있다. 걷잡을 수 없는 감정이나 극단적인 기분상태와 행동에 압도당한다고 느낀다. 정상적인 기분상태인 기간도 있지만 치료를 받지 않으면 기분삽화를 지속적으로 갖는다. 양극성장애는 상태에 따라 I형 양극성장애, II형 양극성장애, 순환성장애로 나눈다. 이 장애들은 여러 동일한 증상을 공유하지만 증상의 심각도와 정도가 각기 다르다(APA, 2017; Durand & Barlow, 2017).

1. I형 양극성장애

I형 양극성장애(bipolar I disorder)는 극적이고 격정적인 기분변화를 가져온다. 정상적인 기분상태 사이에 마치 세상의 최고가 된 것 같은 심하게 기분이 좋은 상태에서 순식간에 짜증이 나거나 화가 나는 기분, 슬프고 절망적인 기분에 이르기까지 크게 변한다. 이렇게 기분이 고조되고 들뜨고 과대적이고 또는 과민하고 흥분하기 쉬운 기간을 조증삽화라고 한다. 이 기간 동안 비정상적으로 기분이 상승되면 때로는 개인의 정상적인 인생계획과 목표를 심각하게 훼손할 수 있다. 조증상태는 그 사람의 사고를 지나치게 긍정적으로 만들어 판단력이 흐려져 금전적인 면이나 경력 및 대인관계에 있어서 부정적 결과를 초래할 수 있다. 조증은 때때로 일상생활에 중대하고 심각한 문제를 초래하기 때문에 입원을 해야 할 수도 있는데, 입원을 하지 않는다 하더라도 개인의 삶에 큰 변동을 야기할 수 있다. 이와는 반대로 기분이 저하되는 기간을 주요우울삽화라고 한다. DSM-5에서는 〈표 6-1〉과 같이 주요우울삽화와 조증삽화의 진단기준을 제시한다.

I형 양극성장애는 한 번 또는 그 이상 조증삽화를 경험하는 것을 말한다. I형 양극성장애로 진단할 때, 반드시 우울증삽화가 있어야 하는 것은 아니지만, 대부분의 I형 양극성장애 환자는 조증삽화와 우울삽화 모두를 경험한다. 즉, I형 양극성장애 환자의 대부분은 우울삽화와 조증삽화를 모두 경험하며, 소수의 환자가 조증삽화만을 경험할 수도 있다. 조증삽화는 경조증삽화나 주요우울삽화 전이나 후에 나타날 수 있다. 과거에는 조울증이라고 불렸다. 이 장애를 가진 사람들은 심한 기분의 변화로 일상생활은 물론 직장이나 학업 유지에 큰 문제를 일으킨다. 한번 조증삽화를 경험한 사람 중 90% 이상이 여러 번의 삽화를 겪게 된다. 때로는 주요우울삽화 직후에 조증삽화가 나타나고, 역으로 나타날 수도 있다. 1년 동안 네 번 이상 주요우울삽화, 조증

| 표 6-1 | 주요우울삽화와 조증삽화의 진단기준 |

주요우울삽화	조증삽화
주요우울삽화의 특징은 적어도 2주간 거의 매일 하루의 대부분 일어나는 다음 증상을 포함한다. -우울한 기분(아동이나 청소년은 짜증나는, 성마른 기분) -거의 모든 매일의 활동에 대한 현저하게 감소된 흥미나 즐거움 -다이어트 중이 아닌데도 심각한 체중감소, 체중증가 혹은 심각한 식욕의 감소 혹은 증가 -불면 혹은 과다수면 -눈에 띌 만한 정신운동적 초조 혹은 정신운동지체 -피로 혹은 에너지 상실 -무가치감 혹은 지나친 죄책감 -감소된 사고력, 주의집중력 혹은 의사결정력 -반복되는 자살생각 혹은 자살사고, 자살시도 -임상적으로 심각한 개인적 고통 혹은 장해 -증상은 약물(예: 약물남용)의 효과에 의한 것이 아니거나 일반적인 의학적 상태(예: 갑상선 기능부전)에 의한 것이 아니어야 함	조증삽화의 특징은 다음 증상을 포함한다. -적어도 일주일간 지속되는 비정상적으로 그리고 지속적으로 고양된, 확장된, 혹은 성마른 기분상태 -다음 증상들 중 적어도 세 가지에서 심각한 수준을 보여야 함: 고양된 자존감, 수면에 대한 감소된 요구, 지나친 수다, 질주하는 사고, 주의산만, 증가한 목표지향적 활동이나 정신운동적 초조, 고위험행동에의 관여 -기분의 장애가 정상적인 기능수준에 장해를 유발할 정도로 혹은 입원을 요구할 정도로 심각하여야 함. 혹은 정신증적 특징을 나타냄 -증상은 약물의 직접적인 생리효과에 의한 것이 아니거나 일반적 의학상태에 의한 것이 아니어야 함

삽화, 혹은 경조증삽화를 경험하기도 하는, 급속 순환성으로 알려진 양극성
장애도 I형 양극성장애의 한 형태이다. 이 장애의 평생 유병률은 약 0.6%이
며, 남녀에게서 비슷하다. 첫 조증이나 우울증삽화를 겪는 평균 나이는 18세
이지만, 초기 아동기나 60~70대에 시작하는 경우도 있다. 급속 순환성은 여
성에게 더 많다. 이 장애는 공황장애, 사회불안장애, ADHD, 물질사용장애와
같은 정신장애와 흔하게 동반된다. 이 장애를 가진 사람들의 50% 이상이 알
코올 등 물질사용장애를 갖는다. 이 장애를 가진 사람들의 자살위험은 일반
인구보다 15배 이상 높다. 자살로 생명을 잃는 사람들의 25%가 이 장애를 가
진 사람들이다.

2. II형 양극성장애

II형 양극성장애(bipolar II disorder)는 완전한 조증삽화가 아닌 최소한 한 번 이상의 경조증삽화와 우울증삽화를 경험하는 것을 말한다. I형 양극성장애와 II형 양극성장애의 중요한 차이점은 I형 양극성장애는 최소한 한 번 이상의 조증삽화가 있어야 하지만, II형 양극성장애는 기분 상승 기간에 경조증삽화가 있다는 것이다([그림 6-1] 참조).

경조증삽화는 조증삽화와 유사하지만 그보다는 증상이 심하지 않고 4일(조증삽화는 최소 일주일 이상) 정도만 지속되는 것을 말한다. 들뜬 기분은 다행감으로 나타나고, 옆에 있는 다른 사람도 같은 기분을 느끼게 끔 영향을 주기 때문에 종종 이런 상태가 병이 아닌 것으로 보이는 경우도 있다. 이에 경조증삽화는 조증삽화에서만큼 많은 문제가 생기지 않고, 입원을 필요로 할 정도는 아니다. 경조증 증상은 불규칙한 기분변화, 사회적 혹은 작업적 기능의 변화 등 다른 사람들이 알아볼 정도의 정상적인 행동변화로 나타난다. 주요우울장애가 있는 사람들의 약 12%가 나중에 경조증 증상을 나타내는데, 그때에야 II형 양극성장애로 진단하게 된다.

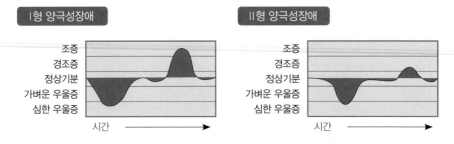

[그림 6-1] 양극성장애(조울증) I형과 II형의 증상 비교

출처: http://www.masteroflove.co.kr/main/sub.html?pageCode=9

3. 순환성장애

　순환성장애(cyclothymic disorder)는 양극성장애보다는 더 경미한 형태로, 경조증과 우울증상을 동반한 기분변동이 자주 그리고 상당히 지속적인(소아와 청소년의 경우 1년, 성인의 경우 2년) 바탕을 기반으로 한다([그림 6-2] 참조). 이 장애를 가진 사람들은 다른 사람들에게 기분파처럼 보일 수도 있다. 증상이 입원을 요할 정도는 아니지만 지속적인 기분변동 때문에 고통을 초래하고 사회적, 직업적, 다른 기능에 손상을 초래할 수 있다. 이 장애를 진단받은 사람들 가운데 약 15~50%는 나중에 I형 또는 II형 양극성장애로 진단받을 수 있다. 물질사용장애와 수면장애가 흔히 동반될 수 있다.

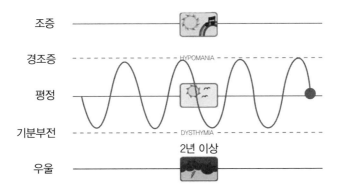

[그림 6-2] 순환성장애

출처: https://koreabookmark.com/archives/1688

4. 달리 분류되지 않는 양극성장애

　이는 어떤 특정한 양극성장애의 조건을 만족하지는 않지만, 분명하게 비정상적인 기분 상승의 기간이 있는 경우를 말한다. 예를 들면, 짧은 기분 상승을 경험한 후에 우울삽화가 뒤따를 수 있다. 이러한 경우 경조증 증상들이 너무 짧거나 적어서 완전한 경조증 기준을 만족시키지 못하기 때문에 II형 양극성장애로 진단내리기는 어려우며, 달리 분류되지 않는 양극성장애로 진단한다. 또한 우울증 없이 네 번 또는 심지어 열 번에 이르는 경조증삽화를 갖는 사람의 경우 역시 달리 분류되지 않는 양극성장애로 진단한다. 달리 분류되지 않는 양극성장애는 때때로 비정형 양극성장애와 동의어로 사용되기도 한다.

양극성장애의 원인은 아직 명확하게 밝혀지지는 않았으나, 여러 가지 요인이 서로 상호작용하여 발생하는 것으로 추정하고 있다.

우선 생물학적 관점에서는 양극성장애가 가족력에 의한 유전적 취약성과 생물학적 취약성이 있다고 본다. 가족(부모, 형제자매) 중에 양극성장애가 있는 경우 이 질환이 발생할 가능성이 일반인에 비해 10배 이상 높다. 그렇지만 어떤 사람이 양극성장애의 유전자를 물려받았다고 하더라도 반드시 양극성장애가 발생할 것이라고 단정할 수는 없다. 이것을 질환에 대한 유전적인 요인이라고 설명할 수 있다. 양극성장애는 유전적 요인 외에 신경전달물질, 신경내분비 기능, 수면생리 등과 관련된 것으로 보고되고 있다. 양극성장애가 유전적 취약성을 갖는다면 무엇이 유전되는가 하는 문제가 제기될 수 있다. 이 문제에 대한 대답으로 신경화학적 기제가 유전된다는 주장이 지배적이다. 이 밖에도 수면장애는 기분장애에서 공통적으로 나타나는 증상으로서, 우울장애에서는 불면이나 과다수면을 보이며 조증삽화에서는 수면욕구가 감소되는 특징을 나타낸다. 이러한 사실에 근거하여 기분장애가 생체리듬의 이상과 관련이 있다는 주장이 제기되고 있다.

양극성장애에 대한 심리학적 관점은 다음과 같다. 정신분석적 입장에서 프로이트는 조증이 우울장애와 핵심적 갈등은 동일하지만 에너지가 외부로 방출되는가 자신을 향하는가의 차이라고 설명했다. 조증과 우울증은 동일한 갈등에 의해 지배되며 단지 그 갈등에 대한 환자의 태도가 다를 뿐으로, 우울장애는 갈등에 압도당하는 상태인 반면, 조증은 갈등을 부정하고 무관심한 태도를 보이는 상태라고 여겼다. 조증은 주요우울장애에 대한 방어로서, 견디기 힘들 정도로 고통스러운 사실을 받아들이는 능력이 결여되어 있거나 또는 그런 사실을 수용하기를 거부하는 행위로 간주되며, 자존감이 낮은 것과 관계가 있다고 본다.

인지적 입장에서는 조증 증세를 나타내는 사람은 우울장애 증세를 나타내는 사람과 마찬가지로 현실 해석에 인지적 왜곡이 있다고 본다. 우울장애를 지닌 사람이 나타내는 자동적 사고의 주제가 상실과 실패인 반면, 조증 환자는 획득과 성공을 주제로 하는 자동적 사고를 보인다. 조증 환자들은 생활경험을 해석하는 과정에서 우울장애 환자가 나타내는 대부분의 인지적 오류를 범한다. 예컨대, 사소한 한두 번의 성공을 근거로 앞으로 자신이 벌이는 무슨 일이든 확실히 성공할 것이라고 생각하는 조증환자는 '과잉일반화의 오류'를 범하고 있다. 또한 조증 환자들은 자기의 행동이 가져올 수 있는 잠재적인 부정적 결과를 무시하는데, 이는 자신이 내놓은 계획이 안고 있는 단점은 보지 못하고 장점만 보려고 하는 '선택적 추상화'의 오류를 범하고 있는 것이다. 경조증삽화의 사람들은 흔히 주어진 시간 안에 자신이 해낼 수 있는 일의 분량을 과대평가하는 반면, 그 일을 달성하는 데 걸리는 시간을 과소평가하는 현실왜곡적 사고 경향을 보인다. 또한 조증 환자들은 '개인화의 오류'를 범하여 일상생활 가운데 벌어지는 일들이 자신의 특별한 능력 때문에 일어나는 것으로 해석하는 과대망상적 사고를 나타내는 경향이 있다. 예를 들어, 한국팀이 스포츠 경기에서 지고 있었는데 환자가 TV를 보면서 역전하게 되었다면 환자는 자신이 한국팀의 승리에 기여했다고 생각하고 자신이 특별한 능력을 지닌 것으로 해석하게 된다. 이러한 인지적 오류에 의해 조증 환자는 생활경험 속에서 획득과 성공을 지각하고 자신의 경험에 무차별적으로 긍정적인 가치를 부여하며 자신의 노력에 비해 비현실적으로 긍정적 결과를 기대하고 자신의 능력을 과대추정한다. 이런 왜곡된 추론이 행복감을 느끼게 하고 활동수준을 높이게 한다고 본다.

통합적 관점에서 양극성장애는 스트레스가 많은 환경이나 부정적인 삶의 사건들과 근원적인 유전적 혹은 생물학적 취약성의 상호작용에 의해 나타난다고 본다. 다시 말하면, 어떤 사람들은 양극성장애가 발생할 가능성이 더 높은 유전자를 가지고 태어나게 된다. 어떤 사람들은 취약한 유전자를 가지고 태어나는 데 비하여 다른 사람들은 왜 그런 유전자를 가지지 않는지에 대한 이유는 아직까지 밝혀지지 않았다. 대부분 스트레스가 첫 기분삽화를 유발하는 것으로 보이는데, 이는 스트레스에 대한 개인의 대처 기술이 부족한 것과 관련이 있을 것이다. 어떤 환자들은 약물남용(알코올, 암페타민, LSD, 코카인 등) 때문에 양극성장애가 발생되기도 한다. 스트레스가 되는 일상 사건 때문에 잠을 못 자거나 하루생활이 변화하기도 하는데, 이런 생활리듬의 변화가 우울증과 조증을 유발하거나 재발하게 한다(APA, 2017).

5. 치료와 사회복지실천

(1) 치료

약물치료의 효과가 매우 높다. 대다수의 사람은 약을 먹는 것에 대해 거북해 하고, 약을 먹지 않는 것을 가장 이상적인 것으로 생각한다. 그러나 많은 연구 결과 우울증과 조증을 치료하고 재발을 예방하는 데 약물치료가 효과적이라는 것이 입증되었다. 기분안정제와 항우울제 같은 약들은 환자를 안정시켜 주고 스스로 일상생활을 관리할 수 있도록 해 준다. 양극성장애를 치료하는 주요 약물은 크게 네 가지로 분류되는데, 기분안정제, 항우울제, 항정신병약물, 항불안제이다. 이 약물들은 양극성장애를 조절하는 중요한 수단으로, 단독 혹은 병합하여 사용하여 양극성장애를 적절히 치료하게 된다. 그 외의 약물들은 부수적인 증상을 치료하기 위해 사용된다. 약물치료와 함께 가족, 지역사회의 지지체계와의 관계회복, 대화의 기술, 문제해결기술, 증상의 이해와 관리기술을 향상하는 심리사회적 치료를 병행하는 것이 효과적이다. 양극성장애를 병으로 인식하고 생활 속에서 관리하며 회복하는 데 도움이 되는 보호요소와 장해가 되는 위험요소는 다음과 같다.

표 6-2 양극성장애 회복의 보호요소와 위험요소

보호요소	위험요소
• 약물치료 • 금주 • 마약 사용의 중단 • 체계적인 일정 관리 　－규칙적인 기상 및 수면 시간 　－반복되는 활동을 일상화하기 • 지지체계와 관계유지 　－전문가, 가족, 친구 • 증상 이해와 관리기술 • 문제해결기술 • 대화기술 • 스트레스 대처기술	• 술 • 마약 • 치료약물의 임의중단 • 불면 • 지지의 상실 • 인지 왜곡 • 대인관계 갈등 • 역할 변화 • 부정적인 감정을 수반하는 대화 • 동서로 이동하는(시차 변화가 있는) 여행 • 불안장애와 스트레스

(2) 사회복지실천

양극성장애도 「장애인복지법」의 대상이다. 조현병에 비해 에너지가 많고 지각이나 인지장애가 적은 편이라 양극성장애를 가진 사람들이 정신장애인 자조모임의 리더 역할을 많이 한다. 네이버카페에서 '코리안매니아'의 운영자는 『조울증은 회복될 수 있다』라는 책을 저술하고, 가족, 일반인을 대상으로 교육을 하며, 자조모임을 이끌고 있다.

조증이나 우울증을 통해 환각이나 극단의 상태를 경험한 적지 않은 사람들은 자신의 특성을 병으로 여기지 않고 이를 정체성의 긍정부분으로 간주한

다. 어떤 이들은 환각이 자신을 격려하고 외로움을 느끼지 않도록 하여 자신들 삶에 도움을 준다고 여기기도 한다. 목소리듣기네트워크(Hearing Voices Network: HVN)는 환청이나 환시 등 독특한 지각을 정신병으로 보지 않는 접근법을 제공하고 옹호하는 국제조직이다. 이 회원 대부분이 조현병 또는 양극성장애로 진단, 자신을 진단과 동일시하지 않고, '소리를 듣는 이들'이라고 부른다. 미국이나 세계 여러 나라에 이 조직이 있으며, 회원들 간에 경험을 나누고 지지한다. 환청이라는 독특한 소리가 주는 의미를 찾고 자신의 삶에 의미를 부여한다. 이를 매드프라이드(Mad Pride) 관점이라고 한다. 자신들이 경험하는 정신장애를 일종의 트라우마와 같은 인생의 역경으로 이해하자는 입장이다. 이에 트라우마 중심 치료 패러다임를 선호하며, 트라우마로 신체적, 정신적 위기가 온 것에 대한 치료는 받아들인다. 하지만 중요한 것은 삶의 고난의 영향을 인정하고, 의미를 부여하는 것을 중시한다. 오히려 정신장애에 대한 사회적 억압과 사회체계의 불의, 차별과 혐오의 사회적 공격과 배제가 트라우마를 더욱 힘들게 하고 광기를 심화시킨다는 입장이다. 이러한 패러다임의 실천은 자폐증을 신경다양성으로 옹호하는 자폐자조네트워크에도 해당한다. 다양성은 장애가 아니라 차이라고 주장한다(Steingard, 2020).

이처럼 정신장애인의 당사자 운동과 다양성 운동은 더 이상 정신장애를 질병이나 장애로 보는 관점을 거부하며, 자신의 독특한 경험이 자신의 삶을 더 풍부하게 할 수 있다는 자부심을 가지고 사회에 참여하고 자립운동을 이끌고 있다. 이들 운동은 미국과 유럽, 호주 등에서 활발하게 이루어지고 있다. 이러한 자부심을 기초로 한 자조운동은 정신장애인 당사자들에게 환자나 장애인이 아닌 사회인이며, 비슷한 경험을 가진 사람들과 자조네트워크에 참여하며, 더 이상 고립되거나 수치감에 시달리지 않고 사회인으로서 책임 있게 자신의 건강을 관리하며 살아가는 임파워먼트가 되고 있다.

지역에서 실천하는 사회복지사는 양극성장애 등을 가진 지역주민에게 도움을 줄 때 그들의 사회적 관계망을 확인하고, 지역의 자조모임이나 사이버상의 카페나 밴드 등 자조모임에 관한 정보를 제공해 주거나, 지역에 자조모임이 없다면 사회복지기관에서 지역복지자원 활용 및 참여를 격려하고, 자조적인 동아리 활동을 할 수 있도록 지역의 정신건강복지센터와 협력하여 운영을 지원해 주면 좋을 것이다.

추천 영화

〈실버라이닝 플레이북〉

제**7**장

우울장애의 이해와 사회복지실천

  '우울'이란 근심스럽거나 답답하여 활기가 없음을 뜻한다. 심리적으로는 자신에 대한 반성과 공상이 따르는 슬픔이다. 이러한 '우울감'은 누구나 느낄 수 있는 일시적인 감정이지만, 상당히 지속적이고 반복적으로 우울감에 빠져서 일상생활 전반에 영향을 준다면 우울증을 의심해 보아야 한다. 우울증, 즉 우울장애는 의욕저하와 슬픔, 공허감, 짜증스러운 우울감과 그에 수반되는 신체적, 인지적 증상으로 인해 개인의 기능이 현저하게 저하되는 부적응 증상이다. 우울장애는 '심리적 독감'이라고 부를 정도로 삶을 매우 고통스럽게 만드는 정신장애이며, 매우 흔한 정신질환의 하나이고, 개인의 능력과 의욕을 저하해 현실적 적응을 어렵게 만드는 주요 요인이다. 전 세계적으로 우울장애는 직업적 부적응을 초래하는 가장 중요한 원인으로 보고되고 있다. 우울장애는 극단적으로는 자살에 이르게 한다는 점에서 치명적인 심리적 장애이다. 우울장애는 지속적으로 우울한 기분을 느끼거나 현실에 대한 무가치감과 죄책감 등으로 심각한 어려움을 겪는다. DSM-5의 우울장애에는 주요

우울장애, 지속성 우울장애, 월경전불쾌감장애, 파괴적 기분조절부전장애가
있다(APA, 2017; Durand & Barlow, 2017).

1. 주요우울장애

주요우울장애(major depressive disorder)는 우울장애 중에서 가장 심한 증세
를 나타내는 장애이며, 우울감과 절망감, 흥미나 쾌락의 저하, 증가되거나 저
하된 식욕과 체중, 수면량의 감소나 증가, 상실감, 죽음에 대한 생각 등이 2주
이상 지속(제6장의 주요우울삽화 참고)되고, 사회적으로나 직업적으로 장애
를 일으킬 때 진단된다. 2016년 보건복지부의 정신질환실태조사 결과를 보
면 주요우울장애 평생 유병률은 전체 5.0%(64세 이하: 5.1%), 남자 3.0%, 여자
6.9%로 여자에게서 2배 이상 높았다. 주요우울장애를 경험한 여성 중 산후
우울증의 비율은 약 9.8%로 나타났다. 전체 여성인구와 비교하였을 때, 산후
우울증의 평생 유병률은 0.8%였다. 산후우울증은 30대에서, 기혼 집단에서
높았으며, 전일제로 근무할 경우 농촌보다는 도시 지역에서 유병률이 높았
다. 우울장애를 한번 경험한 사람은 그렇지 않은 사람에 비해서 우울장애를
경험할 가능성이 높다. 우울장애는 10대 초반부터 시작한다. 주요우울장애

소아청소년	중년	노인
• 짜증, 반항 • 등교 거부, 성적 저하 • 여러 가지 신체증상 • 약물남용 • 청소년 비행 • 고3병	• 건강염려증 • 죄책감, 의심 • 절망감, 공허감 • 건강증 • 빈둥지 증후군 • 홧병	• 모호한 신체증상 • 불면 • 불안 • 집중력과 기억력 저하 (가성치매)

[그림 7-1] 연령에 따른 특이한 우울증상

는 반드시 치료를 받아야 하며, 우울증과 함께 동반되는 정신적인 고통과 절망감으로 자살위험이 높다. 신경질적이거나 공황상태를 느낄 수 있고, 노인의 경우에는 불안과 걱정이 많아지며, 신체적 증상을 호소한다. 연령에 따라 우울증상은 [그림 7-1]과 같이 다르게 나타날 수 있다.

한편, 사랑하는 사람과 사별할 때에도 심각한 우울을 경험할 수 있는데, 애도기간이 지나면 정상적인 생활로 돌아올 수 있기 때문에 주요우울장애와 애도는 구별을 요한다. 주요우울장애는 물질사용장애, 공황장애, 강박장애, 섭식장애 등이 동반되기도 한다. 주요우울장애에 대한 DSM-5의 진단기준 및 주요우울장애와 애도와의 차이는 다음과 같다.

DSM-5 진단기준

주요우울장애는 다음에 기술된 증상들 중 다섯 가지 이상이 최소한 2주 동안 거의 매일 나타난다. 다음에 기술된 증상에서 앞의 두 가지 증상 중 하나는 반드시 있어야 한다.

- 하루의 대부분, 그리고 거의 매일 지속되는 우울한 기분이 주관적 보고나 객관적 관찰을 통해 나타난다.
- 거의 모든 일상활동에 대한 흥미나 즐거움이 하루의 대부분 또는 거의 매일 뚜렷하게 저하되어 있다.
- 체중조절을 하고 있지 않은 상태에서 현저한 체중감소나 체중증가가 나타난다. 또는 현저한 식욕 감소나 증가가 거의 매일 나타난다.
- 거의 매일 불면이나 과다수면이 나타난다.
- 거의 매일 정신운동성 초조나 지체를 나타낸다. 즉, 안절부절못하거나 축 처져 있는 느낌을 주관적으로 경험할 뿐만 아니라 다른 사람에 의해서도 관찰된다.
- 거의 매일 피로감이나 활력상실이 나타난다.
- 거의 매일 무가치감이나 과도하고 부적절한 죄책감을 느낀다.
- 거의 매일 사고력이나 집중력의 감소, 또는 우유부단함이 주관적 호소나 관찰에서 나타난다.

> • 죽음에 대한 반복적인 생각이나 특정한 계획 없이 반복적으로 자살에 대한 생각이나 자살기도를 하거나 자살하기 위한 구체적 계획을 세운다.
>
> 행동변화로 인해 극심한 고통이나 사회적, 직업적, 다른 기능적 측면에서 손상이 초래된다. 아동과 10대는 슬픔보다는 짜증으로 나타날 수 있다. 이러한 증상이 남용약물이나 치료약물, 정신병적 장애, 또는 다른 의학적 질환으로 생기는 것이 아니어야 한다. 이 장애는 증상의 개수와 기능 손상의 정도에 따라 경도, 중등도, 고도로 분류한다. 가까운 사람과의 사별이나 상실은 우울한 기분을 경험할 수 있지만, 우울증이라고 하지 않는다. 우울증과 애도과정은 다르다.

사랑하는 사람과 사별하고 애도하는 것은 공허감과 상실감을 동반하는데, 이는 시간이 지나가면서 줄어든다. 특히 예기치 못한 죽음이라면 불안, 정서적 마비, 부정, 우울증상을 경험할 수 있고, 자살사고, 체중감소, 주요우울삽화 등 즉각적인 치료를 요하는 심각한 증상을 경험할 수도 있다(만약 애도하는 사람이 주요우울장애 증상 중 4~5개 이상이 2주 이상 있으면 반드시 전문가와 상담이 필요함). 애도과정은 일반적으로 6~12개월 정도이다. 이 기간 동안 죽음을 인정하고 상실에 적응해 가며, 고인에 대한 기억들을 통합하며 일상생활로 돌아간다. 이를 통합된 애도라고 한다. 그러나 6~12개월이 지나도 심각한 슬픔에서 벗어나지 못하고 애도반응이 지속되면, 자살사고가 급격히 증가하고 고인을 따라가는 생각에 집중하는 주요우울삽화를 보이는 우울장애가 된다. 사별한 사람들의 7% 정도에서 자연스러운 애도과정이 우울장애로 변한다고 한다. 이를 복잡한 애도증후군이라고 하며, 반드시 치료를 받아야 한다.

(1) 원인

주요우울장애의 원인과 발생과정을 설명하기 위해 여러 가지 이론이 제기되어 왔다. 생물학적 관점에서 우울장애는 유전(부모, 형제, 자녀의 일차 친족 중 주요우울장애가 있으면 발병 위험이 2~4배 증가함)과 신경전달물질(노르에피네프린과 세로토닌)이 관련이 있다. 심리학적 관점을 살펴보면 정신분석적 입장에서 프로이트는 우울증은 분노가 무의식적으로 자기에게 향해진 현상이라고 했다. 사랑하는 대상을 상실하는 경험을 하게 되면, 자신의 중요한 일부가 상실되었다는 슬픔뿐만 아니라 자신을 버려두고 떠나간 대상에 대한 분노를 느낀다. 이러한 분노의 감정이 향할 대상이 사라진 상태에서 도덕적 억압 등으로 인해 분노감정이 무의식 속에 잠복하게 되어 자기 자신에게 향하게 된다. 그 결과 자기비난, 죄책감을 느껴 자기가치감의 손상과 더불어 우울장애가 나타난다는 것이다.

인지행동적 입장에서는 환경적 문제, 적절한 사회적 기술과 대처능력의 부족으로 긍정적 강화가 감소하고, 긍정적 경험을 즐기는 능력의 부족과 부정적 경험에 대한 민감성이 높으면 우울장애 위험이 높다고 설명한다. 인지적 입장에서 에브럼슨(Abramson)은 우울증을 유발하는 귀인오류에 주목하였다. 우울장애에 취약한 사람들은 실패경험에 대해 내부적-안정적-전반적 귀인을 하는 경향이 있다. 실패경험에 대한 내부적 귀인은 자존감 손상과 우울장애의 발생에 영향을 미치고, 안정적 귀인은 우울장애의 만성화 정도에, 전반적 귀인은 우울장애의 일반화 정도에 영향을 미친다. 에브럼슨은 내부적-안정적-전반적 귀인이 우울증을 유발하는 전형적인 귀인이며, 비현실적으로 왜곡되어 있다는 점에서 귀인오류라고 하였다. 벡(Beck)은 우울증을 유발하는 일차적인 요인은 부정적이고 비관적인 생각이라고 설명한다. 우울한 사람들의 내면세계에는 인지삼제(認知三題)라는 공통점이 있다고 한다. 자기 자신, 자신의 미래, 주변 환경을 부정적으로 평가하는 독특한 사고방식이 있다(권석만, 2013). 환경적 요인으로는 폭력이나 방임, 학대, 빈곤 등 고통스러운 아동기 혹은 생활사건과 같은 요인이 우울장애의 발생에 중요한 역할을 한다.

통합적 관점에서는 낮은 자존감과 비관적인 태도, 우울에 취약한 인지적 특성을 가지고 있거나 유전적 취약성이 있는 개인이 이러한 환경적 스트레스를 만나면 우울장애가 발생할 수 있다고 본다.

(2) 치료

주요우울장애는 정신장애 가운데 가장 치료가 잘 되는 것 중 하나이다. 대부분의 사람은 치료에 잘 반응하고 거의 대부분 증상이 호전된다. 중등도, 고도의 주요우울장애는 정신치료와 약물치료를 함께하는 게 효과적으로 알려져 있다. 경도의 주요우울장애는 정신치료만으로 치료가 될 수 있다. 정신치료에는 대인관계정신치료, 지지적 정신치료, 인지치료, 인지행동치료, 가족혹은 부부 치료, 집단치료 등이 있다. 특히 인지치료는 우울한 내담자의 사고 내용을 정밀하게 탐색하여 인지적 왜곡을 찾아내어 교정함으로써 보다 더 현실적이고 긍정적인 사고와 신념을 지니도록 유도하여 우울증 치료효과가 우수한 것으로 보고되고 있다. 약물치료는 주요우울장애의 증상을 경감하는데 도움이 될 수 있다. 항우울제는 우울증으로 인해 균형이 깨어진 뇌 안의 생화학물질을 조절하는 데 사용된다. 세로토닌재흡수억제제, 삼환계 항우울제 등이 있다.

2. 지속성 우울장애

지속성 우울장애(persistent depressive disorder)는 주요우울장애의 증상을 상당 부분 공유하지만 경과 면에서 주요우울장애와 차이를 보인다. 지속성 우울장애는 주요우울장애보다 더 적은 증상을 보이지만, 우울증상이 더 오래 지속된다. 지속성 우울장애는 우울증상이 2년 이상 지속적으로 나타나는 경우를 말한다. 지속성 우울장애의 핵심 증상은 '만성적인 우울감'이다. 자신에 대한 부적절감, 흥미나 즐거움의 상실, 사회적 위축, 낮은 자존감, 죄책감, 과거에 대한 반추, 낮은 에너지 수준, 생산적 활동의 감소 등을 나타낸다. 이런 증상들이 그 사람의 일상생활의 한 부분이 되어 버리면 인생이 원래 그런 것이라 생각하고 가족이나 정신건강 전문가에게 이런 감정에 대해 말하지 못할 수도 있다. 지속성 우울장애는 주요우울장애에 비해서 만성적인 경과를 보이기 때문에 실업, 재정적 곤란, 운동능력의 약화, 사회적 위축, 일상생활의 부적응이 더욱 심각하게 나타날 수 있다. 21세 이전에 이 장애가 시작되면 만성화되고 인격장애나 물질사용장애가 동반될 위험이 크다. 주요우울장애와 지속성 우울장애가 공존하는 이중우울증도 있는데, 이는 예후가 더 안 좋고 자살위험도 더 높다(Durad & Barlow, 2017). DSM-5 진단기준은 다음과 같으며, 이 장애를 치료하지 않고 방치했을 때 심각한 결과가 올 수 있음을 보여 주는 사례를 참고하기 바란다.

DSM-5 진단기준

지속성 우울장애는 주요우울장애에 해당하는 증상이 2년 이상 자주 나타날 때 발생한다. 이 장애를 가진 사람은 다음과 같을 수 있다.

• 최소 2년 동안 대부분의 날에 우울한 기분을 갖고 있다.
• 우울한 기간 동안 다음 증상 중 두 가지 이상을 갖고 있다.
  - 식욕부진이나 과식
  - 불면이나 과다수면
  - 활력의 저하나 피로감
  - 자기존중감의 저하
  - 집중력의 감소나 결정의 곤란
  - 절망감
• 한 번에 2개월 이상 증상이 없던 적이 없다.

이런 증상으로 인해 큰 고통을 겪거나 사회적, 직업적 혹은 다른 중요한 기능에 손상을 초래한다. 아동 및 10대들은 우울하기보다 짜증을 잘 낼 수도 있고, 증상이 최소한 1년 이상 지속된다. 증상은 남용약물, 치료약물, 정신병적 장애 혹은 다른 의학적 상태로 인한 것이 아니다. 조증 혹은 경조증삽화, 순환성장애가 한 번도 나타난 적이 없다. 이 장애는 증상의 개수와 손상된 기능의 수준에 따라 경도, 중등도, 고도로 나뉜다.

> 울고 보챈다는 이유로 홧김에 9개월 된 딸에게 플라스틱 장난감을 던져 숨지게 한 엄마는 '지속성 우울장애' 증세가 있는 것으로 나타났다. 경찰 범죄심리분석관(프로파일러)의 심리분석을 통해 드러난 결과이다. 충남 홍성경찰서는 지난 25~26일 프로파일러를 투입, 자신의 딸을 숨지게 한 혐의로 구속된 이 모씨(29 · 여)의 범죄행동분석을 한 결과, 지속성 우울장애와 경계선 성격장애를 보였다고 28일 밝혔다. 지속성 우울장애는 최소 2년간 하루의 대부분이 우울한 기분이었고 우울한 기분이 없는 날보다 있는 날이 더 많은 경우에 해당한다. 경계선 성격장애는 버림받을 것에 대한 두려움과 이성에 대한 과대 · 과소 평가가 반복되는 게 주된 특징이다. 분석 결과 이 씨의 심리상태는 어린 시절 부모의 부재와 외조부모의 방임, 경제적 궁핍, 자녀양육 스트레스 등이 복합적으로 작용한 것으로 드러났다. 남들보다 일찍 사회생활을 시작했고 결혼 후에도 경제적으로 어려움을 겪었다고 경찰은 설명했다. 이런 상태에서 세 쌍둥이를 키웠고 2명은 건강상태가 좋지 못해 극도의 스트레스를 받은 것으로 확인됐다. 경찰은 범죄심리분석 결과 등을 토대로 보강수사를 거쳐 29일 사건을 검찰에 송치할 예정이다.

(1) 원인

지속성 우울장애의 원인에 대해서 아직 체계적인 연구가 이루어지지는 않았으나 그 위험을 증가시키는 요인들이 있다. 우선 유전적인 요인이 작용하는 것으로 추정되고 있다. 지속성 우울장애 환자의 직계가족 중에 환자와 동일한 우울장애를 지닌 사람이 존재할 확률이 주요우울장애를 비롯한 다른 우울장애보다 더 높다. 뇌의 구조 면에서 전전두엽, 편도체, 해마 영역이 지속성 우울장애와 관련된 것으로 알려져 있다. 기질적으로 신경증 성향 또는 부정 정서성(비관적이고, 친구가 거의 없거나 일을 못하거나 직업을 꾸준히 유지하지 못하거나 다른 사람과 지내는 데 문제가 있음)은 지속성 우울장애의 기질적 취약성 요인으로 알려져 있다. 환경적 원인으로는 이 장애를 겪는 환자들 중에 아동기에 부모를 잃었거나 부모와 이별한 경우가 많아 아동기 부모와의 관계성 또한 지속성 우울장애의 원인으로서 대두되고 있다. 아울러 우울증상의 심

각도, 전반적 기능수준의 저하, 불안장애나 품행장애의 존재가 지속성 우울
장애를 예측하는 요인으로 보고되고 있다.

(2) 치료

지속성 우울장애의 치료방법에 대한 연구는 최근에야 관심이 높아지고 있
다. 주요우울장애 치료와 같이 약물치료와 심리사회적 치료를 병행하는데,
인지행동치료와 함께 신체운동과 수면패턴 개선이 이 장애의 치료와 악화 예
방에 도움이 되는 것으로 알려져 있다.

3. 월경전불쾌감장애

월경전불쾌감장애(Premenstrual Dysphoric Disorder: PMDD)는 여성에게서
월경 시작 전 주에 정서적 불안정성, 분노감, 일상활동에 대한 흥미 감소, 무
기력감, 집중곤란 등의 불쾌한 증상이 주기적으로 나타나는 경우를 말한다.
이 증상은 월경 5~11일 전에 시작되며 월경을 시작하면 며칠 이내에 사라진
다. 이 장애는 월경 전 다양한 감정적, 신체적 증상이 나타나지만 일상생활
을 망칠 정도는 아닌 월경전증후군(Premenstrual Syndrome: PMS)과는 다르다.
PMDD로 진단하려면 몇몇 특성적인 증상과 함께 작업적, 학업적, 사회적 기
능에 문제를 일으킬 만큼 심각해야 한다.

가임기 여성 중 70~80%는 월경 전 이 징후를 경험한다. 이 중 20~40%의
여성들은 이러한 증상이 일상생활이 힘들 정도로 심한 어려움을 겪는다. 이
장애의 유병률은 여성의 3~9%로 보고되고 있다. 월경전불쾌감장애는 우울
장애, 양극성장애 및 불안장애와 공병률이 높은 것으로 알려졌다. 또한 이 장
애를 나타내는 여성들은 과거에 성적, 신체적 학대를 당한 경험이 많은 것으
로 나타났다. 이러한 결과는 외상경험이나 외상 후 스트레스 장애가 독립적

으로 월경전불쾌감장애와 관련되어 있음을 알 수 있다. DSM-5 진단기준은
다음과 같다.

DSM-5 진단기준

월경전불쾌감장애를 가진 여성은 다음 증상 중 다섯 가지가 나타난다. 최소한 처음 네
가지 증상 중 한 가지는 반드시 있어야 한다.

- 갑작스러운 기분 변동
- 짜증, 분노, 다른 사람들과의 잦은 갈등
- 우울한 기분 혹은 절망감
- 불안 혹은 긴장
- 일상생활에서의 흥미 감소
- 집중해 있거나 생각하기가 어려움
- 피로감
- 식욕변화 혹은 음식탐닉
- 잠을 자기 어렵거나 평소보다 많아짐
- 압도되거나 자제력을 잃을 것 같은 느낌
- 유방압통, 관절통 혹은 근육통, 체중증가, 복부팽만과 같은 신체증상

---

(1) 원인

이 장애의 원인은 아직 정확하게는 밝혀지진 않았다. 그러나 많은 연구자
가 월경주기마다 난소에서 분비되는 호르몬(에스트로겐과 프로게스테론)과 뇌
에서 나오는 신경전달물질의 상호작용에 의한 것으로 추정하고 있다. 신경전
달물질인 세로토닌 수준의 변화가 정상적인 호르몬 주기와 작용하여 중추신
경계의 민감성을 상승시키기 때문이다.

블레이크(Blake)는 매달 일어나는 생리적인 신체적 정서적 변화에 대해서
여성은 인지적인 평가를 하는 경향이 있어, 어떻게 이 고통을 받아들이느냐

에 따라 주관적으로 느껴지는 고통은 여성들마다 다르다고 하였다. 월경전기 징후에 대한 증상이 신체적인 변화에 의한 것이기 때문에 자신이 통제할 수 없는 것이라고 인식하게 되면 더욱 고통스럽게 지각될 수 있다. 이 장애를 겪는 여성들은 자신에 대해서 지나치게 높은 기대를 지니고 있거나 자신과 타인을 모두 돌보아야 한다는 과도한 책임감을 느끼게 만드는 부적응적인 신념을 지니는 경향이 있다.

(2) 치료
- 약물치료: 세로토닌재흡수억제제를 비롯한 항우울제가 증상 완화에 도움이 된다.
- 인지행동치료: 내담자에게 월경전기에 경험하는 사건들을 상세히 기술하고 그러한 사건과 관련된 사고와 감정을 인식하게 한다. 인지적 재구성의 과정을 통해 월경전기 징후와 관련된 잘못된 신념과 불쾌 감정을 초래하는 부정적 사고를 현실적인 사고로 변화시킨다.
- 식이요법: 증상을 악화하는 카페인, 당도나 염분이 높은 음식, 술은 피하고 비타민, 칼슘, 마그네슘 등을 복용한다. 규칙적인 유산소운동도 증상을 완화하는 데 도움이 된다.

4. 파괴적 기분조절곤란장애

　파괴적 기분조절곤란장애(disruptive mood dysregulation disorder)는 DSM-5에서 기분장애 범주에 새롭게 포함되었다. 이 장애는 심하게 짜증을 내거나 화를 내고, 자주 분노폭발을 보이는 아동에게 진단된다.
　이 장애를 보이는 아동들은 보통 분노발작(tempotantrum)과는 달리 독특한 분노폭발(temper outburst)을 보인다. 이러한 폭발은 그것을 유발하는 상황의 유형보다 더 강력하고 길게 나타난다. 이러한 폭발은 1년 동안 일주일에 세 번 이상 나타난다. 아동과 가까이 지내는 사람들이 관찰할 수 있다. 이 장애의 아동들은 폭발이 없는 기간에는 거의 날마다 짜증과 화를 낸다. 이 장애의 핵심 증상은 만성적인 짜증과 간헐적인 분노폭발이며, 아동기의 만성적인 짜증은 성인기의 다른 우울장애로 진전되는 경향이 있다고 한다. 이 장애의 증상들은 반드시 10세 이전에 시작되어야 한다. 아동들과 10대의 약 2~5%가 이 장애를 겪는다. 여자아이보다는 남자아이에게서, 청소년기보다는 학동기에 더 흔하게 나타난다. 연령이 증가할수록 유병률이 감소한다. ADHD, 적대적 반항장애와 동반하는 경우가 많다.

DSM-5 진단기준

파괴적 기분조절부전장애는 아동이 다음과 같은 증상들을 최소한 12개월 동안 갖고 있을 때 진단된다.

- 고도의 재발성 분노발작이 언어적 또는 행동적으로 나타나며, 상황이나 도발 자극에 비해 그 강도나 지속 시간이 극도로 비정상적이다.
- 분노발작이 발달 수준에 부합하지 않는다.
- 분노발작이 평균적으로 일주일에 3회 이상 발생한다.
- 분노발작 사이의 기분이 지속적으로 과민하여, 거의 하루 종일 짜증과 화가 난 기분이다.
- 분노폭발과 화난 기분이 집이나 학교, 친구 사이 같이 서로 다른 두 환경에서 나타난다.

분노폭발과 화난 기분이 나타나는 1년 동안 증상이 없는 기간이 연속하여 3개월 이상 있으면 이 장애로 진단하지 않는다. 이 장애의 일부 증상은 우울증, 양극성장애, 적대적 반항장애와 같은 다른 장애와 비슷해 보일 수 있다. 이 장애를 갖는 일부 아동은 집중이나 불안의 문제와 같은 2차 장애도 갖고 있다.

(1) 원인

파괴적 기분조절곤란장애를 지닌 아동은 좌절에 대한 과민반응성을 지닌 것으로 보고되고 있다. 타인의 의도와 감정을 정확하게 처리하는 능력이 부족하여 대인관계에서 좌절감을 느끼고 좌절감을 억제할 수 있는 기능이 저하되어 분노폭발과 같은 과잉반응을 나타내는 것이다. 또 가족이나 환경적인 요인이 파괴적 기분조절곤란장애에 영향을 미칠 수 있다. 예를 들면, 부모의 정신병리, 부모의 이혼, 부부생활 갈등, 역기능적 양육행동(부모의 방임, 무관심, 일관성 없는 가혹한 처벌)은 아동의 파괴적 기분조절곤란을 초래할 수 있다.

(2) 치료

아동이 이 장애를 가지고 있다면 가능한 한 빨리 정신건강 전문가의 도움을 구하는 것이 필요하다. 아동의 정신건강 발달을 위해 매우 중요하며, 아동을 양육하는 부담이 매우 크므로 부모가 아이의 장애행동에 대해 올바르게 대처하는 방법을 배우고 올바른 가족관계를 유지하는 것이 치료에 매우 중요하다. 이 장애는 성공적으로 치료될 수 있으며, 아동과 가족의 특수한 상황을 고려하여 아동을 대상으로 할 뿐 아니라 가족치료를 병행하여 치료하는 것이 효과적이다.

- 비지시적 놀이치료: 놀이를 통해 자유로운 자기표현을 하고 좌절감을 해소할 수 있는 내면적 공상을 촉진할 수 있다.
- 가족치료, 가족교육, 가족지지집단: 가족 간의 갈등을 해소하고 부모의 양육행동을 긍정적으로 변화시킬 수 있다. 장애에 대한 이해와 대처방법의 교육, 같은 어려움을 가진 부모들과 함께하는 가족지지집단 참여가 도움이 된다.
- 약물치료: 심한 파괴적 기분조절곤란을 나타내는 일부 아동에게 적용한다.

5. 치료와 사회복지실천

우울장애는 자살의 주요 위험요인 중 하나이다. 최근 사회복지현장은 다양하고 복합적인 욕구를 지닌 클라이언트들이 증가하고 있다. 초고령 사회의 진입을 앞두고 노인 고독사 및 자살의 증가(김혜성, 2017; 최승호 외, 2017), 청장년의 고독사 증가, 정신건강복지영역의 클라이언트 자살행동 경험 증가(전준희, 2014) 등 사회복지현장에서 클라이언트의 자살 관련 행동에 의한 외상적 경험이 증가하고 있다. 사회복지사는 클라이언트 자살 이후 심리적 충격과 함께 심리사회적 적응에 어려움을 겪는다. 클라이언트의 예기치 못한 자살로 충격과 혼란을 경험하며 이후 클라이언트에게 도움이 되지 못했다는 자책감과 실천과정에서 잘못되거나 놓친 부분이 없는지 복기를 반복하는 가운데 스스로 사회복지실천에 대한 의심과 불안이 증폭되는 현상을 경험한다. 이는 다시 사회복지사로 하여금 자괴감과 헤어나지 못하는 우울감에 스스로를 고립하게 한다(김혜진 외, 2015). 사회복지사는 타 임상전문가보다 자살로 인한 클라이언트 사망으로 인해 겪게 되는 심리사회적 어려움이 크다고 한다(Gulfi et al., 2010). 클라이언트 자살경험 이후 부정, 슬픔과 상실, 화, 죄책감, 전문가로서 실패감, 책임감, 고립, 회피, 방해, 전문가로서 행동의 변화, 정당화, 수용 등의 일련의 과정을 거친다(Ting et al., 2006).

이에 클라이언트의 자살 징후에 대한 지각과 클라이언트 자살 대처에 관한 부분에 있어 역량을 강화할 수 있도록 하는 것이 필요하다(Fairman et al.,

2014). 실천현장에서 클라이언트 누구나 잠재적 자살자나 자살생존자가 될 수 있음을 인지하고, 관련된 직원교육 커리큘럼 개발과 자살 관련 사건에 대한 대응지침이 마련되어야 할 것이다. 또한 기관 차원에서는 사회복지사를 대상으로 한 사전 오리엔테이션을 강화하여 자살 관련 예방적 접근과 함께 위기대응이 이뤄질 수 있도록 하는 것이 필요하다. 대부분의 사회복지사는 일상업무처리 및 다른 클라이언트들을 돌보느라 자신의 심적 고통을 돌볼 여력이 없으며, 정상적인 업무를 할 수 없는 상황에서도 기관으로부터의 암묵적 묵인하에 지속적으로 일하도록 요구받고 있다. 그러나 사회복지사가 사회복지서비스의 최종 전달자로 기능하고 있음을 고려할 때, 사회복지사의 불안정한 심리상태가 고스란히 클라이언트에게 전달되어 부정적인 영향을 미칠 것이다. 따라서 자살생존자로서 사회복지사 또한 전문상담을 통해 심리치유와 스트레스 관리가 이뤄지도록 지원하는 것이 필요하다. 또한 조직 내 슈퍼비전 체계를 통해 클라이언트 자살 후 겪게 되는 일련의 감정변화를 사회복지사 스스로 수용하고 올바른 대처를 할 수 있도록 돕는 것이 필요하다. 관련하여 사회복지사의 빠른 회복 및 업무의 정상화가 이뤄질 수 있도록 공식적인 휴가절차를 마련하는 것이 필요할 것으로 보인다(김혜진 외, 2015).

또한 사례관리 대상 중 사별과 애도과정을 경험하고 있는 클라이언트에 대해 주의깊은 관심을 기울이며 사례관리 횟수를 늘리거나 사회적 지지자원 연계를 확대하는 노력이 필요해 보인다. 자녀가 파괴적 기분조절곤란장애와 같은 행동문제가 있을 때 부모의 양육스트레스가 누적되고 심각하다. 가족기능강화사업에서 자녀양육스트레스를 관리하고 지원하며 비슷한 어려움을 가진 부모들을 대상으로 전문가를 통한 부모교육프로그램을 운영하는 것도 도움이 될 것이다. 양육자의 우울이 방임 등 아동학대로 이어지거나 가족기능에 부정적인 영향을 주게 되므로 주요우울장애뿐 아니라 지속성 우울장애에도 관심을 가지고 전문가와 연계하여 가족지원을 하는 것이 도움이 된다.

또한 장애인의 정신건강에 대한 관심도 요구된다. 노년기 장애인들은 노년기 비장애인들보다 우울증을 경험하는 비율이 더 높은 것으로 나타나, 노년기 장애인들의 우울은 상대적으로 더 취약한 것으로 알려져 있다. 2017년 장애인실태조사에 의하면 65세 이상 노년기 장애인들의 우울 경험률은 19.0%, 자살생각률은 15.2%로 높게 나타났다(윤명숙, 김새봄, 2020, 재인용). 장애인의 우울증 유병률은 17.03%(비장애인 7.83%), 45~65세 장애인의 자살시도율은 11.4%(비장애인 10.5%), 스트레스 발생율은 58.1%(비장애인 37%)로 비장애인과 비교해 매우 높다. 하지만 장애인의 복지기관 이용률을 조사한 연구에 의하면 장애인의 정신건강 관련 기관 이용율은 타 기관에 비해 낮다. 구체적으로 장애인복지관(단종복지관포함) 10.0%, 직업재활시설 3.4%, 장애인 재활병의원 1.8%, 정신건강증진센터 0.8%로 정신건강 관련 기관 이용율은 매우 낮다(서원선, 2019, 재인용). 장애인복지영역에서 사회복지사의 장애인의 정신건강에 대한 이해와 대처방법에 대한 교육이 필요하다. 특히 장애인의 우울장애 및 알코올중독 등에 대한 관심과 전문적인 치료자원연계 실천이 시급해 보인다.

제**8**장

불안장애의 이해와 사회복지실천

불안은 위험한 상황에서 경험하는 불쾌한 감정이며, 뱀이나 지네처럼 위험한 동물을 만나는 것과 같은 위험한 상황에서 경험하는 정서적 반응이다. 불안을 느끼면 우리는 부정적 결과가 발생하지 않도록 긴장을 하며 조심스러운 행동을 하게 된다. 그래서 위험한 상황을 벗어나게 되면 안도감을 느끼고 긴장을 풀며 편안한 기분으로 돌아간다. 이처럼 불안은 불쾌하게 느껴지지만 우리에게 도움이 되는 감정이다. 불안은 불안반응의 작용에 따라 정상적인 불안과 병적인 불안으로 나눌 수 있다. 위험한 상황에서 불안을 느끼는 것은 자연스럽고 적응적인 심리반응이며 정상적인 불안이라고 할 수 있다. 그러나 불안반응이 부적응적 양상으로 작동하면 병적인 불안이라고 할 수 있다. 병적인 불안은 다음과 같은 점에서 정상적 불안과 구별될 수 있다.

- 현실적인 위험이 없는 상황이나 대상에 대해서 불안을 느낀다.
- 현실적인 위험의 정도에 비해 과도하게 심한 불안을 느낀다.
- 불안을 느끼게 한 위협적 요인이 사라졌음에도 불구하고 불안이 과도하게 지속된다.

불안장애(anxiety disorders)는 다양한 형태의 비정상적이고 병적인 불안과 공포로 인하여 일상생활에 장애를 일으키는 정신질환을 통칭한다. 불안과 공포는 정상적인 정서 반응이지만, 정상적 범위를 넘어서면 정신적 고통과 신체적 증상을 초래한다. 불안으로 교감신경이 흥분되어 두통, 심장박동 증가, 호흡 수 증가, 위장관계 이상 증상과 같은 신체적 증상이 나타나 불편하고 가정생활, 직장 생활, 학업과 같은 일상활동을 수행하기 어려운 경우 불안장애로 진단할 수 있다. 이러한 병적인 불안으로 인하여 과도한 심리적 고통을 느끼거나 현실적인 적응에 심각한 어려움을 겪는 경우를 불안장애라고 한다. DMS-5에서는 불안장애를 크게 일곱 가지의 하위유형인 범불안장애, 특정 공포증, 광장공포증, 사회불안장애, 공황장애, 분리불안장애, 선택적 무언증으로 구분하고 있다(APA, 2017; Durand & Barlow, 2017).

2016년 정신질환실태조사에 의하면 불안장애 평생 유병률은 전체 9.3%(64세 이하: 9.5%), 남자 6.7%, 여자 11.7%로 나타났으며 2011년(64세 이하: 8.7%)에 비해 다소 증가하였다. 1년 유병률은 전체 5.7%(64세 이하: 5.9%), 남자 3.8%, 여자 7.5%였으며 18세 이상 일반 인구 중 약 220만 명이 지난 한 해 동안에 불안장애에 이환된 것으로 추정된다. 불안장애 가운데 가장 높은 평생유병률을 보인 질환은 특정 공포증(5.9%)이고, 그다음은 범불안장애(2.3%), 사회공포증(1.8%), 외상 후 스트레스 장애(1.4%), 강박장애(0.7%), 광장공포증(0.7%), 공황장애(0.4%)였다(64세 기준). 강박장애와 외상 후 스트레스장애를 제외한 모든 불안장애에서 2011년과 비교하였을 때 평생 유병률이 증가하였다(보건복지부, 2016).

1. 범불안장애

범(汎)불안장애(generalized anxiety disorder)란 특별한 원인이 없이 막연하게 불안을 느끼거나, 매사에 걱정이 지나쳐서 생활에 지장을 받거나 고통스러워하는 증상이 통상 6개월 이상 지속되는 정신과적 증상이다. 범불안장애를 지닌 사람들은 늘 불안해 하고 초조해 하며 사소한 일에도 잘 놀라고 긴장한다. 항상 예민한 상태에 있으며 짜증과 화를 잘 내고 쉽게 피로감을 느낀다. 범불안장애의 핵심 증상은 과도한 걱정이라고 할 수 있다. 이 장애를 지닌 사람들이 걱정하는 주된 주제는 가족, 직업적 또는 학업적 무능, 재정문제, 미래의 불확실성, 인간관계, 신체적 질병에 관한 것으로 보고되고 있다. 범불안장애는 다양한 사건이나 활동에 대해, 스스로 조절하기 어려운 수준의 지나친 불안이나 걱정이 6개월 이상 지속되는 경우에 진단된다. 범불안장애의 특징은 다음과 같다. 첫째, 과도한 걱정이다. 범불안장애를 겪는 사람들은 직업, 재정, 건강, 죽음, 가족, 우정, 연인관계 등 일상의 다양한 일에 관해 재앙을 예상하고 과도하게 걱정한다. 둘째, 전반적으로 높은 신체적 긴장 수준, 초조함, 예민함이다. 높은 신체적 긴장 수준은 과도하고 만성적인 걱정에서 기인했을 가능성이 높은데, 신체적 긴장 때문에 이완하지 못해 또다시 과도한 걱정을 일으키는 악순환을 일으킨다. 즉, 위험한 사건이 발생하게 되면 자

DSM-5 진단기준

다음의 증상들이 있을 때 범불안장애를 진단할 수 있다.

- 수많은 주제와 사건, 일(예: 건강, 가족, 직장문제)에 대한 심한 불안 및 걱정이 최소한 6개월 이상 거의 매일 나타난다.
- 걱정을 통제하기가 어렵다고 느낀다.

• 불안 혹은 걱정은 지난 6개월간 거의 매일 다음 증상 중 최소 세 가지 이상이 함께 나타난다(아동의 경우는 한 가지 증상으로 충분).
  -안절부절못함
  -피로
  -집중하기 어려움
  -짜증
  -근육긴장
  -수면문제

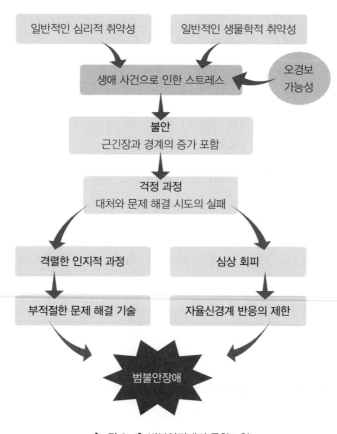

[그림 8-1] 범불안장애의 통합모형

출처: Durand & Barlow (2017).

신은 그 상황에서 아무것도 할 수 없다고 생각하면서 미래의 위험에 대한 걱정을 많이 하게 된다.

범불안장애는 다른 불안장애나 주요 우울장애를 함께 가질 가능성이 높다. 이 장애는 숙면을 취하지 못하는 것과 같이 중년 이후 노년기에 흔히 나타나는 신체증상들과 겹쳐서 나타나기도 한다. 진단기준은 다음과 같다(APA, 2017).

기질적으로 익숙하지 않은 상황에서 자주 물러서거나 회피하는 사람, 비관적으로 생각하는 사람들은 범불안장애 위험이 높다. 환경적으로 아동기의 부정적인 사건과 부모의 과잉보호가 위험요인이 될 수 있다. 부모, 형제에게 불안 혹은 우울장애가 있는 경우 범불안장애 위험이 증가한다. 정신분석적 입장에서는 성격구조 간 불균형에 의해 경험되는 부동불안(free floating anxiety)[1]이 범불안장애의 핵심적 증상이며, 이는 무의식 수준의 갈등이라서 환자 자신은 왜 불안한지 의식하기 힘들다. 인지행동적 입장에서는 범불안장애는 위험에 관한 인지도식[2]이 발달되어 독특한 인지적 특성을 갖는다고 설명한다. 불안한 사람들은 위험과 위협에 관한 인지도식이 남달리 발달되어 있어서 일상생활 속에서 위험에 관한 자극에 주의를 많이 기울이고 그 의미를 위협적인 것으로 해석한다.

불안장애의 발달에 영향을 주는 위험요인은 비관적이고 걱정이 많은 부정적인 정동을 가진 기질적인 생물학적 취약성과 불안증상을 위험하고 해롭다고 지각하는 특정 심리적 취약성, 사건을 통제할 수 없고 예측할 수 없다고 느끼며 회피하려는 일반적인 심리적 취약성이라고 요약할 수 있다. 이를 삼원취약성이론이라고 한다(Durand & Barlow, 2017, 재인용). 만약 이 모두를 가

---

1) 마치 낙엽이 물 위에 떨어져 자유롭게 여기저기 떠다니듯이 모든 것에 대해 불안해 하고 걱정한다는 의미이다.

2) 인지도식(schema)이란 영유아, 아동기의 개인적 경험과 타인들과의 상호작용으로 발달한 주변 세계와 상황에 대해 어떻게 생각하고, 느끼며, 행동해야 하는지에 관해 개인의 의식 혹은 무의식에 내재되어 있는 인식의 틀이며, 적응적 인지도식과 부적응적 인지도식이 있다.

진 개인이 스트레스 사건을 경험하면, 스트레스를 통제할 수 없을 것이라는 심리적 경향성을 활성화해 앞의 [그림 8-1]과 같이 범불안장애 위험이 높아질 것이다. 이러한 불안장애를 설명하는 스트레스 취약성 모형은 다른 불안장애들에도 공통적으로 적용 가능하다.

2. 특정 공포증

특정 공포증(specific phobia)은 특수한 상황 또는 대상에 대해 심한 불안과 공포를 느끼며 이러한 상황이나 대상을 피하게 되는 심리적 상태를 일컫는다. 대개 범불안장애의 경우보다 훨씬 높은 강도의 불안과 두려움을 경험하며, 범불안장애와는 다르게 공포반응이 특정한 대상이나 상황에 한정된다. 특정 공포증은 외상적 사건(예: 질식사나 익사할 뻔함)을 겪은 뒤에 나타날 수 있는 반면 이 장애를 가진 많은 사람이 공포증이 왜 시작되었는지 회상해 낼수 없다. 대부분의 특정 공포증은 10세 이전 아동기에 시작된다. 또한 여성이 남성보다 2배 많다. 이 장애를 가진 경우 호흡부전이나 질식, 의학적 질환과 연결될 수 있어 삶의 질을 크게 떨어뜨릴 수 있다. 이 장애를 가진 사람들은 우울장애와 기타 다른 불안장애도 함께 가질 가능성이 높고, 이 장애가 없는 사람보다 60% 더 많이 자살기도를 하는 것으로 나타나 관심을 요한다.

이 장애를 가진 사람의 약 75%는 한 가지 이상의 공포대상이나 상황(예: 심한 뇌우나 비행)을 가지고 있다. 특정 공포증의 주요 증상은 첫째, 특정한 대상이나 상황에 대한 현저한 공포나 불안을 경험한다. 둘째, 공포를 유발하는 대상이나 상황에 노출되면 즉각적인 공포반응이 유발된다. 셋째, 특정 공포증을 지닌 사람은 공포를 느끼는 대상과 상황을 회피하려고 한다. 넷째, 특정한 대상이나 상황에 의한 실제적인 위험과 사회문화적 맥락을 고려할 때 이러한 공포나 불안은 과도한 것이어야 한다. 이러한 공포와 회피행동이 6개월 이상 지속되어 심한 고통을 경험하거나 사회적, 직업적 활동에 현저한 방해를 받을 경우 특정 공포증으로 진단된다. DSM-5에서는 특정 공포증을 공포 대상의 종류에 따라 크게 네 가지 하위유형으로 구분하고 있다(APA, 2017).

- 동물형: 뱀, 개, 거미, 바퀴벌레 등과 같은 동물이나 곤충을 두려워하는 경우
- 자연환경형: 천둥, 번개, 높은 장소, 물이 있는 강이나 바다 등과 같은 자연에 대한 공포
- 혈액-주사-상처형: 피를 보거나 주사를 맞거나 상처를 입는 등의 신체적 상해나 고통을 두려워하는 경우
- 상황형: 비행기, 엘리베이터, 폐쇄된 공간 등과 같은 상황을 두려워하고 피하는 경우

기질적으로 익숙하지 않은 상황에서 자주 물러서거나 회피하는 사람, 걱정이 많은 사람, 비관적으로 생각하는 사람이 특정 공포증에 더 잘 걸린다. 과잉보호하는 부모에게서 자랐거나 부모의 이혼 또는 사별을 겪었거나, 신체적, 성적 학대를 경험한 경우 위험이 증가한다. 공포대상이나 환경과 관련된 외상적 사건 또한 특정 공포증을 유발시킬 수 있다. 1차 친족에서 이 장애가 있으면 위험이 증가한다. 특정 공포증의 원인에 대한 심리학적 입장은 학습이론에 의해서 잘 설명되고 있다. 공포반응은 우연한 기회에 중성적인 자극이 공포를 유발하는 자극과 반복적으로 짝지어 제시되면 공포반응이 유발된다는 고전적 조건형성이나 다른 사람이 특정한 대상을 두려워하며 회피하는 것을 관찰함으로써 그에 대한 두려움을 학습하는 관찰학습에 의해서도 습득될 수 있다. 이처럼 다양한 경로를 통해 형성된 공포증은 회피반응에 의해서 유지되고 강화된다.

3. 광장공포증

광장공포증(agoraphobia)이 있는 사람들은 집을 벗어난 다양한 장소에서 일어날 수 있는 실제적이거나 예상되는 문제들에 대해 강렬한 공포 또는 불안을 느낀다. 무슨 일이 있을 때 광장이나 공공장소에서 탈출하기 어렵거나 도움을 받을 수 없을지도 모른다는 두려움, 혼자 있게 되는 것에 대한 공포이다. 고통스러운 신체적 증상이나 공황발작(panic attack)을 겪었던 장소에 대한 광장공포증이 발생하여 유사한 장소를 회피하고 일상생활을 바꾼다. 광장공포증의 특징은 자신이 어려움에 처해도 도움을 받기 어려울 것 같은 상황을 피하려 하기 때문에 사람이 많은 거리나 상점, 밀폐된 공간, 도중에 내리기 어려운 운송수단을 피하며, 어쩔 수 없는 경우엔 누군가를 반드시 동행하려 한다. 심한 경우 외출도 안 하려 하지만, 혼자 있는 것도 두려워한다. 여성이 남성보다 2배 정도 많다. 10대 후반과 성인기 초기에 처음 증상이 발생

DSM-5 진단기준

최소한 다음 중 두 가지 이상에서 강렬한 공포와 불안이 나타난다.

- 대중교통 이용(자동차, 기차, 비행기, 배)
- 개방된 공간(주차장, 다리)에 있는 것
- 닫힌 공간(가게, 극장, 엘리베이터)에 있는 것
- 줄을 서거나 사람이 많은 곳에 있는 것
- 집을 벗어나 혼자 있는 것

구토나 요실금 같은 당황스러운 신체증상이나 발한, 떨림 같은 공황증상이 나타났을 때 탈출하기 어렵거나 도움을 받을 수 없을 것이라는 걱정 때문에 이러한 상황을 피하거나 두려워한다. 공포, 불안, 회피반응은 지속적으로 나타나고 진단받기 전에 최소 6개월 이상 지속된다.

할 가능성이 높다. 아동기에는 거의 나타나지 않는다. 이 장애를 가진 대부분의 사람은 다른 불안장애, 우울장애, 외상 후 스트레스장애, 알코올사용장애와 같은 정신장애를 함께 가지고 있다.

　기질적으로 익숙하지 않은 상황에서 자주 물러서거나 회피하는 사람, 걱정이 많은 사람, 비관적으로 생각하는 사람, 불안증상이 있을 때 이를 해롭다고 지각하는 사람들은 이 장애 위험이 증가한다. 환경적으로 아동기에 부모의 죽음과 같은 부정적인 사건, 폭행이나 강도를 당한 것과 같은 부정적인 생활사건, 따뜻하지 않고 엄격한 부모의 통제가 심한 아동기의 가정환경은 이 장애의 위험을 증가시킨다. 강한 유전적인 경향이 있고, 이 장애를 가진 사람들의 61%가 부모도 이 장애를 가지고 있다(APA, 2017). 정신분석적 입장에서는 광장공포증을 어린아이가 어머니와 이별할 때 나타내는 분리불안과 관련된 것으로 해석하기도 한다. 사람이 많은 넓은 장소에 혼자 있는 상황은 부모로부터 버림받은 것을 의미하는 것으로서 어린 시절의 분리불안을 재현한다는 것이다. 인지행동적 입장에서는 광장공포증 환자들이 자신이 두려워하는 상황이 실제로 위험하지 않다는 것을 잘 알면서도 그러한 상황에서 경험할지도 모르는 공포감으로 인해 특정한 장소 자체를 두려워하는 것이 아니라 그 장소에서 경험하게 될 공포를 두려워하는 것이며, 공포에 대한 공포라고 설명하기도 한다.

4. 사회불안장애

　사회불안장애(social anxiety disorder)가 있는 사람들은 다른 사람들이 자신을 쳐다보거나 주의깊게 지켜보거나 판단하는 사회적 상황에 대하여 강렬한 공포를 가지고 있다. 거의 모든 사회적 상황에서 극한의 불안을 경험하는데, 이들이 사회적 상황에서 가장 무서워하는 것은 남들의 시선과 평가이다. 그들은 다른 사람들의 평가에 모욕과 경멸을 받거나 거부를 당하거나 타인에게 피해를 주게 될 것을 두려워하고 불안해 한다. 그래서 친구를 만드는 것도, 상호대인관계를 가지는 것도, 사회에 들어가는 것도 사회공포증 환자에게는 굉장히 힘들다. 이 장애를 가진 사람들의 75%가 8∼15세 사이에 발병한다. 그들은 사회적 상황에 노출되면 거의 예외 없이 심한 불안과 함께 상황을 회피하고자 한다. 사회적 상황의 실제적인 위험과 사회문화적 맥락을 고려할 때 과도한 것으로 판단되는 사회적 불안과 회피행동이 6개월 이상 지속되어 심한 고통을 경험하거나 사회적, 직업적 활동에 현저한 방해가 초래될 경

DSM-5 진단기준

- 개인이 친숙하지 못한 사람들이나 타인에 의해 주시되는 상황에 대한 두려움으로 자신이 당혹스럽거나 수치스러운 행동을 할까 봐 두려워한다.
- 두려운 사회적 상황에서의 노출은 언제나 예외 없이 불안을 유발시키며 이는 상황과 관계가 있거나 상황이 소인이 되는 공황발작으로 나타난다.
- 이 장애가 있는 개인들은 이러한 공포가 너무 지나치거나 비합리적인 것임을 인식한다(소아들은 이러한 공포가 비합리적인 것을 인식하지는 못한다).
- 대부분의 경우 사회적 상황이나 활동 상황을 회피하고, 그렇지 못할 경우 강한 고통을 경험한다.
- 사회적 상황이나 활동 상황에 대한 회피, 공포, 또는 예기불안이 개인의 매일의 일과 직업적 기능, 또는 사회적 생활에 현저하게 영향을 미치거나 공포로 인해 심하게 고통이 초래된다.
- 18세 이하의 경우 사회공포증으로 진단받기 위해서는 6개월 이상 증상이 지속되어야 한다.
- 사회적 공포나 회피는 약물의 직접적인 생리적 작용이나 일반적인 의학적 상태로 인한 것이 아니며 다른 정신장애로 잘 설명되지 않는다.
- 만약 다른 정신장애나 일반적인 의학적 상태가 존재한다면 두려움이나 회피는 다른 정신장애나 일반적인 의학적 상태에 국한되어 일어나는 것이 아니어야 한다.

사례

　　28세 민수 씨는 부모님 집에서 4년간 무직자로 지내고 있습니다. 민수 씨에게는 단지 1시간 이상 집 밖에 나와 있는 것도 꽤 감당하기 힘든 일입니다. 사회공포증이 그의 인생을 삼켜 버렸죠. 민수 씨는 특히 쇼핑할 때 사회공포증이 드러납니다. 처음 매장에 들어간 순간부터 아닌 건 알지만 사람들이 자신을 쳐다보고 자신에 대해 뒷담화하는 것처럼 생각하게 된다고 합니다. 또 그냥 돌아다니며 물건을 보고 있는데도 조명이 자신만 비추고 있는 것 같다고 느껴 긴장도 한다고 합니다. 이런 증상을 보이는 민수 씨는 자신도 자기가 제정신이 아니라고 생각한 적이 많습니다. 사람들이 정말 민수 씨에게 신경 쓰고 있는 것도 아닌데 왜 그렇게 반응을 보이는지 민수 씨는 많이 힘겨워하고 있습니다.

우 사회불안장애로 진단된다.

　사회적 불안이나 수줍음은 대학생의 약 40%가 지닌다고 보고될 만큼 매우 흔하다. 사회공포증의 평생 유병률은 3~13%로서 조사방법에 따라 상당한 차이를 보이고 있으나 다른 불안장애의 비해 유병률이 높은 장애로 알려져 있다.

　이 장애는 기질적으로 익숙하지 않은 상황에서 자주 물러서거나 회피하는 사람에게서 위험이 증가한다. 환경적으로 아동기에 학대, 방임, 혹은 부정적인 인생사가 있다. 1차 가족에게 이 장애가 있으면 2~6배 장애 위험이 높다. 정신분석적 입장은 사회불안장애도 무의식적인 갈등이 사회적 상황에서 투사된 것이라고 본다. 인지적 입장에서는 사회불안장애를 지닌 사람들에게 나타나는 수행불안은 몇 가지 공통적인 인지적 특성과 관련이 있다고 본다. 즉, 자신의 수행능력에 관한 과소평가와 자신의 수행수준이 사회적 기대에 못미친다고 지각하는 경향, 그리고 자기초점화로 다른 사람들이 부정적 평가를 하는 것이 아닌지 자신의 행동이나 말 등에 지나치게 주목하고 따라가는 자의식이 높은 특성, 자신의 불안이 남들에게 보일까 봐 걱정하는 인지특성이 있다(이혜경, 권정혜, 1998).

5. 공황장애

공황장애(panic disorder)의 핵심 증상은 경고 없이 반복적으로 나타나는 공황발작이다. 공황발작은 죽을 것 같은 극심한 가슴통증, 호흡곤란과 같은 고통이 갑작스럽게 발생하는 발작이다. 이는 편안하거나 불안하거나 어느 때나 생기고, 처음에는 심장마비처럼 보인다. 대부분 놀라서 응급실로 가지만 검사 결과는 모두 정상으로 나온다. 보통 발작이 시작되면 수 분 이내에 최고조에 이르고, 10~20분간 지속되다가 빠르게 또는 서서히 사라진다. 공황발작은 얼마나 자주 재발할지 일정하지 않다. 종종 수개월 동안 일주일에 한 번 정도 나타날 수도 있고, 수 주 동안 매일 나타나다가 몇 개월간 증상이 전혀 없기도 하다. 이에 환자는 대부분 공황발작이 다시 일어날까 봐 계속 걱정과 근심을 하는 예기불안 때문에 사회적 상황에서 부적응적 행동변화가 일어난다. 이는 10대 후반이나 성인기 초기에 나타난다. 이 장애를 가진 사람들은 다른 불안장애, 주요우울장애, 양극성장애을 함께 겪을 수 있다. 공황장애의 DSM-5 진단기준은 다음과 같다.

DSM-5 진단기준

한 번 이상의 공황발작이 경고없이 재발한다. 공황발작이 있는 동안 다음의 증상 중 최소한 네 가지 이상이 나타난다.

- 심장박동이 빨라지고 강렬하거나 심장박동 수가 점점 더 빨라짐
- 진땀을 흘림
- 몸이나 손발이 떨림
- 숨이 가쁘거나 막히는 느낌
- 질식할 것 같은 느낌

- 가슴의 통증이나 답답함
- 구토감이나 복부의 통증
- 어지럽고 몽롱하며 기절할 것 같은 느낌
- 한기를 느끼거나 열감을 느낌
- 감각이상증
- 비현실감이나 자기 자신과 분리된 듯한 이인증
- 자기통제를 상실하거나 미칠 것 같은 두려움
- 죽을 것 같은 두려움

　갑작스러운 공황발작 이후 최소한 1개월 이상 다음 중 한 가지 혹은 두 가지 증상이 모두 나타난다.

- 또 다른 공황발작이 생기는 것과 발작이 생겼을 때 어떻게 될지 지속적으로 걱정함(통제력을 잃고 미칠지도 모른다는 걱정)
- 또 다른 공황발작을 피하기 위해 정상적인 행동에 주요 변화가 생김(더 이상 운동을 하지 않거나 모르는 장소에 가지 않으려 함)

　공황발작은 다른 의학적 상태나 남용약물, 치료약물, 강박장애, 외상 후 스트레스장애, 기타 불안장애와 같은 정신장애에 의한 것이 아니어야 한다.

　기질적으로 익숙하지 않은 상황에서 자주 물러서거나 회피하는 사람, 걱정이 많은 사람, 비관적으로 생각하는 사람, 불안증상이 있을 때 이를 해롭다고 지각하는 사람들은 이 장애위험이 증가한다. 환경적으로 아동기에 신체적, 성적 학대를 당한 경험이 있다. 담배는 공황발작과 공황장애의 위험을 증가시킨다. 신체건강과 안녕에 연계된 스트레스가 많은 인생사건(예: 질환이나 사랑하는 사람의 죽음)은 이 장애의 위험을 증가시킨다. 공황장애의 원인으로서 생물학적 입장은 이 장애가 다른 불안장애와 달리 독특한 생화학적 기제에 의해 유발된다고 본다. 또한 1차 친족에게서 불안장애, 우울장애, 양극성장애가 있을 때 위험이 증가한다. 인지적 입장에서는 공황발작이 신체감각을 위험한 것으로 잘못 해석하는 파국적 해석오류에 의해 유발된다고 본다.

사례

한류스타로 활동하고 있는 배우 T 씨는 한 라디오 방송에 출연하던 중에 공황장애에 대하여 언급하게 되었다. 그런데 그 순간 갑자기 가슴이 막 떨리고 땀도 흘리며 숨이 가빠서 넘어갈 것 같은 어지러움을 느끼면서 앉아 있던 의자에서 쓰러지며 모두를 놀라게 하는 행동을 보였다. T 씨는 계속 죽을 것 같은 고통을 당하고 있는 것처럼 발작을 일으켰고 병원에 실려간 T 씨는 실려 가던 중 정상적으로 돌아왔다. 검진한 의사는 몸 상태에 아무런 문제가 없다고 판단했지만 이후로 T 씨는 이런 증상이 이처럼 갑자기 찾아와 괴롭지 않을까 두려워하게 되었으며 배우활동에도 영향을 받았다.

6. 분리불안장애

분리불안장애(separation anxiety disorder)는 아이가 부모나 다른 양육자처럼 사랑하는 사람과 떨어지게 되거나 떨어질지도 모른다고 예상될 때 갖는 불편한 느낌이다. 이러한 불안은 10~15개월 된 유아에게는 자연스러운 발달과정이다. 공포가 극도로 심하고 큰 아이나 10대 혹은 성인이 되어서까지 나타나며 정상적인 생활과 가족기능에 악영향을 미칠 때 더 심한 분리불안장애가 될 수 있다. 분리불안장애는 학교생활은 물론 가정에도 심각한 문제를 일으킨다. 일부 성인들은 집을 떠나 대학 진학을 안 한다거나, 끊임없이 자녀가 잘 있는지 걱정하면서 하루 종일 확인하려고도 한다. 대개 12세 이하의 아동·청소년의 약 4%에서 이 장애가 발견된다. 10대 이후에는 줄어들어서 약 1.6%, 성인은 1.2% 정도에서 발견된다. 연령이 증가하고 청소년기에 가까워질수록 이 장애의 유병률이 낮아진다. 하지만 치료하지 않은 채 나이가 많아지면 납치나 강도와 같은 특정한 위험에 대한 공포나 걱정으로 분리불안증세를 표현하는 경향이 있다. 이 장애를 가진 아동은 범불안장애와 특정 공포증을 함께 가질 가능성이 높다. 이 장애를 가진 성인들은 기타 불안장애, 강박장애, 외상 후 스트레스장애, 우울장애, 양극성장애, 인격장애 같은 다른 장애도 가질 수 있다. 그 진단기준은 다음과 같다.

DSM-5 진단기준

다음 증상 중 최소 세 가지 이상이 나이에 비해 정상적인 수준을 넘어서서 나타난다.

- 집 또는 주된 애착 대상(주로 엄마)과 떨어지거나 떨어지는 것이 예상될 때 심한 불안을 느낀다.
- 주된 애착 대상이 죽거나 사고 등의 해로운 일이 일어날 것이라고 지속적으로 심하게 걱정한다.
- 길을 잃거나 납치 등의 사건으로 주된 애착 대상과 떨어지게 될 것이라는 걱정을 지속적으로 한다.
- 분리에 대한 불안 때문에 학교나 특정 장소에 지속적으로 가기 싫어하거나 거부한다.
- 혼자 있거나 주된 애착 대상 없이 지내는 데 대해 과도하게 두려움을 느끼거나 상황을 거부한다.
- 주된 애착 대상이 가까이 있지 않은 상황이나 집을 떠나는 상황에는 잠자기를 싫어하거나 거부하는 경향이 나타난다.
- 엄마와 헤어지거나 길을 잃거나 사고가 나는 등 엄마와 분리되는 내용의 꿈이나 악몽을 자주 꾼다.
- 주된 애착대상과 분리가 예상될 때 두통, 복통, 구역감, 구토 등의 반복적인 신체증상을 호소한다.

이러한 증상들이 아동과 10대에게서는 최소 4주 이상, 성인에게서는 최소 6개월 이상 지속적으로 나타나고, 이로 인해 극심한 고통과 사회적, 학업적, 직업적 및 다른 기능에 손상을 가져올 때 분리불안장애로 진단한다.

환경적으로 이 장애는 사랑하는 사람과 떨어지는 것처럼 스트레스가 많은 생활사건 이후 발생한다. 여기에는 친족이나 애완동물의 죽음, 전학, 부모 이혼, 자연재해, 이사나 이민 같은 것들이 해당된다. 젊은 성인의 인생 스트레스는 부모로부터 독립하게 되거나 부모가 되는 것이다. 부모의 과잉보호나 간섭적 양육방식이 이 장애의 위험을 증가시킨다. 또한 유전적 요소가 있어 이 장애를 아이의 부모도 어린 시절에 유사한 장애를 나타낸 경우가 많다. 쌍둥이 연구에서도 어머니와 딸 사이에 유전적인 영향이 강하게 나타나는 것으로 보고되어 있다. 심리사회적 관점은 부모가 분리된 아이의 두려움에 대해 부적절하게 대응하거나, 지나치게 과잉보호적인 양육행동은 아동의 독립성을 약화시키고 부모에 대한 의존성을 강화해 분리불안을 증가시키게 된다고 설명한다. 인지행동적 입장에서는 분리불안장애가 애착 대상에 대한 인지적 왜곡에 의해서 유발될 수 있다고 주장한다. 분리불안장애를 지니는 아동들은 주요한 애착 대상을 갑자기 잃어버리거나 애착 대상과 떨어져 지내게 될지 모른다는 비현실적인 왜곡된 생각을 지니게 되어 강한 불안을 유발한다고 설명한다.

7. 선택적 무언증

선택적 무언증(selective mutism)은 현재 선택적 함구증이라고도 불린다. 선택적 무언증은 말을 할 수 있음에도 불구하고 특정한 상황에서 지속적으로 말을 하지 않는 장애로서 주로 아동에게서 나타난다. 이러한 장애를 지닌 아동은 집에서나 자신이 편한 공간에서는 말을 잘하면서도 학교나 친척 또는 또래와의 만남에서는 말을 하지 않는다. 선택적 무언증을 가진 아이들의 증상은 주로 학교 가기를 거부한다는 것이다. 또 학교의 교사가 읽기 능력을 평가할 수 없어서 부진한 학업성적이 나타난다. 또한 또래와의 만남에서 대화를 주고받지 못하여 쉽게 놀림을 받거나 따돌림을 당할 수 있다. 이처럼 여러 부작용이 드러나게 되는 선택적 무언증상이 1~2개월 이상 지속될 경우 선택적 무언증으로 진단된다. 선택적 무언증을 지닌 아동의 20~30%가 말더듬을 비롯한 언어적 장애를 지니는 것으로 보고되고 있다. 그러므로 사회적 상황에서의 불안이 증폭될 수 있다고 한다. 다른 장애와 달리 상당히 드문 장애로서 아동기 유병률이 0.03~1%이다. 학교에서의 발병률은 0.71%인 것으로 추산되고 있다. 평균적으로 5세 이전에 발병하며 여아의 발병이 남아보다 더 높다.

사례

  1학년인 예지는 선택적 무언증을 지니고 있다. 음악 수업시간이었던 교실은 아이들의 노랫소리로 시끌벅적 하였다. 동물 울음소리를 맞히는 시간에 선생님은 예지에게 염소가 어떻게 우는지 질문하였다. 그러나 선생님이 대답을 몇 번씩 요구하는데도 예지는 굳은 얼굴로 입을 열지 않았다. 결국 다른 친구들이 "음메~음메~" 소리를 내주었으며 예지는 조용히 자리에 앉았다. 점심시간이 되어 친구들과 밥을 먹는 예지에게 한 친구가 묻는다. "예지야~ 맛있어? 맛있냐고?!" 예지는 대답이 없었다. 말을 못한다며 반에서 놀림 받는 예지의 모습이 많이 보인다. 반대로 집에서의 예지는 완전히 다르다. 표정도 다양하며 말도 잘한다.

  선택적 무언증을 지닌 대부분의 사람이 사회불안장애를 함께 지닌다. 선택적 무언증도 사회적 상황에서 심한 불안에 의해 유발된다. 선천적으로 불안에 민감한 기질을 지녀서 어린 시절부터 심한 수줍음을 나타내는 선택적 무언증을 지닌 아동들도 있다. 이들이 지닌 불안의 근원은 애착 대상과의 분리불안인 경우가 대부분이고, 그중 어머니와 분리되었을 때 무언증이 나타난다.

8. 치료와 사회복지실천

(1) 치료

불안장애의 공통적인 특징은 불안과 공포, 이로 인한 신체증상 등 고통스러운 경험을 가지며, 이를 유발하는 상황을 회피하고자 하면서 일상생활의 제약과 기능의 손상을 겪는다. 불안장애들의 원인을 한 가지로 설명할 수는 없고 다양한 위험요인으로 설명한다. 생물학적으로는 가족력과 같은 유전요인이 있고 기질적으로 익숙하지 않은 상황에서 자주 물러서거나 회피하며, 걱정이 많고, 비관적으로 생각하고, 불안증상이 있을 때 이를 해롭다고 지각하는 경향이 있다. 환경적으로는 아동기의 학대나 부모 상실과 같은 부정적인 경험이 주로 설명되었다. 심리적으로는 인지적인 학습과정이나 상황을 통제할 수 없고 예측할 수 없다는 느낌이 설명되었다. 이를 통합하여 삼원취약성이론으로 설명할 수 있다. 즉, 비관적이고 걱정이 많은 부정적인 정동을 가진 기질적인 생물학적 취약성과 불안증상을 위험하고 해롭다고 지각하는 특정 심리적 취약성, 사건을 통제할 수 없고 예측할 수 없다고 느끼며 회피하려 하는 일반적인 심리적 취약성의 세 가지 요인이 불안장애 발달에 영향을 준다. 그러므로 이 모두를 가진 개인은 스트레스 사건을 경험한 후 불안장애 위험이 높아질 것이다. 그러므로 불안장애의 치료는 유전적이고 기질적인 생물학적 취약성에 대한 약물치료와 심리적 취약성을 치료하기 위한 인지행동치료, 그리고 스트레스에 대처할 수 있는 사회적 지지와 자원연계와 같은 사회적 치료가 통합적으로 이루어져야할 것이다.

(2) 사회복지실천

불안장애는 평생 유병률이 9.3%로 알코올사용장애 다음으로 우리나라에서 가장 유병률이 높은 정신질환이다. 우울증과 불안장애의 공존율도 매우 높다. 아동기부터 노인기까지 불안장애를 경험할 수 있으므로 사회복지사들이 현장에서 이 장애를 가진 클라이언트를 접촉할 가능성이 높다. 특히 대부분의 불안장애가 아동기의 학대 경험과 관련이 있으므로, 예방적 차원에서 아동학대 방지를 위한 역할도 중요할 것이다. 10세 이전의 분리불안장애에 대한 맞벌이 부부의 양육곤란도 있을 수 있다. 부모교육이나 양육지원프로그램의 요구가 있을 수 있다. 알코올중독을 가진 지역주민을 쉽게 접할 수 있는데, 이때 알코올 문제에만 주의를 기울이지 말고 이들이 불안장애나 우울장애, 불면이 있는 것은 아닌지 확인할 필요가 있다. 술을 끊도록 접근하는 것은 저항이 많지만 불안이나 우울, 불면은 고통을 초래하는 것이므로 이에 대한 치료자원연계로 접근하면 관계형성과 서비스 제공에 도움이 될 것으로 보인다. 청년기의 사회불안장애가 학업이나 취업에 어려움을 초래할 수 있으므로 청년을 위한 집단활동도 계획해 볼 수 있을 것이다. 사실 지역복지영역에서 청년은 자원으로서 많이 참여하지만, 서비스가 필요한 클라이언트로서도 고려가 필요하다. 코로나 상황에서 불안장애가 증가하고 있다고 한다. 사회복지기관에서도 지역주민의 새로운 욕구에 더 관심을 기울이고 서비스를 개발할 필요가 있다. 이에 지역사회 욕구조사에서 불안이나 우울, 알코올 등 약물 사용, 자살위험 등에 대한 조사를 추가하고 지역의 정신건강복지센터와 협력하여 정신건강을 증진하고, 유지·관리하는 사업에 함께할 필요가 있다.

추천 영화

〈카피캣〉, 광장공포증 관련 영화

제**9**장
강박 관련 장애의 이해와 사회복지실천

　강박장애(obsessive-compulsive disorder)는 잦은 공포, 걱정, 충동, 생각(강박사고)으로 인해 불편함과 고통을 겪는다. 개인의 의지와 상관없이 어떤 생각이나 충동이 자꾸 의식에 떠오르는 강박사고를 다루기 위해 강렬한 노력을 반복하는 관습적인 행동(강박행동)이 강박사고와 결합된다. 강박 관련 장애들은 덜하거나 멈추려는 노력에도 불구하고 자기 신체에 집중된 반복행동인 털뽑기나 피부뜯기처럼 강박적 집착과 반복적인 행동을 공통으로 가지고 있다. DSM-5에서는 강박장애를 불안장애와 분리하여 하나의 장애집단으로 구분하였다. 강박 관련 장애는 다음의 〈표 9-1〉과 같다. 여기서는 강박장애와 저장장애를 구체적으로 다루고자 한다. 이 두 장애가 유병률이 높고, 저장장애는 지역의 저소득 독거노인에서 흔히 볼 수 있는 장애로서 사회복지사가 사례관리 시 저장한 물건들을 치우는 방법에서 충돌이 많고 어떻게 다루어야 할지 곤란해 하는 경우가 많아서 이 두 장애를 구체적으로 다루고자 한다.

| 표 9-1 | 강박 관련 장애의 하위유형과 증상 |

하위장애	핵심증상
강박장애	불안을 유발하는 강박사고(예: 성적인 생각, 오염이나 실수에 대한 생각)에 대한 집착과 강박행동(예: 손 씻기, 확인하기, 숫자 세기)의 반복
신체변형장애	자신의 신체 일부가 기형적이라는 생각(예: 코가 비뚤어짐, 턱이 너무 긺)과 이 때문에 되는 일이 없다는 생각에 집착하고 성형수술 반복
저장장애	다양한 물건을 과도하게 수집하여 저장하는 것에 대한 집착
털뽑기 장애	자신의 머리털을 뽑는 행동의 반복
피부뜯기 장애	자신의 피부를 벗기는 행동의 반복

1. 강박장애

　　강박사고에는 반복적으로 의식에 침투하는 고통스러운 생각, 충동 또는 심상이 있다. 예를 들어, 자신이나 타인에게 해를 끼칠 것 같다는 걱정, 먼지나 세균 때문에 병에 걸릴 것이라는 공포, 성이나 종교와 관련된 주제에 대해 금지되거나 금기시하는 생각(예: 근친상간적 생각, 신성모독적 생각)을 하는 것이다. 두려워하는 사건을 방지하고 생각이나 충동, 공포에 대항하고, 불안을 감소시키기 위해서 반복적으로 하는 행동이 강박행동이다. 강박행동에는 겉으로 드러나는 외현적 행동(씻기, 청소하기, 정돈하기, 확인하기, 순서대로 하기 등)과 겉으로 드러나지 않는 내현적 활동(숫자 세기, 기도하기, 속으로 단어 반복하기 등)이 있다. 2016년 정신질환 실태조사를 보면 평생 유병률이 남자는 0.1%, 여자는 1.0%이다. 남자는 6~15세 사이에 가장 많이 발병하고, 여자는 20~29세에 흔히 발병한다. 35세 이후에 처음 발병하는 경우는 매우 드물다. 강박장애를 지닌 사람은 주요우울장애, 불안장애, 틱장애(뚜렛장애), 섭식장애 등이 함께 나타나는 경향이 있어 치료계획의 수립에 이를 고려하여야 한다.

DSM-5 진단기준

• 강박사고, 강박행동 혹은 둘 다 있다.
• 강박사고나 강박행동으로 인해 시간을 허비하며(하루 1시간 이상), 큰 고통을 유발하고, 사회적, 직업적 또는 다른 기능에 손상을 초래한다.

증상은 다른 의학적 상태, 남용약물이나 치료약물, 불안장애, 기타 강박장애, 섭식장애, 주요우울장애와 같은 다른 정신장애에 의한 것이 아니다.

 사례

회사원 김 씨는 버스나 지하철을 타면 손잡이를 잡을 때 장갑을 낀다. 공공장소에서 여러 사람이 만졌을 법한 물건에는 손을 대지 않으려고 애쓴다. 남들이 만졌던 물건을 만지는 것만으로도 세균에 감염될 것 같은 불안감이 들기 때문이다. 김 씨는 항상 들고 다니는 세정제를 사용해 십여 분 동안 손을 씻는다. 손을 씻어야지만 불안감을 떨쳐 버릴 수 있다. 또한 직장에서 자신이 업무에서 실수를 할까 봐 사소한 점까지 계속해서 확인하느라 능률이 오르지 않으며, 작업하는 시간이 점점 길어지게 되어 고객과의 약속을 지킬 수 없게 되었다. 이에 회사는 김 씨로 인한 고객 서비스 불충족으로 불이익을 입었고, 김 씨는 중요한 일을 맡을 수가 없게 되었다. 또한 김 씨는 책상이나 부엌을 정리하는 일에 몰두하느라 지나치게 많은 시간을 보낸다.

(1) 원인

강박장애의 위험을 증가시키는 다양한 요인이 있다. 감정을 잘 표현하지 않거나 걱정이 많거나 부정적으로 생각하는 경향이 있거나 잘 모르는 환경에 가지 않으려는 기질적 경향이 있는 아동은 위험이 크다. 환경적으로는 성홍열 같은 연쇄상구균 감염증에 노출된 이후 강박장애가 나타나는 경우가 있고, 아동기의 신체적 혹은 성적 학대나 다른 스트레스 사건들도 강박장애의 위험을 증가시킨다. 1차 친족에게 강박증이 있으면 일반인보다 2~5배 강박장애 위험이 크다. 특히 친족 중 강박장애가 10대에 발병한 사람이 있다면 위험이 더 커진다. 생물학적 입장에서는 전두엽의 기능 손상과 강박증상 사이에 밀접한 관계가 있으며, 강박장애가 세로토닌과 연관된다는 주장이 제기되고 있다. 이 외에 뇌의 여러 영역의 구조적 또는 신경화학적 이상과 관련이 있다는 연구가 있다(APA, 2017).

심리학 관점으로 인지적 입장에서는 강박장애를 유발하는 심리적 과정에 세 가지 인지적 요인이 있다고 설명한다. 첫째, 강박장애 환자는 침투적 사고에 대한 위협과 그에 더해 자신의 책임감을 과도하게 평가한다. "이런 생각은 중요하므로 무시할 수 없다." "이런 생각이 절대로 떠오르지 않도록 해야 한다."와 같은 자동적 사고가 뒤따른다. 둘째, 침투적 사고를 과도하게 중요한 것으로 인식하는 자동적 사고과정에서 생각한 것이 곧 행위한 것과 마찬가지인 '사고-행위' 융합의 인지적 오류가 개입된다. 비윤리적 생각은 행위를 한 것과 같다고 인지하는 도덕성 융합과 비윤리적 생각을 하면 그 행위를 실제로 할 가능성이 높다는 발생가능성 융합의 유형들이다. 셋째, 강박장애 환자들은 완벽함과 완전함을 추구한다. 라크만(Rachman)은 침투사고에 대한 평가과정에서 중립적 자극인 침투사고를 파국적으로 해석하게 되면 중요한 의미를 부여하게 되어, 더욱 빈번하게 나타나고 통제가 힘들어진다고 하였다. 웨그너(Wegner) 등은 어떤 생각을 억제하려 할수록 그 생각이 더 잘 떠오르는 것, 강박장애를 가진 사람들은 침투적 사고에 대해 이를 억제하려고 하지만 오히려 더 빈번하게 떠오르는 사고억제의 역설로 병적인 강박사고로 발전한다고 설명한다. 정신분석적 입장에서는 특정 방어기제를 통해 불안에 대처하려 할 때 강박장애가 유발되는데, 억압된 욕구나 충동이 의식에 떠오를 때 사용하는 네 가지 방어기제는 격리, 대치, 반동형성, 취소(이미 벌어진 일을 없던 행위로 무효화)라고 하였다(권석만, 2013).

(2) 치료

강박장애에도 약물치료(주로 클로미프라민, 세로토닌재흡수억제제)와 인지행동적 치료기법을 통합적으로 하는 것이 효과적이다. 행동적 기법으로는 노출 및 반응방지법을 활용하여 강박장애 환자에게 그들이 두려워하는 자극이나 사고에 노출시켜 두려움을 극복하도록 돕는 방법이 있다. 처음부터 두려워하는 자극을 바로 직면하기는 어렵기 때문에 상상부터 시작하여 직면의 단계를 높여 가면서 근육이완과 같이 편안함을 주는 행동기법을 연계하여 점진적으로 감각을 둔화시키며 강박행동이나 사고를 중지할 수 있게 돕는 것이다. 인지적 치료기법은 치료자가 침투적 사고는 정상적인 경험이라는 것을 설명하면서 환자가 지니는 자동적 사고를 찾아내어 강박을 감소해 가는 것이다.

2. 저장장애

저장장애(hoarding disorder)는 언젠가는 필요할지 모른다는 생각으로 버려야 할 물건들을 집안에 산더미처럼 쌓아 두는 장애이다. 이는 자신의 안전이나 건강 등에 문제가 생길 수 있고, 주변 사람들도 심히 불편을 겪을 수 있어서 일상생활에 심각한 문제를 유발한다. 저장장애를 가진 사람을 호더스(hoarders)라고 부르기도 한다. 저장장애의 주요 진단기준은 불필요한 물건을 버리지 못하는 것이다. 물건을 보관하고자 하는 강한 충동과 버리는 것에 대해 고통을 느끼고, 물건을 버려야 할지 말아야 할지에 대한 우유부단함 때문에 무가치한 물건을 버리지 못한다. 저장장애의 특징적인 이상행동은 강박적 저장(불필요한 물건을 버리지 못하고, 다른 사람에게 팔거나 주지도 못하면서 계속 자신이 보관하게 되는 것)과 강박적 수집(옷, 신문, 박스 등 불필요한 물건을 집안으로 끌어들이는 행동)의 두 가지이다. 수집 습관은 11~15세 사이에 시작되기도 하는데, 55세 이상에서 3배 이상 흔하게 발생한다. 저장장애를 가진 사람들의 75%에서 우울장애나 불안장애가 동반된다. 가장 흔한 동반질환은 주요우울장애, 사회불안장애, 범불안장애이며 약 20%에서 강박장애도 함께 나타난다(APA, 2017).

DSM-5 진단기준

- 물건의 실제적 가치와 상관없이, 물건을 버리지 못하거나 혹은 물건을 떼어 놓지 못하는 문제가 지속적으로 나타난다.
- 이러한 문제는 물건을 보관하려는 의도적 욕구 및 물건을 버리는 행위와 연합된 고통 때문에 발생한다.
- 버리지 못한 물건이 적극적 생활공간에 어지럽게 쌓여서 잡동사니처럼 나뒹굴고, 결국 물건과 생활공간을 본래의 용도대로 사용하지 못한다. 만약 생활공간이 어지럽혀져 있지 않다면, 제3자가 개입해서 물건을 치웠기 때문이다.

저장증상 때문에 임상적으로 심각한 고통을 초래하거나 혹은 사회적, 직업적, 기타 중요한 영역의 기능이 심각하게 손상된다. 저장증상이 다른 의학적 상태나 기타 정신장애(강박장애, 주요 우울장애, 조현병, 자폐 스펙트럼 장애)로 인해 발생하는 것이 아니다.

사례

정부가 지원하는 기초생계급여와 폐품수집으로 번 돈으로 홀로 생활해 온 할머니 집이다. 몇 년 전부터는 거동이 불편해졌지만 소량의 폐지나 깡통 등을 집으로 집어오는 일을 멈추지 않았다. 이렇게 모인 10톤이 넘는 쓰레기로 인해 심한 악취가 풍겨 불편을 겪은 인근 주민들이 신고하여 접근하게 된 사례이다.

(1) 원인

저장장애는 기질적으로 결정을 내리는 데 어려움을 가진 사람들이 장애 위험이 높다. 환경적으로는 사랑하는 사람의 죽음이나 이혼, 해고와 같이 스트레스가 되거나 외상적인 생활사건이 수집과 저장을 유발한다. 이 장애를 가진 사람들의 약 50%는 가족력이 있다.

생물학적 관점에서 뇌의 구조와 기능의 장애가 의심되는데, 의사결정 능력과 행동에 대한 계획을 담당하는 전두엽 부위가 제 기능을 못할 때 이런 증상을 보이는 것으로 알려져 있다. 전두엽이 제 기능을 해도 시상하부 중추에 존재하는 신경전달물질 중 하나인 세로토닌의 부족도 저장장애와 관련이 있을 수 있다고 본다.

심리학적 관점에서 정신역동적 입장은 수집하는 행동이 항문기적 성격의 특성 중 하나인 인색함을 반영한다고 본다. 항문기에 고착되어 항문기적 성격을 형성한 사람이 보이는 반항적 공격으로서 저장장애를 보일 수 있다고 설명한다. 대상관계이론에서는 전이대상이라는 개념을 통해 저장장애를 설명한다. 전이대상은 어린이가 독립성을 발달시키는 과정에서 부모님을 대신해서 과도하게 집착하는 애착 대상을 가지는데, 성인의 경우에도 다양한 물건에 심한 정서적 애착을 느낌으로써 물건을 버리지 못하는 저장장애가 나타난다고 설명한다. 인지행동적 입장은 저장장애가 네 가지 인지기능 중 정보처리 결함 때문이라고 본다. 첫째, 의사결정에 어려움을 나타내는 우유부단함인데, 이들은 무엇을 모으고 버릴지에 대한 결정과 일상생활의 의사결정(아침에 무엇을 입을지, 식당에서 무엇을 주문할지, 다음으로 어떤 과제를 수행할지)에도 어려움을 겪는다. 둘째, 범주화/조직화의 결함으로 저장장애 환자들은 범주의 경계를 지나치게 좁게 정의하여 한 범주에 너무 적은 물건들이 속하게 한다. 이에 물건의 분류를 결정하기 어렵게 되며, 다른 물건들과 함께 분류될 수 없어 정리가 불가능하고, 물건의 상대적인 중요성을 평가하기 어려워하여 가치 있는 물건이나 그렇지 않은 물건들을 뒤섞어 쌓아 놓는다. 셋째, 기억의 결함으로 이들은 자신의 기억에 대한 확신이 부족하기 때문에 물건을 보관해 두어야 자신의 기억과 정보가 잊히지 않는다고 믿는다. 넷째, 손실의 과장된 평가이다. 저장행동은 이렇게 과장된 손실을 회피하기 위한 행동으로, 강박적으로 물건을 보관함으로써 언젠가 필요할 수 있고 다른 사람도 사용할 수 있으며 미적으로도 보기에 좋은 물건이 손실되는 것을 막을 수 있다고 믿는다.

(2) 치료

저장장애의 치료도 약물치료(선택적 세로토닌재흡수억제제 같은 항우울제)와 인지행동치료의 병행이 효과적이다. 인지행동치료는 강박적 저장을 하는 사람들로 하여금 왜 그렇게 많은 물건을 수집하게 되는지 그 이유를 발견하여 자각하게 하는 동시에 그들에게 소유물을 가치와 유용성에 따라 정리하는 방법을 교육한다. 특히 소유물 중 어떤 것을 보관하고 버릴 것인지 잘 결정할 수 있도록 의사결정 기술을 향상시킨다. 클라이언트가 수용하면 치료자나 정리전문가가 가정방문을 하여 소유물 정리를 돕고 유지할 수 있도록 계속 지원한다.

추천 영화

〈이보다 더 좋을 수는 없다〉, 강박장애 관련 영화

추천 영상

SBS스페셜 죽어도 못 버리는 사람들 호더스
https://programs.sbs.co.kr/culture/sbsspecial/vod/4028/22000031768

3. 치료와 사회복지실천

강박장애는 스트레스를 관리하고 대처하는 법을 익히고 올바른 생활습관
을 유지하는 것이 치료에 도움이 된다. 우선 강박장애로 인해 발생하는 스트
레스와 불안을 경감하기 위해 기초적인 이완기법을 익혀서 활용하는 것이 도
움이 된다. 명상, 심신이완, 요가, 마사지 등의 이완기법이 있다. 강박증상을
유발하는 것이 무엇인지, 증상이 재발했을 때 어떻게 대처해야 하는지 아는
것이 중요하다. 이에 위험신호에 주의를 기울이면서 이완기법을 활용한다.
알코올이나 다른 물질들이 강박사고 증상을 오히려 악화한다는 것을 교육하
고 스트레스 상황에서 이를 사용하지 않도록 한다. 이는 강박장애 예방과 강
박장애의 관리에 모두 도움이 되므로, 지역주민 대상 정신건강교육과 스트레
스 관리 및 올바른 습관형성 교육 프로그램을 전문가와 연계하여 복지관에서
운영할 수 있다.

저장장애의 경우 사회복지사는 앞의 사례와 같이 이웃의 민원으로 클라이
언트를 처음 대면하는 경우가 많다. 악취 등으로 이웃의 불편이 크기 때문이
다. 그러므로 사회복지사는 클라이언트의 집을 방문하여 청소하는 것을 먼
저 생각하기 쉽다. 하지만 저장장애 환자들은 '난 불편한 점이 없다.' '쓰레기
치우지 마라.'고 반응하는 사람이 대부분이다. 만약 동의 없이 청소하면 울고
불고 난동을 부리기도 한다. 저장장애 환자의 공간을 청소할 때에는 반드시
환자가 청소과정에 참여하도록 유도해야 한다. 남들에게는 썩은 쓰레기이지
만, 환자에게는 의미가 있는 물건이기 때문에 청소과정에서 큰 충격을 받아
질환이 악화될 수도 있다. 저장장애의 원인을 파악하고, 환자 스스로 결정할
수 있게 전문가와 함께 접근하는 것이 필요하다.

제**10**장
외상 및 스트레스 관련 장애의 이해와
사회복지실천

외상(trauma)은 대인관계 관여도에 따라 인간 외적인 외상, 대인관계적 외상, 애착 외상으로 구분된다. 대인관계 요소가 관련되는 정도에 따라서 외상의 성격과 결과가 크게 달라질 수 있다. 누가 어떤 의도로 어떤 피해를 주었느냐에 따라 피해자의 심리적 충격은 크게 달라질 수 있기 때문이다. 인간 외적인 외상은 지진, 태풍, 산사태, 홍수와 같이 인간이 개입되지 않은 자연재해를 의미하며 자연의 작용에 의해서 우발적으로 일어난다. 대인관계적 외상은 타인의 고의적 행동에 의해 입은 상처와 피해를 뜻한다. 전쟁, 테러, 살인, 폭력, 강간 등은 이러한 인간 간 외상에 속한다. 애착 외상은 부모나 양육자와 같이 정서적으로 매우 긴밀하고 의존도가 높은 관계에서 입은 심리적 상처를 의미한다. 애착 외상은 크게 학대와 방임으로 구분될 수 있으며 가정 내의 가까운 사람에 의해 이루어지는 신체적 학대, 가정폭력, 정서적 학대나 방임 등이 해당된다. 특히 어린 시절에 입은 애착 외상은 다른 사람과의 신뢰 관계를 형성할 수 있는 능력을 훼손하여 지속적인 영향을 미치게 된다. 외상

및 스트레스 관련 장애는 DSM-5에서 새로운 진단군으로 분류되었다. 여기에 속한 모든 장애는 외상적 사건이나 상황에 의해 유발된다(APA, 2017).

1. 외상 후 스트레스 장애

외상 후 스트레스 장애(Post-Traumatic Stress Disorder: PTSD)는 충격적인 외상 사건을 경험하고 난 후에 다양한 심리적 부적응 증상이 나타나는 경우를 말한다. 여기에서 외상 사건은 죽음 또는 죽음의 위협, 신체적 상해, 성폭력과 같이 개인에게 심각한 충격을 주는 다양한 사건을 의미한다. 생명의 위협이나 심각한 신체적 상해의 위협을 느낄 만큼 충격적인 사건들을 경험하게 되면 그 사건이 종료되었음에도 불구하고 그러한 충격적 경험이 커다란 심리적 상처가 되어 오랜 기간 피해자의 삶에 영향을 미치게 된다. 외상 후 스트레스 장애는 이러한 외상 사건을 경험한 후에 다음과 같이 네 가지 유형의 심리적 증상, 즉 침투 증상, 자극 회피, 인지와 감정의 변화, 각성과 반응성의 변화가 특징적으로 나타나며, 이것이 PTSD의 주요 진단기준이 된다.

DSM-5 진단기준

위협적인 사건이나 실제 죽음, 심각한 부상, 성폭력에 다음과 같은 방식 가운데 한 가지 이상으로 노출되어야 한다.

- 외상적 사건을 직접 경험함
- 그 사건이 다른 사람에게 일어난 것을 직접 목격함
- 가족이나 가까운 친구에게 외상적 사건이 일어난 것을 알게 됨. 가족이나 친구에게 위협적이거나 실제 죽음이 있었을 때 그 사건은 폭력적이거나 사고로 발생한 것이어야 한다.

• 외상의 끔찍한 세부사항에 반복해서 노출됨(변사체를 처리하는 의료인 혹은 아동학
  대의 세부사항에 노출되는 경찰관). 일과 관계된 것이 아닌 한 컴퓨터, TV, 영화, 사진
  을 통해 사건을 보는 것은 적용되지 않는다.

외상적 사건 이후 1개월 이상 동안 다음 증상 중 한 가지 혹은 두 가지 이상이 나타나야
한다.

• 침투 증상(intrusion symptoms)
  외상 사건과 관련된 기억이나 감정이 자꾸 의식에 침투하여 재경험되는 것을 말한다.
  즉, 과거가 현재 속으로 끊임없이 침습하는 것이다. 외상 사건에 대한 고통스러운 기
  억이 자꾸 떠오르거나 꿈에 나타나기도 한다.
• 외상 사건과 관련된 자극 회피
  외상 사건의 재경험이 매우 고통스럽기 때문에 그와 관련된 기억, 생각, 감정을 떠올
  리지 않으려고 노력한다. 외상 사건과 관련된 생각이나 대화를 피할 뿐만 아니라 그와
  관련된 사람이나 장소를 회피한다. 고통스러운 외상경험을 떠올릴 수 있는 모든 자극
  이나 단서를 회피하려고 노력한다.
• 인지와 감정의 변화
  외상 사건에 관련된 인지와 감정에 있어서 부정적인 변화가 나타난다. 예컨대, 외상
  사건의 중요한 일부를 기억하지 못하거나 외상 사건의 원인이나 결과를 왜곡하여 받
  아들임으로써 자신이나 타인을 책망한다. 공포, 분노, 죄책감이나 수치심과 같은 부정
  정서를 나타내거나 다른 사람에게서 거리감과 소외감을 느끼기도 한다.
• 각성과 반응성의 현저한 변화
  각성과 반응성의 현저한 변화가 나타난다. 평소에도 늘 과민하며 주의 집중을 잘 하지
  못하고 사소한 자극에 크게 놀라는 반응을 보인다. 사소한 일에도 크게 짜증을 내거나
  분노를 폭발하기도 한다. 잠을 잘 이루지 못하거나 잘 깨는 등 수면의 곤란을 나타낸다.

외상 사건을 경험하고 난 후 앞의 네 가지 유형의 증상이 1개월 이상 나타나서 일상생
활에 심각한 장해를 받게 될 때 외상 후 스트레스 장애로 진단된다. PTSD는 성인, 청소
년, 6세 이상의 아동에게 진단한다.

외상 사건 직후에 나타나는 경우가 일반적이지만 더 늦게 나타날 수도 있다. 일반적으로 여성은 남성에 비해 외상 후 스트레스 장애에 걸릴 가능성이 3배 정도 더 높다. 이러한 경향은 여성이 강간이나 성폭행과 같은 특정한 외상에 노출될 위험성이 높은 것 외에도 여성과 관련된 생물학적, 심리적, 사회적 요인에 의한 것으로 여겨지고 있다. 동일한 외상 사건에 노출된 사람들의 심리적 반응은 각기 다르다.

(1) 원인

외상 후 스트레스 장애의 이해를 위해서는 동일한 사건이 왜 어떤 사람에게는 외상으로 작용하고 다른 사람에게는 그렇지 않은지를 밝히는 것이 중요하다. 외상 후 스트레스 장애는 외상 사건이라는 분명한 촉발 요인이 존재하기 때문에 연구의 초점이 이러한 장애에 취약한 사람들의 특성을 밝히는 데에 모아지고 있다. 동일한 외상 사건을 경험했더라도 어떤 사람들은 잘 이겨 내고 적응하는 반면, 다른 사람들은 외상 후 스트레스 장애를 나타내기 때문이다. 이러한 차이는 대해 데이비슨과 포아(Davidson & Foa, 1991)는 외상후 스트레스 장애를 유발할 수 있는 위험요인을 외상 이전, 외상 사건, 외상 이후의 세 가지 요인에 의해서 나타난다고 설명하였다. 첫째, 외상 이전 요인으로 정신장애에 대한 가족력, 아동기의 다른 외상경험, 의존성이나 정서적 불안정성과 같은 성격특성, 자신의 운명이 외부요인에 의해 결정된다는 통제소재의 외부성 등이 있다. 둘째, 외상 사건 요인은 외상경험 자체의 특성을 의미한다. 외상 사건의 강도가 심하고 외상 사건에 자주 노출되었을수록 외상후 스트레스 장애가 나타날 가능성이 높다. 또한 외상 사건이 타인의 악의에 의한 것일 때, 외상 사건이 가까운 사람에게 일어났을 때 외상 후 스트레스 장애의 증상이 심하고 오래 지속된다. 셋째, 외상 이후 요인으로 사회적 지지체계나 친밀한 관계의 부족, 추가적인 생활 스트레스, 결혼과 직장 생활의 불안정, 심한 음주와 도박 등이 있다. 이러한 외상 후 요인들은 외상경험자

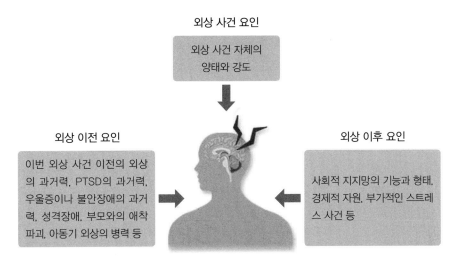

외상 사건 요인

외상 사건 자체의 양태와 강도

외상 이전 요인

이번 외상 사건 이전의 외상의 과거력, PTSD의 과거력, 우울증이나 불안장애의 과거력, 성격장애, 부모와의 애착 파괴, 아동기 외상의 병력 등

외상 이후 요인

사회적 지지망의 기능과 형태, 경제적 자원, 부가적인 스트레스 사건 등

[그림 10-1] 외상 후 스트레스 장애의 원인

의 심리적 적응을 저해함으로써 외상 후 스트레스 장애를 유발하거나 악화한다. 이를 그림으로 나타내면 [그림 10-1]과 같다.

　생물학적 입장에서는 유전적 요인이 외상 후 스트레스 장애에 대한 취약성과 연관되어 있다는 주장이 제기되고 있다. 아울러 외상 후 스트레스 장애를 지닌 환자들이 특정한 신경전달물질의 이상을 나타낸다는 연구결과도 보고되고 있다. 정신분석적 입장에서는 외상 후 스트레스 장애를 외상적 사건이 유아기의 미해결된 무의식적 갈등을 다시 불러일으킨 것으로 본다. 그 결과 퇴행이 일어나고 억압, 부인, 취소의 방어기제가 동원되어 이 장애의 증상이 초래된다는 설명이다. 행동주의적 입장에서는 조건형성의 원리를 통해 이 장애를 설명하고 있다. 즉, 외상 사건이 무조건자극이 되고 외상과 관련된 단서들이 조건자극이 되어 불안반응이 조건형성된 것이다. 아울러 외상 사건의 단서를 회피하는 행동이나 무감각한 감정반응은 불안을 감소하는 부적강화 효과를 지닌다고 본다.

(2) 치료

외상 후 스트레스 장애의 치료방법으로는 주로 정신역동적 치료, 지속적 노출법 등이 쓰인다.

정신역동적 치료는 방어기제에 초점을 맞춰 카타르시스를 통해 외상 사건을 재구성해 외상경험으로부터 발생하는 심리내적갈등을 해소시켜 주는 것을 목적으로 한다. 이때 치료자는 지지적인 관계를 통해 환자로 하여금 외상 사건을 생생하게 이야기하면서 정서적 충격을 정화시키도록 돕는다. 지속적 노출법은 특히 강간 피해자들의 치료를 위해 제시된 방법이다. 외상 사건을 단계적으로 떠올리게 해 불안한 기억에 반복적으로 노출됨으로써 궁극적으로 외상 사건을 큰 불안 없이 직면할 수 있도록 유도하는 것이다. 데이비슨과 포아의 외상 후 스트레스 장애의 세 가지 위험요인을 고려할 때 외상 이후 사회적 지지체계, 경제적 지원 등의 사회적 자원이 외상의 회복에 중요한 요인이고, 추가적인 생활스트레스가 회복을 방해한다. 이에 사회적 지지망 형성과 자원연계의 필요성을 확인하고 치료과정에 함께 계획되어야 할 것이다.

2. 급성 스트레스 장애

급성 스트레스 장애(acute stress disorder)는 외상 사건을 직접 경험했거나 목격하고 난 직후에 나타나는 부적응 증상들이 3일 이상 1개월 이내의 단기간 지속되는 경우를 뜻한다. 급성 스트레스 장애는 증상의 지속 기간이 짧다는 점 이외에는 주요 증상과 진단기준이 외상 후 스트레스 장애와 매우 유사하다. 급성 스트레스 장애를 지닌 사람들의 약 50%가 외상 후 스트레스 장애로 진전되는 것으로 알려져 있다.

급성 스트레스 장애의 특징 중 하나는 해리증상을 나타낸다는 점이다. 해리는 기억이나 의식의 통합적 기능이 교란되거나 변질된 상태로서 현실의 부정을 통한 비현실감, 자신을 낯설게 여기는 이인증, 정서적 마비나 기억상실 등을 나타낼 수 있다. 외상경험을 한 사람들은 자신에게 일어난 일이 실재가 아니라 한바탕의 꿈이었기를 바라며 이러한 악몽에서 깨어나기를 바란다. 이런 점에서 해리증상은 외상 스트레스에 대한 주요한 심리적 반응이라고 할 수 있다(APA, 2017).

급성 스트레스 장애는 외상 후 스트레스 장애의 한 변형으로 이해되고 있어 그와 유사한 원인에 의해서 유발될 수 있다. 외상경험의 부정적인 결과를 과장하는 파국적 평가와 그로 인한 무력감, 죄책감, 절망감이 급성 스트레스 장애를 유발할 수 있다.

급성 스트레스 장애에는 노출과 인지적 재구성을 중심으로 한 인지행동치료가 증상을 완화할 뿐만 아니라 외상 후 스트레스 장애로 진행되는 것을 예방하는 데 효과적인 것으로 알려져 있다.

3. 반응성 애착장애

반응성 애착장애(reactive attachment disorder)는 양육자와의 애착 외상으로 인해 과도하게 위축된 대인관계 패턴을 나타내는 경우를 말한다. 이러한 애착장애는 생후 9개월 이상부터 만 5세 이전의 아동에게 주로 발생하는데, 반응성 애착장애를 지닌 아동은 부모를 비롯한 타인과의 접촉을 두려워하고 회피하며 사회성 발달에 어려움을 겪게 된다.

아동은 부모의 학대 또는 무관심에 저항하다가 나중에는 실망과 좌절 상태에 빠지고 그 후로는 애착의 노력을 중단하는 경향을 보이기도 하는데, 이를 탈애착이라고 한다. 이러한 아동은 부모에 대한 접근 욕구와 회피 욕구 간의 갈등에서 벗어나기 위해 관심을 다른 곳으로 돌리게 된다. 반응성 애착장애의 유병률은 매우 드문 것으로 보고되고 있으며, 심각한 방임 상태에서 양육

된 아동의 경우에서도 10% 이하의 아동에게서만 이러한 장애가 나타나는 것
으로 알려져 있다(APA, 2017).

　반응성 애착장애는 안정된 애착을 형성하는 게 매우 중요한 아동들이 부모
의 이혼, 가정불화 등으로 생애 초기에 양육자에게서 충분한 애정을 받지 못
하거나 학대, 방임 상태로 양육되면서 나타나는 외상인 애착 외상이라는 비
교적 분명한 환경적 촉발 요인을 지니고 있다. 애착 외상의 유형은 다른 사람
과의 관계를 두려워하거나 회피하는 억제형, 누구에게나 부적절하게 친밀감
을 나타내는 탈억제형이 있다.

　이에 대한 치료와 예방으로 아동과 양육자의 애착관계를 개선하는 방법이
가장 많이 쓰인다. 애착장애의 치료를 위해서는 아동에게 정서적으로 애정
과 관심을 지속적으로 기울일 수 있는 1명의 양육자를 제공하는 것이 필수적
이며, 놀이치료처럼 주로 양육자의 정서적 감수성과 반응성을 증진해 아동과
의 상호작용을 긍정적으로 변화하는 데 초점을 둔다.

4. 탈억제성 사회적 유대감 장애

　탈억제성 사회적 유대감 장애(disinhibited social engagement disorder)는 양
육자와의 애착 외상을 경험한 아동이 누구든지 낯선 성인에게 아무런 주저
없이 과도한 친밀감을 표현하며 접근하는 경우를 말한다. 애착장애와 비슷
하나 이 장애를 가진 아동은 위축되는 대신 무분별한 사회성과 과도한 친밀
감을 나타내는 부적응 행동을 보인다. 탈억제 사회적 유대감 장애의 핵심 증
상은 친밀하지 않은 낯선 성인에게 자발적으로 접근하여 그들과 상호작용하
려는 다음과 같은 패턴으로 나타난다. 생후 9개월 이상 된 아동이 애착 외상
에 해당되는 경험을 하고 난 후 다음의 증상을 나타낼 경우에 이 장애로 진단
된다.

- 낯선 성인에게 접근하거나 그들과 상호작용하는 데에 주저함이 없다.
- 지나치게 친밀한 언어적 또는 신체적 행동을 나타낸다.
- 낯선 상황에서도 주변을 탐색하고 난 후에 성인 양육자의 존재를 확인하지 않는다.
- 낯선 성인을 아무런 망설임이나 주저 없이 기꺼이 따라나선다.

탈억제성 사회적 유대감 장애의 유병률은 잘 알려져 있지 않으며, 대개 심각한 방임을 겪고 추후 위탁보육에 들어가거나 양육기관에게서 자란 아동에게서 나타난다. 이렇게 높은 위험인구집단 아동 중 약 20%에서 이러한 상태가 나타난다.

탈억제 사회적 유대감 장애의 원인은 대체로 잘 알려지지 않았으나, 대체로 반응성 애착장애의 원인과 유사하다고 추정한다. 또한 같은 애착 결핍을 경험했음에도 억제형/탈억제형 애착장애와 같이 다른 반응을 나타내는 아동들은 선천적 기질의 차이인 것으로 추정한다. 반응성 애착장애를 가진 아동들은 선천적으로 내향성과 과민한 기질을 타고나 애착 결핍에 대해 회피적인 반면, 탈억제 사회적 유대감 장애를 나타내는 아동들은 선천적으로 외향성과 자극 추구 기질을 타고나 애착 결핍에 대해 무분별한 사회성과 충동적 행동을 통해 반응하는 것으로 본다.

탈억제 사회적 유대감 장애 치료방법에서는 1명의 양육자와 친밀한 애착 관계를 형성하는 데 초점을 맞춘다. 하지만 이 장애는 부주의나 과잉행동과 관련이 더 높기 때문에 양육환경이 향상되어도 증상이 잘 개선되지 않는 경향이 있다.

5. 적응장애

종종 삶의 변화는 스트레스를 유발한다. 새로운 직장이나 진급, 새로운 학교로의 진학이나 진급, 이사, 가족의 죽음, 부모의 이혼, 갑작스러운 경제상황 악화 등이 있다. 어떤 사람들은 이러한 변화에 적응하는 데 수개월 혹은 그 이상이 걸리기도 한다. 적응장애(adjustment disorder)는 이러한 스트레스의 반응으로, 오랜 시간 고통을 당하고 우울하고 불안하며 주요한 생활사건에 대한 적응에 실패하면 정서적 또는 행동적 증상이 나타날 수 있다(Durand & Barlow, 2017).

- 분명히 확인될 수 있는 심리사회적 스트레스 사건에 대한 반응으로 나타난 부적응 증상이 스트레스 사건이 발생한 3개월 이내에 나타나야 한다.
- 그러한 부적응 증상이 환경적 맥락과 문화적 요인을 고려할 때 스트레스 사건의 강도에 비해서 현저하게 심한 것이어야 한다.
- 이러한 적응 문제로 인하여 개인이 심각한 고통을 느끼거나 중요한 삶의 영역에서 기능 장해가 나타나야 한다.
- 개인이 나타내는 부적응 증상이 다른 정신장애의 진단기준에 해당되지 않아야 한다. 즉, 적응의 실패로 나타난 부적응 증상이 다른 정신장애에 해당될 만큼 심하지 않아야 한다. 적응장애에서 가장 흔히 나타내는 부적응 증상은 우울한 기분, 불안증상과 신경과민이다. 이로 인해 상당한 고통을 느끼거나 대인관계에서의 갈등이 초래될 경우에 적응장애에 해당된다.

유병률은 일반 인구의 2~8%로 추정되며, 여성이 남성보다 2배 더 많지만 소아·청소년의 남녀 유병률은 같다. 전 연령대에서 발생 가능하지만, 청소년에게서 가장 흔히 진단되고, 독신 여성이 가장 적응장애 위험도가 높은 것으로 알려져 있다. 청소년은 학교 문제, 부모와의 갈등, 부모의 이혼, 물질남용 등이 흔한 스트레스 요인이며, 성인은 결혼 문제, 이혼, 이사, 경제적 곤란 등이 주요 스트레스 요인이다. 적응장애는 신체질환으로 입원하거나 외래치료를 받는 환자에게 나타나는 가장 흔한 정신질환이다. 특정 신체질환이나 스트레스를 가진 사람의 약 50%, 정신과 외래 환자의 10~30%, 정신과에 자문이 의뢰된 종합병원 입원 환자의 12%가 적응장애를 가지고 있을 정도로 흔하다. DSM-5 진단기준은 다음과 같다(APA, 2017).

DSM-5 진단기준

적응장애는 스트레스 사건이 시작된 이후 3개월 이내에 다음의 증상들이 한 가지 혹은 모두 나타날 때 진단된다.

- 스트레스 요인의 형태를 넘어서는 극렬하고 지속적인 고통이 있다. 여기에는 우울한 기분, 불안, 혹은 우울한 기분이 혼합된 불안이 해당된다.
- 사회적 또는 직업적(학업적), 또는 다른 기능에서 주된 문제가 발생한다.

이러한 증상들은 다른 정신장애로 인한 것이 아니다. 사랑하는 사람과의 사별을 겪으며 경험하는 정상적인 애도는 반영하지 않는다. 일단 스트레스 요인(또는 스트레스의 결과)이 종료되면, 증상은 종결 후 6개월 이상 지속되지는 않는다.

> E 씨는 35년간 일한 대기업에서 최근 퇴직한 63세 남자이며 퇴직 시 사무실 짐 정리를 할 때 비서와 직원들이 자기를 떠나보낼 차비를 하는 모습을 보이는 것에 대해 약간 우울해지기 시작했고 소원해진 것 같은 느낌을 받았으며 다른 동료들의 농담에 불안과 메스꺼움을 느꼈다. 퇴직 후 나머지 인생 동안 무엇을 할 것인가에 대한 고민을 하였고 대인관계에 약간의 어려움을 보였으며 침착하지 못하고 취침과 식사에 어려움을 겪는 증상을 보였다.
>
> ―불안과 우울기분을 동반한 적응장애

적응장애의 원인으로는 개인마다 적응능력이 다른 이유가 주목받고 있다. 정신분석적 입장의 연구자들은 생애 초기의 어머니 역할과 양육환경이 아동이 성장한 후의 스트레스 반응에 중요한 영향을 미친다고 주장한다. 역경과 좌절을 견뎌 내고 회복하는 심리적 탄력성도 어린 시절에 경험한 부모와의 관계에 의해 크게 영향을 받게 된다. 스트레스 사건에 대한 심리적 반응과 대처 방식은 개인의 다양한 성격특성, 자존감과 자신감, 자신과 세상에 대한 신념내용 등의 심리적 특성에 의해 영향을 받을 수 있다.

치료는 증상의 원인이 되는 특정 문제를 해결하는 것에 표적을 두어야 하고, 또 그 문제에 대한 개인의 반응성을 수정하는 것에 초점을 두어야 한다. 환경적 조절, 가족 구성원의 개입이 유용할 수 있는데 특히 가족 구성원들을 직접 만나 면담하는 것이 성공적 결과를 가져오는 데 도움이 된다. 가족 구성원들이 치료적으로 협력할 때 도움은 절대적이며, 환자는 가족을 통하여 자신의 위험을 이겨 나갈 수 있는 잠재적 이득을 얻을 수 있다. 적응장애는 스트레스 요인이 사라지면 증상이 감소하는 경우가 대부분이므로 심리치료가 가장 널리 사용된다. 심리치료에서는 내담자의 심리와 공감하여 심리적 지지를 제공할 뿐만 아니라 내담자의 대처행동을 좀 더 효과적으로 변화시키도록 돕는다(권석만, 2013). 적응장애가 삶의 전환기나 명백한 생활스트레스가

있을 때 변화에 대한 적응의 어려움을 표현하는 것이므로 가족의 지지, 친구
나 동료와 같은 사회적 지지체계의 역할이 중요하다. 이에 사회적 지지망을
구축하고 협조체계를 형성하여 협력하는 치료적 접근도 필요하다.

6. 치료와 사회복지실천

외상 후 스트레스 장애와 해리성 장애를 앓고 있는 클라이언트는 대부분
일상생활에서 심각한 어려움을 겪는 환경에 처해 있음을 알 수 있다. 사회복
지현장에서 외상적 재난 사건에 대한 개입은 주로 자원봉사 동원과 1차적인
피해복구에 참여하는 것이었다. 2014년 온 국민을 충격에 빠뜨린 세월호 사
건을 계기로 사회복지사들은 공동체의 회복과 생존자 및 유가족의 회복에
역점을 두기 시작했다. 안산 지역의 10개 종합사회복지관들은 네트워크 형
식으로 '우리함께'라는 조직을 구성하여 재난사회복지를 자구적으로 실천하
였다. 이는 매우 고무적이며 중요한 발자취를 남긴 의미 있는 실천이다. '우리
함께'는 2014년 6월 1일 공식 출범하여 2018년 8월 31일까지 4년 3개월 동안
세월호 참사 피해 유가족과 지역사회를 대상으로 사회복지실천 활동을 전개
하였다. '우리함께'는 사무국을 중심으로 유가족, 특히 희생자 형제자매를 지
원한 가족지원활동과 지역사회 캠페인, 추모행사 등을 통해 갈등과 분열이
나타나기 시작한 지역사회의 통합을 목표로 공동체 회복활동을 수행하였다.
재난의 직접 피해자인 유가족을 지원하는 미시적 차원부터 지역사회통합이
라는 거시적 차원까지 복합적인 재난지원 활동을 전개한 것이다. '우리함께'
를 이용한 경험이 있는 세월호 유가족(부모나 형제자매) 10명의 인터뷰 자료
를 질적으로 분석한 이윤희와 강미경(2019)은 사회복지사들의 서비스가 유
가족에게 준 영향을 다음과 같이 분석하였다. 꾸준히 곁을 지키며 가족의 마
음을 먼저 살피고, 가족의 입장을 이해하며 위로해 주고 공감해 준 사회복지

사에게서 유가족들은 '진정성'을 느꼈고, 신뢰가 쌓이며 마음이 열렸다. 아는
척하지 않고, 스며들듯이 늘 곁에서 함께하면서, 가족들의 욕구를 중심으로
세심하고 충분하게 지지해 주었다. 이것이 힘이 되어 유가족들은 자조적 가
족공동체가 되었고, 사회복지사들은 믿고 의지할 만한 진정한 이웃이 되었
다. 내적으로는 자신에게 맞는 회복방법을 조금씩 발견하고, 시민의식과 공
동체의식도 생기면서, 점차 자조와 회복의 힘을 얻게 되었다.

외상 후 스트레스 장애의 회복은 일상의 복귀와 기존 삶의 체계와의 재연
결이 되어야 가능하다. 안산 지역 사회복지기관 네트워크의 실천과 같이 이
웃이 되어 함께하며, 생존자들의 자조적인 활동의 공간을 마련해 주면서 클
라이언트가 아니라 주민으로서 그들의 활동과 입장을 존중하며, 동시에 그들
의 필요에 민감하게 반응하면서 지원하는 접근이 회복에 큰 힘이 되었을 것
이다. 외상의 의미를 되새기며 혼자가 아닌 공동체로 함께 대응하며, 이러한
일이 반복되지 않도록 정책의 변화를 위해 노력하고, 다른 재난생존자들을
돌보면서 성숙해지는 계기가 되었다. 이처럼 외상 후 스트레스 장애는 질병
관점의 의료적 접근 외에, 클라이언트가 살아가는 친근한 지역에서 지역사회
복지기관이 센터가 되어 회복을 지원하는, 레질리언스 강화와 임파워먼트 접
근이 회복을 강화할 수 있다. 이는 외상을 겪은 개인들뿐 아니라 지역사회의
레질리언스를 강화하는 것이고, 인생의 바다에서 또 만날 수도 있는 다른 위
기에 대응할 힘이 생기는 것이기 때문에 중요하다.

적응장애도 사회복지실천에서 관심을 기울일 필요가 있다. 살아가면서 경
험하는 인생사건으로 스트레스가 유발되고, 스트레스요인이 안정화되고 적
응하기까지는 시간이 필요하다. 스트레스 사건 이후 3개월 안에 경험하는 우
울과 불안이 효과적인 대처를 어렵게 하고, 사회적 지지망이 취약하면 장애
위험이 증가할 것이다. 특히 학교, 직장에서의 전환기, 퇴직이나 자녀결혼
후 빈 둥지, 경제상황 악화로 인한 위기에 효과적으로 대응하도록 위기개입
을 지원하면 적응장애를 예방할 수 있을 것이다. 사회복지실천모델의 하나

인 생활모델도 이러한 삶의 전환기에 주목하고 더 많은 사회적 지원을 필요로 한다고 강조한다. 학교사회복지 차원에서 신입생 대상 학교적응 지원, 학년 진급에 따른 친구 사귀기 프로그램, 신혼부부 대상 부부교육 및 부모교육, 자녀를 독립시킨 노부부의 재적응을 돕는 교육과 지원, 은퇴준비 교육 등과 같은 생애전환기의 적응장애 예방 차원의 가족기능강화사업을 계획해 볼 수 있다. 또한 상대적으로 적응장애에 취약하다고 알려진 20대 독립주거여성을 위한 모임이나 정서적, 사회적 지원 등 다양한 사업을 지역복지 차원에서 계획해 볼 수 있을 것이다. 적응장애 위험이 있는 클라이언트 중 자살생각이 있다거나 6개월 이상 증상이 지속된다면 정신의학적 치료 연계가 필요하다.

제**11**장

파괴적 충동조절 및 품행장애의 이해와 사회복지실천

　파괴적 충동조절 및 품행장애(disruptive, impulse-control, and conduct disorders)는 정서나 행동 면에서 자기조절의 문제가 특징적으로 나타나는 장애들이다. 많은 심리장애가 정서·행동 조절 문제를 포함하고 있지만 파괴적 충동조절 및 품행장애는 다른 사람의 권리 침해, 사회적 규준이나 권위적인 인물과 갈등을 유발하는 행동을 보인다는 점에서 충동조절의 문제를 공통적으로 가지고 있다. 하위장애별 임상적 특징 및 발병시기 관련 특성은 다음과 같다. 다섯 가지 하위장애 중에서 아동 및 청소년 복지현장의 이슈가 되는 적대적 반항장애와 품행장애를 중심으로 구체적으로 살펴본다.

하위장애	임상적 특징	발병시기 관련 특성
적대적 반항장애	어른에게 거부적이고 적대적이며 반항적인 행동 특성을 보임	아동기 시기의 부모의 양육방식이 큰 영향을 미친다. 청소년기 이전의 발병률은 여아가 남아보다 더 높다. 아동기에 제대로 치료를 받지 못하면 성인기에 수많은 심리장애 문제를 보일 가능성이 높다.
간헐적 폭발장애	공격적인 충동조절이 어려워 심각한 파괴적 행동을 보임	충동적이며 문제가 되는 공격 행동은 대개 아동기 후반이나 청소년기에 시작되며 이후 지속될 수 있다.
품행장애	난폭하고 잔인한 행동, 기물 파괴, 도둑질, 거짓말, 가출 등 타인의 권리를 침해하거나 사회적 규범을 위반하는 행동을 함	아동기, 청소년기에 나타나고, 가정과 학교에서 지속적으로 문제를 일으킨다. 학교폭력문제를 일으키며 학업유지에 어려움이 생긴다. 문제아로 낙인될 가능성이 많다.
병적 방화	불을 지르고 싶은 충동이 통제되지 않아 반복적으로 방화행동을 함	아동의 병적 방화는 드물지만 청소년의 방화는 품행장애, ADHD, 적응장애와 관련이 있다.
병적 도벽	남의 물건을 훔치고 싶은 충동을 조절하지 못해 반복적으로 도둑질을 함	주로 청소년기에 시작되며 성인기 후기에 발생하는 경우는 드물다.

1. 적대적 반항장애

적대적 반항장애(oppositional defiant disorder)를 가진 아이는 분노와 짜증이 많고 논쟁적이며, 반항적인 행동을 자주 보이고 복수심을 자주 품으며 부정적 기분 문제를 자주 드러낸다. 학교나 친구관계에서는 문제가 없고 집에서만 이런 문제를 보이는 경우가 많지만 증상이 조금 더 심한 경우에는 다양한 상황에서 이러한 양상을 보이는 경우도 있다. 이 장애는 흔히 어른과의 상호작용에서 나타나지만 또래관계에서도 나타날 수 있다. 적대적 반항장애의 유병률은 1~11%이며, 청소년기 이전에는 여아보다 남아에게서 더 빈번히 발생하고, 보통 첫 증상이 취학 전에 나타나며 초기 청소년기 이후에 발병하는 경우는 드물다. 주의력결핍과잉행동장애와 품행장애가 같이 동반되기도 하며, 아동기에 발병한 품행장애의 경우에는 적대적 반항장애가 발달적으로 먼저 나타나기 때문에 품행장애의 전조 증상일 수도 있다(Durand & Barlow, 2017).

적대적 반항장애의 진단기준(DSM-5)

다음 증상이 최소 6개월 이상 지속되고, 적어도 네 가지(또는 그 이상)가 존재한다.

분노/과민한 기분

- 자주 버럭 화를 낸다.
- 자주 기분이 상하거나 쉽게 짜증을 낸다.
- 자주 화내고 원망한다.

논쟁적/반항적 행동

- 자주 권위적인 인물과 논쟁한다.
- 자주 자극적으로 어른의 요구나 규칙을 무시하거나 거절한다.
- 자주 고의적으로 타인을 귀찮게 한다.
- 자주 자신의 실수나 잘못된 행동을 남의 탓으로 돌린다.

복수심을 가짐

- 지난 6개월 동안 적어도 두 번 이상 악의에 차 있거나 앙심을 품고 있다.

※ 5세 이하 아동의 경우 최소 6개월 동안 거의 매일 이런 행동이 나타나고, 5세 이후에는 6개월 동안 일주일에 최소 1회 이상 상기 행동이 나타난다.

※ 현재의 심각도를 명시할 것

- 경도: 증상이 한 가지 상황(집, 학교, 직장, 또래집단)에서만 나타나는 경우
- 중등도: 증상이 적어도 두 가지 상황에서 나타나는 경우
- 고도: 증상이 세 가지 이상의 상황에서 나타나는 경우

---

(1) 원인

보호자가 자주 바뀌어 돌봄이 부족한 가정에서 자란 경우와 지나치게 엄격하거나 비일관적이고 방임적 양육을 하는 가정에서 자라난 아동의 경우에 더 자주 나타날 수 있다. 기질적으로는 높은 정서적 반응성, 낮은 욕구좌절 인내력 등과 같은 정서조절 문제가, 환경적으로는 부모의 양육 방식이 큰 원인이라고 알려져 있고, 부모-자녀 간의 갈등이 가장 큰 문제로 지목되고 있다. 정신분석이론에서는 배변 훈련 과정에서 부모와 자녀가 힘겨루기를 하는 항문기적 문제가 적대적 반항행동을 일으킨다고 보고 있으며, 학습이론에서는 반항적인 행동이 모방학습을 통해 학습되고 조작적 조건형성을 통해 강화될 수 있다고 설명한다. 또한 집요한 반항이나 논쟁 행동을 통해 자신의 요구를 관철하고 부모의 요구를 철회하게 하는 등의 보상적 결과를 통해 반항적 행동이 강화된다(권석만, 2013).

부모-자녀 간의 상호작용의 문제라 임상 장면에서는 면밀히 파악하기 쉽지 않다. 반항성 장애 아동들은 청소년기에 알코올, 담배, 약물남용, 품행장애, 기분장애로 발전하기도 하며 제대로 치료가 되지 않는 경우 성인기에는 반사회적 행동, 충돌조절의 문제, 알코올중독, 불안, 우울 등 수많은 심리장애 문제를 보일 가능성이 높다. 또한 자연적으로 사라지기도 하지만 심할 경우 부모나 교사와의 관계를 악화할 뿐만 아니라 교우관계나 학업성취도를 저하한다. 여자아이는 적대적 반항장애로, 남자아이는 품행장애로 진단되는 경향이 있다.

(2) 치료

치료적인 면에서는 부모-자녀의 의사소통을 개선하는 것이 가장 중요하다. 부모 역시 아동의 욕구불만과 분노감을 잘 수용해 줄 필요가 있다. 부모가 수용적이지 못하면 반항적 행동은 사춘기와 맞물려 점점 심해질 수 있다. 부모교육을 통해 부모가 행동관리기법을 익혀 자녀가 거역할 때 반응하는 방법을 향상시키고, 부모-자녀관계를 구축하며 분명하게 지시하는 방법과 행동들을 연습하고 적용하게 하는 부모관리훈련이 치료에 유용하다.

2. 품행장애

품행장애(conduct disorder)는 다른 사람의 권리를 침해하고 연령에 맞지 않게 사회적 규범이나 규칙을 위반하는 행동양상을 지속적으로 보이는 장애이다. 이 장애를 가진 사람들은 자신의 품행 문제를 축소하는 경향이 있고 모호한 상황에서 타인의 의도를 실제보다 더 적대적이고 위협적인 것으로 오지각·오해석하는 경향이 있어서 자신의 공격적인 반응이 정당하다고 주장한다. 또한 품행장애를 가진 아동·청소년은 기질적으로는 까다롭고 통제하기 어려운 성향을 타고난 경우가 많고, 언어성 지능도 떨어지는 편이다. 흔히 ADHD와 적대적 반항장애가 품행장애에 동반된다. 유병률은 2~10%로 추정되며 남성이 더 흔하다. 아동기에서 청소년기로 갈수록 증가한다.

품행장애의 진단기준(DSM-5)

다른 사람의 기본 권리를 침해하고 나이에 맞는 사회적 규범 및 규칙을 위반하는 지속적이고 반복적인 행동 양상을 보이며, 지난 1년간 다음 진단기준 열다섯 가지 중 세 가지 이상이 해당되고 지난 6개월 동안 적어도 한 가지 이상이 기준에 해당된다.

사람과 동물에 대한 공격성
- 자주 다른 사람을 괴롭히거나, 위협하거나, 협박한다.
- 자주 몸싸움을 건다.
- 다른 사람에게 심각한 신체적 손상을 일으킬 수 있는 무기를 사용한다(예: 방망이, 벽돌, 깨진 병, 칼 또는 총).
- 사람에게 신체적으로 잔혹하게 대한다.

- 동물에게 신체적으로 잔혹하게 대한다.
- 피해자와 대면한 상태에서 도둑질을 한다(예: 노상강도, 날치기, 강탈, 무장강도).
- 다른 사람에게 성적 행위를 강요한다.

재산파괴
- 심각한 손상을 입히려는 의도로 불을 지른다.
- 다른 사람의 재산을 일부러 파괴한다.

사기 또는 도둑질
- 다른 사람들의 집, 건물, 차를 파괴한다.
- 어떤 물건이나 다른 사람의 호의를 얻기 위해, 또는 의무를 회피하기 위해 흔히 거짓말을 한다(예: 다른 사람을 속임).
- 피해자와 마주치지 않은 상황에서 귀중품을 훔친다(예: 부수거나 침입하지 않고 상점에서 도둑질하기, 문서위조).

심각한 규칙 위반
- 부모의 금지에도 불구하고 13세 이전에 자주 밤늦게까지 집에 들어오지 않는다.
- 친부모 또는 양부모와 같이 사는 동안 적어도 두 번 이상 가출하거나 장시간 집에 돌아오지 않는 가출이 1회 이상이다.
- 13세 이전에 무단결석을 자주 한다.

　행동장애가 사회적, 직업적 기능 영역에서 임상적으로 유의한 손상을 초래한다. 또한 18세 이상일 경우, 반사회성 성격장애의 진단기준에 맞지 않아야 한다.

(1) 원인

　아동·청소년기의 좌절에 대한 낮은 내성, 과민성, 분노폭발, 의심, 처벌에 대한 둔감성, 자극 추구, 무모함 등을 포함하는 부정적 정서성과 자기조절의 어려움 같은 성격 특질이 장애의 발현에 영향을 준다. 환경적으로는 부모의 양육태도와 가정환경이 주요 원인으로 꼽히고 있는데, 폭력적이고 강압적인 부모의 양육태도, 무관심하고 방임적인 양육태도, 부모불화, 가정폭력, 아동학대, 부모의 정신장애나 알코올 사용장애, 부모의 범죄 등이 위험요인으로 알려져 있다. 문제행동이 부모를 통해 모방되고, 조작적 조건형성에 의해 습득, 유지되기도 한다.

(2) 치료

부모-자녀 간의 상호작용 및 의사소통의 악순환을 개선하여야 하며, 부모의 태도를 변화시키는 것이 중요하다. 효과적인 분노 표출 방법이나 욕구 충족 방법을 습득하도록 하는 것이 중요하며, 일관성 있는 보상과 처벌의 규칙을 만들어 긍정적 행동을 강화하고 반사회적 행동을 약화해야 한다. 인지치료에서는 새로운 적응 기술과 좌절에 대한 인내력을 키우고 궁극적으로 긍정적인 자아상을 회복하도록 하는 것이 중요하다. 또한 품행장애가 발달하기 전 조기예방 프로그램을 실시해 바람직하지 못한 사회적 환경을 변화시키는 것이 중요하다.

3. 치료와 사회복지실천

학교사회복지사에게 요구되는 중요한 역할기대 중 하나가 학교폭력의 예방이다. 유치원이나 어린이집, 초등학교 학생의 적대적 반항장애나 초등학교 고학년이나 중·고등학생 시기의 품행장애는 학교폭력과 연결될 가능성이 높다. 적대적 반항장애 행동은 어린이집이나 지역아동센터에서 나타날 수 있다.

사례

어린이집에 만 4세 남자아이가 선생님과의 대화 중에 "짜증 나." 라는 표현을 자주 사용하고, 친구들과 놀이를 하다가도 "너 때문에 이렇게 된 거야!"라고 소리를 지르며, 잘못을 친구의 탓으로 돌린다. 친구와 잘 놀다가도 "네가 저번에 나한테 이렇게 했지!"라고 억박지르면서 화를 내고 앙심을 품는 행동을 보인다.

–만 3세 남자아이는 또래와 함께 놀이를 하다가 자기 뜻대로 되지 않으면 친구를 때리거나 밀치며 욕설을 하고, 교사에게도 폭력적인 행동을 보인다.

–만 4세 남아가 교구를 던지거나, 친구들을 꼬집거나 때리고, 교사가 타이르면 교사를 비웃거나 놀린다. 친구들이 널 싫어할 수도 있다고 하면, "싫어하게 놔두세요. 친구 필요 없어."라고 한다.

–초등학교 2학년 한 남아는 반항적이고 어른에게 대들며, 친구나 동생을 때리는 행동을 한다. 자주 화를 내고 다른 사람 탓을 많이 한다. 상담 중에는 "몰라요." "엄마가 내 말을 안 들으니까요." "맨날 자기 마음대로만 해요." 등 엄마에 대한 서운함을 표현한다.

사례 속의 아이들은 적대적 반항장애를 가지고 있을 가능성이 있다. 어린이집이나 지역아동센터에서 이러한 행동문제로 어려움이 생기면 사회복지사는 아이들이 나쁜 것이 아니라 치료와 특별한 관심이 필요한 장애를 가졌을 수도 있다고 생각하고, 특별한 개입계획을 세울 필요가 있다. 놀이치료, 미술치료, 사회적 기술 훈련, 인지행동치료, 가족치료 등이 이들에게 도움이 된다. 학습지도 및 보육의 업무를 담당하는 사회복지사가 치료적 접근까지 하기에는 업무과중과 역할한계가 있으니, 치료적 접근은 부모와 협의하여 지역의 전문자원에 연계한다. 사회복지사가 운영하는 학습 및 보육 활동에 규칙을 적용하고 보상이 따르는 게임과 놀이, 아이들이 서로 예의를 지키게 하는 사회기술훈련, 협동그림이나 협동작업을 하는 미술 활동 등을 하며 긍정적인 친사회적 행동을 습득하도록 도움을 줄 수 있을 것이다. 또한 가정에서 부모가 양육갈등과 스트레스로 힘들어 할 것이므로 도움이 되는 교육자료를 만들어 보내 주고, 어린이집에서 하는 교육적 활동을 집에서도 가족놀이로 하고, 아동을 칭찬해 주도록 접근해 볼 수 있을 것이다. 물론 부모의 협력이 매우 중요하므로 필요하면 부모가 상담을 받아보도록 연계해 주고 부모의 양육자원 결핍 등 자원에 문제가 있다면 사회적 지지체계에 연계하는 것이 필요하다.

청소년 시기는 충동조절 및 건전한 윤리의식의 수립, 이성관계를 포함한 성숙한 대인관계가 형성되는 시기이다. 그러나 이에 따른 스트레스 및 욕구불만, 좌절감, 공격성의 증가로 여러 가지 정신질환에 노출될 가능성이 많다. 최근 들어 청소년 비행이 심각해지고 있는데, 같은 또래에 대한 가혹행위나 성폭력, 성매매 강요 등이 자주 보고된다. 이러한 청소년 비행의 배경에는 가해 청소년의 품행장애와 관련된 문제가 있을 가능성이 높다. 이들의 문제행동은 가정, 학교는 물론 사회 전반에서 나타나며 이러한 행동은 생애에 지속적으로 유지되며 더 심각한 반사회적 행동으로 진행될 수 있기 때문에 사회적인 대책 마련이 시급하다. 학교현장에서 품행장애 학생들은 학교생활에 적응하지 못하고 다양한 문제행동을 일으키며 학업을 중단하게 되는 경우도 있다. 또한 품행장애는 ADHD, 학습장애를 동반하고, 시간이 지나면서 기분장애, 물질관련장애를 동반하며 약 50% 정도에서 반사회적 인격장애로 발전할 수 있다(이미련, 2019).

더 큰 사회적 문제를 예방하기 위해서 학교는 품행장애 위험 학생이나 품행장애 학생을 위한 구체적이고 실효성 있는 교육지원을 요구받는다. 학교 사회복지사의 역할이 중요한 이유 중 하나이다. 품행장애는 가정환경 및 부모와의 관계가 중요한 위험요인이므로 가족과의 협력방안을 고안할 필요가 있다. 비행청소년, 문제청소년으로 낙인이 찍힌 아동이나 청소년의 경우, 학생뿐 아니라 부모도 부정적인 태도를 가질 가능성이 있고, 학교에서 연락을 취하는 것에 대한 거부감이 있을 수 있다. 사회복지사는 학교에서 주변인으로 있을 학생들에게 학교사회복지실 운영에 도움을 요청하여 긍정적인 역할 기회를 부여한다. 이를 위해 매일 들르도록 하고, 스트레스를 받을 때마다 외현화 행동으로 친구들과 부딪히지 말고 자신의 스트레스 반응을 알아차리며, 그럴 때마다 사회복지실에 와서 간식을 하며 잠깐 이야기를 나누도록 한다. 관계 형성이 되면 공동 미술 활동이나 보드게임을 하며 정서적인 표출과 공격성 완화, 게임의 규칙준수와 보상을 통해 감정을 조절하는 훈련을 하게 하고, 규칙준수와 협력활동이 긍정적인 결과를 가져온다는 것을 학습하게 하며, 공감능력을 향상하도록 한다. 품행장애를 가진 청소년들은 행동화 경향이 있으므로 이러한 활동중심의 접근을 통해 공감능력 향상, 분노조절능력 향상, 친사회적 행동 습득을 할 수 있다(윤정미, 2019). 일정 기간 지나면서 등교율이나 학내 문제행동이 조금씩 개선되면, 사회복지사는 부모에게 활동사진이나 긍정적인 변화 등을 메모하여 전달하면서 부모가 희망과 기대를 가질 수 있게 도와주고, 가족이 할 수 있는 역할을 구체적으로 안내하는 자료도 함께 전달하며 협력관계를 형성해 나갈 수 있다. 물론 개입과정에는 많은 내적 및 외적 장벽이 존재하겠지만 사회복지사가 학생에 대한 강점관점에서 믿음과 친밀, 존중의 자세로 기다려 주면 변화의 기회를 포착할 수 있을 것이다. 이 과정에서 담임교사, 위센터 등의 상담인력, 지역의 정신건강복지센터와 협력하여 팀워크를 하는 것이 필요하다.

제**12**장
물질 관련 및 중독장애의 이해와 사회복지실천

물질 관련 및 중독장애는 술, 담배, 마약과 같은 중독성 물질을 사용하거나 중독성 행위에 몰두함으로써 나타나는 다양한 부적응적 증상을 포함하고 있다. 알코올, 남용약물, 도박은 보상계라고 불리는 뇌의 한 부분에 빠르게 영향을 미치는 것으로 보인다. 이 강력한 쾌락(혹은 고양감) 경험이 그 쾌락을 다시 즐기고 싶은 갈망을 만들어 낸다. 물질이나 행동에 대한 갈망은 뇌와 신체 모두에 물질이나 쾌락의 느낌을 가져야 한다는 신호를 보낼 수 있다. 중독에 빠진 사람들은 물질(알코올 등)을 사용하는 것이나 특정 행동(도박 등)을 하는 것이 전부가 되어 버릴 정도로 강한 집착을 보인다. 이는 그들과 가족의 삶에서 걱정과 고통을 만들어 낸다.

중독을 일으키는 물질에는 열 가지가 있다. 각 물질의 사용장애, 물질중독, 물질금단, 물질로 유도된 정신장애를 물질 관련 장애라고 한다. 도박장애가 처음으로 DSM-5에서 비물질 관련 장애로 중독장애에 포함되었다. 그 이전에는 충동조절장애로 구분되었다. 열 가지 종류의 물질은 다음과 같다(APA, 2017).

표 12-1 물질의 종류와 예

물질	예
알코올	맥주, 소주, 와인 등
카페인	커피
대마	마리화나
환각제	LSD, 펜시클리딘, 살비아
흡입제(코나 입을 통해 흡입)	접착제, 에어로졸 스프레이, 도료 희석제
아편계	헤로인, 코데인이나 옥시코돈 같은 진통제
진정제, 수면제, 항불안제	넴부탈, 발륨, 자낙스 등
자극제	코카인, 암페타민(메스암페타민이나 메드와 같은 각성제)
담배(니코틴)	궐련
기타	조제약제, 비전문의약품

출처: APA (2017), p. 288.

물질 관련 장애에는 물질사용장애와 물질유도성장애가 있고, 비물질 관련 장애로 도박장애가 있다. 하위장애별 핵심 증상은 다음과 같다.

표 12-2 물질 및 비물질 관련 장애의 핵심 증상

하위장애			핵심 증상
물질 관련 장애		물질사용장애	술, 담배, 마약과 같은 중독성 물질을 사용하거나 중독성 행위에 몰두함으로써 생겨나는 다양한 부적응적 증상
	물질 유도성 장애	물질중독	특정한 물질의 과도한 복용으로 인해 일시적으로 나타나는 부적응적 증상
		물질금단	물질 복용의 중단으로 인해 일시적으로 나타나는 부적응적 증상
		물질/약물 유도성 정신장애	물질남용으로 인해 일시적으로 나타나는 정신장애 증상
비물질 관련 장애	도박장애		심각한 부적응 문제를 유발하는 지속적인 도박행동

1. 물질사용장애

중독을 일으키는 물질 열 가지의 공통적인 사용장애 진단기준은 다음과 같다.

물질사용장애 DSM-5 진단기준

물질사용문제가 큰 장애나 고통으로까지 이어지고 1년 동안 다음의 증상들 중 최소 두 가지 이상 나타난다.

통제능력 손상

- 물질을 흔히 예상했던 것보다 더 많은 양을 또는 더 오랜 기간 사용한다.
- 지속적인 욕구가 있거나 물질사용을 중단하거나 통제하는 데 실패한다.
- 물질을 얻거나 물질을 사용하거나 혹은 그 영향에서 회복하기 위해서 수많은 시간을 허비한다.
- 물질을 사용하고자 하는 갈망이나 강한 충동이 있다.

사회적 문제

- 반복적인 물질사용으로 인해 학교, 직장, 집에서 중요한 일들을 완수하지 못하게 된다.
- 물질의 영향으로 인해 지속적이거나 반복적인 사회적 혹은 개인적 문제가 유발되거나 악화되는데도 불구하고 지속적으로 물질을 사용한다.
- 물질사용 때문에 중요한 사회적, 작업적 또는 여가 활동을 포기하거나 줄이게 된다.

위험한 사용

- 안전하지 않은 환경에서 자주 물질을 사용한다.
- 물질로 유발되거나 악화될 수 있는 문제를 알고 있는데도 물질을 지속해서 사용한다. 이러한 문제는 신체적(신체와 연관된), 심리적(누군가 생각하고 느끼는 방식) 혹은 이 둘 모두일 수 있다.

약물의 영향

- 내성(tolerance)은 다음 중 한 가지로 정의할 수 있다.

-중독상태가 되거나 고양감을 얻기 위해 더 많은 양의 물질을 필요로 한다.

-같은 양의 물질로는 효과가 적어진다.

• 금단(withdrawal)은 다음 중 한 가지로 나타난다.

-금단증상(증상은 각 물질마다 다름)이 나타난다. 이런 증상들은 물질을 중단하거나

　사용량이 감소하면서 신체 내 물질농도가 낮아질 때 나타난다.

-금단증상을 피하거나 완화하기 위해서 물질을 사용한다.

　　과도하거나 반복적으로 물질을 사용하는 사람에게서 뇌와 신체의 변화는 더 강하게 나타난다. 뇌의 시냅스 연결이 변화되어 약물에 대한 갈망이 더 강렬해지고 약물사용을 중단하기 힘들게 한다. 물질사용장애를 가진 사람들은 수많은 시간을 물질을 얻으려 하거나, 물질을 사용하거나, 그 효과에서 회복되는 데 보내게 된다. 심각한 물질사용장애에서는 그 사람의 인생 자체가 물질을 중심으로 흘러간다. 앞의 진단기준은 모든 물질사용자에게 공통이며, 증상은 물질사용의 영향에 따라 분류된다. 문제의 심각성은 얼마나 많은 증상을 가지고 있느냐에 달려 있다.

2. 물질유도성장애

1) 물질중독

　　중독(intoxication)은 최근에 물질을 사용했을 때 나타난다. 금단은 물질사용을 중단하거나 덜 사용할 때 나타난다. 중독상태에 있을 때에는 물질을 사용한 직후 행동 및 신체 변화, 심리적 변화를 보인다. 물질중독(substance intoxication) 상태는 흔하게 지각, 각성상태, 사고, 판단력, 몸의 움직임, 개인적 행동에서 문제가 유발된다. 물질에 중독된 사람은 공격적으로 변하거나

감정적으로 변할 수 있다. 물질을 사용하는 방법에 따라 얼마나 빨리 혈류로 흡수되고, 얼마나 강하게 중독이 되는지에 영향을 미친다. 예를 들어, 담배처럼 피우거나 코로 흡입하기 혹은 정맥투여는 더 강한 중독을 유발한다. 또 이런 방법들은 물질을 더 자주 사용하게 만들 가능성이 훨씬 높아진다. 검사를 통해 물질을 검출해 내지 못하는 시기 뒤에도 물질의 효과가 지속해서 남아 있을 수 있다.

물질중독은 최근에 물질사용이 있을 때, 물질사용을 하는 동안이나 그 직후에 중추신경계에 영향을 미쳐 행동, 신체기능, 사고, 감정과 관련된 두드러진 문제들을 보일 때 발생한다. 특정 증상은 물질사용 후에 나타나며 이러한 증상은 다른 의학적 상태나 정신장애로 인한 것이 아니다.

2) 물질금단

물질사용을 중단할 때 혹은 줄일 때 물질금단(substance withdrawal)이 나타날 수 있다. 금단증상은 사회적, 작업적, 혹은 다른 기능에 문제를 유발할 수 있다. 물질금단증상이 나타나면 이를 완화하기 위해 물질을 다시 사용하려는 충동을 느낀다. 이 또한 다른 의학적 상태나 정신장애로 인한 것이 아니다.

물질 유형에 따른 중독과 금단증상의 예시는 다음과 같다.

표 12-3 물질 유형에 따른 중독 및 금단 증상

물질	중독증상	금단증상
알코올	어눌한 발음, 협동운동 상실, 불안정한 보행, 빠른 안구운동	발한 혹은 빈맥, 손떨림 증가, 수면문제, 오심, 구토, 환각, 불안
카페인	좌불안석, 예민함, 흥분, 수면문제, 안면홍조, 소화불량, 빈뇨	두통, 피로감 혹은 졸음, 쉽게 짜증이 나거나 화가 남, 슬픈 기분, 집중력 저하
대마	안구충혈, 식욕증가, 입마름, 빈맥	쉽게 짜증이 나거나 화가 남, 예민함, 수면문제, 식욕감소, 좌불안석

환각제	PCP: 상하 혹은 양측성 안구운동, 빈맥, 근육협응운동 상실 다른 환각제: 동공확대, 빈맥, 발한, 흐릿한 시야, 떨림	심리적 의존은 있으나 신체적 금단은 거의 없음
흡입제	현기증, 빠른 안구운동, 협동운동 상실, 어눌한 발음, 불안정한 보행, 둔화된 반응, 흐릿한 시야	심리적 의존은 있으나 신체적 금단은 거의 없음
아편계	동공축소 또는 확대, 졸음 혹은 의식소실, 어눌한 발음, 집중력이나 기억력 손상	슬픈 기분, 오심이나 구토, 근육통, 동공확대
진정제	어눌한 발음, 협동운동 상실, 불안정한 보행, 빠른 안구운동, 집중력이나 기억력 손상	발한 혹은 빈맥, 손떨림, 수면문제, 오심 혹은 구토, 환각, 불안, 경련
자극제	빈맥 혹은 서맥, 동공확대, 고혈압 혹은 저혈압, 발한 혹은 오한, 오심 혹은 구토	피로감, 수면문제, 생생한 악몽, 식욕증가
담배 (니코틴)	순환기계 이상으로 혈관이 좁아지고 혈액순환이 느려짐	쉽게 짜증이 나거나 화가 남, 생각을 집중하는 데 어려움, 식욕증가, 좌불안석, 슬픈 기분, 수면문제

출처: APA (2017), p. 301

3. 물질/약물 유도성 정신장애

물질이나 치료약물은 정신장애를 유발할 수 있다. 다음은 이 장애에서 흔하게 나타나는 양상들이다.

- 이러한 장애는 특정 정신장애와 동일한 특징적인 증상들을 보인다.
- 이러한 장애가 물질의 중독이나 금단 혹은 치료약물의 복용이나 금단이 있는 동안 1개월 이내에 시작한다.

- 이러한 장애는 서로 별개의 다른 정신장애로 인한 것이 아니다. 물질이나 치료약물과 관계없는 서로 다른 별개의 정신장애의 증거는 다음과 같다.
    - 이러한 장애의 증상이 심각한 중독, 금단 혹은 물질이나 치료약물에 노출되기 이전에 시작했다.
    - 전체 정신장애가 심각한 중독, 금단 혹은 물질이나 치료약물의 노출이 끝난 이후로도 상당한 기간(최소 1개월) 지속된다.
- 이러한 장애는 섬망(물질, 치료약물 혹은 의학적 상태로 인해 발생한 혼돈과 주의집중력 저하)의 일부가 아니다.
- 이러한 장애는 큰 고통과 사회적, 작업적 혹은 다른 기능 측면에서 문제를 유발한다.

여러 물질 중 알코올 문제가 가장 심각하므로 물질 관련 장애 중 알코올 관련 장애를 중심으로 자세히 살펴본다.

4. 알코올 관련 장애

알코올 관련 장애(alcohol related disorder)는 알코올의 사용으로 인해 발생되는 다양한 심리사회적 장애를 말하며 크게 알코올사용장애와 알코올유도성장애로 분류된다. 알코올유도성장애에는 알코올중독, 알코올금단 그리고 다양한 알코올유도성 정신장애가 포함된다.

1) 알코올사용장애

알코올사용장애(alcohol use disorder)는 과도한 알코올사용으로 인해 발생

하는 부적응적 문제를 말한다. 옐리네크(Jellinek, 1952)는 알코올사용장애의
발달이 다음의 4단계에 걸쳐 이루어진다고 하였다.

표 12-4 알코올사용장애 발달단계

전 알코올 증상 단계	사교적 목적으로 음주를 시작하여 즐기는 사회적 음주 단계. 알코올에 대한 긍정적 효과를 경험
전조단계	술에 대한 매력이 증가하면서 점차 음주량과 빈도가 증가하는 시기. 종 종 음주 동안에 일어났던 사건을 기억하지 못하는 블랙아웃 경험
결정적 단계	음주에 대한 통제력을 서서히 상실. 신체적, 사회적으로 부적응적 문제 가 발생. 통제력이 일부 유지되어 며칠간 술을 끊을 수도 있음
만성단계	알코올에 대한 내성과 금단증세 경험. 알코올에 대한 통제력을 완전히 상실. 여러 신체적 질병이 나타나며 가족, 직장, 대인관계 등 생활 전반 에 심각한 부적응이 나타남

2) 알코올유도성장애

알코올유도성장애(alcohol induced disorder)는 알코올의 섭취나 사용으로
인해 나타나는 부적응적인 후유증을 말한다. 대표적으로 알코올중독과 알코
올금단이 있으며, 이 밖에도 알코올사용으로 인해 나타나는 증상의 특성에
따라 다양한 하위유형이 있다.

(1) 알코올중독(alcohol intoxication)[1]

알코올중독은 과도하게 알코올을 섭취하여 심하게 취한 상태에서 부적응
적 행동(예: 부적절한 공격적 행동, 정서적 불안정, 판단력 장애, 사회적 또는 직업

---

1) 이때 알코올중독은 흔히 통칭하는 알코올중독(alcoholism) 혹은 알코올의존(alcohol dependence)
과는 다른, 알코올이라는 물질에 의한 영향을 의미한다.

적 기능 손상)이 나타나는 경우를 말한다. 반복해서 나타날 경우 알코올 남용이나 의존을 고려해 보아야 한다.

알코올중독의 증상으로는 불분명한 말투, 운동 조정 장해, 불안정한 걸음, 안구진탕, 집중력 및 기억력 손상, 혼미 또는 혼수가 있다.

(2) 알코올금단

알코올금단은 지속적으로 사용하던 알코올을 중단했을 때 여러 가지 신체 생리적 또는 심리적 증상이 나타나는 상태를 말한다. 보통 알코올 투여나 다른 뇌 억제제에 의해 완화되며 반복적인 알코올 사용의 주된 원인이다. 알코올 사용이 중단되거나 감소된 후에 혈중 알코올 농도가 급속히 떨어지는 4~12시간 이내에 시작되는 경우가 대부분이지만 며칠 후에 나타나는 경우도 있다. 금주 후 이틀째에 그 강도가 절정을 이루고 4~5일째에는 현저히 개선되지만 급성 금단 증상기가 지난 후에도 불안, 불면, 자율신경계의 기능 저하가 미약한 형태로 3~6개월 동안 지속될 수도 있다.

그 밖에도 알코올금단의 증상으로는 손떨림 증가, 오심 및 구토, 정신운동성 초조증, 대발작 등이 있다. 또 일시적인 환시, 환청, 환촉 또는 착각을 겪기도 한다.

(3) 알코올유도성 정신장애

알코올유도성 정신장애에는 알코올사용으로 인해 나타나는 정신장애이며, 증상의 특성에 따라 다음과 같은 다양한 하위유형이 있다.

- 알코올유도성 불안장애: 알코올 섭취로 인해 불안장애 증세가 나타남
- 알코올유도성 성기능장애: 발기불능 등 성기능에 어려움이 나타남
- 알코올유도성 치매: 지속적인 알코올 섭취로 치매증세가 나타남
- 알코올유도성 기분장애, 수면장애, 기억상실장애, 정신병적 장애 등

2016년 우리나라 만 18세 이상 성인 대상 정신질환실태조사에 의하면 알코올사용장애 평생 유병률은 12.2%로 전체 정신질환 중에서 가장 높다. 남성은 18.1%, 여성은 6.0%이다. 평균적으로 남성이 여성보다 3배 이상 높으나 그 비율은 연령, 문화권, 계층 등에 따라 매우 다양하다. 참고로 2011년 정신질환실태조사에서는 평생 유병률이 남성이 여성보다 5배 높았던 것을 보면 그 차이가 많이 좁혀졌다. 1년 유병률을 비교해 보면 남성이 5.0%, 여성이 2.1%로 남성이 두 배가 좀 넘는 것으로 보아 여성 음주 및 알코올사용장애가 매우 증가하고 있음을 알 수 있다. 실제로 2011년에는 여성 알코올사용장애 평생 유병률이 6.7%였는데 2016년에는 7.6%로 증가하였다. 반면에, 남성은 21.3%에서 18.9%로 소폭 감소하였다. 남녀 모두 20대 초반에 발병하는 경우가 가장 많다. 2008년부터 2015년도까지 만성질환 진료현황을 살펴보았을 때

사례

클라이언트는 47세의 알코올중독자로서 술을 마시지 않으면 손이 떨리며 아무것도 먹지 못하게 되는 등 알코올 증상이 매우 심하게 나타났고, 당뇨병도 겹쳐서 계속 땀을 흘리며 체중이 50kg도 안 될 정도로 앙상하게 말랐다. 2000년 1월부터 2개월간 정신과병원에 입원치료를 받았으며 퇴원 후 당뇨병 치료를 위해 내과병원에 치료를 받다가 4월에 퇴원하였다. 5년 전까지 페인트공으로 일하다가 건강 문제로 일할 능력을 상실하고 「국민기초생활보장법」에 의한 공적 부조를 받고 있으며, 부인이 생계를 책임지고 있다. 가족들은 치료를 위해 병원에 입원하거나 요양소에 입소하는 것을 생각하고 있으나 클라이언트는 입원, 입소하는 것에 대하여 강력하게 반대하고 있다.

배우자는 46세로 가족의 생계를 책임지고 있다. 경제적인 어려움과 남편이 종교적인 교회활동을 원치 않고 있어서 예민하며 스트레스가 심각한 수준이다. 신경이 예민하여 현재 고3인 딸의 시험이 끝나면 이혼 혹은 별거를 고려 중이다. 자녀는 22세의 아들과 고3인 딸이 있으며, 아들의 경우에는 대학에 입학을 했으나 경제적인 사정으로 포기하고 돈을 벌어 다시 대학에 들어간 상황이다. 아들은 학비 및 가족의 생계에 대하여 무척 걱정을 하고 있다.

> 　70세 할머니인 클라이언트는 임대아파트에 거주하고 있다. 성인 아들 둘이 있으나
> 모두 정신장애를 가지고 있다. 가족의 생계를 책임지는 클라이언트는 수급비로는 감
> 당이 안 되어 파지를 주워서 생계를 유지한다. 첫째 아들은 42세로 만성 알코올중독
> 자이며, 어머니가 경찰에 신고하여 정신병원에 입원하게 만들었다고 앙심을 품고 있
> 다. 퇴원 후 어머니에게 폭력적이고 용돈을 뜯어내어 술을 마시고 인터넷게임만 한다.
> 어머니는 아들이 무서워 낮에는 거의 집을 나와 있고 파지를 줍는다. 어머니 방은 파
> 지로 가득하여 겨우 누울 정도이다. 둘째 아들은 형을 무서워하고 조현병 진단을 받았
> 다. 비교적 순응적이라 어머니와 지내기를 원하지만 형이 어머니에게 폭력적이거나
> 자신에게 소리를 지르면 재발을 하여 병원에 장기입원 중이다.

정신 및 행동장애에 대한 진료비가 연평균 11.7% 가량 증가일로에 있다(건강
보험심사평가원, 2015), 정신질환으로 인한 건강보험 진료비가 연간 3조 839억
원으로 추정된 바가 있으며(건강보험심사평가원, 2015), 질환의 치료에 소모되
는 직접비 외에 유·무형의 사회적 간접비용을 고려하면 정신질환이 우리 사
회에 가하는 부담은 대폭 증가할 것으로 보인다. 이 중 알코올사용장애는 국
가 질병부담 원인 5위에 해당할 만큼 사회적 비용이 높은 장애이다(보건복지
부, 2016). 앞의 사례들은 알코올중독이 장기화되면서 당사자뿐 아니라 가족
전체에 얼마나 심각한 영향을 초래하고 사회적 부담이 되는지를 보여 주는
지역사회에서 통합사례관리를 받는 전형적인 사례이다.

(4) 원인

생물학 입장에서는 알코올의존 환자들이 유전적 요인이나 알코올 신진대
사에 신체적인 특성을 지닌다고 본다. 알코올의존자의 가족이나 친척 중에
는 알코올의존자가 많다는 것이 자주 보고되었으며, 알코올의존자의 자녀
중 25%가 일반인보다 발병 위험이 4배 높다. 알코올의존자의 가까운 친척 중

80% 이상이 알코올 관련 문제를 지니고 있다. 알코올의존의 사회문화 요인으로는 가족과 또래집단이 음주 행위에 중요한 영향을 미친다는 것이다. 부모가 술을 자주 마실 경우 이를 모방학습할 수 있고, 과음이나 폭음에 허용적인 집안일수록 심각한 알코올의존으로 발전되기 쉽다. 또래집단은 청소년이 술이나 약물에 접하게 되는 중요한 요인이다. 정신분석 입장에서는 알코올 중독이 구순기 자극과잉이나 자극결핍으로 인해 구순기에 고착된 구강기 성격과 관계가 있다고 본다. 대상관계이론 입장에서는 알코올중독이 자기파괴적인 자살행위를 의미하며, 이는 알코올중독자가 동일시하여 내면화시킨 '나쁜 어머니'를 파괴하고자 하는 무의식적 소망에서 비롯된 것이라고 주장하기도 한다. 행동주의 입장에서는 불안을 줄여 주는 알코올의 강화효과 때문에 알코올의존이 초래된다고 본다. 하지만 술을 계속 마시면 불안과 우울이 증가하는데도 음주를 갈망하는 것을 설명하지 못한다. 학습이론에서는 알코올의존이 술과 함께 했던 즐거운 체험에 의한 고전적 조건형성과 술을 마실 때의 일시적 긴장완화로 인한 조작적 조건형성, 술의 효과에 대한 관찰로 인한 모방학습으로 설명한다. 인지이론 입장에서는 알코올의존자들이 지닌 알코올에 대한 긍정적 기대와 신념을 강조하는 음주기대이론으로 설명한다. 이 이론은 알코올의 효과가 음주 결과에 대한 기대나 잘못된 신념의 결과라고 본다. 음주자들은 술에 대한 긍정적 정서의 증진(예: 기분이 좋아진다, 스트레스를 덜 느낄 것이다), 사교성 촉진(예: 사람들과 어울리는 것이 더 쉬워질 것이다)과 성적 증진(예: 성욕을 더 느낄 것이다) 등의 긍정적 기대를 지니고 있으며, 이러한 기대 수준이 높을수록 더 잦은 음주행동을 한다고 설명한다(Durand & Barlow, 2017).

(5) 치료

알코올의존의 치료목표를 금주로 할 것인가 아니면 절주로 할 것인가에 대한 논란이 있다. 금주를 주장하는 입장은 알코올의존자들이 조금이라도 술을 마시게 되면 술에 대한 유혹을 이기지 못하고 통제력을 상실하여 재발하게 되므로 아예 술을 입에 대지 않도록 하는 것이 효과적이라고 주장한다. 절주를 주장하는 입장은 완전히 술을 회피하는 것이 현실적으로 거의 불가능하므로 술에 대한 통제력을 증진해서 과음에 대한 유혹을 이겨 내도록 하는 것이 보다 근본적인 치료라는 주장이다. 하지만 중독의 문제는 통제력 상실의 문제이므로, 알코올중독자의 회복으로는 금주가 적절하다. 아직 중독증상은 없지만 알코올중독 가족력이 있다면 금주가 목표가 되어야 할 것이다. 절주는 엘리네크가 말한 사회적 음주단계나 과음이나 폭음이 증가하는 전조단계에서 건강을 목표로 하고, 알코올의존을 예방하기 위한 목표로 가능할 것이다.

알코올중독 증상이 심한 경우 입원치료를 통해 해독하고, 병원의 보호적인 환경에서 금단과정을 극복하도록 치료받을 수 있다. 불안이나 우울장애, 불면 등 다른 정신장애가 동반된 경우 항갈망치료와 함께 약물치료를 받으며, 심리교육적 치료를 통해 금주 목표를 세우고 이를 달성할 수 있게 돕는다. 이때 12단계 촉진치료가 중심이 된다. 병원 중심의 치료과정을 마치고 퇴원을 준비할 때에 지역의 알코올중독자 자조모임인 주거 지역의 AA에 참여하도록 하고, 가까운 중독관리센터를 연계하여 단주 유지와 지역사회 적응에 필요한 통합적인 도움을 받을 수 있도록 한다. 알코올중독자들은 알코올사용장애로 인한 지속적인 가정불화, 가족갈등, 술이 없는 대인관계 기술의 미숙, 직장 스트레스의 해소방법 부재 등 관계망이 매우 축소되어 있고 생존기술이 부족하여 가족과도 단절되어 고립되고 혼자 생활하는 경우가 대부분이다. 이러한 심리사회적 취약성과 스트레스 관리기술의 부재, 음주에 대한 기대와 갈망으로 퇴원 직후 일주일 안에 다시 폭음하는 빈도가 매우 높다. 알코올중독 재발율은 매우 높아서 44.5~80.3%가 퇴원 후 6개월 내에 재발한다고 한다(최송식, 2013). 이에 이들이 주거하는 지역의 AA모임 참여 및 중독관리센터의 전문적 도움은 이들의 지역사회 생존과 단주 유지, 사회통합을 위해 필수적이다. 최근 청소년의 최초 음주시기가 점점 빨라지고 있다. 음주운전이나 음주상태의 폭력행동도 증가하고 있어, 아동·청소년에 대한 적극적인 예방 교육 및 고위험군 조기선별과 조기치료적 개입이 매우 중요하다.

5. 비물질 관련 장애: 도박장애

도박이나 노름을 하고 싶은 충동이 지속되고, 반복적인 도박을 하게 되는 경우를 병적인 도박이라고 한다. 병적 도박이란 도박으로 인해 자신의 잘못에 의한 사고, 친밀한 관계의 붕괴, 직업적인 발전의 피해와 같이 비관적인 개인적, 사회적 결과에도 불구하고 지속적, 반복적으로 증가하는 도박행동을 말한다. 알코올이나 약물, 니코틴과 같이 자제력을 잃고 도피수단으로 해당 행위를 사용하며, 끊으면 각성상태가 저하되는 금단증상이 나타나기도 한다. 이에 DSM-5에서는 도박중독을 비물질 관련 중독장애로 포함되었다. DSM-IV에서는 병적 도박이 본능적인 욕구가 충만하거나 욕구에 대하여 자아의 억제기능이 약해지면서 긴장이 고조되는 것을 줄이기 위하여 도박을 택하는 충동장애의 일종이라고 보았다.

병적 도박은 네 단계의 진행을 거친다. 여가나 오락, 사교 목적으로 도박을 하여 해로운 효과가 전혀 없는 경우를 사교성 혹은 오락성 도박(social or recreational gambling)이라고 한다. 도박으로 인한 중대한 위기가 출현하는 경우는 위험성 도박(at-risk gambling) 단계이다. 이후 실제로 도박자 자신이나 가족, 친지 및 지역사회에 해로운 결과를 초래하지만 병적 도박의 기준에는 해당하지 않는 경우를 문제성 도박(problematic gambling)이라 한다. 명백한 병적 도박의 증상을 4~5개 이상 보이는 경우를 병적 도박(pathological gambling)으로 진단한다. 버글러(Bergler)는 병적 도박자들은 자신이 돈을 딸 것이라는 낙관주의에 가득 차 실패할 가능성을 계산하지 못한다고 보았다(권석만, 2013, 재인용). 이들은 적당한 시점에 그만두지 못하고 돈을 계속 따면 한

꺼번에 몽땅 걸며 도박하는 동안의 긴장감과 스릴을 만끽한다. 또한 경쟁적이고 독립적이며 자만심이 강하여 권위적인 사람의 간섭을 싫어하고 대부분 다른 사람에 의해 강제로 치료기관에 끌려온다. 이들은 스트레스로 인해 고혈압이나 소화성 궤양, 편두통같은 질병을 겪기도 한다. 또한 기분장애, 알코올, 마약, 니코틴 사용장애와 동반 이환될 위험이 높으며, 반사회성 성격장애, 자기애성 성격장애, 경계선 성격장애와 같은 성격장애가 있는 비율도 높다. 치료를 받는 사람들 중 20% 정도가 자살시도를 하는 등 자살 위험이 높다.

도박장애 유병률은 성인인구의 1~3%로 추정된다. 남성이 여성보다 9배 정도 높다(보건복지부, 2016). 여성의 치료기관 방문은 극히 드물며 단도박 모임에 참여하는 여성은 2~4%밖에 되지 않는다. 남성은 청소년기에, 여성은 인생 후기에 시작되는 경향이 있다. 우리나라는 평생 유병률 1.0%로 나타났으며, 도박장애 고위험군의 유병률은 2.3%이고 성인의 3.3%가 문제성 도박을 경험한 것으로 나타났다(보건복지부, 2016).

최근 청소년 도박문제가 증가추세에 있다. 청소년 도박은 성인기 도박문제로 이행될 가능성이 높으며 성인기 사행산업 참여 가능성을 증가시키고, 청소년은 성인보다 도박과 관련된 문제에 취약하다. 도박행동의 시작 연령이 빠를수록 도박문제가 더 심각해질 가능성이 높지만, 도박 시작 연령은 시간이 갈수록 점차 빨라지고 있는 추세이다. 이른 연령의 발병은 치료 동안의 탈락과도 관계가 높다. 우리나라 문제성 및 병적 도박자의 약 70%가 20세 이전에 도박을 시작했다는 보고가 있다. 청소년 시기의 문제성 도박과 병적 도박의 발병은 성인에 비하여 4배 이상 높고, 청소년 시기의 인터넷 도박으로 학교생활의 부적응뿐 아니라 도박 비용을 마련하기 위하여 가출하여 비행을 저지르거나 범죄를 저지를 가능성도 크다. 인터넷 도박 이용자의 약 80%가 심리적 어려움뿐 아니라 경제적, 사회적, 신체적 어려움을 겪으며, 청소년 도박자는 비도박자에 비하여 물질의 사용, 남용 및 의존 양상과 우울증의 보고가 높았다(김영호, 2019 재인용).

DSM-5 진단기준

반복적인 도박은 문제와 고통을 일으킨다. 이 장애는 1년 동안 다음의 증상들 중 최소 네 가지 이상을 가지고 있을 때 나타난다.

- 원하는 흥분을 얻기 위해서 점점 더 많은 액수의 돈을 가지고 도박을 하려는 욕구
- 도박을 줄이거나 중단하려고 시도할 때 안절부절못하거나 쉽게 짜증과 화가 난다.
- 도박을 통제하고 줄이거나 중단하려는 노력을 하지만 거듭 실패한다.
- 끊임없이 도박에 관한 생각을 한다(예: 과거의 도박경험을 계속 떠올리고, 다음번에 돈을 걸었을 때 승산을 예상하거나 계획하고, 도박에 쓸 더 많은 돈을 얻기 위한 생각에 골몰).
- 스트레스를 받았다고 느낄 때(예: 무기력감, 죄책감, 불안감, 우울감) 종종 도박을 한다.
- 도박으로 돈을 잃고 나서 이를 만회하기 위해 다시 도박판으로 되돌아간다.
- 도박을 숨기기 위해서 거짓말을 한다.
- 도박 때문에 위험에 처하거나 가까운 친구, 직업, 학력 혹은 경력 기회를 잃는다.
- 도박으로 인해 잃은 돈을 보상하기 위해 돈을 제공해 주는 타인에게 의지한다.

도박행동은 조증삽화로 인한 것이 아니다. 도박장애의 심각도는 얼마나 많은 증상을 가졌는가에 달려 있다. 앞의 증상 4~5개 해당은 경도, 6~7개는 중등도, 8개 이상이거나 모든 증상을 보이면 고도로 가장 심각한 도박장애이다.

---

(1) 원인

도박중독은 단일 요인으로 설명이 어렵다. 생물학적인 원인은 다음과 같다. 도박 등 중독행위나 중독물질을 투여할 때 뇌에서 도파민이 분비되는데, 이는 사람에게 시간이 중지된 것 같은 깊은 몰입감과 평온함을 주는 역할을 한다. 이 느낌은 굉장히 강력하여 쉽게 잊혀지지 않고 다시 추구하고 싶게 만든다. 이것이 뇌 보상회로 혹은 학습기전이다. 도박이나 다른 중독물질에 깊이 중독된 경우 우리 뇌의 전전두엽이 활성화되지 못해서 그 특정 행동을 중단하지 못하는 특성을 보여, 생물학적으로는 도박중독의 원인을 전전두엽의

문제로 본다.

정신역동적 입장에서는 오이디푸스 갈등과 관련된 무의식적 동기로 설명하는데, 공격적이거나 성적인 에너지를 방출하려는 욕구가 무의식적으로 대치되어 도박행동으로 나타난다고 본다. 프로이트는 도박자의 행동을 '피학성'으로 해석하며, '논리적으로 잃을 것이 너무나 명백함에도 베팅(betting)을 한다'는 점에서 일종의 '자기처벌'적 행위라고 분석하였다. 버글러는 자신이 반드시 돈을 딸 것이라는 불합리한 확신의 기원을 어린 시절에 지니고 있던 전지전능감에서 찾는다. 학습이론에서는 모방학습과 조작적 조건형성으로 설명한다. 병적 도박자들은 대부분 어렸을 때 부모, 형제, 친구와 놀이로 도박을 하다가 심각한 도박행동이 시작되었다고 보고한다. 즉, 도박행동은 모방학습을 통해 습득하며, 도박으로 따는 돈이나 돈을 따는 과정에서 느끼는 강한 흥분이 강한 정적강화물이 되는 것이다. 인지적 입장에서는 병적 도박자들이 인지적 왜곡을 지니고 있다고 주장한다. 이들은 자신이 돈을 따게 될 주관적 확률을 객관적 확률보다 현저하게 높게 평가한다. 즉, 자신의 능력이나 운이 게임의 결과에 작용하여 자신이 돈을 딸 확률이 현저하게 높다는 비현실적인 낙관주의인 '도박사의 오류'에 빠져 있는 경우가 많다(권석만, 2013). 환경적 입장에서는 어릴 때 외상경험이 있었는데 우연히 도박을 해서 좋은 경험을 하게 되면 도박행동이 지속될 수 있다고 본다. 청소년기에 또래들과 어울려 일찍 도박에 빠지는 경우도 있다. 불법 도박 문화가 확산된다든지, 직장동료나 친구들이 도박을 좋아하는 등 주변환경의 영향을 받아 도박행동을 지속할 수 있다.

(2) 치료

도박중독의 원인을 다요인으로 설명하는 것처럼 치료도 통합적으로 접근한다. 정신분석을 통하여 유아기, 아동기 초기에 경험한 외상적 경험과 죄책감을 탐색하여 프로이트가 명명한 자기처벌적 행위를 중단하도록 개입한다.

또한 도박에 자꾸 빠져들게 하는 무의식적인 동기에 대한 통찰을 하도록 개입한다. 인지행동적으로 내담자가 도박행동을 하고 싶은 상황에서 경험하는 생각의 내용, 감정, 그 행동의 결과에 대해서 면밀히 살펴보고, 그 상황에서 올라오는 생각에 반대되는 대안적인 생각들을 마련함으로써 도박행동을 줄이는 접근을 한다. 대개 중독의 문제를 가진 사람들은 자신이 중독 상태라는 것을 인식하거나 인정하지 못하여 주변과 많은 갈등을 경험하게 된다. 이런 상태에서는 자발적인 치료 참여가 어렵기 때문에 먼저 치료에 대한 동기를 증대시키는 동기강화 상담으로 개입한다. 도박중독은 기분장애 및 불안장애와 공존율이 높기 때문에 클로미프라민, 플루복사민을 사용하거나 도파민재흡수차단제인 부프로피온을 사용한다(Durand & Barlow, 2017). 혹은 갈망과 충동이 많은 장애에 효과적으로 알려진 날트렉손을 사용하기도 한다. 도박중독의 치료에 있어서 가족치료는 매우 중요하다. 대개 도박중독으로 어려움을 겪는 사람들은 당사자 본인 이외에 가족들도 있다. 가족들이 먼저 도박 문제를 발견하고 도박중독자에 대한 대처 방법을 교육받으며 본인들의 심리적 어려움에 대한 도움을 받아, 중독자가 치료받도록 돕은 경우가 많다. 기타 집단치료와 단도박 모임(Gambling Anonymous: GA)도 도움이 된다. AA 12단계 단주자조 모임의 전통을 따라 시작한 단도박 모임은 병적 도박자들이 전문가의 도움 없이 같은 당사자끼리 모여서 서로의 극복 경험과 사례 공유를 통해서 정서적 지지를 얻고, 도박의 유혹을 극복하며 단도박 의지를 강화하는 자조집단이다. 한편, 증상이 심하거나 자살에 대한 위험성이 있을 때 입원치료도 고려한다. 최근 청소년의 도박이 증가하고 있어 지역사회 중심 도박중독 예방과 조기치료의 중요성이 강조되고 있다. 다음의 청소년의 알코올 및 도박 중독 위험성을 참고하기 바란다.

참고: 청소년의 중독장애 위험

청소년기는 기분변화가 심하고 우울반응이 많다. 성인이 되기 위한 준비과정으로 사회적 민감도가 매우 높은 시기이며, 독립성을 찾고 주체성을 확립하기 위해 투쟁하며 동시에 외로움과 고달픔을 많이 느끼는 시기라는 점에서 물질에 취약하다. 2018년 국회입법조사처의 '청소년 음주 규제의 문제점 및 개선방향' 보고서에 따르면, 청소년 알코올 중독장애 환자는 2010년 922명에서 지속적으로 증가해 2017년 1천 968명으로 늘었다. 7년 사이 2.1배로 증가했다. 청소년 음주율은 감소 추세이지만, 술을 마시는 청소년 2명 중 1명은 '위험한 음주', 5명 중 2명은 '문제적 음주'를 하고 있어 청소년 음주 문제가 심각한 것으로 나타났다(허민숙, 2018).

2017년 청소년 건강행태 온라인조사에서는 술을 마시는 청소년의 위험음주율은 2명 중 1명꼴로 매우 높았다. 위험음주율은 현재 음주자 중에서 최근 30일 동안 1회 평균 음주량이 중등도 이상(남자: 소주 5잔 이상, 여자: 소주 3잔 이상)인 사람들의 백분율을 말하는데, 전년도에 여학생 55.4%, 남학생 48.5%였다. 문제음주율은 여학생 38.9%, 남학생 37.2%로 5명 중 2명꼴이었고 여학생이 높았다. 고등학생(여 41.8%, 남 41.4%)의 문제음주율이 중학생(여 28.8%, 남 21.5%)보다 높았다. 문제음주율은 현재 음주자 중에서 최근 12개월 동안 음주 후 스트레스를 풀기 위해 또는 어울리기 위해 술을 마신 경험, 혼자서 술을 마신 경험, 가족이나 친구로부터 술을 줄이라는 충고를 들은 경험 등 문제행동 가운데 두 가지 이상 경험한 사람의 백분율을 말한다. 술을 마시고 오토바이나 자전거 운전을 하거나 술을 마신 사람이 운전하는 오토바이나 자전거, 자동차에 탑승한 경험, 술을 마시고 기억이 끊긴 경험, 술을 마시고 다른 사람과 시비를 벌인 경험도 해당된다. 교통사고 분석시스템에 따르면, 2013~2017년 청소년 운전자에 의한 음주운전 사고도 총 2,468건으로 매해 평균 493건이 발생했다(질병관리청, 2017).

청소년의 물질남용은 대체로 다음과 같은 문제점이 있다.

① 물질남용을 시작하는 연령이 점차 낮아지고 있으며 약물을 남용하는 청소년의 수가 점점 증가하고 있다.

② 일단 청소년이 물질을 남용하게 되면 어른보다 더욱 빠른 속도로 물질중독에 이르게 된다.

③ 약한 물질에서 시작하여도 차츰 더 강한 물질로 빠르게 남용이 진행되고 한 가지 물질에서 쉽게 여러 가지 물질을 복합적으로 남용하게 된다.

④ 정신적, 신체적으로 발달과정에 있는 청소년들이 물질남용 상태에서 쉽게 현실 판단 능력이나 자제력을 상실하여 난폭한 행위나 공격적인 행동을 할 뿐 아니라 범죄를 저지르는 경우도 적지 않다.

⑤ 청소년기는 정신적으로나 신체적으로 빠른 속도로 성장하는 시기이므로 물질남용이 건강에 미치는 영향이 그 시작 단계에서는 대단하지 않은 것처럼 보이지만 장기적인 안목에서 보면 성인병 등 각종 질환을 일으킬 뿐만 아니라 치명적일 수도 있다.

⑥ 내성이 생김에 따라 물질의 용량을 증가시켜야 하며 그 결과 치사량에 이르러 사망할 수도 있으며, 중독상태에서 교통사고나 치명적인 사고, 자살 등을 유발시켜 청소년 사망의 주요 요인으로 등장하고 있다.

⑦ 청소년기에 물질남용을 시작한 사람의 대부분이 성인이 되어서도 사회에 잘 적응하지 못하며 최악의 경우 폐인이 될 수도 있다.

청소년 도박

한국도박문제관리센터의 '2018 청소년 도박문제 실태조사'(재학 청소년 17,520명, 학교 밖 청소년 1,240명 대상)에 따르면 청소년 도박문제에 대해 재학 청소년의 58.7%, 학교 밖 청소년의 경우 59.1%가 '심각하다'고 응답했다. 재학 중 청소년이 제일 처음 돈내기 게임을 경험한 평균 연령은 만 12.6세로 나타났고, 생애 첫 돈내기 게임을 '만 13세~만 15세'에 경험했다는 응답이 43.0%나 차지했다. '만 10세~만 12세'에 경험했다는 응답도 35.8%로 높게 나타났다. 돈내기 게임은 불법인터넷도박, 온라인용내기게임, 합법사행산업, 넷마블화투게임 순으로 이루어졌다. 도박문제 수준을 조사한 결과 재학생 청소년(학교 밖 청소년) 문제군 1.5%(8.5%), 위험군 8.5%(12.5%)로 나타났다. '한국도박문제관리센터 도박 중독 · 치유 서비스 이용 현황'에 따르면, 10대 청소년의 상담은 2018년 대비 2019년에 44.5% 급증했고, 2020년에도 증가추세가 유지되고 있다고 한다.

청소년이 사용하는 도박용어들을 알면, 청소년들의 대화 속에서 도박위험에 있는 청소년을 조기에 발견할 수 있고, 도박에 관한 법률을 알아 사회적 제재에 대한 교육을 할 수 있으니 알아 두면 좋다(김영호, 2019).

청소년 도박 관련 법률

- 「청소년 보호법」: 유해 매체물, 유해 업소 규정 및 규제
- 「사행산업 관련법」: 사행산업 업소 출입 및 복권, 마권 판매 금지

- 「청소년 보호법」과 「사행산업 관련법」에 의거해 청소년의 복권이나 경마장 마권 구입 및 환전행위, 성인용 게임 및 각종 디지털 콘텐츠, 성인 전용 오락실, 카지노 출입 행위를 금지한다. 보호자를 동반하더라도 청소년이 하는 모든 도박행위는 불법이다.
- 최근 청소년이 많이 접하고 있는 불법 사설 스포츠 도박은 「국민체육진흥법」 제48조 제3호에 의하여 '5년 이하의 징역 또는 5천만 원 이하의 벌금'으로 형법에 의한 도박죄보다 더 가중 처벌을 받는다. 또한 청소년은 도박 장소를 개설하기보다는 주변 친구들을 불법도박에 참여하게 함으로써 소개료 등의 명목으로 이익을 얻는 경우가 있는데, 이는 도박방조에 해당되는 부분으로 도박장소 개설이 아니더라도 「형법」 제247조 또는 「국민체육진흥법」 제47조에 저촉되어 처벌받을 수 있다.

청소년이 사용하는 도박 용어(도박 은어)

- 토쟁이: 스포츠도박(토토)를 즐겨 하는 사람을 속칭하는 말
- 토사장: 불법스포츠도박 사이트를 운영하는 사람
- 총판: 토사장 밑에서 홍보와 모객을 책임지는 사람
- 먹튀: 사설 불법도박 사이트에서 당첨금을 주지 않고 일방적으로 운영을 중단하는 행위
- 졸업: 돈을 많이 딴 사람에게 더 이상 사이트 이용을 하지 말라고 권유하는 행위
- 강퇴: 돈을 많이 딴 사람의 계정을 삭제하여 사이트 접근을 차단하는 행위
- 총알: 베팅을 할 수 있는 개인 자본을 이르는 속어
- 픽: 도박 결과에 대한 정보(힌트), 픽이 다른 사람에게 알려지는 것을 유출픽이라 함
- 픽스터: 정보(힌트)를 물어다 주는 사람(이기는 결과를 알려 주는 사람)

※ 청소년들이 암호처럼 사용하는 용어를 주목하면 더 큰 피해를 막을 수 있다.

추천 영화

〈남자가 사랑할 때〉

〈28일 동안〉

〈아름다운 세상을 위하여〉

〈술이 깨면 집에 가자〉

〈나의 마음, 중독에 빠지다〉

6. 치료와 사회복지실천

　　중독 분야의 사례관리자는 정신보건에 대한 일반적인 이해뿐만 아니라 중독의 생물심리사회적 특성에 대한 이해를 기반으로 직간접적인 실천기술과 역량이 필요하다. 중독문제를 지닌 내담자들의 낮은 변화동기, 높은 재발률, 취약한 사회적 지지체계는 사례관리 수행에 영향을 미친다. 특히 중독자 중 우울, 불안, 외상 후 스트레스 장애, 조현병, 반사회적 인격장애 등 정신장애가 공존하는 비율이 17~42%로 높다. 이에 정신건강서비스 이외에도 의료, 법률, 교육, 복지 등 다양하고 통합적인 서비스가 요구된다(조혜정 외, 2017).

　　또한 만성 알코올중독자의 경우 가족과 단절되고 친구나 이웃과도 관계유지가 어려워, 고립된 상태에서 혼자 지내는 경우가 대부분이다. 인구가 밀집된 임대아파트나 빌라촌에서 지내면서 낮에도 술에 취해 있거나 시비가 붙는 경우도 많아 지역의 골칫덩이로 낙인이 찍히는 경우도 많다. 이웃이 신고하면 병원에 입원했다가 퇴원하면 다시 재발하는 악순환이 반복되기도 한다. 이러한 특성 때문에 중독 분야 사례관리는 지역의 중독관리통합지원센터가 중심이 되어 클라이언트가 거주하는 지역의 사회복지공무원, 지역사회복지관 사례관리팀과 함께 통합적인 사례관리를 하는 것이 일반적이다. 앞의 알코올중독 두 사례처럼 가족이 있지만 알코올중독 문제로 가족과 갈등이 지속되고, 가족에게 가해적인 행동을 하는 사례가 많다. 이런 사례들은 종합사회복지관의 사회복지사나 주민생활지원센터의 통합사례관리사가 먼저 피해받는 가족원을 접촉할 가능성이 높다. 이럴 경우 클라이언트의 문제와 욕구에 따라 관련된 자원의 전문가들과 팀을 구성하여 사례회의를 통해 통합적인 접근을 하는 것이 일반적이다.

　　청소년 도박이나 알코올 및 물질남용에 대한 사회복지사의 개입도 요구된다. 학교사회복지사와 통합중독관리센터 및 도박문제관리센터의 정신건강사회복지사의 협력뿐 아니라, 청소년복지 영역의 사회복지사들도 이 주제에 관심을 가지고 예방과 조기개입의 연결자 역할을 할 수 있다. 청소년이 사용하는 은어를 통해서도 조기발견을 할 수 있다.

제**13**장
신경인지장애의 이해와
사회복지실천

DSM-5에서는 치매와 다른 기억 문제와 관련된 장애들이 신경인지장애로 새롭게 그룹이 지어졌다. 여기에는 섬망, 주요 신경인지장애, 경도 신경인지장애가 포함된다. 이 장애들은 기억과 사고, 추론 능력에 영향을 미치는 뇌의 영역에 생긴 손상을 포함한다. 정신기능영역에 따른 기능장애가 나타나는 증상이 얼마나 심한가에 따라 주요 혹은 경도 인지장애로 진단되는데 그 손상을 평가하는 기준은 〈표 13-1〉과 같다. 〈표 13-1〉의 발생 가능한 증상 예시에서 보듯이 주요 신경인지장애는 여섯 가지 정신기능영역의 기능 중 최소한 한 가지 영역에서 현저한 감퇴가 있고, 일상적인 일들의 수행능력이 손상되어 돈을 지불하거나 약을 꾸준히 복용하는 것과 같은 일상적인 일의 수행에 도움을 필요로 한다. 경도 신경인지장애는 여섯 가지 정신기능영역 중 최소한 한 가지 이상의 영역에서 경미한 감퇴가 있지만 일상적인 일의 수행은 도움 없이 가능하다. 주요 혹은 경도 신경인지장애는 이런 기능감퇴를 주변에서 알아차릴 정도이고 전문적 검사를 통해서 확인될 때 진단된다.

표 13-1 뇌 기능과 신경인지장애 증상

영역(사고하는 기술의 유형)	발생 가능한 증상의 예시	
	주요신경인지장애	경도신경인지장애
복합적 주의집중	주변 환경의 다른 자극들(라디오, TV, 대화)에 쉽게 산만해진다. 방금 들은 전화번호 등 새로운 정보를 기억하는 데 문제가 있다.	평범한 일을 수행하는 데 전보다 더 시간이 걸린다. 라디오, TV, 다른 대화들처럼 산만하게 하는 것들이 없을 때에는 사고가 수월해진다.
집행기능(계획, 의사결정, 작업기억)	한 번에 하나의 일에만 초점을 맞출 수 있다. 일상생활을 계획하거나 의사결정을 할 때 다른 사람의 도움이 필요하다.	한 번에 하나 이상의 일을 할 때 더 많은 문제가 생기거나, 방문객이 오거나 전화를 받느라 멈췄던 일을 마저 끝내는 데 문제가 있다. 조직화하고 계획하고 의사결정하는 데 필요한 추가적인 노력으로 인해 피로감을 더 느낀다고 호소한다.
학습과 기억(즉각기억, 최신기억, 장기기억)	대화 중 자신이 한 말을 반복한다. 쇼핑할 때나 그날의 일을 계획할 때 짧은 목록도 기억할 수 없다.	최근 사건을 회상하는 데 문제가 있고, 목록을 작성하거나 달력에 기록해 두는 데 의지를 더 많이 한다. 때때로 같은 사람에게 수 주에 걸쳐 같은 말을 반복한다.
언어(대상의 이름 대기, 정확한 문법, 단어 뜻 이해하기)	'거시기'와 '내가 무슨 말을 하는지 알겠지'와 같은 애매한 문장을 사용하고 이름 대신 일반 대명사를 사용한다. 은/는, 이/가나 동사 등을 빼먹거나 잘못 사용하는 등 문법 실수가 나타난다.	정확한 단어를 사용하는 데 문제가 있다. 친구 이름의 사용을 피한다.
지각-운동(손-눈 협응이 필요한 조각맞춤, 몸짓 따라하기)	이전에는 쉽게 했던 일들(예: 도구 사용, 운전)이나 익숙한 길을 돌아다니는 데 큰 문제가 생긴다.	지도나 다른 사람의 방향 지시에 더 많이 의지할 필요가 생긴다. 조립, 바느질, 뜨개질과 같은 일에 더 많은 노력을 필요로 한다.
사회적 인지(다른 사람의 감정이나 정신상태를 인식하기)	사회적 규범에서 벗어나 행동한다. 종교, 정치, 성적 대화를 나누거나 옷을 입을 때 적절한 수준에 대한 인식이 없어 보인다.	행동이나 성격에서 경미한 변화가 나타난다. 얼굴표정을 이해하거나 공감을 느끼는 능력이 줄어든다.

출처: APA (2017), p. 310-311.

신경인지장애를 이해하기 위해서는 뇌의 구조와 기능에 대해 학습할 필요가 있다. 뇌의 세포체와 신경통로는 재생력이 없어서 한번 손상이 일어나면 영구적이다. 그리고 심한 손상이 일어나서 현실적인 자기평가능력이 없어지면 그런 손상이 일어났는지조차 인식하지 못하고 치료나 재활 의지가 없다. 정신적 손상은 뇌 부위의 손상의 정도와 관련이 있다. 즉, 병전의 능력이나 성격뿐만 아니라 뇌손상의 위치나 정도에 따라 다양한 정신장애가 나타난다. 전두엽 영역이 손상되면 의욕과 동기가 없고, 사고능력이 제한되며, 충동성과 산만성을 보인다. 측두엽 내의 특정 부위의 손상은 기억 저장을 방해하고, 광범위한 측두엽 손상은 장기기억을 유지하게 하면서도 새로운 정보를 저장하지 못하게 만든다(Durand & Barlow, 2017).

1. 섬망

섬망(delirium)은 남용약물, 알코올, 치료약물, 독성물질 혹은 질병이나 감염과 같은 의학적인 상태에서 유발되는 일시적인 혼돈과 주의집중력 저하 상태이다. 알코올이나 약물의 중독 혹은 금단이 이러한 증상들을 유발할 수 있다. 섬망은 정상적인 뇌 전달 신호가 작동하지 않을 때 발생한다. 이는 급격하게, 보통은 수 시간 혹은 수일 이내에 시작된다. 주의 및 의식의 장애로 주의집중, 유지, 전환하는 능력이 감소하여 정보처리능력이 손상되며, 의식장애가 오면 시간, 대상, 주변 환경에 대한 지각 저하인 지남력장애, 기억 문제, 혼란스러운 사고과정이 발생한다. 쉽게 주의가 산만해져 질문에 답하기도 힘들고, 낮 동안 잠이 오고, 밤에는 깨어 있을 수 있다. 불안, 공포, 우울, 과민성, 분노 등도 나타난다. 누군가를 자꾸 부르거나 소리지르거나 욕설을 퍼붓거나 신음소리를 내는데, 밤에 더 심해진다. 특히 중환자실에 입원이 필요한 상태일 때 섬망의 위험이 증가한다. 병원에 입원하는 사람 중 14~24%가 섬망이 발생하고,

중환자실 입원 노인 중에서는 70~88%까지 발생한다(APA, 2017). 치매가 진행 중일 때도 섬망이 나타나는데, 치매가 있는 사람의 50% 정도가 최소한 한 번의 섬망증세를 보인다는 보고도 있다(Duran & Barlow, 2017, 재인용).

　　섬망의 위험요인으로는 두부 외상, 신진대사 장애, 전해질 불균형, 발작장애, 비타민B 결핍, 뇌 손상 등 중추신경계 기능에 영향을 미치는 다양한 질병이 있다. 또는 중독성 물질에 노출, 약물 사용의 부작용이 있지만, 일반적인 요인으로는 항정신성약물이 있다.

DSM-5 진단기준

- 주의의 장애(주의를 기울이고, 집중·유지·전환하는 능력의 감퇴)와 의식의 장애(환경에 대한 지남력 감소)가 나타난다.
- 장애는 짧은 시간에 걸쳐(대개 몇 시간, 며칠) 발생하고 주의와 의식의 변화를 보이며 하루 중 병의 심각도가 변동한다.
- 기억 결함, 지남력장애, 언어, 시공간 능력 또는 지각 능력 등의 부가적 인지장애를 보인다.
- 첫째 기준과 셋째 기준은 이미 존재하거나 확진되었거나 다른 신경인지장애로 설명되지 않고 혼수와 같이 각성 수준이 심하게 저하된 상황에서는 일어나지 않는다.
- 병력, 신체검진에서 장애가 다른 의학적 상태, 물질중독이나 금단, 독소 노출로 인한 직접적·생리적 결과이거나 다른 병 때문이라는 증거가 있다.

　　섬망의 원인이 되는 질환을 밝혀내고, 원인 질환에 관한 치료를 하는 것이 근본적이고, 환경적 요인을 조절하는 것도 중요하다. 적정 수준의 자극을 주어야 한다. 환자가 밤과 낮을 구별할 수 있도록 창문이 나 있는 방에 머물도록 한다. 친숙한 환경을 유지해야 한다. 가족이 간호를 하거나 평소에 사용하는 물건을 주변에 두는 것이 좋다. 날짜와 상황을 알려 주어 현 상황을 파악하게 해야 한다. 시력, 청력 등의 저하로 주변 자극을 구별하지 못하는 상황

이 되면 보조기구를 이용하고 불안감을 줄여 주는 것이 중요하다. 또한 불필요한 외부 자극은 최소화해야 한다.

표 13-2 치매와 섬망의 차이

	섬망(delirium)	치매(dementia)
증상	주의와 의식의 장애, 불안, 초조, 환각, 불면증	기억력 · 언어능력 · 지각력 저하, 일상생활 수행능력 저하, 성격변화, 초조, 우울, 수면장애
원인	뇌질환, 감염성 질환, 심혈관 질환, 대수술, 알코올, 약물의 금단증상, 중독질환	알츠하이머병, 혈관성 치매, 루이소체 치매, 수두증, 우울증, 약물, 뇌종양
진행 속도	급속 진전	점진적, 만성적
조기 의식수준	현저히 떨어짐	이상 없음
각성 수준	초조, 흥분, 혼미	정상
유병 기간	몇 시간/며칠~몇 주	몇 개월~몇 년
치료	원인질환 우선 치료, 약물치료, 친숙한 환경 유지, 야간조명 등 적정 수준의 자극 유지	증상 완화 및 진행 속도를 늦추는 약물치료, 행동치료, 환자와 환자 가족의 종합치료 필요
회복 가능성	대부분 정상 회복	회복이 어려움

참고: 대한노인정신의학회(https://www.kagp.or.kr)

2. 신경인지장애

신경인지장애(Neurocognitive Disorder: NCD)는 뇌의 질환 또는 손상과 관련하여 의식장애가 없이 기억장애를 포함하는 다양한 인지기능의 장애가 지속적으로 나타나는 경우를 말한다. 인지기능의 장애로는 기억력, 지남력, 시공간 인지력, 판단력, 추상적 사고력, 실행능력 및 언어능력의 장애가 있다.

DSM-IV에서 치매로 지칭되던 진단이 DSM-5에서는 신경인지장애로 바뀌었다. 신경인지장애는 뇌의 만성 또는 진행성 질환으로 인해서 생긴 증후군을 의미한다. 현재 우리나라에서 65세 이상 노인 중 68만 명이 치매를 앓고 있다. 세계적으로 그 유례를 찾아보기 힘들 정도로 빠르게 고령화사회로 진입하는 것을 감안할 때, 의료계는 2030년에는 대략 127만 명, 2050년에 이르면 271만 명이 치매를 앓게 될 것으로 추산하고 있다. 우리나라에서는 치매 유형별로 신경퇴행성 질환인 알츠하이머형 치매가 약 73%, 혈관성 치매가 약 16%, 기타(루이체/파킨슨, 전두엽, 알코올성) 치매가 약 11% 순으로 많이 발병한다.

DSM-5 신경인지장애 진단기준은 다음과 같다. 우리나라에서 가장 많은 유형인 알츠하이머형, 혈관성, 물질/치료약물사용형(알코올성) 신경인지장애를 자세히 살펴보고자 한다.

신경인지장애가 기억장애를 동반하기 때문에 건망증과 치매를 구별하기 힘들어 한다. 그 차이가 다음 [그림 13-1]에 잘 정리되어 있다. 건망증은 비교적 정상적이고 보편적인 양상이긴 하지만, 건망증이 심해지면 경도 신경인지장애가 아닌지 의심해 보고 조기에 진단받아 주요 신경인지장애로 발전하지 않도록 관리하는 것이 필요하다. 지역의 보건소 치매안심센터에서 간단

주요 신경인지장애의 진단기준

• 한 가지 이상의 인지영역(복합적 주의력, 실행 기능, 학습 및 기억, 언어, 지각-운동 또는 사회 인지)에서 이전 수행 수준보다 유의미하게 감퇴한다.
   -환자, 환자를 잘 아는 정보 제공자 또는 임상의가 현저한 인지기능 저하를 걱정함
   -인지 수행의 심각한 결함이 표준화된 신경심리 검사에 의해, 또는 다른 정량적 임상 평가에서 입증됨
• 인지결함이 일상활동에서 독립성을 방해한다(계산서 지불이나 치료약물 관리와 같은 일상생활의 복잡한 도구적 활동에서 도움을 받아야 함).

경도 신경인지장애의 진단기준

- 한 가지 이상의 인지영역(복합적 주의력, 실행 기능, 학습 및 기억, 언어, 지각-운동 또는 사회 인지)에서 인지 저하가 이전 수행 수준보다 경미하게 있다는 증거가 다음과 같다.
  - 환자, 환자를 잘 아는 정보 제공자 또는 임상의가 현저한 인지기능 저하를 걱정함
  - 인지수행의 경미한 손상이 표준화된 신경심리 검사에 의해, 또는 다른 정량적 임상평가에서 입증됨
- 인지결함이 일상활동에서 독립성을 방해하지 않는다(계산서 지불이나 치료약물 관리와 같은 일상생활의 복잡한 도구적 활동은 보존되지만 더 많은 노력, 보상 전략 및 조정이 필요할 수 있음).

※ 병인에 따라 다음 중 하나를 명시할 것

알츠하이머 병, 전두측두엽변성, 루이소체 병, 혈관질환, 외상성 뇌 손상, 물질/치료약물 사용, HIV 감염, 프라이온 병, 파킨슨 병, 헌팅턴 병, 다른 의학적 상태, 다중 병인, 명시되지 않는 병

[그림 13-1] 건망증과 치매 차이

한 검사로 선별이 가능하니 상담을 받아 보는 것이 좋다. 필요하면 추가적인 검사를 받도록 지원해 주고 있다.

알츠하이머형 치매를 앓는 환자의 발병부터 사망하기까지의 유병 기간은 평균 약 10년이라고 알려져 있다. 초기 단계에는 건망증과 구별이 어려울 정도의 경미한 기억장애만을 보이지만, 점차 진행하면서 의미 있는 대화가 불가능해지며 여러 가지 신체적인 증상이 나타나는 말기 단계에 이르기까지 매우 다양하면서도 심각한 증상이 나타난다. 흔히 알츠하이머형 치매의 경과를 다음 표와 같이 초기, 중기, 말기 3단계로 나눈다. 그러나 모든 알츠하이머형 치매 환자가 다음과 같은 전형적인 경과를 순차적으로 보이는 것은 아니며, 사람에 따라 치매의 원인 질환에 따라 두드러지는 증상이나 증상의 출현 순서가 바뀌어 나타나는 경우도 있다(대한노인정신의학회, https://www.kagp.or.kr).

표 13-3 알츠하이머형 치매의 경과

	초기 단계 (최경도, 경도: 발병 후 1~3년)	중기 단계 (중증도: 발병 후 2~10년)	말기 단계 (고도: 발병 후 8~12년)
특징	초기 치매의 특징은 '최근 기억의 감퇴'가 시작되는 것이다. 사회생활이나 직업능력이 다소 상실되더라도 어느 정도 독립적인 생활을 영위할 수 있고, 개인위생을 유지하며, 사회적인 판단력은 비교적 통상적으로 유지된다. 하지만 점차 진행되면서 직업적 기능의 유지, 운전하기, 물건 사기, 음식 장만하기 등 일상생활을 하는 데 어려움을 보이기 시작하여 주변 사람들의 다소간의 도움을 필요로 하게 된다.	초기 단계에서 보였던 기억력 감퇴, 언어능력 등의 증상은 더욱 악화되며, 대체적으로 사회적 판단에 장애를 겪게 된다. 점차 진행되면서, 씻기, 옷 입기 등 일상생활에 필요한 동작에도 어려움을 보여 일상생활을 유지하기 위해 주변 사람들이 도와주어야 한다.	모든 지적 능력이 심하게 손상되고, 일상생활의 능력이 심하게 감퇴되어 대소변을 가리지 못하며 스스로 식사를 할 수 없게 된다. 또한 팔다리 등 신체에 장애가 없는데도 걷지 못하게 되어 뇌가 더 이상 신체에 무엇을 지시할 수 없는 것처럼 보인다. 이 시기에 환자는 기본적인 일상생활을 유지하기 위해 거의 전적으로 주변의 도움에 의존하게 된다.

| 증상 | 오래 전에 경험했던 일은 잘 기억하나, 조금 전에 했던 일 또는 생각을 자주 잊어버린다. 음식을 조리하다가 불 끄는 것을 잊어버리는 경우가 빈번해진다. 돈이나 열쇠 등 중요한 물건을 보관한 장소를 잊어버린다. 물건을 사러 갔다가 어떤 물건을 사야 할지 잊어버려 되돌아오는 경우가 발생한다. 미리 적어 두지 않으면 중요한 약속을 잊어버린다. 평소 잘 알던 사람의 이름이 생각나지 않는다. 조금 전에 했던 말을 반복하거나 물었던 것을 되묻는다. 일반적인 대화에서 정확한 낱말을 구사하지 못하고 '그것' '저것' 이라고 표현하거나 우물쭈물한다. 관심과 의욕이 없고 매사에 귀찮아한다. '누가 돈을 훔쳐갔다.' '부인이나 남편이 바람을 피운다.'는 등 남을 의심하는 말을 한다. 과거에 비해 성격이 변한 것 같이 보인다. | 돈 계산이 서툴러진다. 전화, TV 등 가전제품을 조작하지 못한다. 음식 장만이나 집 안 청소를 포함한 가사일 혹은 화장실이나 수도꼭지 사용 등을 서투르게 하거나 하지 않으려고 한다. 외출 시 다른 사람의 도움이 필요하다. 오늘이 며칠인지, 지금이 몇 시인지, 어느 계절인지, 자신이 어디에 있는지 등을 파악하지 못한다. 평소 잘 알고 지내던 사람을 혼동하기 시작하지만 대개 가족은 알아본다. 적당한 낱말을 구사하는 능력이 더욱 떨어져 어색한 낱말을 둘러대거나 정확하게 말하지 못한다. 다른 사람들이 말하는 것을 이해하지 못하여 엉뚱한 대답을 하거나 그저 '예'라는 말로 대신하기도 하고 대답을 못하고 머뭇거리거나 화를 내기도 한다. 신문이나 잡지를 읽기는 하지만 내용을 전혀 파악하지 못하거나 읽지 못한다. 익숙한 장소임에도 불구하고 길을 잃어버리는 경우가 발생한다. 집 안을 계속 배회하거나 반복적인 행동을 거듭한다. | 식사, 옷 입기, 세수하기, 대소변 가리기 등에 대해 완전히 다른 사람의 도움을 필요로 한다. 대부분의 기억이 상실된다. 집안 식구들도 알아보지 못한다. 자신의 이름, 고향, 나이도 기억하지 못한다. 혼자서 웅얼거릴 뿐 무슨 말을 하는지 그 내용을 전혀 파악할 수 없다. 한 가지 단어만 계속 반복한다. 발음이 불분명해진다. 종국에는 말을 하지 않는다. 얼굴 표정이 사라지고 보행장애가 심해지며 근육이 더욱 굳어지는 등 파킨슨 양상이 더욱 심해진다. 간질 증상이 동반될 수도 있다. 결국은 모든 기능을 잃게 되면서 누워서 지내게 된다. |

1) 알츠하이머 병으로 인한 주요 또는 경도 신경인지장애

알츠하이머 병으로 인한 주요 또는 경도 신경인지장애의 핵심 특징은 NCD 증후군 이외에 인지 및 행동 증상이 서서히 시작하고 점진적으로 진행된다는 것이다. 전형적인 증상은 기억상실이다. 기억상실이 아닌 시공간적·논리적 결함을 띤 실어증 변형이 나타나기도 한다. 알츠하이머 병으로 인한 주요 NCD가 있는 사람의 약 80%는 행동 및 정신 증상을 가지고 있다.

- 경도 단계 또는 주요 NCD의 경한 단계: 우울증, 무감동이 자주 관찰
- 고도의 심각한 상태: 정신병적 양상, 과민성, 초조, 공격성, 배회 등이 관찰
- 말기: 보행장애, 연하곤란, 실금, 간대성, 근경련, 발작 등

특히 우울증을 동반하는 경우 우울증과 신경인지장애를 구별하기 어려운 경우도 있어 다음의 차이를 확인할 필요가 있다(〈표 13-4〉 참조).
알츠하이머 신경인지장애의 유병률은 60세 이후 급격히 증가한다. 60대에 5~10%, 이후 25%까지 증가한다. 경과는 점진적으로 진행하며 때로는 짧은

표 13-4 노인성 우울증과 치매의 차이

노인성 우울증	치매
급격한 발병	잠행성 발병
짧은 기간	긴 기간
이전의 정신과적 병력	이전의 병력이 없음
기억력 장애의 호소가 심함	기억력은 문제없다고 자주 주장함
'모른다'고 대답하는 경우가 많음	근사치의 대답을 함
인지기능의 저하가 굴곡이 심함	일관된 인지기능의 저하
단기기억과 장기기억이 동등하게 저하됨	단기기억이 심하게 저하됨
우울 정동이 먼저 시작됨	기억력 저하가 먼저 시작됨

안정기와 심한 치매를 거쳐 사망에 이른다. 진단 후 평균 생존 기간은 10년인데 비교적 이른 시기에 알츠하이머가 발생할 경우 20년 이상 생존하기도 한다. 70대와 80대에 가장 많이 발생하는데, 만일 40대나 50대에 조기발병할 경우에는 유전자 돌연변이와 관련이 있다. 남성보다는 여성에게서 알츠하이머 병으로 인한 신경인지장애가 더 많이 발생한다고 해서 성별이 위험요인으로 생각되어 왔으나, 여성의 평균 수명이 남성보다 훨씬 길다는 점을 감안하면 성차보다는 연령변인이 더 큰 위험요인이라는 견해도 있다. 위험 및 예후 요인으로는 환경적으로는 외상성 뇌손상이 알츠하이머로 인한 주요 또는 경도 신경인지장애 위험을 높인다. 유전적, 생리적으로는 연령이 가장 강력한 위험 인자이다. 다운증후군이 있는 사람이 중년까지 생존한다면 알츠하이머 병이 발병할 가능성이 높다. 부모가 알츠하이머인 경우 자녀가 걸릴 위험이 50% 증가한다(Durand & Barlow, 2017, 재인용). 알츠하이머 병의 진단적 표지자는 대뇌피질의 위축, 아밀로이드 우세 신경판으로 뇌 MRI로 대뇌피질 위

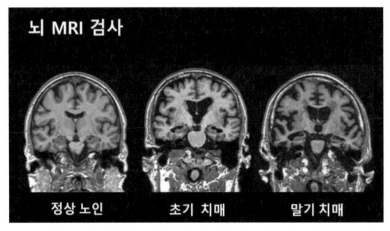

뇌 MRI 검사에 따른 정상인, 초기 치매, 말기 치매 환자 소견. 치매가 진행됨에 따라 대뇌의 전반적인 위축과 해마(hippocampus, 기억력을 관장하는 뇌영역)의 위축이 두드러진다.

[그림 13-2] 뇌 MRT 검사

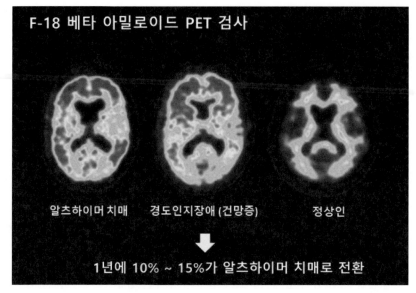

그림에서 밝은 부분이 대뇌피질에 침착한 베타 아밀로이드(알츠하미머 치매의 원인 물질
인 비정상적인 불용성 단백질)

[그림 13-3] 아밀로이드 PET 검사

출처: http://anam.kumc.or.kr/dept/intro/deptIntro.do?DP_CODE=AAPY&CLINIC_DP_CODE

축 정도를, 베타아밀로이드 PET 검사로 아밀로이드가 대뇌피질에 침착한 정
도를 판단할 수 있다([그림 13-2], [그림 13-3] 참조).

　치매는 점진적인 기억력, 지적·언어적 능력의 소실이 특징적이며 일반적
으로 기능적인 감소에 따라 4단계로 범주화할 수 있다(Hall, 1991).

표 13-5 치매의 단계와 특성

단계	특성
1단계 망각 단계	−단기 기억력 소실: 물건을 잃어버리고 잊어버림 −기억 보조장치로 보상: 리스트, 관례, 조직 −문제의 인식: 잃어버린 능력에 대한 염려 −우울이 일반적: 증상이 악화됨 −이 시기에는 진단을 할 수 없음
2단계 혼동 단계	−기억력 소실이 점진적임: 대부분 단기기억장애, 모든 능력을 방해함 −시간, 장소, 사람, 물건에 대한 지남력 상실 −일상생활 수행능력 감소, 즉 돈 관리, 업무, 교통, 요리, 집 관리 등 −부정이 일반적: 정신을 잃어버리는 것에 대한 두려움 −우울이 일반적: 결핍에 대한 인식 때문에 깜짝 놀람 −작화증을 통해 기억력 소실을 은닉함 −스트레스, 피곤, 생소한 환경에서 문제가 심해짐 −일반적으로 주간보호(Daycare)나 집에서의 보호가 필요
3단계 기동 가능한 치매 단계	−일상생활 능력 상실: 목욕, 몸단장, 옷 선택, 옷 입기, 걷기와 움직임, 배변, 배뇨, 의사소통, 책 읽기, 쓰기 등이 안 됨 −추리력, 안전계획과 언어소통능력 소실 −좌절이 일반적: 더욱 위축되고 자기 용해됨 −우울은 상실의 인식이 감소되므로 해결 −인지와 사회적 접근이 점차 감소 −의사소통의 어려움: 언어기술 소실이 증가 −스트레스역치 감소 증거: 보통 시설의 돌봄이 필요
4단계 망각 단계	−가족을 알아보지 못함: 거울 속의 자신도 알아보지 못함 −걸어 다니지 못함, 목적 있는 행동을 못함, 종종 말을 하지 못함, 자발적으로 소리를 지름 −먹고 삼키고 씹는 방법을 잊어버림: 보통 체중 감소 −부동과 관련된 문제: 폐렴, 욕창, 경축 등 −실금이 일반적: 발작이 발생할 수도 있음 −이 시기에는 대부분 시설에 수용됨

출처: http://ansan.kumc.or.kr/info/disease

2) 혈관성 주요 또는 경도 신경인지장애

혈관성 주요 또는 경도 신경인지장애는 뇌혈관 질환이 원인이 되어 신경인
지장애가 발생하는 것이다. 뇌혈관 질환은 대혈관 뇌졸중부터 미세혈관 질
환까지 다양하다. 다발경색증이 존재하며 인지저하는 급격한 계단식 혹은
변동성을 보인다. 뇌혈관 질환의 유무는 병력, 신체검진, 뇌 영상 검사에 의
존한다. 병인을 확실히 하려면 뇌 영상 검사에서 이상을 입증해야 한다. 뇌혈
관 질환의 임상 증거로는 뇌졸중이라는 분명한 과거력이 있다. 과거력으론
뇌졸중과 시간적으로 연관된 인지결함과 신체적 징후(반신불완전마비, 가성연
수 증후군, 시야결손 등)가 있다. 또한 혈관성 신경인지장애에서는 성격 및 기
분 변화, 의지력 결여, 우울증 감정 변동도 나타난다.

혈관성 신경인지장애는 알츠하이머에 이어 두 번째로 흔한 신경인지장애
이다. 65~70세에서 0.2%이며, 80세 이상이면 16%에 이른다. 뇌졸중 이후
3개월 이내에 20~30%의 사람에서 혈관성 치매가 진단된다. 65세 이후 급격
히 증가하지만 어느 연령이든 발병할 수 있다. 순수한 피질하 주요 혈관성 신
경인지장애는 알츠하이머와 같이 병이 느리게 진행되는데, 이 경우 뇌졸중
자체와 뇌졸중의 위험요인들, 즉 고혈압, 심장병, 당뇨, 고지혈증 그리고 혈
중 호모시스테인[1] 농도 외에도 비 혈관성 요인들, 즉 음주, 정신적 스트레스,
낮은 교육 수준 등이 영향을 미친다(APA, 2017).

3) 알코올성 주요 또는 경도 신경인지장애

국민건강보험공단에 따르면 2005년에서 2009년까지 30~40대 젊은 치매

---

1) 황이 들어 있는 아미노산 중 하나이다. 혈관을 확장하는 산화질소의 작용을 막아 혈관을 수축하
고, 혈액이 응고되는 작용을 막는 헤파린의 작용을 억제하여 혈전이 생기도록 한다.

환자 수는 60% 가까이 증가했는데, 특히 젊은층에서 치매가 급증하는 이유는 알코올성 치매가 주요 원인이라고 한다. 폭음하는 성인인구가 증가하고 있는 것도 알코올성 치매 환자가 늘고 있는 또 하나의 이유이다. 실제로 보건복지부가 발표한 자료에 따르면 우리나라 성인의 고위험음주율은 남성은 2005년 23.2%에서 2009년 24.9%로 증가했고, 여성은 같은 기간 4.6%에서 7.4%로 증가했다(메디칼옵저버, 2014). 치매 환자의 21~24%가 알코올과 연관이 있고, 만성 알코올의존 환자의 50~70%에서 경도의 인지장애가 발견되며, 그 중 약 10%는 심한 치매를 보인다고 보고하였다. 만성적인 알코올의 섭취는 치매의 발병률을 5배 정도 높일 정도로 치매와 높은 연관성이 있다. 전체 치매 환자의 10%를 차지하고 있는 알코올성 치매는 알코올 과다 섭취로 인해 우리 뇌의 기억 관장 영역들이 손상을 입으면서 발생한다. 초기에는 뇌 기능에만 문제가 생길 뿐 구조에는 변화가 없지만, 뇌 손상이 반복되면 알코올성 치매로 발전하면서 뇌가 쪼그라들고 뇌 중앙에 위치한 뇌실이 넓어지는 등 뇌 구조에도 변화가 생긴다. 알코올성 신경인지장애를 진단하려면, 알코올에 마지막으로 노출된 후, 최소한 60일이 지나서 임상적으로 치매의 진단을 내리게 되었을 때와 5년 이상의 기간 동안 남성은 최소한 평균 일주일에 표준잔[2](알코올 함량, 12g)의 35배(여성은 28배) 이상의 상당한 양의 알코올을 섭취하였고, 치매 증상이 처음 시작된 지 3년 이내에 상당한 양의 알코올의 섭취가 있었던 경우가 기준이 된다고 한다. 또한 알코올에 의한 간, 췌장, 위장관, 심혈관, 신장 등 말단 장기의 손상이 존재하면 알코올성 치매를 의심해 볼 필요가 있다고 한다(김태유 외, 2014).

반복된 음주습관은 뇌의 감정과 충동을 조절하는 전두엽을 손상시킨다.

---

2) 알코올 함량 계산법은 '술의 양(ml 혹은 cc) × 알코올 도수(%) × 0.8 = 알코올의 양(g)'이다. 예를 들어, 소주 한 병(360ml)에는 알코올 도수(19%)와 0.8을 곱하면 54.72g의 알코올 양이 있으며, 표준잔 12g으로 나누면 4.56잔이다. 우리 몸에서 알코올 10g이 분해되는 데 평균 1시간이 소요된다.

이와 관련하여 알코올성 치매는 충동조절이 어렵고, 판단능력이 저하되며, 동기나 의욕이 없는 증상과 함께 폭력적인 성향을 나타낸다. 이처럼 장기적인 음주는 뇌 손상을 초래하며 알츠하이머로 인한 신경인지장애와 같은 증상을 야기한다(Durand & Barlow, 2017).

(1) 치료

신경인지장애는 기본적으로 뇌의 장애이므로 약물치료가 우선이다. 정확한 진단과 환자의 신경인지기능 정도 및 환자를 돌볼 수 있는 가족의 능력을 고려하여 정신사회적 치료의 현실적인 목표를 세워야 한다. 신경인지장애 환자에게 적용할 수 있는 정신사회적 프로그램에는 기본적인 치료 원칙을 토대로 한 정신치료 프로그램 외에 보건·의료 측면의 서비스, 위기관리 서비스, 간호 측면의 서비스, 심리사회 측면의 서비스가 있다.

알츠하이머의 경우 기억력 저하 양상을 살펴보면 초기에는 일화기억의 저하가 먼저 시작되고 절차기억은 유지되는 경향을 보인다. 따라서 이러한 특성을 반영하여 기능회복 훈련 및 보완 훈련 방법을 선택하는 것이 유리하다. 심각한 신경인지장애는 인지재활 훈련이 효과가 없으므로 주로 경도 신경인지장애를 보이는 사람들을 대상으로 인지재활을 적용할 수 있다. 인지재활 훈련은 기억 훈련, 주의 및 집중 훈련, 스트레스 관리, 가족 개입 등의 치료 모듈로 구성할 수 있다. 이 밖에 신경인지장애 환자를 위한 인지회상치료, 미술치료, 음악치료 등도 심리사회적인 서비스의 일환으로 적용되고 있지만 증상이 심할 경우 효과는 미미하다.

추천 영화

〈노트북〉
〈내 머리 속의 지우개〉

3. 치료와 사회복지실천

　2021년 6월 현재 우리나라 전체 인구 51,672,400명 중 65세 이상 노인인구는 8,574,588명으로 16.6%이며, 70세 이상 노인인구는 11.0%이다. 65세 이상 노인인구 중 추정 치매환자는 2017년 약 70만 명으로, 평균 치매 유병률은 10.0%이다. 이와 함께 노인학대뿐만 아니라 치매환자 학대 건수 역시 해마다 증가하는 추세이다. 2017년 전체 학대 중 치매(의심+진단) 학대 피해자는 1,122명(24.3%)이며, 학대 발생 장소는 가정 내가 770(68.6%)건으로 가장 높았고, 그 다음이 생활시설 276(24.6%)건이었다(보건복지부, 2018).

　이처럼 초고령사회로 빠르게 진입하고 있는 우리나라 노인의 치매 유병률이 높아지고 있고, 가족의 보호부담 및 치매환자에 대한 학대도 증가하고 있다. 치매는 DSM-5에서 주요 신경인지장애와 경도 신경인지장애로 구분하고 있으나, 치매선별검사를 활용한 조사에서는 두 유형이 모두 포함되었을 것으로 보인다. 이에 치매는 사회문제로서 질병부담이 매우 높아 문재인 정부의 포용적 복지정책으로 치매국가책임제도가 시행되고 있다. 치매환자와 가족의 경제적, 심리적 부담을 완화하기 위해 국가와 사회의 책임성을 강화한 것이다. 2017년에 추진되기 시작하는 제14차 치매관리종합추진계획에 따라 치매안심센터를 통한 치매통합서비스 제공, 장기요양서비스 확대, 의료지원 강화, 치매 친화적 환경 조성 등 종합적 치매지원체계가 구축돼 왔다. 2019년 12월 현재 전국 256개 보건소 안에 치매안심센터를 설치하고, 치매환자와 가족들에게 상담, 검진, 1:1 사례관리 등의 통합적인 서비스를 제공하고 있다. 치매안심센터는 상담, 치매선별·진단검사 실시, 인지지원프로그램 운영, 쉼터, 치매안심마을 조성, 치매공공후견 사업, 치매노인 지문 사전등록 등 치매환자 및 가족 맞춤형 서비스를 제공한다. 2019년 12월까지 60세 이상 어르신 372만 명(치매환자 50만 명)이 치매안심센터를 방문해 상담, 검진과 더불어 쉼터를 통한 낮 시간 돌봄, 인지 강화 프로그램 제공 등을 받았다고 한다. 보호자 또한 치매안심센터 내 가족 카페를 이용해 치매환자의 쉼터 이용시간 동안 휴식, 가족 간 정보교환, 자조모임 지원 등을 받았다고 한다. 향후 통합돌봄사업(커뮤니티 케어)과 연계하여 장기적으로 치매안심센터가 지역사회 노인돌봄 사례관리 역할도 수행할 것이라고 한다. 「치매관리법」의 치매안심센터 인력기준을 보면 간호사, 사회복지사(1급), 작업치료사, 임상심리사 자격 소지자로 구성한다고 되어 있다.

장기요양서비스를 확대하여 2018년 1월부터 인지지원등급을 신설해 경중 치매환자도 장기요양등급을 받아 장기요양서비스를 이용할 수 있게 돼 2020년 7월 기준 1만 6,984명의 경중 치매환자가 인지지원등급을 새로 받았다. 2018년 8월에는 장기요양비 본인 부담 경감 대상자와 경감 폭을 대폭 확대하여 치매 환자와 보호자의 부담을 완화했다. 공립요양시설이 없는 지역에는 치매전담형 공립장기요양기관도 확충하고 있다.

의료지원 강화로 2017년 10월, 건강보험 제도개선을 통해 중증 치매 환자의 의료비 부담 비율을 최대 60%에서 10%로 크게 낮췄다. 2018년 1월부터 신경인지검사와 자기공명영상검사(MRI) 등 고비용 치매검사에 건강보험을 적용하여 본인부담금을 줄였다. 또한 환각, 폭력, 망상 등 행동심리증상(Behavioral and Psychological Symptoms of Dementia: BPSD)이 심한 치매 환자의 집중치료를 위한 치매전문병동을 전국 공립요양병원 60개소에 설치 중에 있고, 2020년 6월 기준 49개소를 설치 완료하고 운영 중이라고 한다.

치매 친화적 환경 조성을 위해 지역주민들이 치매에 대해 올바르게 이해하고 치매 환자와 가족을 지원하는 환경의 치매안심마을이 전국 339곳에서 운영되고 있다. 치매안심마을에는 마을 내 병원 주치의와 연계, 치매 환자 외출 동행 봉사단 운영, 은행ㆍ카페 등 치매안심프렌즈를 지정하여 운영하는 등 치매 환자와 가족이 안심하고 안전하게 살아갈 수 있는 환경이 조성돼 있다.

치매에 대한 이해를 바탕으로 치매 인식 개선ㆍ확산을 위해 홍보활동과 자원봉사에 참여하는 치매파트너가 총 100만 명이 양성돼 활동하고 있다. 일정 교육 이수 후 자원봉사, 치매선별검사 지원 등의 적극적인 활동을 수행하는 '치매파트너 플러스' 자원봉사자도 16만 명에 이른다고 한다.

이외에도 정신적 제약으로 의사결정에 어려움을 겪는 치매 환자의 의사결정권 보호를 위해 2018년 9월부터 치매공공후견제도가 시행 중이다. 후견인은 통장 관리, 관공서 서류 발급, 복지서비스 신청, 병원 진료, 약 처방 등에 대한 치매 환자의 의사결정을 지원한다. 2020년 8월 기준 122명의 치매 어르신이 공공후견인의 도움을 받고 있다고 한다.

또한 코로나19와 같은 감염병 상황에 대비해 정보기술(IT)을 활용한 비대면 프로그램이 확산되기 시작하였는데, 사회관계망서비스(SNS)를 통한 양방향 치매예방 프로그램, 카카오톡 채팅방을 이용한 단체 뇌 운동 활동 등을 실시하고 있다. 사회적 거리두기로 위축되고 우울해지기 쉬운 상황이라 숲체험, 텃밭정원 가꾸기 등 치매안심센터의 치매 환자 및 가족 대상 야외활동 프로그램도 진행되고 있다(보건복지부, 2020).

「노인복지법」과「치매관리법」에 의한 치매관리사업에서 사회복지사는 주요 인력기준으로 포함되어 있다. 치매전담병의원에도 인력기준에 들어 있으나 임상심리사와 사회복지사 중 1인으로 되어 있어 상대적으로 병원보다는 지역에서 사회복지사에 대한 수요가 높다. 사회복지사는 지역사회통합돌봄이나 사례관리, 가족지원, 경도 인지장애 대상 인지지원프로그램, 치매안심마을 만들기, 자원봉사자 교육 및 관리 등에서 중요한 역할을 할 수 있다.

제3부

정신건강서비스: 정책과 정신건강증진사업

제**14**장

국민정신건강종합대책

일반 국민의 정신건강증진을 도모하고 국가적인 정신건강 관련 정책을 입안하기 위해 여러 국가에서 정신건강 관련 정책에 대한 행동계획을 마련하고 있다. WHO(2014)는 세계 여러 나라가 전 국민을 대상으로 정신건강정책을 수립하여 효율적인 정신건강서비스 및 인프라를 구축하고 중장기적인 계획을 수립하도록 표준적인 정신건강 행동계획을 선포하였다. 이를 기반으로 우리나라도 「정신건강복지법」을 토대로 정신질환자실태조사와 정신건강종합대책을 5년 주기로 수립하면서 이를 반영하고 있다.

1. WHO 정신건강 행동계획(Mental Health Action Plan, 2013~2020)

1) 정신건강의 정의와 원인

건강이란 완벽한 신체적, 정신적, 사회적 웰빙 상태이며, 단순히 질병이나 결함의 부재 상태를 의미하지는 않는다. 정신건강은 사회경제적 요인 등에 의해 영향을 받으며 정신건강증진, 보호, 치료를 위해서는 종합적인 전략이나 행동계획을 통해 모든 정부가 참여하는 접근방식이 필요하다.

정신건강 및 정신장애는 개인의 사고를 조절하는 능력, 감정, 행동양식, 대인관계 능력 등과 같은 개인적인 특성 요인과 국가적 정책, 사회적 보호, 생활여건, 직업상태, 지역사회 지원, 사회적 지원 등과 같은 사회적, 문화적, 경제적, 국가적, 환경적 요인에 의해 결정된다. 예를 들어, 어린 나이에 극심한 불행을 경험하는 것은 어린이나 청소년의 정신건강에 악영향을 미치기도 한다. 그리고 극심한 빈곤, 만성질병이나 장애를 갖고 있는 경우, 학대나 유기 등을 경험한 아동이나 청소년, 약물을 오남용하고 있는 청소년, 소수인종, 토착 원주민, 사회적 차별이나 편견을 경험하고 있는 사람, 범죄자, 비인도적인 대우나 긴급한 자연재해 등에 노출된 사람 등은 정신장애를 가질 위험성이 매우 높다.

2) 기본 원칙

• 개인의 성별, 인종, 종교, 믿음, 출신 지역, 정치적 견해, 나이, 문화적 차이 등의 개별 특징과는 상관없이 정신건강증진이 필요한 사람에게는 보편적인 의료 지원을 제공해야 하며, 정신건강증진과 관련된 기관이나 시설에 접근하도록 접근성을 지원하고, 경제적 빈곤상태에 빠질 수 있

는 위험으로부터 보호하면서 높은 수준의 건강상태를 유지할 수 있는 기본적인 사회·보건 서비스를 제공해야 한다.

- 정신건강 치료, 보호, 증진을 위한 정신건강 전략, 행동계획, 개입방법은 반드시 유엔 장애인권리협약(Convention on the Rights of Persons with Disabilities), 기타 국제조약, 지역별 인권 관련 조약이나 규율을 준수해야 한다.
- 정신건강 치료, 보호, 증진을 위한 정신건강 전략, 행동계획, 개입방법은 반드시 과학적 근거에 기반해야 하며 각국의 문화적 특성을 고려해야 한다. 정신건강증진을 위한 종합적, 체계적, 효율적인 지원을 위해서는 반드시 개개인이 거주하고 있는 지역사회 내에서 관련 치료나 서비스를 제공받을 수 있도록 해야 한다.
- 정신건강증진을 위한 정책, 제도, 계획, 서비스 등은 개인의 전 생애에 걸쳐 실시되어야 하며 유아기, 청소년기, 성인기, 노년기 등에 맞는 적절한 정책이나 서비스가 실시되어야 한다.
- 정신건강에 대해 종합적이고 효과적인 대응을 위해서는 보건, 교육, 직업, 교정, 주택 등과 관련된 공공기관과 기타 민간기관 등이 연합된 다차원적인 협조가 필요하다.
- 정신건강증진이 필요하거나 정신장애가 있는 사람들의 역량 강화와 정신건강 관련 옹호, 정책결정, 계획설계, 법률제정, 연구 등을 실시하는 경우 당사자의 참여를 적극 보장하고 지원해야 한다.

3) 목표

WHO는 21세기 인류의 복지를 위협하는 질병으로 우울증을 첫째로 꼽았을 만큼 정신건강의 중요성을 강조하고 있다. 정신건강 상태로 인해 부정적인 영향을 받는 국민의 정신건강을 증진하고 그들이 사회의 일원으로서 자긍심을 갖고 살 수 있도록 하는 데에 국가의 역할이 중요함을 강조한다. 각 국가는 국민의 정신건강을 증진하고 정신장애 혹은 정신건강에 대한 부정적인 편견과 선입견을 줄이기 위해 최선의 노력을 다해야 한다. WHO는 "정신이 건강하지 않으면 건강도 없다(No health without mental health)."라는 슬로건 아래 모든 국가에서 정신건강증진을 위한 행동계획을 세우고 국가적으로 노력할 것을 제안하였다. WHO 정신건강 행동계획의 목표는 다음과 같다(WHO, 2013).

- 정신건강에 대한 효과적인 통제와 관리를 강화한다.
- 지역사회 내에서 종합적이며 체계적인 정신건강 및 사회 케어 서비스를 제공한다.
- 정신건강증진 및 보호를 위한 전략을 실행한다.
- 정신건강에 대한 정보 및 연구체계를 강화한다.

4) 국가별 행동계획에 대한 지침

본 행동계획에서 언급한 목표를 달성하기 위해 각 국가는 구체적인 행동목표와 계획을 수립해야 하며, 다음과 같은 지침을 따라야 한다.

- 정신건강증진과 관련된 국가계획, 전략, 프로그램, 법률 등을 지속적으로 발전시키고 최신의 정보가 포함되도록 지속적으로 관리해야 한다.
- 장애인권리협약, 기타 국제적으로 통용되고 있는 조약이나 규율 등에 기초해 정신건강과 관련된 지침이나 정신장애인을 보호 · 감독하는 기준 등이 국제적으로 수용 가능한지를 조사한다.
- 필요도를 평가해 계획을 설계하고 정신건강증진을 위한 여러 형태의 전략을 종합적으로 추진하기 위한 예산과 재원을 마련한다.

- 정신건강증진과 관련된 여러 분야에서 일하고 있는 관계자들을 동기부여하고 참여시키며 계획을 설계하고 관련 법률을 제정할 때 장애인 당사자, 장애인의 가족과 돌봄인 등을 참여시킨다.
- 정신건강, 정신장애, 정신질환 당사자 단체의 역량을 강화하며 정신건강 계획을 설계, 구성, 실행하는 데 있어 장애 단체에 공식적인 역할과 책임을 부여한다.
- 정신건강증진을 위한 중재전략을 기존의 보건정책이나 복지정책 개발 등에 포함하여 정신건강 문제를 주류화한다. 이에 소득보장정책, 교육정책, 직업정책, 생활환경개선 및 주거정책; 인권 관련 의제 등과 같은 관련된 전략이나 정책을 설계할 때 정신건강 문제를 우선적으로 고려한다.
- 비전염성 질환, 에이즈, 여성 건강, 아동 및 청소년 건강 등과 같은 일반 보건과 관련된 정책이나 연구를 실행할 때 정신건강을 명확히 포함한다.
- 국내외 기본적인 인권 의제 활동하에 정신건강증진을 위한 국가 간 교류와 협력을 강화한다.
- 정신건강, 정신장애, 기타 심리사회적 장애인 당사자, 장애인 당사자의 가족이나 돌봄인 단체를 지원하고 기존 장애단체와 조화할 수 있도록 중재자 역할을 수행한다.

5) 지역사회 기반 종합적이며 체계적인 정신건강 서비스제공 지침

돌봄 서비스의 질을 개선하기 위해 WHO는 종합적인 지역사회 기반 정신건강서비스를 개발할 것을 다음과 같이 권고한다.

- 정신건강증진 및 치료 서비스를 일반 병원이나 개인 돌봄 서비스에 통합하며 서로 다른 의료진과 보건 체계 내에서 돌봄 서비스의 연계를 강

조하고 공식적 및 비공식적 돌봄 제공자들 간에 효율적인 연계를 한다.

- 정신건강서비스의 질을 유지하고 발전시키기 위해서는 조기발견 및 조기개입, 기본적인 인권개념의 통합, 개별 존엄성을 존중하고 보호하기 위한 자기결정권 보장 등 인권에 기반한 서비스가 필요하다. 특히 신체적 문제와 정신적 문제 간의 높은 상관관계로 인해 보건 분야에서 일하는 전문가는 정신건강증진을 위한 개입방법에 신체적 기능을 향상할 수 있는 중재방법을 함께 고려해야 한다.

- 정신건강증진을 위한 지역사회 돌봄서비스를 제공하기 위해서 장애인의 자아실현과 목표달성을 지원하는 회복기반 접근방법이 필요하다. 주요한 회복기반 접근방법으로는 개별 장애인의 목소리에 귀를 기울이고 반응하며, 어떠한 서비스나 치료가 그들의 사회복귀를 지원할 수 있는지 파악하고, 장애인을 동등한 파트너로 인정하며 개별 상황에 맞는 치료법을 제시하고 소속감을 강화하여 동기부여를 하는 것이 필요하다.

- 장애인의 생애주기에 따라 다양하고 다차원적인 서비스 제공이 필요하다. 장애인의 인권을 신장하는 차원에서 고용 서비스, 주거 및 교육 기회, 지역사회 활동에 참여, 의미 있는 활동에 참여할 수 있도록 관련 서비스를 제공해야 한다.

- 지역사회 내에서 자연적 재난, 경제적 어려움, 학대 및 방임, 범죄 및 폭력, 만성질병 및 장애 등과 같은 극심한 불행에 노출되어 있는 취약 계층을 대상으로 정신건강증진이 필요함을 인지하고 이들을 위한 주의 깊은 관심과 진단, 재활서비스, 사회복귀 프로그램 등을 실행한다.

- 적절한 정신건강증진 서비스와 효과적인 결과물을 확보하기 위해서는 정신건강 영역에 적절한 전문가를 배치해야 하며 여성 보건, 전염성 질환 서비스 등과 같은 일반 보건서비스에 정신건강서비스를 통합해야 한다.

6) 정신건강증진 전략 실행

정신건강증진 전략을 실행함에 있어 장애인의 정신건강뿐만 아니라 비장애인의 정신건강 문제도 관심을 갖고 해결하는 것이 필요하다. 정신건강 문제는 전 생애에 걸쳐 발생하기 때문에 정부는 정신건강의 위험요인 및 예방요인과 관련된 정보를 적절히 알리며 전 생애에 맞는 전략을 실행해야 한다.

정신건강증진을 위해서는 어린이나 청소년기에 정신건강증진 프로그램과 서비스를 제공하는 것이 중요하며, 정신건강 문제를 가지고 있는 성인의 50% 이상이 14세 이전에 정신건강 문제를 경험했다는 연구에 기초해 아동·청소년기 발달주기에 기초한 심리사회적 접근방법이나 비약물 치료방법 등을 시행할 필요가 있다. 이러한 접근방법을 실행할 경우에는 유엔아동권리협약(Convention on the Rights of the Child)과 기타 국제적인 인권 협약에 근거해 실행해야 한다. 정부 내에서 정신건강증진을 위한 정책을 마련할 때에는 여러 부처 간 협력이 필요하다. 정신건강 문제는 소득 수준, 고용상태, 교육수준, 생활여건, 가족 간 유대, 차별 및 편견, 인권침해, 극심한 불행이나 재난에의 노출, 성폭력, 아동폭력 등과 같은 사회적, 경제적 요인에 의해 결정되기 때문에 여러 부처의 다차원적인 지원이 필요하다. 특히 아동폭력, 성폭력, 가정폭력, 학대 및 방임, 인권유린 등과 같은 상황에 처해 있는 어린이나 청소년을 대상으로는 심층적이고 종합적인 정신건강증진 서비스가 필요하다. 전 생애에 걸친 정신건강증진을 위해서는 다음과 같은 종합적이며 광범위한 서비스 및 프로그램이 필요하다.

- 반차별 법률과 차별적 및 반인권적인 학대 및 처우 등에 대한 정보 전달 캠페인
- 정신장애인을 위한 인권 향상과 장애인 돌봄 서비스 확대
- 전 생애 발달 시기에 맞는 다양한 프로그램 제공(예를 들어, 아동 중재 프

로그램, 대인관계 훈련, 성교육, 안전교육, 부모-자녀관계 개선교육, 정서 및
행동문제에 대한 대처교육 등)

• 직장 및 사회생활 내에서 발생하는 스트레스 해소 프로그램
• 장애인, 저소득인, 취약인을 위한 지역사회 네트워크 프로그램

2. 우리나라 국가정신건강종합대책

우리나라는 「정신건강증진 및 정신질환자 복지서비스 지원에 관한 법률」
제7조(국가계획의 수립 등) 제1항 "보건복지부장관은 관계 행정기관의 장과
협의하여 5년마다 정신건강증진 및 정신질환자 복지서비스 지원에 관한 국
가의 기본계획을 수립하여야 한다."에 근거해 5년마다 국가정신보건사업종
합대책을 수립하고 있다. 정부는 이 법에 근거하여 정신건강에 대한 지속적
인 요구와 기존의 정신건강증진체계의 문제점을 개선하기 위해 정신질환실
태조사와 시기를 맞추어 그 결과를 기초로 국가정신건강복지기본계획을 5년
주기로 수립한다.

2016년 이 기본계획을 토대로 제1차 '행복한 삶, 건강한 사회를 위한 정신
건강종합대책'(2016~2020)을 발표하였다. WHO의 권고 기준에 맞춰 국민정
신건강증진, 자살예방, 중증 정신질환자 삶의 질 향상 및 중독 관리 등 정신
건강에 영향을 미치는 분야가 포함된 종합대책이라고 할 수 있다. 권고에 따
라 범부처 협의체를 통해 협조체계를 구축하고 계획이행 여부를 점검하도록
하고 있다.

제2차 정신건강복지기본계획(2021~2025) 수립을 위한 추진단이 2020년
10월 발족하였다. 이에 제1차 정신건강 종합대책을 중심으로 우리나라 정신
건강정책을 살펴본다. 전체 사업의 목표, 전략, 정책과제를 요약한 것은 다음
의 〈표 14-1〉과 같다.

표 14-1 제1차 정신건강종합대책의 목표, 전략, 정책과제

정책목표	전략	정책과제
Ⅰ. 국민 정신건강증진	1. 인식개선을 통한 정신 건강서비스 이용 제고	1-1. 정신건강증진 서비스 접근성 제고 1-2. 정신건강에 대한 국민 관심 제고 1-3. 정신질환 및 정신질환자에 대한 불합리 한 차별 개선
	2. 정신건강 문제 조기발 견 및 개입강화	2-1. 우울, 불안 등에 대한 지역사회 서비스 강화 2-2. 스트레스 고위험군 집중관리 지원 2-3. 재난 피해자 등 위기심리 지원 강화
	3. 생애주기별 정신건강 지원체계 구축	3-1. 영유아 정신건강 지원 3-2. 아동·청소년 정신건강 지원 3-3. 청장년층 정신건강 지원 3-4. 노인 정신건강 지원
Ⅱ. 중증 정신 질환자 지역사회통합	1. 조기 집중치료로 만성 화 방지	1-1. 건강보험 및 의료급여 수가체계 개선 1-2. 초발 정신질환자 관리 모형 및 치료기술 개발
	2. 중증·만성 정신질환 자 삶의 질 향상	2-1. 지역사회 지원체계 구축 2-2. 사회복귀시설 확충 및 내실화 2-3. 정신의료기관 및 정신요양시설 기능 재 정립 및 역량 강화
	3. 정신질환자 인권 강화	3-1. 정신의료기관 입·퇴원 제도 개선 3-2. 정신질환자의 자기결정권 강화 3-3. 정신의료기관 및 정신요양시설 내 인권 강화
Ⅲ. 중독으로 인한 건강 저 해 및 사회적 폐해 최소화	1. 중독 예방을 위한 사회 적 환경 조성	1-1. 중독 폐해에 대한 사회적 인식 개선 1-2. 중독위험환경 개선
	2. 중독문제 조기선별· 개입체계 구축	2-1. 대상별 중독 선별체계 강화 2-2. 중독 고위험군 대상 중재 서비스 제공
	3. 중독자 치료회복 지원 강화	3-1. 치료서비스 접근성 강화 3-2. 중독자 회복 지원을 위한 지지체계 마련

IV. 자살위험 없는 안전한 사회 구현	1. 전 사회적 자살예방 환경 조성	1-1. 사회적 인식 개선
		1-2. 자살예방을 위한 사회적 지지체계 마련
		1-3. 자살위험환경 개선
	2. 맞춤형 자살예방 서비스 제공	2-1. 생애주기별 자살예방 대책 추진
		2-2. 자살 고위험군 예방체계 강화
		2-3. 자살 위기대응 및 사후관리체계 마련
	3. 자살예방정책 추진기반 강화	3-1. 자살예방 관련 교육 강화
		3-2. 근거기반 자살예방 연구체계 마련

출처: 보건복지부(2016), 정신건강 종합대책, p. 8

정신건강 종합대책의 방향 및 전략에 따른 추진 과제 내용을 정책목표에 따라 구체적으로 살펴보면 다음과 같다.

1) 국민정신건강증진

(1) 인식 개선을 통한 정신건강서비스 이용 제고

정신건강증진 서비스 접근성 제고를 위해 정신건강 자가관리(self care)를 위한 지원체계를 구축하고 5개 국립병원 등을 중심으로 심리지원 이동버스를 운영한다. 학교·사업장 방문으로 심리지원 서비스 제공, 가정방문 시 우울증 등 스크리닝 및 상담 지원을 병행하고, 고위험군의 경우 전문기관과 연계하는 등 찾아가는 정신건강서비스를 제공한다. 또한 정신건강증진센터 설치 등 시·도 및 시·군·구에 단계적 인프라 확충, 서비스 질 제고를 위한 정신건강증진센터 내 정신건강증진 전담 인력 배치 등 지역사회 정신건강서비스 확대를 제시하였다. 지속적인 정신건강에 대한 국민의 관심 제고를 위해 정신건강 인식개선 관련 캠페인을 실시한다. 공익광고 및 정신건강의 날을 지정하고 학교, 사업장 및 지역사회 기반 정신건강 교육을 강화하며 정신건강 관련 민간단체 양성으로 민·관의 협력체계를 구축하는 것을 제시하였다. 마지막으로, 정신질환 및 정신질환자에 대한 불합리한 차별을 개선하기 위해 관련 법령 및 제도 정비를 통한 불합리한 차별을 개선한다. 정신질환 차별 여부 모니터링을 실시하고 관련 처벌규정을 마련, 인식개선 및 바람직한 언론 보도를 위한 보도 가이드라인을 제작해 배포하는 계획을 수립하였다.

(2) 정신건강 문제 조기발견 및 개입 강화

우울, 불안 등에 대한 지역사회 서비스 강화를 위해 의료인 교육 및 가이드라인 마련과 지역 정신건강복지센터 연계 등 동네 단위 의원 역량을 강화하여 조기발견 및 개입을 지원한다. 정신건강증진센터 내 정신과 전문의를 '마음건강 주치의'로 배치하고 건강보험공단 건강검진 시 생애전환기 우울증 검사 등 정신건강검진을 내실화하는 방안을 제시하였다.

정신장애에 관한 자각 없이 동네의원에 방문한 경우 정신건강 문제 스크리닝이 가능하도록 하고, 산부인과와 소아과에서 산후우울증을 선별하여 고위험군에게 고운맘카드 발급과 아이돌봄 지원을 제공한다.

스트레스 고위험군 집중관리 지원을 위해 경제적으로 어려운 취약계층 및 신용회복 지원자를 위한 지원을 강화하고 이주민, 북한이탈주민을 대상으로 관련 적응교육과 심리지원 등 서비스 제공, 위험직 공무원 외상 후 스트레스 장애(PTSD) 치유 지원, 감정노동자, 신체장애인, 한부모 및 조손가정 등 정신건강 취약계층에 대한 심리적, 정서적 지원을 제공한다.

재난 피해자 등 위기심리 지원 강화와 지역사회 재난에 따른 대응을 위해 국가트라우마센터 및 지역의 재난심리지원센터 설치 등 정신건강관리체계를 구축한다. 재난 피해자 심리회복을 위한 R&D 강화, 재난 심리지원 전문인력 양성 등 인력풀 관리 방안을 제시하였다.

(3) 생애주기별 정신건강 지원체계 구축

영유아 정신건강 지원을 위해 정서발달 평가 및 평가 결과에 따른 서비스

지원 연계, 아동학대 발생 시 위기개입, 부모·교사 대상 심리지원 및 교육을 진행한다.

아동·청소년 정신건강 지원을 위해 아동·청소년을 대상으로 한 정신건강 관련 실태조사를 실시하고, 학교 기반 정신건강 지원체계 구축 및 학교 밖 청소년 대상 정신건강증진센터 연계를 강화하며 보건 및 상담교사, Wee센터 및 청소년상담복지센터 등 전문인력 역량 강화 등을 제시하였다. 청장년층 대상 정신건강 지원으로는 대학 내 상담센터 또는 의무실 역량 강화 및 지역 정신의료기관 연계, 인식개선 등 대학생 정신건강 지원체계를 구축한다. 또 산모의 산전·산후 우울증 관리를 강화하고 사업장 규모별 근로자 정신건강 지원체계 구축 등 근로자의 직무 스트레스 및 우울증 관리를 강화하는 방안을 수립하였다. 노인 정신건강 지원을 위해 관련 종합검사를 실시하고 심리지원을 강화, 노인 대상 특화 정신건강 프로그램을 제공한다. 또한 정신건강 관련 정보, 교육을 제공하고 정신질환에 대한 편견을 해소할 수 있도록 교육과 홍보 강화를 제시하였다. 생애주기별 정신건강서비스의 구체적인 내용은 다음 〈표 14-2〉와 같다.

표 14-2 생애주기별 정신건강서비스체계

	발견(screening)	정신건강서비스	자살/중독 예방
영유아	• 발달검사 (영유아 건강검진 시)	• 발달장애 의심 시 정밀검사비 지원	• (중독) 유아동 인터넷, 스마트미디어 사용 정도 선별검사 및 부모 대상 적정사용 등 교육, 홍보
	• 정서발달 자가평가 (부모·교사가 직접 평가)	• 육아종합지원센터 심리지원 • 심리지원 바우처 제공	
	• 부모 대상 정신건강 스크리닝(우울, 불안 등, 영유아 건강검진 시)	• (부모) 양육교육 • (교사) 문제행동 보육·교육방법 교육	

아동· 청소년		• 정서행동 특성검사	• 학교 내 상담교사 배치 • wee센터, 정신건강증진센터, 학교밖청소년지원센터 심리지원 • 아동·청소년 심리지원 바우처	• (자살) 교사 대상 자살예방 및 게이트키퍼 직무연수 • (중독) 스마트폰, 알코올 중독 조기 선별검사
청 장 년	대학생	• 조현병 등 초발 정신질환 발굴 (교내 상담센터 또는 보건시설, 웹 기반 정신건강 자가 스크리닝)	• 교내 보건시설, 정신건강증진센터 및 중독통합 관리센터 연계로 교육 또는 프로그램 제공 • 웹 기반 프로그램 제공	• (자살) 대학 평가인증 시 자살 예방 내용 포함, 군부대 간부 게이트키퍼 교육 강화 • (중독) 중독, 인터넷 게임 예방교육 및 선별검사
	산모	• 산후 우울증 검사 (산부인과 검진 또는 영유아 소아과 방문시, 웹 기반 정신건강 자가 스크리닝)	• 보건소를 통한 양육교육 • 고운맘 카드 사용처 확대 검토 • 아이돌봄 서비스 및 일시보육 우선 제공 • 웹 기반 프로그램 제공	• (중독) 임신 중 문제음주, 태아 알코올 중후군 선별도구 개발 및 보급
	근로자	• 직무 스트레스, 우울증 등 검사 (직장 내 검사 또는 웹 기반 정신건강 자가 스크리닝)	• 근로자 건강센터 심리지원 • 사업장 건강증진 활동비 지원 (대상, 금액 확대 검토) • 해당지역 광역 정신건강증진센터와 연계하여 심층 사정평가, 상담 등 지원 • 웹 기반 프로그램 제공	• (자살) 보건관리자 대상 '자살 예방 지도자 교육과정' 운영 및 사업주용 자살예방 관리 가이드라인 배포 • (중독) 중독 예방교육 및 선별검사
노인		• 정신건강 종합검사 (보건소, 정신건강증진센터, 치매상담센터)	• 노인 특화 정신건강 프로그램(수면, 화병 관리, 사회 재적응, 복합질환 등)	• (자살) 지역사회 노인 자살 예방모형 개발 및 보급, 노인 관련 종사자 게이트키퍼 양성 • (중독) 사회복지시설과 연계하여 주기적 선별 및 개입

2) 중증 정신질환자 지역사회통합

(1) 조기 집중치료로 만성화 방지

건강보험 및 의료급여 수가체계를 개선하기 위해 외래 본인부담 경감, 비

급여 정신요법과 의약품에 대한 보험적용 확대, 자살, 외상 후 스트레스 장애
(PTSD) 등에 대한 보장 범위를 확대하는 등 건강보험 수가체계를 개선한다.
또한 의료급여 체계 개선을 통해 양질의 서비스를 제공하고 불필요한 입원을
제한해 지역사회의 복귀를 강화하는 방안을 제시하였다.

초발 정신질환자 관리 모형 및 치료기술 개발을 위해 초발환자 발견 및 지
역사회 내 관리 모형을 개발하고 급성기 환자를 대상으로 응급병상 운영 및
단기 입원제도를 활성화한다. 또한 정신질환 치료기술 관련 연구기능을 강
화하고 기술개발을 위한 지원을 강화하는 것을 제시한다.

(2) 중증 · 만성 정신질환자 삶의 질 향상

지역사회 지원체계 구축을 위해 중증 및 만성 정신질환자 대상 지역사회
내 서비스 연계 및 제공 등 지원을 강화하고, 퇴원환자 외 지역사회 관리 정
신질환자를 대상으로 외래치료 명령이 가능하도록 하며, 장기 지속형 약물처
방 활성화를 통한 지역사회 내 관리 전환, 정신질환자 사회복귀 유도를 위한
지원을 강화하는 것을 제시한다.

사회복귀시설을 확충하고 내실화하기 위해 다양한 유형의 사회복귀시설
을 설치 · 운영하고 사회복귀시설의 질적 수준 제고, 직업 재활 활성화를 위
한 근로환경 개선 및 관련 모형 개발 등을 제시하였다.

정신의료기관 및 정신요양시설의 기능을 재정립하고 역량 강화를 위해 정
신의료기관 낮병동을 확대하며 서비스 질이 낮은 기관을 중심으로 병상 수를
단계적으로 감소시키고자 한다. 또한 정신요양시설의 이용 대상자를 명확히
하고 기능 표준화 및 전환을 통한 정체성 확립과 신체 복합 질환자를 대상으
로 하는 치료병원을 확충하는 것을 제안하였다.

(3) 정신질환자 인권 강화

정신질환자의 인권 강화를 위해 정신의료기관 입원 및 퇴원 제도를 개선해

회전문식 재입원을 방지하고 보호의무자에 의한 입원제도를 개선하며 강제
입원 시 공적 영역의 입원 적정성 여부를 판단하는 방안을 제시하였다.

또한 정신질환자의 자기결정권 강화를 위해 강제입원 및 치료기준을 재정
비하고 중증 정신질환자의 의사결정 지원 방안을 마련, 정신의료기관 내의
행동 제한·격리·강박 등에 대한 기준을 명확하게 규정하는 등 기준을 강화
할 것을 제안하였다.

정신의료기관 및 정신요양시설 내 인권 강화를 위해 정신의료기관 및 요양
시설의 정보공개를 강화하고 인권지킴이단을 구성하여 모니터링하는 등 개
방성을 확대한다. 인권교육 내실화 및 정신질환자를 대상으로 인권 및 권리
보장 교육을 실시한다. 또한 정신의료기관의 평가 및 인증을 내실화하고 인
권침해 관련 지도 및 감독을 강화하도록 제시하였다.

3) 중독으로 인한 건강 저해 및 사회적 폐해 최소화

(1) 중독 예방을 위한 사회적 환경 조성

중독 폐해에 대한 사회적 인식 개선을 위해 중독 예방 관련 교육 및 캠페인
을 실시하고 알코올에 대한 인식 개선, 중독 관리를 위한 범부처 간 협력체계
구축방안을 제시하였다. 중독 위험성의 개선을 위해 중독 요인에 대한 접근
성 제한을 검토하고 적정 이용 가이드라인을 마련해 배포한다. 또한 중독물
질에 대한 관리를 강화하고 신종 중독물질에 대한 실태조사, 가이드라인 마
련 등 대응력 제고를 제한하였다.

(2) 중독문제 조기선별·개입체계 구축

대상별 중독 선별체계를 강화하기 위해 미취학 아동, 청소년, 청장년 등 생
애주기별로 일반 국민 대상 주요 중독문제를 선별한다. 또한 독거노인, 노숙
인, 사회취약계층과 신체질환자 등 취약계층을 대상으로 중독문제 선별을 실

시한다.

중독 고위험군을 대상으로 중재 서비스 제공을 위해 '중독관리통합지원센터' 역량 강화 및 정신건강증진센터와 보건소의 지원 기능 강화, 행위중독이 공존하는 특성을 고려하여 지역사회 및 의료기관 등의 통합관리를 강화한다. 또한 고위험군을 대상으로 자가 프로그램, 전문가 프로그램, 관련 기관 종사자교육 등 개입 프로그램을 개발하고 보급한다. 마지막으로, 정신보건 전문요원에 대한 중독예방관리 교육을 실시해 전문인력을 양성하고 보건소, 지역 정신건강센터에 중독관리 전문요원을 필수 배치한다.

(3) 중독자 치료·회복 지원 강화

치료서비스 접근성 강화를 위해 증상에 따른 체계적 분류와 연계 기준을 마련하고 치료 지원 모델 개발 및 시범사업을 실시하는 등 근거기반 진단 및 치료 지침을 개발하여 보급한다.

관련 전문 치료기관의 확충 및 내실화 방안 마련, 범법 중독자에 대한 치료 지원을 강화한다. 또한 특화된 치료 프로그램 등을 통한 치료 수준을 제고하고 정신과 중 일부를 중독치료 전문기관으로 지정·운영해 전문 치료기관을 확충하고 내실화한다.

또한 범법 중독자에 대한 치료지원을 강화하기 위해 치료 프로그램을 지원하고 중독 관련 사범의 조건부 기소유예 활성화로 치료 재활을 확대, 중독관리통합지원센터를 통한 방문상담 등 교정시설 내 지원을 제공한다.

마지막으로, 중독자의 회복 지원을 위한 지지체계 마련을 위해 지역사회 내 사회복귀시설 및 재활 모델 개발을 지원하고 중독자 회복을 위한 지속적인 사후관리를 제공하고자 한다.

4) 자살위험 없는 안전한 사회 구현

(1) 사회적 자살예방 환경 조성

전 사회적 인식 개선은 전 국민 참여형 캠페인, 관련 언론보도의 개선, 미디어 협조 강화 등을 통해 도모하고자 한다. 또한 자살예방을 위한 사회적 지지체계 마련을 위해 지역사회 내 자살예방 연계체계를 구축하고 사회안전망과 자살예방 연계를 강화, 범부처 및 전사회적 자살예방 협력체계를 마련하는 것을 제시하였다.

자살 위험환경 개선을 위해서는 자살수단에 대한 정보 유포 최소화 및 관련 기준 마련 등 자살수단에 대한 관리를 강화하고 온라인상의 자살유해정보를 차단하는 조치를 취한다.

(2) 맞춤형 자살예방 서비스 제공

생애주기별 자살예방 대책 추진을 위해 아동·청소년의 경우 교사 대상 자살예방 및 게이트키퍼 연수과정 개설 및 운영, 학교 밖 청소년 대상 자살예방 체계를 구축한다. 청장년층의 경우 대학 내 평가·인증 시 자살예방체계와 관련된 내용을 포함하고 직장 내 자살예방 지도자 교육과정 운영과 가이드 마련, 군인을 대상으로 병영생활 전문 상담관 배치, 관련 교육을 강화하도록 한다. 또한 노인을 대상으로 지역사회 내 보건·복지 통합서비스의 마련으로 노인 자살예방 모형을 개발하고 노인 관련 종사자를 게이트키퍼로 양성한다.

자살 고위험군 예방체계 강화를 위해 자살 유가족에 대한 심리지원 서비스 및 자조상담을 활성화한다. 또 신체질환자 및 장애인 대상 예방체계 구축과 실직자·빈곤층 대상 예방체계 마련을 제시하였다. 자살 위기대응 및 사후관리체계를 마련하기 위해 24시간 자살위기 대응체계를 구축하고 응급실 기반 자살시도자 사후관리를 확대한다.

(3) 자살예방정책 추진기반 강화

자살예방 관련 교육 강화를 위해 전 국민 대상 게이트키퍼 양성 프로그램 교육을 확대하고 관련 콘텐츠 개발 및 보급을 통한 체계를 마련한다. 또한 자살예방 관련 의료인 및 정신보건인력 등 전문가 교육을 강화한다. 근거기반 자살예방 연구체계 마련을 위해 관련 부처의 연계를 통해 자살 추적관찰체계를 구축하고 자살예방을 위한 근거기반 조사 및 연구 강화를 제시하였다.

제**15**장
정신건강증진사업

1. 정신건강증진사업 현황

제1차 국가정신건강종합대책(2016~2020)의 수행기간은 종료되었고, 2차
를 준비하는 중이지만 사업수행 결과에 대한 평가는 아직 발표되지 않았다.
이 종합대책을 기초로 보건복지부는 매년 〈정신건강사업안내서〉를 배포하
여, 각 정신건강서비스체계에서 이 사업들을 추진하도록 하고 있다. 종합대
책에 의한 정신건강증진사업들을 살펴보았다.

첫째, 국민정신건강증진을 위해 정신건강에 대한 인식을 개선하고, 정신
건강 문제 조기 발견 및 개입 강화, 생애주기별로 달리 나타나는 정신건강 문
제에 대한 지원체계 강화를 위한 다양한 사업들이 이루어지고 있다. 스트레
스 고위험 관리로 이번 2019년 말부터 시작된 코로나19 펜데믹으로 인한 위
기심리지원을 국가트라우마센터와 재난심리지원센터, 자살예방센터 등에서
예방적인 교육자료 배포 및 상담지원이 이루어졌다.

둘째, 중증 정신질환자 지역사회통합을 위해 조기 집중치료로 만성화를 방지하기 위한 조기 정신증 선별과 청년치료비 지원 등이 지역사회정신건강복지센터를 통해 적극적으로 시행되었다. 지역사회 지원체계 구축 등을 통한 삶의 질 향상을 위해 커뮤니티케어사업이 2020년 시범적으로 이루어졌고, 통합사례관리사업이 지역에서 강화되었다. 정신의료기관 입·퇴원 제도 개선 등을 통한 인권 강화를 도모하고 있다. 그 사업의 일환으로 2018년부터 정신질환자들이 병원 입·퇴원을 할 때 동료상담가를 파견하여 그 절차를 보조함으로써 동료 정신질환자들의 의견을 대변해 주고 자기결정 능력을 옹호하는 '정신질환자 절차보조사업'을 시행하였다. 당사자단체(예: 파도손)는 당사자 동료상담가 16명과 함께 절차보조사업을 시행하면서 퇴원한 지역사회 거주 정신장애인을 지원하고 있다. 또한 입원과정과 이송방법의 적법성 여부, 입

표 15-1 정신건강증진기관·시설 현황

구분	기관 수(개)	주요 기능
정신건강복지센터	255	지역사회 내 정신질환 예방. 정신질환자 발견·상담·정신재활훈련 및 사례관리 정신건강증진시설 간 연계체계 구축 등 지역사회 정신건강사업 기획·조정 ※ 광역 16(국비 15, 지방비 1) 기초 239(국비 214, 지방비 25)
정신의료기관	54	정신질환자 진료, 지역사회정신건강증진사업 지원
	1,774	정신질환자 진료
정신요양시설	59	만성 정신질환자 요양·보호
정신재활시설	345	병원 또는 시설에서 치료·요양 후 사회복귀촉진을 위한 훈련 실시
중독관리통합지원센터	50	중독 예방, 중독자 상담·재활훈련
계	2,537	

출처: 보건복지부(2020), 정신건강사업안내서, p. 10

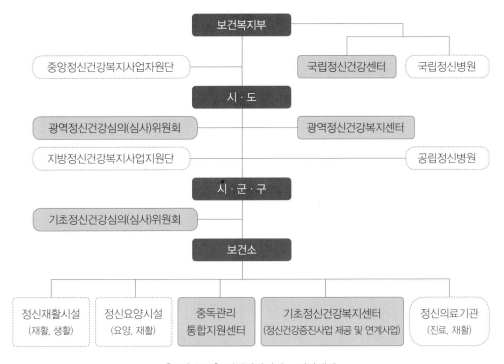

[그림 15-1] 정신건강서비스 전달체계

출처: 보건복지부(2020), 2020정신건강사업안내서, p. 4

원치료 필요성 및 자·타해 위험 여부, 증빙서류 구비 및 적법한 행정절차가 이루어졌는지 심사하는 입원적합성심사제도가 2018년 6월부터 시행되었다.

셋째, 중독으로 인한 건강저해 및 사회적 폐해 최소화를 위해 중독예방과 관리를 위한 사회적 인식 개선, 중독 문제 조기선별 및 개입체계 구축, 치료 서비스 접근성 강화, 중독자 회복지원 강화를 목표로 하였다. 그러나 전국에 센터가 50곳밖에 없고 이는 2010년 이후 변함이 없다. 오히려 중독자들의 입원치료가 증가하고 있는 양상이라 세부적인 평가가 필요하다.

넷째, 자살 없는 안전한 사회 구현을 위해 자살 사망률을 감소시키기 위한 자살예방 사업들이 강화되었다. 여기에는 자살에 대한 인식 개선, 생애주기별 맞춤형 자살예방 서비스 제공, 자살 고위험군에 대한 관리 등이 포함된다. 자살예방센터의 설치도 증가되었다. 우리나라 인구 10만 명당 자살률이 2010년 31.2명에서 2017년 24.3명으로 계속 감소하다가, 2018년 26.6명, 2019년 26.9명으로 소폭 상승하기 시작하였다. 정신건강증진사업을 수행하는 기관 및 시설 현황은 〈표 15-1〉을, 정신건강서비스 전달체계는 [그림 15-1]을 참조하기를 바란다.

2. 정신건강증진사업의 방향과 과제

정신건강증진체계에서는 다양한 정신건강증진사업이 여러 주체를 통해 제공되고 있지만 현재의 정신건강증진체계에서 제공되는 사업들이 충분한 자원을 가지고 다양한 욕구를 가진 정신질환자 혹은 국민을 대상으로 적절한 정신건강서비스를 제공하고 있다고 보기는 어렵다. 지역사회 정신건강증진체계는 여전히 예산과 인력 부족 문제를 호소하고 있다. 특히 예산 구조는 지역의 특성을 고려하지 않고 사업비와 인건비를 통합하여 일률적으로 지원하기 때문에, 정신보건 현장 인력의 연차가 높아지면 사업비가 부족해지는 문제로 전문성 있는 경력직 확보가 어렵다. 이에 정신질환자를 대상으로 사례관리를 하고 다양한 서비스를 제공해야 하는 정신건강복지센터, 중독관리통합지원센터, 사회복귀시설 등에 정신보건 전문인력 확보가 어렵다. 2016년 말에 있었던 서울시의 정신보건 전문요원 파업 사태에서 드러난 것처럼 지역사회 내 정신보건 인력의 고용 안정성과 근로조건에 대한 문제가 여전히 남아 있다.

시설과 관련해서는 알코올중독 등의 중독예방과 관리를 위한 인프라가 취약하다. 중독예방과 관리를 위한 대표적인 기관인 중독관리통합지원센터는 전국 50곳에 불과하다. 중독관리통합지원센터가 설치되지 않은 지역에서는 정신건강복지센터에서 중독예방과 관리 사업을 진행하고 있지만 센터가 이미 진행하고 있는 사업이 많아 중독예방과 관리 사업까지 제공하기 어렵다. 이 때문에 중독예방 및 관리 사업은 지역사회 내 대표적인 미충족 정신건강 서비스로 언급된다. 정신질환자의 탈시설화가 정신건강증진사업의 주요 목표임에도 불구하고 정신질환자의 주거, 직업훈련 및 취업 등을 지원하는 사회복귀시설은 매우 부족하다.

전체 정신질환자 중 중증 정신질환자 51만 명을 상회하지만 이들을 위한 정신재활시설은 286개소에 불과하고, 수용 정원은 겨우 7천여 명 수준이다(한국정신재활시설협회, 2018). 현재 설치된 사회복귀시설도 주거시설이 대부분이며, 직업훈련 및 취업을 지원하는 사회복귀시설은 제한적이고, 대다수가 서울과 경기 지역에 집중되어 있다. 지역사회 정신건강 예산에 대한 지자체의 부담 능력의 차이로 인한 결과일 것이다. 이는 지역 간 정신건강 형평성의 문제를 보여 준다. 국가 차원의 의료급여 재정이 병원 중심 치료에 집중한 결과이다. 이에 정신병원은 증가하고 있으나 사회복귀 관련 지역사회 지지체계는 제자리걸음이다. 퇴원 후 1개월 내 동일병원 재입원율이 23.8%, 타병원 재입원율이 14.1%로 퇴원 이후 총 35%가 넘는 인원이 한 달 이내에 재입원한다(국립정신건강센터, 2017)는 통계 결과는 지역사회 지원서비스의 취약성을 보여 준다. 미국이나 유럽의 지역사회 중심 정신건강 정책을 실시하는 나라들은 의료급여 예산의 80%를 지역사회 지지체계 구축에 활용하고 있고, 입원실은 줄여 나가고 있다. 우리나라의 정신건강종합대책을 보면 비전과 전략은 지역사회 중심으로 되어 있으나, 실질적인 예산과 인프라 확대는 매우 미약하다. 입법 및 정책 입안자들의 정신장애에 대한 편견과 두려움이 아니라면 우리나라 경제 규모와 수준에 맞게 WHO의 권고를 적극적으로 수용하여 회복기반의 지역사회 중심 정신건강 대책을 실현해야 할 것이다. 현행 「정신건강복지법」의 법안, 시행령, 시행규칙을 보면 시설 입원, 퇴원에 관한 항목은 178개, 복지 관련 항목은 6개에 불과하다. 장애인 및 정신장애인의 빈곤화는 심각하다. 편견과 낙인의 결과이고, 당사자의 정치적 입지가 약한 것

과 관련이 있다. WHO가 권고한 장애인권리협약에 기초한 회복기반의 지역
사회 중심 정신건강 정책이 이루어지려면, 지역사회에 그 핵심 요소들을 구
축하는 것이 중요하다.

　회복(revocery)은 질병의 한계에도 불구하고 만족스럽고 희망적이며 삶의
새로운 의미와 목적을 개발하는 것이다. 이는 인간 중심 가치에 기초하여 당
사자가 사회에서 중요한 역할을 선택하고, 획득하고, 유지하도록 돕는 정신
건강서비스체계의 방향 전환, 즉 패러다임의 전환 위에서 실현 가능하다. 회
복패러다임의 가장 핵심적인 전제는 누구나 정신질환을 가질 수 있고, 또한
회복될 수 있다는 것이다. 회복은 '병의 회복'이 아닌, '인생의 회복'을 의미하
는 용어이다. 회복모형에 따르면, 당사자는 단순히 질병 또는 장애로 고통받
고 있는 존재가 아니라, 질병 또는 장애로 인하여 변해 버린 자신의 인생을
두고 투쟁하고 있는 존재이다. 회복모형에 따르면, 질병 또는 장애는 그 자체
보다 환자가 그것을 어떻게 경험하고 받아들이는가가 더욱 중요하다. 정신
질환을 가진 사람은 그 질환이 치료되지 않은 상태에서도 회복할 수 있다. 그
리고 회복의 과정은 증상과 장애가 지속적으로 존재하는 동안에도 계속 진행
될 수 있다. 그러므로 회복의 비전은 부정적인 목표를 긍정적인 목표로 전환
할 것을 제안한다. 즉, 재발을 감소시키기 위해 시도하기보다는 개인적인 성
공을 성취하도록 회복에 도움이 되는 작업을 시도하는 것이며, 정신병 진단
을 초월하여 증상이 완전히 치유가 되었거나 또는 그렇지 않았거나 상관없이
생명과 가치 있는 삶에 초점을 둔다. 회복이란 한 개인의 태도와 가치, 느낌,
목표, 기술, 그리고 역할이 변화하는 철저히 개인적이고 독특한 과정으로서
시간의 경과에 따라 악화되기보다는 회복되는 것이며, 만족하고, 희망적이
며, 공헌할 수 있는 삶의 생활방식인 동시에 인생의 새로운 의미와 목표에 대
한 희망을 내포하고 있다(장혜경, 하지선, 2017).

　이러한 회복패러다임의 등장은 1980년대 후반 정신장애인들의 당사자 중
심 소비자운동으로부터 비롯되었다. 소비자운동은 치료계획에의 적극적인

참여와 함께 사회적 참여와 자립, 삶의 질에 관한 주도적인 활동으로 이어지며, 동료 지지, 인권 옹호 활동, 법 앞의 평등과 법적 보호기반 구축, 주거 및 직업 기회 확대를 위한 정책 참여 등을 주도하고 있다. 조현병을 극복하고 정신건강의학과 의사가 되어 미국에서 회복 운동에 앞장서고 있는 다니엘 피셔(Daniel Fisher)는 2001년 워싱턴포스트지와 인터뷰에서 "나는 조현병으로부터 회복되었다. 만약 내 말이 당신을 놀라게 했다면, 그리고 만일 당신이 조현병은 평생 벗어날 수 없는 뇌질환이라고 생각한다면 그것은 당신이 수백만 명의 사람들을 정신병이라는 낙인 아래 불필요하게 감금해 온 문화적 오해로 인해 오도되어 온 탓이다."라고 말했다. 조현병을 극복한 후 임상심리학 박사로서 미국 소비자이자 생존자 운동의 대표적 활동가로 활약하는 패트리샤 디건(Patricia Deegan)은 "회복의 목표는 단순히 '정상'으로 돌아가는 것이 아니라 더 깊고 충만하게 인간적이 되는 소명을 가슴으로 받아들이는 것이다."라고 했다(한국정신사회재활협회, 2017). 이처럼 회복패러다임은 강점관점과 희망, 의미의 철학에 기초하며, 역경으로부터 배우는 레질리언스와 임파워먼트를 강조하고 있다. 정신질환을 가진 사람들의 정신건강증진을 위한 회복기반 인권 중심의 접근이 필요한 이유로 충분할 것이다. 현재 우리나라 정신건강증진정책이 추진해 가야 할 방향이며 과제이다. 회복기반의 접근을 위해 충분한 지역사회 지지체계를 구축하고, 당사자의 자조활동과 소비자운동을 할 수 있는 시민단체 지원도 함께 이루어 가며, 정책적 파트너로서 협력적 거버넌스를 해 나가야 할 것이다.

그런 의미에서 정신장애인 인권단체 파도손의 동료지지와 인권옹호활동, 멘탈헬스코리아의 '뉴노멀 시대의 Empowered Consumer'로서의 청소년당사자운동과 동료지지활동은 중요한 출발선에 있다. 일본 베델의 집에서 실천하고 있는 '당사자 연구' 활동으로 체험과 그 의미를 나누며 삶을 풍부하게 하려는 접근도 청주정신건강복지센터와 한울복지재단에서 실천하고 있다. 회복한 당사자가 운영하는 정신장애인자립센터도 있고, 2020년에는 '전국 정신장애인 당사자 컨퍼런스'도 열렸다. '마인드포스트'라는 회복관점에서 정신장애에 대한 올바른 정보와 정신장애인의 인권, 당사자 목소리, 언론의 부정적 보도에 대한 대응, 정책제안 등을 제공하는 인터넷신문이 운영되고 있는 것도 고무적이다. 정신건강증진을 위한 공공영역의 지속적인 확대와 함께 민간활동에 대한 적극적인 지원와 정책반영을 위한 협업이 가능한 토대가 형성되고 있는 것은 희망적이다.

참고문헌

강상경(2011). 인간행동과 사회환경. 서울: 나남출판.

강연정(2012). 교회 위기청소년의 자아탄력성 증진을 위한 기독교 교육상담적 접근. 복음과 상담, 18, 51-52.

건강보험심사평가원(2015). 건강보험통계연보.

경기도(1998). 경기도 지역정신기획평가보고서.

곽아람, 이신영, 허만세(2014). 노인의 자아존중감 향상 프로그램의 효과에 대한 메타 분석. 한국정신보건사회복지학회 학술발표논문집, 219-240.

국립특수교육원(2020). 2020 특수교육통계.

국립정신건강센터(2017). 국가정신건강현황 4차 예비조사 결과보고서.

국가인권위원회(2008). 정신질환자에 대한 차별과 편견 실태 조사.

국가인권위원회(2019). 혐오표현에 대한 국민의식 조사.

국가인권위원회(2019). 혐오표현 개념과 문제, 혐오표현 진단과 대안 마련 토론회 자료집: 9-22.

권민영, 강연정(2014). 선교사 자녀의 영적 안녕감, 긍정적 사고, 부모-자녀관계가 현지 적응유연성에 미치는 영향. 한국기독교상담학회지, 25(1), 9-35.

권석만(2013). 이상심리학의 기초. 서울: 학지사.

권수영(2005). 프로이트와 종교. 경기: 살림출판사.

권수현(2015). 유아교사의 회복탄력성에 대한 고찰: 개념 및 구성요인, 향상방안을 중심으로. 육아지원연구, 10(2), 31-53.

권진숙, 김정진, 전석균, 성준모(2017). 정신건강사회복지론. 경기: 공동체.

김규수(2005). 정신보건사회복지실천론. 서울: 형설출판사.

김수정, 정익중(2013). 아동학대가 우울, 불안과 공격성에 미치는 지속 효과와 최신

효과에 대한 종단 연구. 한국아동복지학, 43, 1-28.

김승권(2012). 한국가족의 위기성 및 취약성과 정책과제. 보건복지포럼, 187, 6-19.

김영호(2019). 청소년 도박 중독 예방과 개입. 상담과지도, 54, 95-111.

김정진(2004). 재가정신장애 여성의 자녀양육능력 향상을 위한 양육지원 프로그램 개
     발에 관한 연구. 정신건강과 사회복지, 18, 133-164.

김정진(2000). 정신장애여성의 양육관련변인과 자녀의 사회적 역량에 관한 연구. 이
     화여자대학교대학원 박사학위논문.

김정진(2017). 베이비붐 세대의 정신건강과 교회의 역할. 생명연구, 43, 173-222.

김정진(2020). 사회복지실천기술론. 서울: 학지사.

김정진, 권진숙, 임은희(2012). 사회복지실천기술론. 경기: 서현사.

김주환(2011). 회복탄력성: 시련을 행운으로 바꾸는 유쾌한 비밀. 경기: 위즈덤하우스.

김지경, 이윤주(2018). 20대 청년 심리정서 문제 및 대응방안 연구. 한국청소년정책연
     구원 연구보고서.

김태유, 김지원, 김상윤, 김준모, 이동기, 인연권, 김민정, 이은아, 손정은(2014). 알코
     올성치매의 신경심리학적 소견. J. of Korean Geriatrics, 8(1), 20-27.

김현아, 김성회(2007). 새터민의 적응유연성 척도 개발. 상담학연구, 8(1), 63-83.

김현지, 박서정, 송채민, 송민(2019). 조현병과 정신분열병에 대한 뉴스 프레임 분석
     을 통해 본 사회적 인식의 변화. 한국문헌정보학회지, 53(4), 285-307.

김혜란, 홍선미, 공계순(2001). 사회복지실천기술론. 서울: 나남출판.

김혜성(2017). 고령화 한국사회의 노인 고독사: 위험요인과 예방전략. 한국콘텐츠학회
     논문지 17(8), 454-462.

김혜진, 노은영, 권세원(2015). 사회복지사의 클라이언트 자살경험에 관한 현상학적
     연구. 정신건강과 사회복지, 43(4), 88-115.

나은영(1995). 의식개혁에 장애가 되는 문화적 요인들: 체면과 동조. 한국심리학회지:
     문화 및 사회문제, 2(1), 33-51.

노성동(2016). 부목회자의 언어폭력 상처경험과 회복탄력성에 관한 연구. 한국기독교
     상담학회지, 27(1), 135-161.

노태영(2008). 유전자란 무엇인가: 유전자의 역사와 개념. KOSEN분석자료. http://
     www.kosen21.org

대한노인정신의학회 편(1998). 노인정신의학. 서울: 중앙문화사.

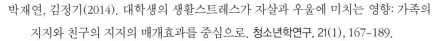

박재연, 김정기(2014). 대학생의 생활스트레스가 자살과 우울에 미치는 영향: 가족의 지지와 친구의 지지의 매개효과를 중심으로. 청소년학연구, 21(1), 167-189.

박종수(2013). 융심리학과 정서. 서울: 학지사.

박한결, 왕성근, 이종범, 김진성, 배대석, 구본훈(2010). 노년기 정신장애 환자의 기본적 일상생활 기능에 영향을 미치는 우울 및 인지 요인에 대한 예비연구. 생물치료정신의학. 16(1), 33-45.

박한선(2019a). 정신장애의 진화적 가설 및 한계. 정신의학생물치료정신의학. 25(3), 165-182.

박한선(2019b). 정신의학의 진화생태학적 연구 시 고려사항. 인지과학. 30(4), 199-217.

박혜은(2016). 부모로부터의 학대 경험이 초등학교 고학년 남녀 아동의 반응적 공격성에 미치는 영향과 의도적 통제의 조절효과. 연세대학교 대학원 석사학위논문.

백혜진, 조혜진, 김정현(2017). 정신질환의 낙인과 귀인에 대한 언론 보도 분석. 한국언론학보, 61(4), 7-43.

보건복지부(2007). 생애전환기 국민건강조사 매뉴얼

보건복지부(2010). 국민건강영양조사

보건복지부(2011). 국민건강영양조사

보건복지부(2011). 노인실태조사

보건복지부(2011). 정신질환실태조사

보건복지부(2016). 정신질환실태조사

보건복지부(2017). 장애인실태조사.

보건복지부(2020). 2020정신건강사업안내서.

보건복지부(2020). 제14차(2021~2025년) 치매관리종합계획.

보건복지부(2018). 대한민국치매현황보고서.

서원선(2019). 장애인 정신건강 증진을 위한 지원방안 연구. 한국장애인개발원.

신상언(1999). N세대를 위한 열 가지 교육전략. 서울: 낮은울타리.

신우열, 김민규, 김주환(2009). 회복탄력성 검사 지수의 개발 및 타당도 검증. 한국 청소년 연구, 20(4), 105-131.

안석균(2008). 조기 정신증의 예방 및 정신사회적 개입 프로그램의 개발. 정신건강정책포럼, 2, 206-222.

양옥경(1996). 지역사회정신건강. 경기: 나남출판.

엄명용, 김성천, 오혜경, 윤혜미(2001). 사회복지실천의 이해. 서울: 학지사.

여성한국사회연구회(2001). 가족과 한국사회. 서울: 경문사.

오윤선(2015). 기독 대학생의 신앙성숙도와 회복탄력성이 용서에 미치는 영향. 복음과
　　　상담, 23(2), 223-254.

유상희(2015). 복합성의 포용: 부부관계 내 갈등 및 학대를 경험하는 여성에 대한 고
　　　찰. 한국기독교상담학회지, 26(3), 165-197.

윤명숙, 김새봄(2020). 노년기 장애인 자살생각 영향요인에 대한 종단연구: 노령화 장
　　　애인과 노인성 장애인의 비교. 정신건강과 사회복지, 48(1), 84-109.

윤정미(2019). 집단미술치료가 소년원재소 품행장애 청소년의 분노 조절과 사회성에
　　　미치는 효과. 미술치료연구, 24(4), 1007-1029.

이규태(1997). 정신건강을 위한 심리치료. 서울: 하나의학사.

이미련(2019). 품행장애 관련 국내연구의 분석. 예술인문사회 융합 멀티미디어 논문지,
　　　9(12), 1193-1202.

이부영(1992). 정신질환자 낙인의 형성과정과 그 역사적 조명. 대한사회정신의학회 춘계
　　　학 술대회 자료집.

이상정(2018). 아동 자아존중감 향상 프로그램의 효과성에 관한 체계적 리뷰와 메타
　　　분석. 한국사회복지학회 학술대회 자료집, 559-573.

이수연, 윤지소, 장혜경, 김수아(2018). 여성혐오표현에 대한 제도적 대응방안 연구.
　　　한국여성정책연구원.

이영문, 신유미, 김청웅, 김주아(2006). 조기 정신질환의 효과적인 관리방안연구. 국
　　　립서울병원 국립정신보건교육센터 운영보고서.

이윤희, 강미경(2019), 세월호 참사 유가족의 사회복지재난지원서비스 이용경험-복
　　　지관네트워크 '우리함께'를 중심으로. Crisisonomy, 15(1), 1-18.

이향례, 박승민(2017). 알코올 의존 부모를 둔 성인자녀의 부모와의 애착과 하나님 이
　　　미지, 그리고 적응 유연성간의 관계. 한국기독교상담학회지, 24(2), 181-213.

이현주(2011). 결손가정 아동의 정신건강 구조모형. 공주대학교대학원 박사학위논문.

이혜경, 권정혜(1998). 사회공포증에서 나타나는 인지적 특성이 수행불안에 미치는
　　　영향. 한국심리학회 학술대회 자료집, 143-156.

이화영, 함병주(2013). 스트레스와 정신질환. J Korean Med Assoc, 56(6), 471-477.

임진영, 최지은(2011). 인간발달 연구의 동향과 교육학적 시사. 교육심리연구, 25(4),

875-901.

장혜경, 하지선(2017). 회복 관점에서 이루어지는 정신장애인 일 경험 -EM실천 사례를 중심으로-. 한국장애인복지학, 37, 153-192.

전준희(2014). 클라이언트 자살과 휴먼서비스워커. 한국정신건강사회복지학회 학술발표 논문집. 347-360.

정숙희, 류수정(2013). 기독 대학생의 사회부적응과 자살생각의 관계에서 자아탄력성과 가족탄력성의 조절효과. 한국기독교상담학회지, 24(3), 207-237.

제철웅(2018). 절차보조사업을 통한 정신장애인 당사자옹호서비스의 필요성과 내용. 법학논총, 35(2), 1-31.

조윤옥(2016). 기독대학생의 영적안녕과 회복탄력성에 대한 연구. 기독교교육정보, 48, 207-236.

조혜정, 김용진, 최은정(2017). 중독관리통합지원센터의 사례관리 현황 및 수행 요인. 한국알코올과학회지, 17(2), 35-49.

질병관리청(2017). 청소년건강행태조사.

최명민(2012). 정신보건전문가의 경험을 통한 만성정신질환자의 레질리언스 강화전략 탐색 연구. 정신건강과 사회복지, 40(3), 202-230.

최명민, 이기영, 김정진, 최현미(2015). 다문화사회복지론. 서울: 학지사.

최성애(2014). 나와 우리 아이를 살리는 회복탄력성. 서울: 해냄.

최송식(2013). 한국사회에서 알코올중독자의 재발예방전략에 관한 연구. 한국민족문화, 48, 307-348

최승호, 조병철, 전승환(2017). 노인 고독사 어떻게 대응할 것인가?-자기 결정론적 관점에서. 한국학연구, 62, 403-436.

최희수(2000). 지역사회알코올중독자 대상 사례관리개입. 한국알코올과학회지, 1(1), 114-122.

추병완(2017). 회복탄력성: 학교·가정·군대에서의 실천 전략. 서울: 하우.

통계청(2018). 국민건강영양조사.

한국도박문제관리센터(2018). 청소년 도박문제 실태조사.

한국목회상담학회(2011). 현대목회상담학자연구. 서울: 희망나눔.

한국정신사회재활협회(2017). 가족과 함께하는 교육 자료집. http://www.familylink. or.kr

한국정신재활시설협회(2018). 시설장인권교육자료집.

허민숙(2018). 청소년 음주 규제의 문제점 및 개선방향. NARS현안분석.

홍성수, 숙명여자대학교 산학협력단(2016). 혐오표현 실태조사 및 규제방안 연구. 국가인권위원회.

홍은숙(2006). 탄력성(resilience)의 개념적 이해와 교육적 방안. 특수교육학연구, 41(2), 45-67.

황보람(2019). 비혐오 공간 생성을 위한 다중과 공생의 지역복지실천이론에 관한 시론적 연구. 사회복지연구, 50(3), 131-159.

Alayarian, A. (2011). 난민치료센터 상담 중심의 트라우마 회복탄력성과 상담실제 (*Resilience suffering and creativity*). (김현아, 최대헌, 김규식, 조용태 역). 서울: 시그마프레스. (원저는 2007년에 출판).

Allport, G. W., & Ross, J. M. (1967). Personal religious orientation and prejudice. *Journal of Personality and Social Psychology, 5*, 432-443.

Ansari, D. (2010). Neurocognitive approaches to developmental disorders of numerical and mathematical cognition: The perils of neglecting the role of development. *Learning and Individual Differences, 20*(2), 123-129.

Anthony, E. J. (1986). Terrorizing attacks on children by psychotic parents. *J. of Ameriacan Academy of Child Psychiatry, 25*, 326-335.

APA. (2017). DSM-5 정신장애 쉽게 이해하기 (*Understanding Mental Disorders*). (박용천 역). 서울: 학지사. (원저는 2015년에 출판).

Barkley, R. A. (1990). *Attention-deficit hyperactivity disorder: A handbook for diagnosis and treatment*. Guilford Press.

Batson, C. D., Schoenrade, P., & Ventis, W. L. (1993). *Religion and the individual: A social psychological perspective*. New York: Oxford University Press.

Baumeister, R. F. (1994). Self-esteem. In V. S. Ramachandran (Ed.), *Encyclopedia of human behavior* (Vol. 4; pp. 83-87). New York: Academic Press.

Baumgardner, S. R., & Crothers, M. K. (2009). 긍정심리학 (*Positive psychology*). (이진환, 신현정, 안신호 역). 서울: 시그마프레스. (원저는 2009년에 출판).

Beck, U. (2014). 위험사회: 새로운 근대(성)을 향하여 (*Risk society*). (홍성태 역), 서울:

새물결. (원저는 1986년에 출판).

Becker, H. (1966). *Outsiders*. New York: Free Press.

Becker, H. (2018). *Outsiders: Studies in the sociology of Deviance*. New York: Free Press.

Benard, B. (1991). *Fostering resilience in kids: Protective factors in family, school, and community*. San Francisco: Western Center for Drug-free Schools and Communities.

Benros, M. E., Mortensen P. B., & Eaton, W. W. (2012). Autoimmune diseases and infections as risk factors for schizophrenia. *Ann N Y Acad Sci, 1262*, 56-66.

Benzies, K., & Mychasiuk, R. (2009). Fostering family resiliency: A review of the key protective factors. *Child and Family Social Work, 14*, 103-114.

Berry, J. W. (2003). Conceptual approaches to acculturation. In K. M. Chun, P. Balls Organista, & G. Marín (Eds.), *Acculturation: Advances in theory, measurement, and applied research* (pp. 17-37). American Psychological Association.

Billings, A.G., & Moos, R. H. (1984). Coping, stress and social resources among adults with unipolar depression. *J Pers Soc Psychol, 46*, 877-891.

Birchwood, M., Todd, P., & Jackson, C. (1998). Early intervention in psychoses. The critical period hypothesis. *The British Journal of Psychiatry Supplement, 172*(33), 53-59.

Block, J., & Kremen, A. M. (1996). IQ and ego resiliency: Conceptual and empirical connections and separateness. *Journal of Personality and Social Psychology, 70*, 349-361.

Bowen, M. (1978). *Family Therapy in Clinical Practice*. New York: Jason Aronson Book.

Brandell, J. R. (1997). *Theory and practice in clinical social work*. NY: The Free Press.

Brenner, G. H., Bush, D. H., & Moses, J. (Eds.). (2010). *Creating spiritual and psychological resilience: Integrating care in disaster relief work*. New York: Routledge.

Bronfenbrenner, U. (1979). *The ecology of human development: Experiments by nature and design*. Cambridge: Harvard University Press.

Brown, S. L. (2004). Family structure and child well-being: The significance of family cohabitation. *J. of Marriage and Family, 66*, 351-368.

Burckhardt, C. S. (1985). The impact of arthritis on quality of life. *Nursing Research, 34*(1), 11-16.

Carstensen, L. L., & Freund, A. (1994). The resilience of the aging self. *Developmental Review, 14*, 81-92.

Cheng, H. & Fumham, A. (2004). Personality, self-esteem, and demographic predictions of happiness and depression. *Personality and Individual Differences, 34*(6), 921-942.

Chun, B. J. (1972). A study on The self-concept. *Humanities, 29*, 103-127.

Clinebell, H. (1966). *Basic types of pastoral counseling*. Nashiville: Abingdon Press.

Clinebell, H. (1995). 전인건강 (*Well being : a personal plan for exploring and enriching the seven dim*). (이종헌, 오성춘 역). 서울: 성장상담연구소. (원저는 1992년에 출판).

Cooper B. (2001). Nature, nurture and mental disorder: old concepts in the new millennium. *Br J Psychiatry Suppl, 178*, 91-101.

Corbett, M. (2015). From law to folklore: work stress and the Yerkes–Dodson Law. *Journal of Managerial Psychology, 30*(6), 741-752.

Corner, P. D., Singh, S., & Pavlovich, K. (2017). Entrepreneurial resilience and venture failure. *International Small Business Journal: Researching Entrepreneurship, 35*(8), 687-708.

Cotton, S. M., Filia, K. M., Ratheesh, A., Pennell, K., Goldstone, S., & McGorry, P. D. (2016). Early psychosis research at Orygen, The National Centre of Excellence in Youth Mental Health. *Social psychiatry and psychiatric epidemiology, 51*(1), 1-13.

Cvetkovski, S., Reavley, N. J., & Jorm, A. F. (2012). The prevalence and correlates of psychological distress in Australian tertiary students compared to their community peers. *Australian & New Zealand Journal of Psychiatry, 46*(5), 457-467.

Damasio, A. R. (2004). Emotions and Feelings: A Neurobiological Perspective. In

A. S. R. Manstead, N. Frijda, & A. Fischer (Eds.), *Feelings and emotions: The Amsterdam symposium* (pp. 49-57). Cambridge University Press.

Daniel, B., & Wassell, S. (2008). 청소년의 탄력성: 평가와 개입전략 (Assessing and Promoting Resilience in Vulnerable Children) (강문희, 손승아, 안경숙, 김승경 역). 서울: 시그마프레스. (원저는 2002년에 출판).

Daniel, S., Walsh, H. K., Goldston, D., & Arnold, E. M. (2006). Suicidality Schooldropout, and Reading Problems Among Adolescents. *Journal of Learning Disabilities, 39*(6): 507-514.

Davidson, J. R. T., & Foa, E. B. (1991). Diagnostic issues in posttraumatic stress disorder: Considerations for the DSM-IV. *Journal of Abnormal Psychology, 100*(3), 346-355.

Di Rienzo A,, & Hudson R. R. (2005). An evolutionary framework for common diseases: the ancestral-susceptibility model. *Trends Genet, 21*(11), 596-601.

Durand, V. M., & Barlow, D. H. (2017). 이상심리학 (*Essentials of Abnormal Psychology*). (정경미, 김현수, 박수현, 양재원, 이주영, 진주희 역). 서울: 사회평론. (원저는 2016년에 출판).

Elder, G. H., Johnson, K., & Crosnoe, R. (2003). The Emergence and Development of Life Course Theory. *Handbook of the Life Course*, 3-19.

Ellis, B. J., Boyce W. T., Belsky, J., Bakermans-Kranenburg, M. J., & Van IJzendoorn, M. H. (2011). Differential susceptibility to the environment: An evolutionary-neurodevelopmental theory. *Development and Psychopathology, 23*(1), 7-28.

Emcke, C. (2017). 혐오사회 (*Gegen Den Hass*). (정지인 역). 파주: 다산초당. (원저는 2016년에 출판).

Erikson, E. H. (1950). *Childhood and Society.* New York, NY: Norton & Norton.

Erikson, E. H. (1982). The Life Cycle Completed: A Review. NY: W. W. Norton.

Erikson, E. H., & Erikson, J. M. (1997). *The Life Cycle Completed(Extended version).* NY: W. W. Norton.

Fairman, N., Thomas, L. P., Whitmore, S., Meier, E. A., & Irwin, S. A. (2014). What did I miss? A qualitative assessment of the impact of patient suicide on hospice clinical staff. *Journal of Palliative Medicine, 17*(7), 832-836.

Fellin. P. (1996). *Mental Health and Mental Illness.* F.E.Peacock Publisher, Inc.

Fiala, W. E., Bjorck, J. P., & Gorsuch, R. (2002). The religious support scale Construction, validation, and cross-validation. *American Journal of Community Psychology, 30*, 761-786.

Fine, S. B. (1991). Resilience and human adaptability: Who rises above adversity. *American Journal of Occupational Therapy, 45*, 493-503.

Fitchett, G. (2002). *Assessing spiritual needs: A guide for caregivers.* Lima, OH: First Academic Renewal Press.

Fossati, A., Barratt, E. S., Carretta, I., Leonardi, B., Grazioli, F., & Maffei, C. (2004). Predicting borderline and antisocial personality disorder features in nonclinical subjects using measures of impulsivity and aggressiveness. *Psychiatry research, 125*(2), 161-170.

Fowler, J. W. (1981). *Stages of faith: The psychology of human development and the quest for meaning.* New York: HarperOne.

Frances, A. (2013). *Essentials of psychiatric diagnosis: Responding to the challenge of DSM-5.* Guilford Press.

Frances, A. (2014). 정신의학적 진단의 핵심 (*Essentials of psychiatric diagnosis : responding to the challenge of DSM-5*). (박원명, 민경준, 전덕인, 윤보현, 김문두, 우영섭 역). 서울: 시그마프레스. (원저는 2013년에 출판).

Frias, A., Palma, C., Farriols, N., Gonzalez, L., & Horta, A. (2016). Anxious adult attachment may mediate the relationship between childhood emotional abuse and borderline personality disorder. *Personality and Mental Health, 10*(4), 274-284.

Fulford, K. (2014). *Values-based practice: The facts.* Cambridge: Cambridge University Press.

Garmezy, N. (1971). Vulnerability research and the issue of primary prevention. *American Journal of Orthopsychiatry, 41*(1), 101-116.

Garmezy, N. (1991). Resilience in children's adaptation to negative life events and stressed environment. *Pediatric Annals, 20*(9), 459-466.

Garmezy, N. (1993). Children in poverty: Resilience despite risk. *Psychiatry, 56*,

127-136.

Gecas, V. (1982). The Self-Concept. *Annual Review of Sociology, 8*(1), 1-33.

George, L. K., Ellison, C. G., & Larson, D. B. (2002). Explaining the relationship between religious involvement and health. *Psychological Inquiry, 13*, 190-200.

Germain, C. B. (1995). *The Life moel of social Work practice.* NY: Columbia Univ.

Gilligan, C., Lyons, N., & Hammer, T. (1990). *Making connection: The relational worlds of adolescent girls at Emma Willard school.* Troy, NY: Emma Willard School.

Goffman, E. (1963). *Stigma: Notes on the Management of Spoiled Identity.* Englewood Cliffs, NY: Prentice-Hall.

Goffman, E. (2009). 스티그마: 장애의 세계와 사회적응 (*Stigma: Notes on the Management of Spoiled Identity*). (윤선길 역). 서울: 한신대학교 출판사. (원저는 1963년 출판).

Goodman, C. C., & Pynoos, J. (1990). A model telephone information and support program for caregivers of Alzheimer's patients. *The Gerontologist, 30*(3), 399-404.

Graham, E., Walton, H., & Ward, F. (2005). *Theological reflection: Methods.* London: SCM Press.

Graham, L. K. (1992). *Care of persons, care of worlds: A psychosystemic approach to pastoral care and counseling.* Nashville, TN: Abingdon Press.

Gray, P. (2011). The special value of children's age-mixed play. *Am. J. of Play, 3*, 500-522.

Greene, R. R. (2009). 사회복지와 탄력성 (*Resiliency: An Integrated Approach to Practice, Policy, and Research*). (양옥경 외 역). 서울: 나눔의집. (원저는 2002년 에 출판).

Greve, W., & Staudinger, U. M. (2006). Resilience in later adulthood and old age: Resources and potentials for successful aging. In D. Cicchetti & A. Cohen (Eds.), *Developmental Psychopathology* (2nd ed., pp. 796-840).

Gulfi, A., Castelli Dransart, D. A., Heeb, J. L., & Gutjahr, E. (2010). The impact of patient suicide on the professional reactions and practices of mental health rkers. *Crisis, 31*(4), 202-210.

376 참고문헌

Gullahorn, J. T., & Gullahorn, J. E. (1963). An Extension of the U-Curve Hypothesis. *Journal of Social IssuesVolume 19*(3), 33-47.

Gullahorn, T., & Gullahorn, J. E. (1963). An Extension of the U-Curve Hypothesis. *Journal of Social Issues, 19*(3), 33-47.

Hoeve, M., Colins, O. F., Mulder, E. A., Loeber, R., Stams, G. J. J., & Vermeiren, R. R. (2015). The association between childhood maltreatment, mental health problems, and aggression in justice involved boys. *Aggressive behavior, 41*(5), 488-501.

Holmes, T. H. & Rahe, R. H. (1976). The Social Readjustment Rating Scale. *Journal of Psychosomatic Research, 11*(2), 213-218.

James, W. (1902). *The varieties of religious experience.* Cambridge, MA: Harvard University Press.

Jellinek, E. M. (1952). Phases of alcohol addiction. *Q J Stud Alcohol, 13*(4), 673-84.

Jordan, J. V. (2004). Relational resilience. In J. V. Jordan, M. Walker, & L. M. Hartling (Eds.), *The Complexity of Connection* (pp. 28-46). New York: The Guilford Press.

Jordan, J. V. (2016). 관계문화치료의 입문 (*Relational-Cultural Therapy*). (정푸름, 유상희 역). 서울: 학지사. (원저는 2010년에 출판).

Kaplan, C., Tarlow, N., Stewart, J. G., Aguirre, B., Galen, G., & Auerbach, R. P. (2016). Borderline personality disorder in youth: The prospective impact of child abuse on non-suicidal self-injury and suicidality. *Comprehensive psychiatry, 71*, 86-94.

Kendler, K. S., Gardner, C. O., Neale, M. C., & Prescott, C. A. (2001). Genetic risk factors for major depression in men and women: Similar or different heritabilities and same or partly distinct genes? *Psychol Med. 31*(4), 605-616

Kerr, J., & Bowen, M. (1988). *Family Evaluation.* NewYork: W. W. Norton & Company.

Kessler, R. C., Berglund, P., Demler, O., & Jin, R. (2005). Lifetime prevalence and age of onset distributions of DSM-IV disorders in the National Comorbidity Survey Replication. *JAMA Psychiatry, 62*(6), 593-602.

Kim, H. S. (1996). Effects of self-esteem and academic achievement on mental health of high school students. Gyeongsang Graduate School for Education Psychology.

Kim, S. R. (1992). A Study on the nursing college students' self-concepts and academic achievement. *Red Cross College of Nursing, 14*(1), 1-43.

Kim, Y. K. (2011). Stress, inflammation and neurogenesis in major depression. *Korean J Biol Psychiatry, 18*, 169-175.

Klein, M. (1930). The importance of symbol-formation in the development of the ego. *International Journal of Psycho-Analysis, 11*, 24-39.

Lazarus, R. S, & Lazarus, B. N. (1997). 감정과 이성 (*Passion & Reason: Making sense of our emotions*). (정영목 역). 서울: 문예출판사. (원저는 1994년에 출판).

Lazarus, R. S., & Folkman, S. (1984a). Coping and adaptation. In W. D. Gentry (Ed.), *The handbook of behavioral medicine*. New York: Guilford.

Lazarus, R. S., & Folkman, S. (1984b). *Stress, appraisal, and coping*. New York: Springer.

LeDoux, J. E. (2000). *Emotion circuits in the brain. Annu Rev Neurosci, 23*, 155-184.

LeDoux, J. E., & Gorman, J. M. (2001). A call to action: Overcoming anxiety through active coping. *Am J Psychiatry, 158*, 1953-1955.

Lerner, R. M. (2006). Developmental science, developmental systems, and contemporary theories of human development. In R. M. Lerner Lerner, & W. Damon (Eds.), *Handbook of child psychology: Theoretical models of human development* (6th ed., pp. 1-17). New York: John Wiley & Sons Inc.

Lerner, R. M., & Spanier, G. B. (1980). *Adolescent Development*. NY: McGraw-Hill.

Linares, J. L., & Vallarino, D. (2008). Schizophrenia and eco-resilience. *Journal of Systemic Therapies, 27*(3), 16-29.

Litman, T. (1974). The family as a basic unit in health and medical care: A social-behavioral overview. *Social Science & Medicine, 8*(9), 495-519.

Luthar, S., Cicchetti, B., & Becker, D. (2000). The Construct of Resilience: A Critical Evaluation and Guidelines for Future Work. *Child Dev., 71*(3), 543-562.

Maslow, A. H. (1987). *Motivation and Personality*(3rd edit.). Boston, MA: Addison

Wesley.

Masten, A. S. (2001). Ordinary magic: Resilience processes in development. *American Psychologist, 56*, 227-238.

Masten, A. S., Best, K. M., & Garmezy, N. (1990). Resilience and development: Contribution from the study of children who overcome adversity. *Development and Psychopathology, 2*, 425-444.

Mattis, S., Perlick, D., Stastny, P., & Teresi, J. (1992). Contribution of family, cognitive and clinical dimensions to long-term outcome in schizophrenia. *Schizophrenia Research, 6*(3), 257-265.

McCraty, R. (2012). Resilience training program reduces physiological and psychological stress in police officers. *Global Advances in Health and Medicine, 15*, 44-66.

McGorry, P. D., Purcell, R., Goldstone, S., & Amminger, P. (2011). Age of onset and timing of treatment for mental and substance use disorders: Implications for prevention strategies and models of care. *Curr Opin Psychiatry, 24*(4), 301-306.

Migeon, B. R. (2007). Why females are mosaics, X-chromosome inactivation, and sex differences in disease. *Gend Med, 4*(2), 97-105.

Miller, A. H. (2016). The role of inflammation in depression: From evolutionary imperative to modern treatment target. *Nature Reviews Immunology, 16*, 22-34.

Miller-McLrmore, B. J. (1999). The living human web: Pastoral theology at the turn of the century. In J. Stevenson-Moessener (Ed.), *Through the eyes of women: Insights for pastoral care* (pp. 9-26). Minneapolis: Fortress Press.

Ostrov, J. M., & Houston, R. J. (2008). The utility of forms and functions of aggression in emerging adulthood: Association with personality disorder symptomatology. *Journal of Youth and Adolescence, 37*(9), 1147-1158.

Palmer, N. (1997). Resilience in adult children of alcoholics: A nonpathological approach to social work practice. *Health and Social Work, 22*, 201-209.

Pargament, K. I. (1997). *The psychology of religion and coping: Theory, research, and practice.* New York: Guilford Press.

Peterson, C., & Seligman, M. E. P. (2004). *Character strengths and virtues: A* handbook of classification. New York: Guilford Press.

Phipps, W. J., Cassmeyer, V. L., Sands, J. K., & Lehman, M. K. (1995). *Medical-surgical nursing: Concepts and clinical practice* (5th ed.). St Louis: Mosby.

Polk, L. V. (1997). Toward a middle-range theory of resilience. *Advances in Nursing Science, 19*, 1-13.

Pruyser, P. W. (1976). *The minister as diagnostician.* Philadelphia: Westminster Press.

Rathore, S. (2017). Life satisfaction among college students: A study exploring the role of resilience. *Indian Journal of Positive Psychology, 8*(2), 237-239.

Reitzes, D. C. (1996). Preretirement influence on postretirement self-esteem. *Journal of Gerontology, 51*(5), 242-249.

Reivish, K., & Shatte, A. (2002). *The resilience factor: Seven essential skills for overcoming life's inevitable obstacles.* New York: Broadway Books.

Riegel, K. F. (1976). The dialectics of human development. *American Psychologist. 31*, 689-700.

Rogers, C. (1976). Toward a modern approach to values: The valuing process in the mature person. In C. R. Rogers & B. Stevens (Eds.), *Person to person* (pp. 13-28).

Rosenberg, M. (1965). *Society and the adolescent self-image.* Princeton, NJ: Princeton University Press.

Rutter, M. (1979). Protective factors in children's responses to stress and disadvantage. In M. W. Kent & J. E. Rolf (Eds.), *Primary prevention in psychopathology: Social competence in children* (pp. 324-338). Hanover: University Press of New England.

Rutter, M. (1985). Resilience in face of adversity: Protective factors and resilience to psychiatric disorder. *British Journal of Psychiatry, 147*, 598-611.

Rutter, M. (2002). *Child and Adolescent Psychiatry.* Wiley-Blacwell.

Rutter, M., Moffitt, T. E., & Caspi, A. (2006). Gene-environment interplay and psychopathology. *Journal of Child Psychology and Psychiatry, 47*(3), 226-261.

Ryff, C. D., & Burton, S. (2003). Flourishing under fire: Resilience as a prototype of challenged thriving. In C. L. M. Keyes & J. Haidt (Eds.), *Flourishing positive psychology and the life well-lived* (pp. 15-36). Washington DC: American

Psychological Association.

Saleebey, D. (1997). The Strengths Perspective in Social Work Practice. London: Longman.

Saudino, K. J., Pedersen, N. L., Lichtenstein, P., McClearn, G. E., & Plomin, R. (1997). Can personality explain genetic influences on life events? *Journal of Personality and Social Psychology, 72*(1), 196-206.

Scheff, Thomas J. (1984). *Being mentally ill* (2nd ed.). Piscataway: Aldine Transaction.

Schultze-Lutter, F., Schimmelmann, B. G., & Schmidt, S. J. (2016). Resilience, risk, mental health and well-being: Associations and conceptual differences. *European Child & Adolescent Psychiatry, 25*(5), 459-466.

Seligman, M. E. P. (2003). Forward: The past and future of positive psychology. In C. L. M. Keyes & J. Haidt (Eds.), *Flourishing: Positive psychology and the life well-lived* (pp. xi-xx). Washington, DC: American Psychological Association.

Seligman, M. E. P. (2014). 긍정심리학 (*Authentic happiness: Using the new positive psychology to realize your potential for lasting fulfillment*). (김인자, 우문식 역). 안양: 물푸레. (원저는 2002년에 출판).

Seligman, M. E. P., Steen, T. A., Park, N., & Peterson, C. (2005). Positive psychology progress: Empirical validation of interventions. *American Psychologist, 60*(5), 410-421.

Selye, H. (1950). Stress and the geneal adataion syndrom. *British Medical Journal*, 1383-1392.

Singh, S. P., & Fisher, H. L. (2005). Early Intervention in Psychosis: Obstacles and Opportunities Advances in Psychiatric Treatment. *Advances in Psychiatric Treatment, 11*(1), 71-78.

Steingard, S. (Ed.) (2020). 비판정신의학: 논쟁 그리고 임상적용 (*Critical Psychiatry: Controversies and Clinical Implication*). (장창현 역). 건강미디어협동조합. (원저는 2019년에 출판).

Stinson, J. D., Quinn, M. A., & Levenson, J. S. (2016). The impact of trauma on the onset of mental health symptoms, aggression, and criminal behavior in an inpatient psychiatric sample. *Child Abuse & Neglect, 61*, 13-22

Stommel, M., Kurtz, M. E., Kurtz, J. C., Given, C. W., & Given, B. A. (2014). A longitudinal analysis of the course of depressive symptomatology in geriatric patients with cancer of the breast, colon, lung, or prostate. *Health psychology, 23*(6), 564-573.

Stroul. B. A. (1989). Community Support Systems For Persons with Long-Term Mental Illness. *Psychosocial Rehabilitation Journal, 12*(3), 9-26.

Thoits, P. A. (1999). Sociological approaches to mental illness. In A. V. Horwitz & T. L. Scheid (Eds.), *A handbook for the study of mental health: Social contexts, theories, and systems* (pp. 121-138). Cambridge University Press.

Tillich, P. (1951). *Systematic theology*. Chicago: University of Chicago.

Ting, L., Sanders, S., Jacobson, J. M., & Power, J. R. (2006). Dealing with the aftermath: A qualitative analysis of mental health social workers' reactions after a client suicide. *Social Work, 51*(4), 329-341.

Tooby, J., & Cosmides, L. (1990). The past explains the present: Emotional adaptations and the structure of ancestral environments. *Ethology and Sociobiology, 11*(4-5), 375-424.

Tracy, D. (1983). The foundations of practical theology. In D. S. Browning (Ed.), *Practical theology: The emerging field in theology, church, and world* (pp. 61-82). San Francisco: Harper & Row.

Troll, L. E. & Skaff, M. M. (1997). Perceived continuity of self in very old age. *Psychology and Aging, 12*(1), 162-169.

Twenge, J. M., Cooper, A. B., Joiner, T. E., Duffy, M. E., & Binau, S. G. (2019). Age, period, and cohort trends in mood disorder indicators and suicide-related outcomes in a nationally representative dataset, 2005-2017. *Journal of Abnormal Psychology, 128*(3), 185-199.

Vaillant, G. E. (1993). *The Wisdom of the Ego*. Cambridge, MA: Harvard University Press.

Vanderkooi, L. K., & Handelsman, M. M. (1984). Toward an integration of Jungian and Bowenian perspectives on psychotherapy. *Family Therapy, 11*(3), 217-227.

Vernon, P. A. (Ed.) (1993). *Speed of Information-Processing and Intelligence*. Ablex, Norwood, NJ:

Walsh, F. (2002). 가족과 레질리언스 (*Strengthening family resilience*). (양옥경, 김미옥, 최명민 역). 파주: 나남출판. (원저는 1998년에 출판).

Walsh, F. (2003). Family resilience: A framework for clinical practice. *Family Process, 42*(2), 1-18.

Walsh, F. (2009). Religion, spirituality, and family. In F. Walsh (Ed.). *Spiritual resources in family therapy* (pp. 3-30). New York: Guilford Press.

Waters, E., & Sroufe, L. A. (1983). Social competence as developmental construct. *Developmental Review, 3*, 79-97.

Werner, E. E. (2005). Resilience and recovery: Findings from the Kauai longitudinal study. *Research, Policy, and Practice in Children's Mental Health, 19*(1), 11-14.

Westerhoff III, J. H. (1980). *Bringing up children in the christian faith*. Minneapolis: Winston Press.

Whitehead, J. D., & Whitehead, E. E. (2018). 회복탄력성의 모든 것 (*The virtue of resilience*). (문종원 역). 서울: 성바오로. (원저는 2016년에 출판).

WHO(2013). Mental Health Action Plan 2013-2020.

WHO(2014). Mental Health: A state of well-being.

Wickrama, K., Mancini, J. A., Kwag, K., & Kwon, J. (2013). Heterogeneity in multidimensional health trajectories of late old years and socioeconomic stratification: A latent trajectory class analysis. *The Journals of Gerontology Series B Psychological Sciences and Social Sciences 68*(2), 290-297.

Winnicott, D. W. (1988). *Babies and their Mothers*. London: Free Association Books.

Wolin, S. J., & Wolin, S. (1993). *The Resilient Self*. New York: Vilard.

World Health Organization. (2013). Mental health action plan 2013-2020. World Health Organization.

뉴스1(2020.10.5.). 코로나 돌봄공백의 그림자…미성년·고령여성 가정폭력 피의자↑ https://www.news1.kr/articles/?4076678

동아일보(2010.3.15.). 사춘기의 새로운 이름 '중2병', 왜 널리 쓰이나?

https://www.donga.com/news/article/all/20100315/26872082/1

동아일보(2020.9.10.). 여성이 더 취약한 '코로나 블루'…자살률 줄이려면 '내진 설계'
　　튼튼해야

https://www.donga.com/news/article/all/20200910/102875737/1

디멘시아뉴스(2019.5.3.). 치매의 원인과 진료-1

http://www.dementianews.co.kr/news/articleView.html?idxno=1700

마인드포스트(2020.7.20.). 정신장애인 부모 둔 자녀들에게 연령대별 교육 프로그램
　　지원해야

http://www.mindpost.or.kr/news/articleView.html?idxno=4064

메디칼업저버(2014.12.1.). '음주강국' 대한민국 알코올성치매 급증

http://www.monews.co.kr/news/articleView.html?idxno=78958

메디칼업저버(2017.5.31.). 주요우울장애, 어린시절 학대경험과 관련

http://www.monews.co.kr/news/articleView.html?idxno=101940

메디칼업저버(2020.9.21.). 치매국가책임제 3년, 무엇이 달라졌고 달라질까?

http://www.monews.co.kr/news/articleView.html?idxno=213694

메디파나뉴스(2020.9.18.). 코로나 '멘탈데믹' 우려… 복지부 2차관제 정신건강정책
　　'기대감'

http://www.medipana.com/news/news_viewer.asp?NewsNum=263007&MainKind
　　=A&NewsKind=5&vCount=12&vKind=1&sWord=%C4%DA%B7%CE%B3%AA

위클리서울(2017.5.31.). 글리포세이트, 우울증과 자살, 치매와 ADHD의 원인

http://www.weeklyseoul.net/news/articleView.html?idxno=36544

조선일보(2013.12.24.). 봉사하고 즐기고 일하는 인생 후반전… 新중년은
　　N·E·W(Noble·Enjoying·Working) 세대

https://www.chosun.com/site/data/html_dir/2013/12/24/2013122400260.html

클리닉저널(2018.6.8.). 성인 ADHD 원인과 치료방법

http://www.clinicjournal.co.kr/news/article.html?no=7920

찾아보기

내용

저자 소개

김정진(Kim, JungJin)
이화여자대학교 문학박사(임상사회복지 전공)
전 고려대학교병원 정신건강사회복지사
　　태화샘솟는집 관장
　　나우리정신건강센터 공동대표
　　한국정신건강사회복지학회장
　　한국사회복지실천연구학회장
현 나사렛대학교 사회복지학부 교수

〈주요 저서〉
사회복지실천기술론(학지사, 2019)
사회복지실천론(5판, 공저, 나남, 2018)
사회복지사 윤리 이론과 윤리적 실천 연습(한국사회복지사협회, 2018)
정신건강사회복지론(공저, 공동체, 2017)
다문화사회복지론(공저, 학지사, 2015)

〈주요 논문〉
생애사 연구를 통한 정신장애여성의 영농 직업재활 경험 이해(생명연구, 2020)
베이비붐 세대의 정신건강과 교회의 역할(생명연구, 2017)
대학생의 외향성이 삶의 이유에 미치는 영향(정신보건과 사회사업, 2014)

정신건강론

사회복지실천을 위한 정신건강의 이해와 실제

Mental Health

2022년 1월 20일 1판 1쇄 발행
2023년 10월 20일 1판 3쇄 발행

지은이 • 김 정 진
펴낸이 • 김 진 환
펴낸곳 • (주) **학 지 사**

  04031 서울특별시 마포구 양화로 15길 20 마인드월드빌딩 5층
대표전화 • 02) 330-5114   팩스 • 02) 324-2345

등록번호 • 제313-2006-000265호

홈페이지 • http://www.hakjisa.co.kr
인스타그램 • https://www.instagram.com/hakjisabook

ISBN 978-89-997-2325-4 93330

정가 **20,000원**

출판미디어기업 **학 지 사**

간호보건의학출판 **학지사메디컬** www.hakjisamd.co.kr
심리검사연구소 **인싸이트** www.inpsyt.co.kr
학술논문서비스 **뉴논문** www.newnonmun.com
원격교육연수원 **카운피아** www.counpia.com